Deutsch heute

TENTH EDITION

Deutsch heute

Introductory German

Worktext Volume 2

Cengage Advantage Book

Jack Moeller
Oakland University

Winnifred R. Adolph
Florida State University

Gisela Hoecherl-Alden
University of Maine

Simone Berger
Starnberg, Germany

Thorsten Huth
Southern Illinois University

HEINLE
CENGAGE Learning

Australia · Brazil · Canada · Mexico · Singapore · Spain · United Kingdom · United States

HEINLE
CENGAGE Learning

**Deutsch heute: Introductory German,
Tenth Edition
Volume 2 Worktext
Cengage Advantage Book**
Jack Moeller, Winnifred R. Adolph,
Gisela Hoecherl-Alden, Simone Berger,
Thorsten Huth

Vice President, Editorial Director:
P.J. Boardman

Publisher: Beth Kramer

Executive Editor: Lara Semones

Acquiring Sponsoring Editor: Judith Bach

Assistant Editor: Catherine Mooney

Senior Editorial Assistant: Timothy Deer

Associate Media Editor: Katie Latour

Senior Media Editor: Morgen Murphy

Program Manager: Caitlin Green

Marketing Director: Lindsey Richardson

Content Project Manager: Tiffany Kayes

Art Director: Linda Jurras

Senior Print Buyer: Betsy Donaghey

Rights Acquisition Specialist: Jessica Elias

Production Service: PreMediaGlobal

Text Designer: Carol Maglitta

Cover Designer: Len Massiglia

Cover Image: © Paul Raftery/VIEW/Corbis

Compositor: PreMediaGlobal

Library of Congress Control Number: 2011943065

Student Edition:

ISBN-13: 978-1-111-83242-1

ISBN-10: 1-111-83242-0

Heinle
20 Channel Center Street
Boston, MA 02210
USA

Cengage Learning is a leading provider of customized learning solutions with office locations around the globe, including Singapore, the United Kingdom, Australia, Mexico, Brazil and Japan. Locate your local office at **international .cengage.com/region**

Cengage Learning products are represented in Canada by Nelson Education, Ltd.

For your course and learning solutions, visit **www.cengage.com**

Purchase any of our products at your local college store or at our preferred online store **www.cengagebrain.com**

Instructors: Please visit **login.cengage.com** and log in to access instructor-specific resources.

Printed in the United States of America
2   3   4   5   6   7   19   18   17   16

Deutschland

DÄNEMARK

Schweiz

DEUTSCHLAND

Rhein
Schaffhausen
Bodensee
Basel
Winterthur
Baden
Zürich
St. Gallen
Aare
Zürichsee
ÖSTERREICH
⊛ Vaduz
LIECHTENSTEIN
Solothurn
Biel
Bieler See
Luzern
Schwyz
Walensee
Neuchâtel
FRANKREICH
Lac de Neuchâtel
Bern ⊛
Vierwaldstätter See
Chur
Davos
Rhein
Inn
N
Yverdon-les-Bains
Fribourg
Thun
Brienzer See
P
E
Thuner See
Interlaken
St. Gotthard-Tunnel
St. Moritz
Genfer See
Lausanne
Jungfrau ▲
4.158 m
L
Montreux
A
Rhône
Simplonpass
Locarno
Lugano
Zermatt
Lago Maggiore
Lago di Lugano
Mont Blanc
4.807 m
Matterhorn
4.478 m
ITALIEN

0   25   50   75 km
0   25   50 mi

DEUTSCHLAND
LIECHTENSTEIN
ÖSTERREICH
SCHWEIZ

Österreich

TSCHECHISCHE REPUBLIK

Donau
NIEDERÖSTERREICH
Donau
WIENERWALD
Schärding
Krems
St. Pölten
⊛ Wien
Inn
Braunau
Melk
WIEN
Leitha
OBERÖSTERREICH
Steyr
Eisenstadt
Wiener Neustadt
Neusiedler See
DEUTSCHLAND
Bodensee
★ Salzburg
St. Wolfgang
Bad Ischl
Bregenz
Wolfgangsee
Enns
Leoben
SCHWEIZ
Dornbirn
Zugspitze
2.963 m
Inn
Kitzbühel
Zell am See
SALZBURG
▲ *Dachstein*
2.995 m
Mur
STEIERMARK
BURGENLAND
Vaduz ⊛ VORARLBERG
L
Innsbruck
Salzach
P
E
UNGA
LIECHTENSTEIN
TIROL
A
Brenner-Pass
Großglockner
3.798 m
Badgastein
Tauern-Tunnel
N
★ Graz
TIROL
Lienz
Gurk
Wolfsberg
Spittal
KÄRNTEN
Drau
Wörther See
Klagenfurt
Drau
Mur
Villach
SLOWENIEN
ITALIEN
KROATIEN

0   50   100 km
0   25   50 mi

‡opa

0 200 400 600 km
0 200 400 mi

Reykjavik ✷
ISLAND

Europäisches Nordmeer

FINNLAND

ATLANTISCHER OZEAN

NORWEGEN

Oslo ✷
SCHWEDEN
Stockholm ✷
Helsinki ✷

Tallinn ✷
ESTLAND

RUSSLAND

Nordsee

DÄNEMARK

Riga ✷
LETTLAND

Moskau ✷

IRLAND
Dublin ✷

Kopenhagen ✷
Ostsee

LITAUEN
Wilna ✷

ZU RUSSLAND

Minsk ✷
BELARUS

GROSSBRITANNIEN

NIEDERLANDE
London ✷   Amsterdam ✷
Den Haag ✷
Brüssel ✷
BELGIEN

Berlin ✷
DEUTSCHLAND

Warschau ✷
POLEN

Kiew ✷

UKRAINE

Paris ✷
Luxemburg ✷
LUXEMBURG

Prag ✷
TSCH. REP.

SLOWAKEI
Bratislava ✷

Kischinew ✷
MOLDAWIEN

FRANKREICH

Vaduz ✷
Bern ✷
SCHWEIZ
ÖSTERREICH
Wien ✷

Budapest ✷
UNGARN

LIECHTENSTEIN
SLOWENIAN
Ljubljana ✷   Zagreb ✷
KROATIEN

RUMÄNIEN

Schwarzes Meer

GAL

ANDORRA

Madrid ✷
SPANIEN

ITALIEN

Rom ✷

BOSNIEN-
HERZEGOWINA
Sarajevo ✷

Belgrad ✷
SERBIEN
KOSOVO

Bukarest ✷

BULGARIEN
Sofia ✷

MONTENEGRO
Podgorica •

Skopje ✷
Tirana ✷ MAZEDONIEN
ALBANIEN

Mittelmeer

GRIECHENLAND

TÜRKEI

Athen ✷

OKKO   ALGERIEN   TUNESIEN

Contents

Contents • xiii

Program Components

Student Text

Text Audio Program

The Text Audio program, located on the *Deutsch heute* website (www.cengagebrain.com) in MP3 format, contains recordings of the *Bausteine* dialogues, in-class listening activities called *Hören Sie zu*, *Zum Lesen readings* and the *Leserunde* literary texts that appear in each chapter.

Student Activities Manual

The *Student Activities Manual* consists of *Workbook, Lab Manual,* and *Video Manual.* The *Workbook* section, correlated with the textbook chapters, offers a variety of directed exercises, open-ended activities, and art- and realia-based activities that provide vocabulary and grammar practice. The *Lab Manual* accompanies the *SAM Audio Program* and includes listening, speaking, and writing practice. The new *Video Manual* includes in-depth video activities to complement the *Video-Ecke* feature in the textbook.

Heinle eSAM

An online version of the *Student Activities Manual* contains the same content as the print version in an interactive environment that provides immediate feedback on many activities.

SAM Audio Program

The SAM Audio Program corresponds with the *Lab Manual* section of the *Student Activities Manual.* It provides the best possible models of German speech. Using a cast of native Germans, this audio presents several listening comprehension exercises and a pronunciation exercise for each chapter. It also contains material from the *Zum Lesen* chapter readings of the textbook. The complete audio program is available via the **Premium Website** and **iLrn: Heinle Learning Center.**

Deutsch heute, Tenth Edition Premium Website

The **Deutsch heute Premium Website** is your one-stop portal to an online suite of digital resources. Complimentary access is included to the complete Text Audio program, auto-grade grammar and vocabulary tutorial quizzes, Web search activities, Web links, *iTunes* playlist, and *Google Earth* coordinates. Additional premium password-protected resources include the complete SAM audio program, complete video program, audio-enhanced flashcards, and pronunciation and grammar podcasts. Students can access the premium assets via a printed access card when packaged with new copies of the text, or by purchasing an instant access code at www.cengagebrain.com.

iLrn: Heinle Learning Center

With the **iLrn™ Heinle Learning Center,** everything you need to master the skills and concepts of the course is built into this dynamic learning environment. The **iLrn™ Heinle Learning Center** includes an audio-enhanced eBook, assignable textbook activities, companion videos with pre- and post-viewing activities, partnered voice-recorded activities, an online workbook, lab manual with audio, and video manual with video, interactive enrichment activities, and a diagnostic study tool to better prepare students for exams.

Personal Tutor

Personal Tutor gives you access to one-on-one online tutoring help from a subject-area expert. In Personal Tutor's virtual classroom, you interact with the tutor and other students using two-way audio, an interactive whiteboard for illustrating the problem, and instant messaging. To ask a question, simply click to raise a "hand."

Classroom Expressions

Below is a list of common classroom expressions in German (with English equivalents) that the instructor may use in class. Also provided are common expressions you can use to make comments or requests and ask questions.

Terms of Praise and Disapproval

Gut. Das ist (sehr) gut. Good. That is (very) good.

Schön. Das ist (sehr) schön. Nice. That is (very) nice.

Ausgezeichnet. Excellent. **Wunderbar.** Wonderful.

Das ist schon besser. That's better. **Viel besser.** Much better.

Nicht schlecht. Not bad.

Richtig. Right. Correct.

Natürlich. Of course.

Genau. Exactly.

Sind Sie/Bist du sicher? Are you sure?

Nein, das ist nicht (ganz) richtig. No, that's not (quite) right.

Ein Wort ist nicht richtig. One word isn't right.

Nein, das ist falsch. No, that's wrong.

Sie haben/Du hast mich nicht verstanden. Ich sage es noch einmal. You didn't understand me. I'll say it again.

Sie haben/Du hast den Satz (das Wort) nicht verstanden. You didn't understand the sentence (the word).

Sagen Sie/Sag (Versuchen Sie/Versuch) es noch einmal bitte. Say (Try) it again please.

General Instructions

Nicht so laut bitte. Not so loud please.

Würden Sie/Würdet ihr bitte genau zuhören. Would you please listen carefully.

Stehen Sie/Steht bitte auf. Stand up please.

Bilden Sie/Bildet einen Kreis. Form a circle.

Arbeiten Sie/Arbeitet einen Moment mit Partnern. Work for a minute with partners.

Bringen Sie/Bringt (Bilder) von zu Hause mit. Bring (pictures) along from home.

(Morgen) haben wir einen Test. (Tomorrow) we're having a test.

Schreiben Sie/Schreibt jetzt bitte. Please write now.

Lesen Sie/Lest jetzt bitte. Please read now.

Ich fange (Wir fangen) jetzt an. I'll (We'll) begin now.

Fangen Sie/Fangt jetzt an. Begin now.

Hören Sie/Hört bitte auf zu schreiben (lesen). Please stop writing (reading).

Könnte ich bitte Ihre/eure Aufsätze (Klassenarbeiten, Tests, Übungsarbeiten, Hausaufgaben) haben? Could I please have your essays (tests, tests, exercises, homework)?

Jeder verbessert seine eigene Arbeit. Everyone should correct her or his own work (paper).

Verbessern Sie Ihre/Verbessere deine Arbeit bitte. Please correct your work (paper).

Tauschen Sie mit Ihrem/Tausch mit deinem Nachbarn. Exchange with your neighbor.

Machen Sie/Macht die Bücher auf (zu). Open (Shut) your books.

Schlagen Sie/Schlagt Seite (11) in Ihrem/eurem Buch auf. Turn to page (11) in your book.

Schauen Sie/Schaut beim Sprechen nicht ins Buch. Don't look at your book while speaking.

Wiederholen Sie/Wiederholt den Satz (den Ausdruck). Repeat the sentence (the expression).

Noch einmal bitte. Once again please.

(Etwas) Lauter. (Deutlicher./Langsamer./Schneller.) (Somewhat) Louder. (Clearer./Slower./Faster.)

Sprechen Sie/Sprich bitte deutlicher. Please speak more distinctly.

(Jan), Sie/du allein. (Jan), you alone.

Alle zusammen. All (everybody) together.

Sprechen Sie/Sprecht mir nach. Repeat after me.

(Nicht) Nachsprechen bitte. (Don't) Repeat after me.

Hören Sie/Hört nur zu. Nur zuhören bitte. Just listen.

Hören Sie/Hört gut zu. Listen carefully.

Lesen Sie/Lies den Satz (den Absatz) vor. Read the sentence (the paragraph) aloud.

Jeder liest einen Satz. Everyone should read one sentence.

Fangen Sie/Fang mit Zeile (17) an. Begin with line (17).

Nicht auf Seite (19), auf Seite (20). Not on page (19), on page (20).

Gehen Sie/Geh an die Tafel. Go to the board.

(Jan), gehen Sie/gehst du bitte an die Tafel? (Jan), will you please go to the board?

Wer geht an die Tafel? Who will go to the board?

Schreiben Sie/Schreib den Satz (das Wort) an die Tafel. Write the sentence (the word) on the board.

Schreiben Sie/Schreibt ab, was an der Tafel steht. Copy what is on the board.

Wer weiß es (die Antwort)? Who knows it (the answer)?

Wie sagt man das auf Deutsch (auf Englisch)? How do you say that in German (in English)?

Auf Deutsch bitte. In German please.

Verstehen Sie/Verstehst du die Frage (den Satz)? Do you understand the question (the sentence)?

Ist es (zu) schwer (leicht)? Is it (too) difficult (easy)?

Sind Sie/Seid ihr fertig? Are you finished?

Kommen Sie/Komm (morgen) nach der Stunde zu mir. Come see me (tomorrow) after class.

Jetzt machen wir weiter. Now let's go on.

Jetzt machen wir was anderes. Now let's do something different.

Jetzt beginnen wir was Neues. Now let's begin something new.

Das ist genug für heute. That's enough for today.

Hat jemand eine Frage? Does anyone have a question?

Haben Sie/Habt ihr Fragen? Do you have any questions?

Student Responses and Questions

Das verstehe ich nicht. I don't understand that.

Das habe ich nicht verstanden. I didn't understand that.

Ah, ich verstehe. Oh, I understand.

Ich weiß es nicht. I don't know (that).

Wie bitte? (*Said when you don't catch what someone said.*) Pardon./Excuse me?/ I'm sorry.

Wie sagt man … auf Deutsch (auf Englisch)? How do you say . . . in German (in English)?

Können Sie den Satz noch einmal sagen bitte? Can you repeat the sentence please?

Kann sie/er den Satz wiederholen bitte? Can she/he repeat the sentence please?

Ich habe kein Papier (Buch). I don't have any paper (a book).

Ich habe keinen Bleistift (Kuli). I don't have a pencil (a pen).

Auf welcher Seite sind wir? Welche Zeile? Which page are we on? Which line?

Wo steht das? Where is that?

Ich habe eine Frage. I have a question.

Was haben wir für morgen (Montag) auf? What do we have due for tomorrow (Monday)?

Sollen wir das schriftlich oder mündlich machen? Should we do that in writing or orally?

Wann schreiben wir die nächste Arbeit? When do we have the next paper (written work)?

Wann schreiben wir den nächsten Test? When do we have the next test?

Für wann (sollen wir das machen)? For when (are we supposed to do that)?

Ist das so richtig? Is that right this way?

(Wann) Können Sie mir helfen? (When) Can you help me?

(Wann) Kann ich mit Ihnen sprechen? (When) Can I see you?

Acknowledgments

The authors and publisher of **Deutsch heute, Tenth Edition** would like to thank the following instructors for their thorough and thoughtful reviews of several editions of **Deutsch heute**. Their comments and suggestions were invaluable during the development of the Tenth Edition.

Reviewers of Prior Editions

Reinhard Andress, *Saint Louis University*

Edwin P. Arnold, *Clemson University*

Carol Bander, *Saddleback College*

Ingeborg Baumgartner, *Albion College*

Marlena Bellavia, *Central Oregon Community College*

Leo M. Berg, *California State Polytechnic University*

Achim Bonawitz, *Wayne State University*

Renate Born, *University of Georgia*

Gabriele W. Bosley, *Bellarmine University*

Renate Briggs, *Wellesley, MA*

Christine Geffers Browne, *Brandeis University*

Yolanda Broyles-González, *University of Texas*

Peter F. Brueckner, *University of Oklahoma*

Iris Busch, *University of Delaware*

Phillip Campana, *Tennessee Technological University*

Jeannette Clausen, *Indiana University, Purdue University*

Alfred L. Cobbs, *Wayne State University*

Virginia M. Coombs, *University of Wisconsin*

Walter Josef Denk, *University of Toledo*

Irene Stocksieker Di Maio, *Louisiana State University*

Doris M. Driggers, *Reedley College*

Helga Druxes, *Williams College*

Ronald W. Dunbar, *Indiana State University*

Anneliese M. Duncan, *Trinity University*

Bruce Duncan, *Dartmouth College*

David Gray Engle, *California State University*

George A. Everett, *University of Mississippi*

Henry Geitz, *University of Wisconsin*

Ruth V. Gross, *North Carolina State University*

Todd C. Hanlin, *University of Arkansas*

Wilhelmine Hartnack, *College of the Redwoods*

Jeffrey L. High, *California State University*

Harald Höbusch, *University of Kentucky*

Ronald Horwege, *Sweet Briar College*

Doreen Kruger, *Concordia University*

Hildegrad Kural, *De Anza College*

Brian Lewis, *University of Colorado*

Sieglinde Lug, *University of Denver*

Charles Lutcavage, *Harvard University*

Frances Madsen, *Northeastern Illinois University*

David Pankratz, *Loyola University*

Mark Pearson, *Cottey College*

Manfred Prokop, *University of Alberta*

Claus Reschke, *University of Houston*

Michael Resler, *Boston College*

Roberta Schmalenberger, *Clark College*

Frangina Spandau, *Santa Barbara City College*

Barbara Starcher, *Memorial University*

Gerhard F. Strasser, *Pennsylvania State University*

Ulrike I. Stroszeck-Goemans, *Rochester Institute of Technology*

Carmen Taleghani-Nikazm, *Ohio State University*

Karin Tarpenning, *Wayne State University*

Heimy F. Taylor, *Ohio State University*

Gerlinde Thompson, *University of Oklahoma*

Elizabeth Thibault, *University of Delaware*

Friederike von Schwerin-High, *Pomona College*

Norman Watt, St. *Olaf College*

Barbara Drygulski Wright, *University of Connecticut*

Reviewers of the Tenth Edition

Inge Baird, *Anderson University*

Gabrielle Bersier, *Indiana University - Purdue University Indianapolis*

Gordon Birrell, *Southern Methodist University*

Klaus Brandl, *University of Washington*

Ralph Buechler, *University of Nevada*

Monika Campbell, *University of North Texas*

Christopher Clason, *Oakland University*

Stephen Della Lana, *College of Charleston*

Doris Driggers, *Willow International College Center*

Erika Duff, *Community College of Denver*

David Engle, *California State University - Fresno*

Garry Fourman, *Columbus State Community College*

Kerstin Gaddy, *Catholic University of America*

Ray Hattaway, *Florida State University*

Reinhard Hennig, *Northern Virginia Community College*

Robin Huff, *Georgia State University*

Stephanie Libbon, *Kent State University*

Kathryn Melchiore, *Camden County College*

Sermin Muctehitzade, *Northeastern University*

Franziska Nabb, *University of Nebraska - Kearney*

Mike Putnam, *Penn State University*

Dorian Roehrs, *University of North Texas*

Margaret Schleissner, *Rider University*

Frangina Spandau, *Santa Barbara City College*

Ulrike Stroszeck-Goemans, *Rochester Institute of Technology*

Geraldine Suter, *James Madison University*

Lisa Thibault, *University of Delaware*

Martha von der Gathen, *Marist College*

David Ward, *Norwich University*

Anthony Waskie, *Temple University*

Heide Witthöft, *Indiana University of Pennsylvania*

The authors wish to express their appreciation to Marilyn Uban at Oakland University for developing the attractive German calendar.

The authors would also like to express their appreciation to the Heinle, Cengage Learning staff and freelancers whose technical skills and talents made this new edition possible. Judith Bach, Acquiring Sponsoring Editor, organized the work on this revision and saw the project to its conclusion. She was a key figure in conceiving the new video *Deutsch heute* and shepherded it from the script writing through filming in Germany to its final production. We thank Linda Rodolico for her keen eye and tireless search for just the right photo or drawing. The admirable artistic talent of Anna Veltfort produced drawings for the text exactly as we had envisioned them. A final thank you goes for the often thankless tasks: the careful copyediting by Esther Bach, and the exacting proofreading performed by Tunde Dewey with her characteristic attention to detail.

Personen (Cast of Characters)

The following fictional characters appear regularly in the dialogues, some of the readings, many of the exercises, and also in the *Student Activities Manual* and tests. The characters are all students at either the *Universität Tübingen* or the *Freie Universität Berlin (FU Berlin)*.

Anna Riedholdt (1): First-semester English major with minors in German and art history at the *Universität Tübingen*. Becomes a good friend of Daniel. Lives in the same dormitory as Leon. Her home is in Mainz.

Daniel Kaiser (2): Third-semester law student. Interested in art. Becomes a good friend of Anna. Roommate of Felix. Home is in Hamburg.

David Carpenter (3): American exchange student at the *Universität Tübingen*. Knows Anna and her friends.

Felix Ohrdorf (4): Seventh-semester computer major. Daniel and Felix are roommates. Is a good friend of Marie.

Marie Arnold (5): Seventh-semester medical student. Is a good friend of Felix.

Sarah Beck (6): Fourth-semester German major (previously history). Is a good friend of Leon.

Leon Kroll (7): Third-semester English major. Lives in the same dormitory as Anna. Plays guitar in a band. Is a good friend of Sarah. Home is in Hamburg.

Franziska Berger (8): Attends the *FU Berlin (Freie Universität Berlin)*. Sister of Sebastian and friend of Anna from school days in Mainz.

Sebastian Berger (9): Attends the *FU Berlin*. Brother of Franziska and friend of Anna.

Michael Clason (10): American exchange student at the *FU Berlin*. Friends with Franziska and Sebastian. He knew Franziska when she was a German exchange student in the U.S.

Emily (11) and Jessica White (12): Two Americans who visit Franziska and Sebastian Berger in Berlin.

Andere Länder – andere Sitten
Ist das typisch deutsch?

Deutsche Fußballfans

AP Photo/Daniel Roland

Lernziele

Sprechintentionen
- Making plans and preparations
- Discussing and scheduling household chores
- Seeking information about someone
- Expressing agreement and disagreement
- Discussing cultural features

Zum Lesen
- Ein Austauschstudent in Deutschland

Leserunde
- *fünfter sein* (Ernst Jandl)

Wortschatz
1 **Hausarbeit**
2 **Möbel und Küchengeräte**

Grammatik
- **Hin** and **her**
- Verbs **legen/liegen, stellen/stehen, setzen/sitzen, hängen, stecken**
- Two-way prepositions
- Verb and preposition combinations
- Time expressions in dative and accusative
- **Da**-compounds
- **Wo**-compounds
- Indirect questions

Land und Leute
- München
- Häuser und Wohnungen
- Essen zu Hause und als Gast
- Fußgängerzonen

Video-Ecke
1 Typisch deutsch!
   Typisch amerikanisch!
2 Die berühmte deutsche Pünktlichkeit!

RESOURCES

Bausteine für Gespräche

2-8

🔊 München im Sommer

Michael besucht seine Freundin Christine in München.

MICHAEL: Was machst du nach der Vorlesung? Musst du in die Bibliothek?

CHRISTINE: Nein, ich habe Zeit. Sollen wir nicht mal in einen typisch bayerischen Biergarten gehen? Bei dem Wetter können wir doch schön draußen sitzen.

MICHAEL: Au ja, gern. Im Englischen Garten?

CHRISTINE: Hmmm. Dort gibt es natürlich einige Biergärten, aber dort sind immer so viele Touristen. Außerdem ist es dort ziemlich teuer. Ich bin im Moment etwas pleite.

MICHAEL: Macht nichts. Ich lade dich ein. Wenn ich schon in München bin, möchte ich doch in den Englischen Garten gehen!

A. Ein paar Tage in München
F. Im Stadtgarten in München

> ### 1 Fragen
>
> 1. Muss Christine nach der Vorlesung arbeiten?
> 2. Welche Idee hat Christine?
> 3. Was hält Michael davon?
> 4. Warum möchte Christine zuerst nicht in den Englischen Garten?
> 5. Was sagt Michael dazu?

🔊 Vorbereitungen für eine Party

2-9

FRANZISKA: Sag mal, willst du nicht endlich mal das Wohnzimmer aufräumen? Da liegen überall deine Bücher herum.

SEBASTIAN: Muss das sein?

FRANZISKA: Klar, wir müssen das Essen vorbereiten und den Tisch decken. In einer Stunde kommen die Leute.

SEBASTIAN: Was? Schon in einer Stunde? Du meine Güte! Und wir müssen noch Staub saugen, Staub wischen, abwaschen, abtrocknen, die Küche sieht aus wie …

FRANZISKA: Jetzt red' nicht lange, sondern mach' schnell. Ich helf' dir ja.

> ### 2 Fragen
>
> 1. Warum soll Sebastian das Wohnzimmer aufräumen?
> 2. Wann kommen die Gäste?
> 3. Was müssen Franziska und Sebastian noch machen?
> 4. Ist die Küche sauber?
> 5. Muss Sebastian alles allein machen?

3 **Was machst du wann?** Fragen Sie eine Partnerin/einen Partner, wann sie/er was macht.

Making plans

G. Pläne

S1:
Was machst du | **nach der Vorlesung?**
| nach dem Seminar?
| heute Nachmittag?
| am Wochenende?

S2:
Ich gehe | **in einen Biergarten.**
| in die Bibliothek.
| ins Café.
| einen Film ausleihen.
| nach Hause.

Ich treffe | **im Café.**
[Michael] | in einem Biergarten.
| in der Bibliothek.

4 **Eine Party** Eine Freundin/Ein Freund hat Sie zu einer Party eingeladen. Fragen Sie, was geplant ist und was Sie mitbringen sollen.

Preparing for a party

S1:
Was macht ihr auf der Party?

S2:
Wir | **tanzen.**
| hören Musik.
| essen viel.
| reden viel.
| schauen eine DVD an.

S1:
Was soll ich zu der Party mitbringen?

S2:
Bring doch | **die Bilder von deiner Ferienreise** | mit.
| etwas zu | **essen**
| | trinken
| ein paar | **Flaschen Cola**
| | CDs
| | DVDs

Brauchbares

1. **Bayrischer Biergarten.** Christine suggests going to a beer garden. Outdoor cafés and restaurants are very common in German-speaking countries. The moderate climate of the summers lends itself to pleasant outdoor dining.

2. **Englischer Garten.** It was created in 1789 on a former hunting ground. With over 921,600 acres, it is one of the largest urban parks in the world. On nice days it is very busy with people sunbathing, boating on the lake, horseback riding, bicycling, strolling, or visiting one of the beer gardens. Munich's surfers meet to go river surfing on the Isar, which flows nearby. Or, you can board one of the traditional wooden rafts and allow yourself to be carried toward the city center as the Isar boatmen used to do. The close proximity of the Garden to the Ludwig-Maximilians-Universität makes it popular with students.

Erweiterung des Wortschatzes 1

Hausarbeit

die Spülmaschine
einräumen

den Tisch decken

Geschirr spülen

abtrocknen

das Bad putzen

die Spülmaschine
ausräumen

die Küche sauber
machen

Staub wischen

Staub saugen

die Wäsche waschen

5 **Was passt?** Stefans Eltern kommen zum Abendessen. Stefan muss also viel Hausarbeit machen. Welche Verben passen wohin? Sie brauchen nicht alle Verben.

> wischen   deckt   einräumen   saugen   abtrocknen
> spülen   putzen   sauber machen

Stefan muss das Geschirr _____ und dann muss er es _____.
Das Bad ist nicht sauber, also muss er es _____. Aber das ist noch nicht alles. Im Wohnzimmer muss er noch Staub _____, und in der Küche muss er _____. Dann _____ er den Tisch.
Jetzt muss er nur noch das Essen kochen!

6 **Hausarbeit** **Wer macht was im Haushalt?** Fragen Sie fünf Personen in der Klasse, was sie im Haushalt machen und was nicht. Benutzen Sie die Bilder.

Talking about household chores

S1:
Welche Hausarbeit machst du
  zu Hause?
Welche Arbeit machst du nicht oft?

S2:
Ich räume die Spülmaschine ein.

Ich sauge nicht oft Staub.

Anyka/Shutterstock.com

7 **Frage-Ecke** Sie und Ihre Partnerin/Ihr Partner planen die Hausarbeit für das Wochenende. Sagen Sie, was Julia, Lukas, Alex, Lena, Sie und Ihre Partnerin/Ihr Partner am Freitag und Samstag machen. Die Informationen für *S2* finden Sie im Anhang *(Appendix B)*.

Scheduling chores

S1:
Was macht Julia am Freitag?

S2:
Sie kocht das Abendessen.

S1: ...

	Freitag	Samstag
Julia		das Wohnzimmer aufräumen
Lukas	das Abendessen kochen	
Alex		die Küche sauber machen
Lena	abwaschen	
ich		
Partnerin / Partner		

Vokabeln **I**

Substantive

Im Haushalt

der **Staub** dust
das **Bad,** ¨er bath; bathroom
das **Geschirr** dishes
das **Wohnzimmer,** - living room
die **Hausarbeit** housework; chore
die **Küche, -n** kitchen
die **Spülmaschine, -n** dishwasher
die **Wäsche** laundry

Weitere Substantive

der **Biergarten,** ¨ beer garden
die **Ferienreise, -n** vacation trip
die **Flasche, -n** bottle; **eine Flasche
  Mineralwasser** a bottle of mineral water
das **Land,** ¨er - country
die **Sitte, - en** - custom
die **Vorbereitung, -en** preparation

Verben

Hausarbeit machen

ab·trocknen to dry dishes; to wipe dry
**ab·waschen (wäscht ab),
  abgewaschen** to do dishes
auf·räumen to straighten up (a room)
aus·räumen to unload (dishwasher);
  to clear away
decken to cover; **den Tisch
  decken** to set the table
ein·räumen to load (dishwasher)
  ich räume die Spülmaschine ein
    I load the dishwasher
  **ich räume das Geschirr in die
    Spülmaschine ein** I put the dishes
    in the dishwasher
herum·liegen, herumgelegen to be
  lying around
putzen to clean

spülen to rinse; to wash
Geschirr spülen to wash dishes
Staub saugen to vacuum **ich sauge
  Staub** I vacuum
  ich habe Staub gesaugt I vacuumed
Staub wischen to dust **ich wische
  Staub** I'm dusting
  ich habe Staub gewischt I dusted
waschen (wäscht), gewaschen to
  wash; **Wäsche waschen** to do laundry

Weitere Verben

an·schauen to look at, watch (e.g.,
  ein Video)
ein·laden (lädt ein), eingeladen to
  invite; to treat (pay for someone); **Ich
  lade dich ein** It's my treat
sitzen: gesessen

Adjektive und Adverbien

bay(e)risch Bavarian
draußen outside
endlich finally
nun now, at present

pleite broke, out of money
sauber clean; **sauber machen** to clean
typisch typical

Weitere Wörter

dazu to it

herum around

Besondere Ausdrücke

Du meine Güte! Good Heavens!
Mach schnell! Hurry up!

Macht nichts! Doesn't matter!

Alles klar?

C. Ist das logisch?
D. Der richtige Ort

8 Ergänzen Sie

| Biergarten | einladen | Ferienreise | pleite |
| sauber | typisch | Vorbereitung |

1. Im August hat Tom Urlaub. Dann möchte er mit dem Motorrad eine _____ nach Sizilien machen.
2. Ich habe für Toms Geburtstagparty alles allein gemacht. Und ich muss sagen, die _____ war wirklich viel Arbeit!
3. So ist es immer! Mein Bruder hilft nie beim Aufräumen. Das ist einfach _____ für ihn!
4. Ich möchte zu meiner Geburtstagsparty nicht so viele Leute _____.
5. Wenn dein Hemd nicht mehr _____ ist, musst du es waschen.
6. Ein _____ ist eine Kneipe, wo man draußen sitzt und etwas trinken und essen kann.
7. Wenn man kein Geld hat, ist man _____.

9 **Was passt?** Finden Sie für jede der folgenden Arbeiten im Haushalt drei passende Aktivitäten.

Arbeiten im Haushalt		Aktivitäten
1. Nach dem Fest:	_____	a. aufräumen
	_____	b. Gläser spülen
	_____	c. Geschirr in die Spülmaschine einräumen
2. Zimmer in Ordnung bringen:	_____	d. Gläser spülen und abtrocknen
	_____	e. putzen
3. Waschtag:	_____	f. saubere Kleidungsstücke wieder in den Schrank legen
	_____	g. Wäsche waschen
		h. Staub saugen

10 **Was ist das?** Verbinden Sie die Wörter mit den richtigen Bildern.

Yuri Arcurs/Shutterstock.com

1. _____

Kzenon/Shutterstock.com

2. _____

Matka_Wariatka/Shutterstock.com

3. _____

Hallgerd/Shutterstock.com

4. _____

den Tisch decken   Wäsche waschen   Staub wischen
herumliegen   Staub saugen   Geschirr spülen

Land und Leute

▲ Blick auf München mit den Alpen im Hintergrund

München

Munich (**München**), the capital of Bavaria (**Bayern**), is called **die Weltstadt mit Herz** *(the world city with a heart)*, and no doubt many of the six million people who visit the **Oktoberfest** each year in September can attest to the appropriateness of this nickname. Indeed, not only do foreign tourists visit Munich, but it is also the most popular domestic vacation spot for Germans. An important destination for many is the **Marienplatz,** the location of several world-famous sights, including the **Hofbräuhaus** and the **Glockenspiel** on the **Neues Rathaus** *(New City Hall)*.

However, Munich is more than a tourist attraction. It is also a dynamic center of business, commerce, science, and culture with 1.4 million residents, of whom 23% are foreigners. Founded in 1158, Munich got its name from the phrase **"bei den Mönchen"** *(home of the monks)*. It quickly became the residence of the Wittelsbach family, who ruled Bavaria until 1918. Munich has been a center of education and science since the sixteenth century, and today it has three universities and five **Hochschulen,** among them the Munich **Hochschule für Film und Fernsehen**. Furthermore, the city has become a center for media industries (movies, television, advertising, and music). Since 1983, the Munich Film Festival has attracted some 60,000 visitors each year to its screenings of international films and student productions. In addition, Munich is a center for the financial industry, high-tech industries, and biotechnology.

The city offers a wide variety of museums and parks, including the well-known **Englischer Garten**. Among the most famous museums are the **Alte Pinakothek,** which houses one of the most important collections of European paintings from the fourteenth through the eighteenth centuries, and the **Neue Pinakothek,** devoted to nineteenth-century art. The **Deutsches Museum** has exhibitions on science and history; and for car fans, there is the BMW museum. The **Olympia Park,** site of the 1972 Olympic Games, is another popular attraction in Munich. The **Allianz-Arena** is a more recent addition to the array of internationally known architectural landmarks of the city. Since 2005, it has been home to the most successful German soccer team of the **Bundeliga** *(national soccer league)*, **Bayern München**. The stadium regularly hosts national league games, European cup games, and games between national teams.

▲ Die Allianz-Arena: Hier spielt Bayern München in der Bundesliga.

Kulturkontraste

1. Jede Region hat ihre kulinarischen Spezialitäten. Suchen Sie im Internet Informationen über die folgenden bayerischen Spezialitäten: **Brezel, Kalbshaxe, Semmelknödel, Weißwurst**.

2. Was für kulinarische Spezialitäten gibt es in Ihrer Region? Essen Sie sie gern?

3. Sie sind in München und Sie haben einen Tag Zeit. Was wollen Sie sehen, was wollen Sie machen? Wie kommen Sie dahin? Suchen Sie im Internet Informationen.

Zum Lesen

Vor dem Lesen

 11 **Reisethemen** Viele Leute sprechen gern über ihre Zeit im Ausland. Mögliche Themen sind das Essen, die Reise, die Hotels oder der Flug. Welche anderen Themen gibt es? Worüber sprechen Sie gerne? Diskutieren Sie mit einer Partnerin oder einem Partner.

 12 **Ein Gespräch** Sprechen Sie mit Ihrer Partnerin/Ihrem Partner über die folgenden Themen.

1. Möchtest du gerne im Ausland studieren? Warum (nicht)? Wenn ja, wo?
2. Findest du andere Kulturen und andere Sitten interessant? Warum?
3. Was für Probleme kann man in einem fremden Land haben?

13 **Das ist typisch!** Was assoziieren Sie mit diesen Ländern? Was ist typisch oder stereotyp? Welche Klischees gibt es? Welche sind positiv, welche negativ?

Klischees	USA	Kanada	Mexiko	Deutschland
positiv				
negativ				

Beim Lesen

14 **Vokabeln** Suchen Sie im Text Wörter und Ausdrücke zu den folgenden Themen:

- das Essen, Straßencafé, Restaurant, Markt, Brot, Bier, Wurst, Messer und Gabel benutzen, am ganzen Wochenende einkaufen gehen
- Verkehrsmittel Zug, Bahnhof, pünktlich abfahren/ankommen, die öffentlichen Verkehrsmittel, Busse

▲ Was meinen Sie: Wo in den USA gibt es viele öffentliche Verkehrsmittel? Welche? Wo gibt es nicht so viele?

2-10

A. Ein Austauschstudent
   in Deutschland
B. Richtig oder falsch?

J. Wie ich Hamburg finde

Ein Austauschstudent in Deutschland

Der Austauschstudent Michael Clasen studiert seit drei Monaten an der Freien Universität (FU) in Berlin. Dieses

5 Wochenende ist er nach München gekommen, wo er seine Freundin Christine trifft. Er hat sie letztes Jahr an seiner Uni in den USA kennengelernt. Christine war dort

10 für ein Jahr als Austauschstudentin und sie studiert jetzt in München. Michael und Christine sitzen in einem Straßencafé und Christine möchte wissen, wie es Michael in Deutschland gefällt.

Andriy Solovyov/Shutterstock.com

CHRISTINE: Sag mal, Michael, wie findest du es in Deutschland? Was ist für dich anders als in Amerika?

15 MICHAEL: Vieles ist ja genauso wie in den USA, aber manches ist doch auch anders. Zum Beispiel meine erste Fahrt° auf der Autobahn. Furchtbar! Die fahren wie die Wilden, hab' ich gedacht. Seitdem fahr' ich richtig gern mit dem Zug. Jede Stadt hier hat einen Bahnhof und es gibt genug Züge. Sie sind sauber und meistens pünktlich.

ride

20 CHRISTINE: Ja, das habe ich in Amerika vermisst – die öffentlichen Verkehrsmittel. Es gibt zwar Busse, aber die fahren nicht so oft. Alles ist auch so weit auseinander°. Man braucht wirklich ein Auto. – Aber Michael, ich hab dich unterbrochen°. Was findest du sonst noch anders in Deutschland?

apart
interrupted

MICHAEL: Was noch? Vielleicht die Parks in jeder Stadt und auch die Fußgän-
25 gerzonen mit den vielen Straßencafés. Schön sind auch die vielen Blumen in den Fenstern, auf den Märkten und in den Restaurants. Und dann das Essen. Das Essen selbst ist anders – anderes Brot und Bier, mehr Wurst und so. Dann wie man isst – wie man Messer und Gabel benutzt. Ich finde auch, dass das Essen mehr ein Ereignis° ist. Man sitzt länger° am Tisch und
30 spricht miteinander.

event / for a longer time

CHRISTINE: Hmm, aber ich weiß nicht, ob das immer so ist. In vielen Familien arbeiten beide Eltern. Da bleibt auch nicht mehr so viel Zeit für lange Tischgespräche.

MICHAEL: Ach, und noch etwas. Alles ist so sauber in Deutschland. Ich habe
35 einmal im Dezember eine Frau in Gummistiefeln° gesehen. Sie hat eine öffentliche Telefonzelle° geputzt. Das kann doch wohl nur in Deutschland passieren. Aber nun mal zu dir. Was hast du denn in den USA beobachtet?

rubber boots
telephone booth

CHRISTINE: Einige Sachen haben mir ausgesprochen° gut gefallen. Zum Beispiel, dass man in Amerika auch spätabends und am Wochenende einkaufen
40 gehen kann. Das finde ich toll. Und ich finde die Amerikaner unglaublich freundlich. In den Geschäften und Restaurant waren alle einerseits° sehr hilfsbereit° ...

really

on the one hand
helpful

MICHAEL: Und andererseits°?

on the other hand
friendliness / appears

CHRISTINE: Na ja, sei mir nicht böse, aber diese Freundlichkeit° erscheint° mir
45 manchmal doch auch sehr oberflächlich. Einmal war ich zum Beispiel beim Arzt und die Krankenschwester hat „Christine" zu mir gesagt, nicht „Miss" oder „Ms. Hagen". Sie hat mich doch gar nicht gekannt! Wir benutzen den Vornamen nur unter Freunden.

MICHAEL: Das sehen wir eben anders. Ein nettes Lächeln und ein freundliches Wort im Alltag° machen das Leben doch einfacher.

everyday life

Nach dem Lesen

15 Fragen zum Lesestück

1. Über welche Themen haben Christine und Michael gesprochen?
2. Wie fahren die Deutschen auf der Autobahn?
3. Mit welchem Verkehrsmittel fährt Michael gern?
4. Wie sind die Züge in Deutschland?
5. Warum ist Christine in Amerika nicht gern mit dem Bus gefahren?
6. Michael findet, dass die Deutschen vielleicht zu sauber sind. Warum glaubt er das?
7. Inwiefern ist das Einkaufen anders in Amerika?
8. Was hat Christine bei dem amerikanischen Arzt nicht gefallen?
9. Findet Michael, dass die Amerikaner zu freundlich sind?

16 Positives und Negatives Michael und Christine machen sich Notizen über ihre Zeit im Ausland+. Was muss auf ihre Listen? Schreiben Sie die Notizen auf.

B. Was meinen Sie?

	Positives	Negatives
Michael über Deutschland		
Christine über Amerika		

17 Erzählen wir Sprechen Sie über eines der folgenden Themen. Was ist in Deutschland anders als hier? Was ist genauso wie bei Ihnen?

> Autofahren Blumen Essen Einkaufen Fernsehen
> Freundlichkeit Vornamen Züge

Brauchbares

1. l. 16–17, **"Die fahren wie die Wilden ..."** Most stretches of the **Autobahn** have no speed limit (**die Geschwindigkeitsbegrenzung** or **das Tempolimit**). Although environmentalists keep advocating a speed limit of 100 km per hour everywhere, polls show that 80% of the German population opposes limits of any kind.

2. l. 28, **"Dann wie man isst ..."** If only a fork or spoon is needed, the other hand rests on the table next to the plate. If both a knife and fork are used, the knife is held in the right hand during the entire meal.

3. ll. 47–48, **"Wir benutzen den Vornamen nur unter Freunden."** Adult Germans use **du** and first names only with close friends. Although students use first names and **du** with each other immediately, it is still prudent in most situations for a foreign visitor to let a German-speaking person propose the use of the familiar **du.**

4. In l. 49, **"Das sehen wir eben anders."** Eben is a flavoring particle that can be used by a speaker to imply that she/he has no desire or need to discuss the point further.

Web Search

Land und Leute

L. Kulturkontraste
2. Häuser und Wohnungen

Häuser und Wohnungen

Most people in German-speaking countries live in apartments, which they either rent (**Mietwohnung**) or own (**Eigentumswohnung**). Residents of **Mietwohnungen** share the cleaning of the stairway, attic, and basement, unless the owner has hired a superintendent (**Hausmeisterin/Hausmeister**).

Only 43% of the people in Germany own a single-family home (**Einfamilienhaus**), compared to 86% in Spain and Norway, 74% in Greece and Belgium, and 70% in the United States. Even though the local and federal governments have tried to make it easier and more affordable to become a homeowner, land remains limited and expensive; construction materials and wages are still costly; planning, licensing, and building codes are complex; and mortgages still require very large down payments.

Larger properties and free standing houses do exist; however they are generally more expensive than in North America. They are "built to last" and to be lived in for a long time. It is not uncommon that a house may remain in a family for more than one generation.

More common is terraced housing (**Reihenhaus**) where, not unlike town houses, a number of houses are build right next to one another, thus sharing walls.

A typical German house has stucco-coated exterior walls and a tile or slate roof. Normally there is a full basement (**der Keller**), which is used primarily for storage or as a work area. The ground floor is called **das Erdgeschoss** or **Parterre**. The first floor (**erster Stock** or **erste Etage**) is what is usually considered the second story in North American homes. People often keep interior doors shut in their private homes, as well as in public buildings and offices. Many homes and apartments are equipped with outdoor shutters (**Rollläden**) that unfold vertically over the windows.

In addition to the modern houses, each region of Germany has its own traditional architecture. **Fachwerkhäuser** (*half-timbered houses*) lend charming character to many town centers.

Uli Gersiek

▲ **Es gibt viele Reihenhäuser in Deutschland.**

Patrick Poendl/Shutterstock.com

▲ **Eine Wohnsiedlung in Hildesheim**

Kulturkontraste

Suchen Sie im Internet nach Informationen: Welche Unterschiede finden Sie zwischen deutschen und nordamerikanischen Häusern und Wohnungen? Denken Sie zum Beispiel an Größe, Baumaterial, Keller, Garage und Farben.

262 • Deutsch heute

Erweiterung des Wortschatzes 2

⊕ Audio Flashcards

Möbel und Küchengeräte *(kitchen appliances)*

das Wohnzimmer

der Sessel, -
der Couchtisch, -e
der Teppich, -e
das Sofa, -s
der Schreibtisch, -e

das Schlafzimmer

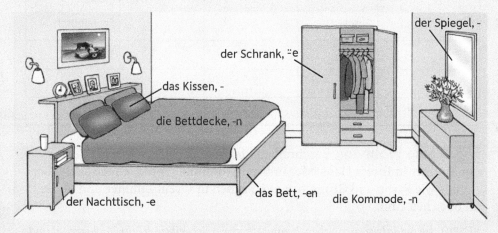

der Spiegel, -
der Schrank, ¨e
das Kissen, -
die Bettdecke, -n
der Nachttisch, -e
das Bett, -en
die Kommode, -n

die Küche

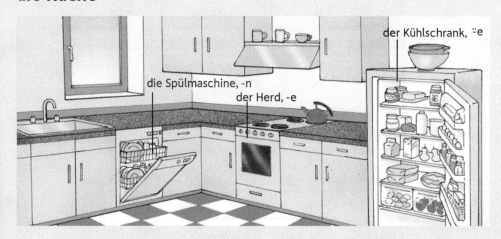

der Kühlschrank, ¨e
die Spülmaschine, -n
der Herd, -e

16 **Was steht wo?** Sie haben eine neue Wohnung. Machen Sie eine Liste und schreiben Sie auf, was in jedes Zimmer kommt.

die Küche	das Wohnzimmer	das Esszimmer⁺	das Schlafzimmer

17 **Frage-Ecke** Ihre Partnerin/Ihr Partner und verschiedene andere Leute haben einige neue Möbel und andere neue Sachen in ihren Wohnungen. Finden Sie heraus, was sie haben und in welchen Zimmern die Sachen sind. Die Informationen für *S2* finden Sie im Anhang *(Appendix B)*.

S1:
Was ist im Wohnzimmer und im Schlafzimmer von Herrn Becker neu?

S1: …

S2:
Im Wohnzimmer ist die Pflanze und im Schlafzimmer ist der Schrank neu.

	in der Küche	im Wohnzimmer	im Esszimmer	im Schlafzimmer
Herr Becker	Herd		Tisch	
Frau Hauff		Sofa	4 Stühle	
Andrea	Geschirr			Schreibtisch
Jens		Bücherregal		Kommode
ich				
Partnerin/ Partner				

18 **Meine Wohnung** Beschreiben Sie Ihrer Partnerin/Ihrem Partner ein Zimmer in Ihrem Haus oder in Ihrer Wohnung. Sprechen Sie auch über Details wie Farbe und Größe von den Sachen in Ihrem Zimmer und ob sie alt oder neu sind.

BEISPIEL *Im Schlafzimmer habe ich ein Bett, einen Schreibtisch, ein Bücherregal und eine Lampe. Der Schreibtisch ist modern und groß. Das Bücherregal ist …*

▲ Was sehen Sie in diesem Wohnzimmer?

Vokabeln ❚❚

Substantive

Wohnen

der **Boden**, ⁻ floor
das **Esszimmer**, - dining room
das **Möbelstück**, -e piece of
 furniture
das **Schlafzimmer**, - bedroom
die **Ecke**, -n corner
die **Möbel** (*pl.*) furniture
die **Vase**, -n vase
die **Wohnung**, -en dwelling,
 apartment

In der Stadt

der **Bahnhof**, ⁻e train station
der **Park**, -s park

das **Restaurant**, -s restaurant
das **Verkehrsmittel**, - means of
 transportation
die **Fußgängerzone**, -n
 pedestrian zone

Weitere Substantive

der **Austauschstudent**, -en, -en/
 die **Austauschstudentin**, -nen
 exchange student
die **Gabel**, -n fork
der **Hund**, -e dog
der **Löffel**, -⁻ spoon
der **Name**, -n, -n name
der **Vorname**, -n, -n first name

das **Ausland** (*no pl.*) foreign
 countries; **im Ausland** abroad
das **Leben**, - life
das **Messer**, - knife
die **Autobahn**, -en freeway,
 expressway
die **Katze**, -n cat
die **Krankenschwester**, -n nurse
*For items of furniture and kitchen
 appliances see p. 263.*

Verben

ab·fahren (fährt ab), ist abge-
 fahren to depart (by vehicle)
an·kommen, ist angekommen
 (in + *dat.*) to arrive (in)
benutzen to use
beobachten to observe
hängen to hang (something), put
 hängen, gehangen to be hanging

lächeln to smile
legen to lay, put (horizontal)
meinen to mean; to think,
 have an opinion; **was meinst
 du?** what do you think?
passieren, ist passiert (*dat.*) to
 happen; **was ist dir passiert?**
 what happened to you?

setzen to set, put
stecken to stick, put into, insert
stehen, gestanden to stand; to be
 located
stellen to place, put (upright)
vermissen to miss someone or
 something

Adjektive und Adverbien

abends in the evenings
böse (auf + *acc.*) angry (at)
genau exact(ly); **Genau!** That's
 right!
genauso exactly the same

oberflächlich superficial
öffentlich public
pünktlich punctual
schließlich finally, after all
seitdem since then

überhaupt generally (speaking);
 actually, altogether; **überhaupt
 nicht** not at all
unglaublich unbelievable
zwar it's true; to be sure; indeed

Andere Wörter

eben (*flavoring particle*) just;
 simply; even

ob (*conj.*) whether, if

unter (+ *acc. or dat.*) under;
 among

Besondere Ausdrücke

recht haben to be right; **Du hast
 recht.** You're right.

sei [mir] nicht böse don't be mad
 [at me]

was noch? what else?

Alles klar?

E. Zum Austausch in
Deutschland
F. Ein Telefongespräch

19 Was passt nicht?

1. a. Bahnhof	b. Autobahn	c. Boden	d. Fußgängerzone
2. a. Name	b. Möbelstück	c. Esszimmer	d. Wohnung
3. a. Löffel	b. Ecke	c. Gabel	d. Messer
4. a. legen	b. stellen	c. lächeln	d. setzen
5. a. abends	b. pünktlich	c. böse	d. schließlich

20 Ergänzen Sie

| böse   Ecke   Leben   recht   schließlich   seitdem   unter   Vase |

SEBASTIAN: Au ja, so ein Hund bringt mal ein bisschen _____ in die Wohnung.

SARAH: Also, seid mir nicht _____, aber ich bin total dagegen. Manchmal habe ich für ein paar Stunden den Hund von meinen Eltern hier. Das ist immer schon ein Problem. Manchmal sitzt er die ganze Zeit in der _____ und schläft, oder er liegt _____ dem Tisch und man sieht ihn nicht. Dann aber läuft er rum und einmal hat er mir eine teure _____ kaputt gemacht. _____ bringen meine Eltern ihn immer zu meiner Schwester, wenn sie wegfahren. Sie hat nämlich einen großen Garten.

JONATHAN: Okay, okay, du hast ja _____, Sarah! _____ hat Paul ja nur gefragt, ob ich den Hund nehmen kann. Ich sage ihm einfach, dass es nicht geht.

21 Was ist das? Verbinden Sie die Sätze mit den richtigen Bildern.

1. _____   2. _____

3. _____   4. _____

Dieser Hund hat drei Vornamen!
Das Bild hängt an der Wand.
Deutsche essen Pizza mit Messer und Gabel.
Die Vase steht auf dem Tisch.
Die Katze sitzt im Esszimmer.
Auf der Autobahn fährt man schnell.

Land und Leute

 Web Search

Essen zu Hause und als Gast

Although a growing number of Germans eat their main meal in the evening **(Abendessen),** many Germans still eat their largest meal of the day at noon **(Mittagessen)**. It may consist of up to three courses: appetizer **(Vorspeise),** entrée **(Hauptgericht** or **Hauptspeise),** and dessert **(Nachtisch** or **Dessert),** which is usually fruit, pudding, or ice cream. Cakes and pastries are served at afternoon coffee time **(Kaffee)**.

It is generally considered to be impolite to start one's food the moment it arrives while others may still be waiting for their dish. Before a meal, it is therefore customary to say **"Guten Appetit"** or **"Mahlzeit,"** and others may wish you the same by responding **"Danke, gleichfalls."** These phrases officially mark the beginning of eating for everybody. This may happen for each course should there be several courses. This behavior may also be preceded or accompanied by a brief toast: While seeking eye contact with one's company at the table, one would raise a glass of wine or beer and say **"Zum Wohl"** (more formal) or **"Prost"** (less formal) to everybody present. The glasses may gently be "clinked" alternatively, and this may happen quite frequently at the table during a formal dinner. It is also performed frequently on social occasions, such as in pubs and bars, when no food is involved.

Most restaurants post their menus **(Speisekarte)** outside. Unlike in the United States, restaurants in German-speaking countries do not serve ice water and no free refills thereof. If you want water with your meal, you must order a glass or bottle of **Mineralwasser**. While eating, the fork is held in the left hand and the knife in the right. The knife is not laid down regularly during the meal and the left hand remains above the table, not in one's lap. In formal dining settings, it is considered good manners to dab one's lips briefly with a napkin before one takes a sip of water, beer, or wine because in doing so, one prevents the glass from becoming too greasy too quickly.

Generally, hosting a dinner party means that the host takes care of all food and drinks. In turn, when people are invited to a friend's house for dinner or for **Kaffee**, it is customary to bring a small gift. Most often the guest will bring a small bouquet of flowers, a box of chocolates, or a bottle of wine. However, communal cooking as a party event in and of itself has become very popular in recent years. Friends or family may meet on the weekend to cook together while having drinks and pleasant conversation as they cook. In such settings, host and guests share in providing the ingredients and in preparing the food. The immense popularity of cooking at home (for or with others) as a fun and communicative leisure-time activity is reflected in a plethora of highly popular cooking shows **(Kochshow)** that have gradually emerged on TV.

▲ **Diese Familie sitzt gemütlich beim Essen.**

L. Kulturkontraste
3. Essen zu Hause und als Gast

Kulturkontraste

1. Essen Sie oft im Restaurant? Wenn ja, wo und warum?
2. Kochen Sie? Wenn ja, wie oft und was?
3. Was muss man wissen, wenn man in den USA isst? Zu Hause und im Restaurant?

Grammatik und Übungen

Talking about destination and location

Hin and *her*

Meine Tante wohnt nicht hier, sondern in Hamburg.	*My aunt doesn't live here, but rather in Hamburg.*
Wir fahren einmal im Jahr **hin**.	*Once a year we go **there**.*
Und zweimal im Jahr kommt sie **her**.	*And twice a year she comes **here**.*

Hin and **her** are used to show direction.

- **Hin** shows motion away from the speaker, and **her** shows motion toward the speaker.

- **Hin** and **her** occupy the last position in the sentence.

Paul war im Sommer in Salzburg.	*Paul was in Salzburg in the summer.*
Er möchte im September wieder **dorthin**.	*He wants to go **there** again in September.*
Er möchte mit der Bahn **hinfahren**.	*He'd like to go **there** by train.*
Anton, komm mal **herauf**.	*Anton, come on up **here**.*

Hin and **her** may be combined with several parts of speech, including adverbs, prepositions, and verbs.

Woher kommen Sie?	**Wo** kommen Sie **her**?	*Where are you from?*
Wohin fahren Sie?	**Wo** fahren Sie **hin**?	*Where are you going?*

In spoken German, **hin** and **her** are often separated from **wo**. **Hin** and **her** occupy last position in the sentence.

---

22 **Lena und Jörg** Stellen Sie Fragen über Lena und Jörg. Benutzen Sie **wo, wohin** oder **woher**.

BEISPIELE   Lena und Jörg wohnen bei München.
Wo wohnen Lena und Jörg?

Sie fahren jeden Morgen nach München.
*Wohin fahren sie? / Wo fahren sie **hin**?*

1. Sie arbeiten in einer Buchhandlung.
2. Sie gehen am Samstag in den Supermarkt.
3. Die Blumen kommen vom Markt.
4. Sie fahren am Sonntag in die Berge.
5. Sie wandern gern in den Bergen.
6. Nach der Wanderung gehen sie in ein Restaurant.
7. Sie essen gern im Restaurant.
8. Nach dem Essen fahren sie wieder nach Hause.
9. In den Ferien fahren sie in die Schweiz.
10. Jörg kommt aus der Schweiz.

The verbs *legen/liegen, stellen/stehen, setzen/sitzen, hängen, stecken*

Wohin?

Lisa legt das Buch auf den Schreibtisch.

Herr Schumann stellt die Lampe in die Ecke.

Anna setzt die Katze auf den Boden.

Jessica steckt die Zeitung in die Tasche.

Wo?

Das Buch liegt auf dem Schreibtisch.

Die Lampe steht in der Ecke.

Die Katze sitzt auf dem Boden.

Die Zeitung steckt in der Tasche.

Wohin?

Felix hängt das Poster an die Wand.

Wo?

Das Poster hängt an der Wand.

In English, the all-purpose verb for movement to a position is *to put,* and the all-purpose verb for the resulting position is *to be.* German uses several verbs to express the meanings *put* and *be.*

Movement to a position: *to put*		**Stationary** position: *to be*	
legen, gelegt	*to lay*	liegen, gelegen	*to be lying*
stellen, gestellt	*to place upright*	stehen, gestanden	*to be standing*
setzen, gesetzt	*to set*	sitzen, gesessen	*to be sitting*
stecken, gesteckt	*to stick (into)*	stecken, gesteckt	*to be inserted (into)*
hängen, gehängt	*to hang*	hängen, gehangen	*to be hanging*

Ich **habe** das Buch auf den Tisch **gelegt.**

The German verbs expressing *to put* all take direct objects and are weak.

Das Buch **hat** auf dem Tisch **gelegen.**

The German verbs expressing stationary position *(to be)* do not take direct objects and, except for **stecken,** are strong.

- Two-way prepositions following verbs expressing *to put* take the accusative case (e.g., **auf** *den* Tisch). See *Two-way prepositions,* page 271.

- Two-way prepositions following verbs expressing *to be* take the dative case (e.g., **auf** *dem* Tisch).

---

23 Wir räumen auf Sie räumen zusammen mit Pia Ihr Zimmer auf. Beschreiben Sie, wie es im Zimmer aussieht und was Sie tun. Benutzen Sie passende Verben aus der Tabelle oben.

BEISPIEL Pia _____*legt*_____ das Buch auf den Tisch.

1. Ich _____ das Poster an die Wand.
2. Pia _____ den Sessel in die Ecke.
3. Die Lampe muss über dem Tisch _____.
4. Die Hefte _____ auf der Kommode.
5. Ich _____ das Geld in die Tasche.
6. Der Fernseher _____ unter dem Fenster.
7. Ich _____ die Schuhe in den Schrank.
8. Der Mantel _____ schon im Schrank.
9. Der Regenschirm _____ auch im Schrank.
10. Die Bücher müssen in dem Bücherregal _____.

Two-way prepositions (die Wechselpräpositionen)

Preposition	Meaning	Wo? (Preposition + dative)	Wohin? (Preposition + accusative)
an	on (vertical surfaces)	Robins Bild hängt **an der** Wand.	Celine hängt ihr Bild **an die** Wand.
	at (the side of)	Nina steht **am (an dem)** Fenster.	
	to		Noah geht **ans (an das)** Fenster.
auf	on top of (horizontal surfaces)	Robins Buch liegt **auf dem** Tisch.	Celine legt ihr Buch **auf den** Tisch.
	to		Ich gehe **auf den** Markt.
hinter	behind/in back of	Nina arbeitet **hinter dem** Haus.	Nils geht **hinter das** Haus.
in	in, inside (of)	Paula arbeitet **im (in dem)** Wohnzimmer.	
	into		Nico geht **ins (in das)** Wohnzimmer.
	to		Wir gehen **ins (in das)** Kino.
neben	beside, next to	Selinas Stuhl steht **neben dem** Fenster.	Jan stellt seinen Stuhl **neben das** Fenster.
über	over, above	Eine Lampe hängt **über dem** Tisch.	Elias hängt eine andere Lampe **über den** Tisch.
	across (direction)		Ich gehe **über die** Straße.
unter	under	Ein Schuh steht **unter dem** Bett.	Kevin stellt den anderen Schuh **unter das** Bett.
vor	in front of	Sophias Auto steht **vor dem** Haus.	Dominik fährt sein Auto **vor das** Haus.
zwischen	between	Die Seminararbeit liegt **zwischen den** Büchern.	Leonie legt die Seminararbeit **zwischen die** Bücher.

Dative: wo?

Jana arbeitet in der Küche. *(Jana is working **in** the kitchen.)*

Accusative: wohin?

Felix kommt in die Küche. *(Felix comes **into** the kitchen.)*

German has nine prepositions that take either the dative or the accusative.

- The dative is used when position *(place where)* is indicated, answering the question **wo?** (e.g., in *der* Küche).
- The accusative is used when a change of location *(place to which)* is indicated, answering the question **wohin?** (e.g., in *die* Küche).

In their basic meanings, the two-way prepositions are "spatial," referring to positions in space (dative) or movements through space (accusative). To distinguish place *where* from place *to which,* German uses different cases; English sometimes uses different prepositions (e.g., *in* vs. *into*).

Michael geht **ans** Fenster.   an das = **ans**   Hannah geht **ins** Zimmer.   in das = **ins**
Er steht **am** Fenster.   an dem = **am**   Sie ist **im** Zimmer.   in dem = **im**

The prepositions **an** and **in** often contract with **das** and **dem**. Other possible contractions are **aufs, hinters, hinterm, übers, überm, unters, unterm, vors,** and **vorm.**

---

24 **Was ist wo?** Sehen Sie sich das Bild von Familie Schmidts Wohnzimmer an und beantworten Sie die Fragen. Benutzen Sie die Präpositionen im Bild und passende Artikel und Substantive.

BEISPIEL Wo liegt der Hund?
  *Der Hund liegt **unter dem Tisch**.*

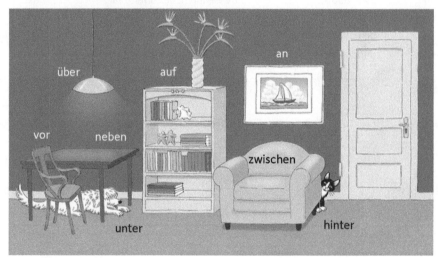

1. Wo steht der Stuhl?	5. Wo hängt das Bild?
2. Wo steht die Vase?	6. Wo sitzt die Katze?
3. Wo stehen die Bücher?	7. Wo steht der Sessel?
4. Wo steht der Tisch?	8. Wo hängt die Lampe?

25 **Familie Schmidts Wohnzimmer** Schauen Sie sich das Bild von Familie Schmidts Wohnzimmer noch einmal an. Was hat die Familie mit den Dingen in ihrem Zimmer gemacht?

BEISPIEL Wohin haben sie das Bild gehängt?
  *Sie haben das Bild **an die Wand** gehängt.*

1. Wohin haben sie den Stuhl gestellt?
2. Wohin haben sie die Vase gestellt?
3. Wohin haben sie den Tisch gestellt?
4. Wohin haben sie die Lampe gehängt?
5. Wohin haben sie den Sessel gestellt?
6. Wohin ist der Hund gelaufen?
7. Wohin ist die Katze gegangen?

An and *auf* = on

Der Spiegel hängt **an der Wand**.   *The mirror is hanging on the wall.*
Mein Buch liegt **auf dem Schreibtisch**.   *My book is lying on the desk.*

The prepositions **an** and **auf** can both be equivalent to *on*.

- **An** *on (the side of)* is used in reference to vertical surfaces.
- **Auf** *on (top of)* is used in reference to horizontal surfaces.

An, auf, and *in* = to

Laura geht **an** die Tür.   *Laura goes to the door.*
Lukas geht **auf** den Markt.   *Lukas goes to the market.*
Julia geht **in** die Stadt.   *Julia goes to town.*

In *Kapitel 5* you learned that **nach** and **zu** can mean *to*. The prepositions **an, auf,** and **in** can also mean *to*.

- **An** is used to express going to the edge of something or next to it, e.g., **an die Wand, ans Fenster**.
- **Auf** is used to express going to a public place, e.g., **auf den Markt, auf die Bank**.
- **In** is used to express going within a place or destination, e.g., **in die Küche, ins Kino, in die Berge**.

---

26 Julia hat endlich ein Zimmer Julia richtet ihr neues Zimmer ein *(is arranging).* Ergänzen Sie die Sätze mit den fehlenden Präpositionen **an** oder **auf**. Benutzen Sie Kontraktionen wenn möglich.

BEISPIELE Julia stellt den Schreibtisch ___*ans*___ Fenster.
Den Stuhl stellt Julia ___*an*___ ___*den*___ Schreibtisch.

J. Aufräumen

C. Bei Pia
E. Nach der Party

1. Sie hängt ihr neues Bild _____ _____ Wand.
2. Sie legt ihre Bücher _____ _____ Schreibtisch.
3. Der Schirm hängt _____ _____ Tür. Das gefällt ihr nicht und sie legt ihn _____ _____ Schrank.
4. _____ _____ Stuhl liegt ihr Mantel. Den hängt sie jetzt _____ _____ Tür.
5. Die Vase mit den frischen Blumen stellt sie _____ _____ Bücherregal.
6. Und jetzt geht sie _____ _____ Markt und kauft ein.

27 Am Wochenende Ashley ist ein Jahr lang als Austauschstudentin in Deutschland. Sie wohnt mit Alina zusammen. Erzählen Sie, was Ashley am Wochenende macht.

BEISPIEL Ashley / gehen / auf / Markt
Ashley geht auf den Markt.

1. auf / Markt / sie / kaufen / Blumen / für / ihr Zimmer
2. dann / sie / gehen / in / Buchhandlung
3. Alina / arbeiten / in / Buchhandlung
4. Ashley / müssen / auch / in / Drogerie
5. in / Drogerie / sie / wollen / kaufen / Kamm
6. sie / gehen / dann / in / Café

Verb and preposition combinations

Tim **fährt** oft **mit** dem Zug.   *Tim often travels by train.*

Many verbs in both German and English are combined with prepositions to express certain idiomatic meanings, e.g., **fahren + mit** *(travel + by)*. Each combination should be learned as a unit, because it cannot be predicted which preposition is associated with a particular verb to convey a particular meaning.

- The accusative and dative prepositions take the accusative and dative cases respectively.
- The case of the noun following two-way prepositions must be learned. When **über** means *about / concerning*, it is always followed by the accusative case. A few combinations are given below.

denken an *(+ acc.)* Ich **denke** oft **an** meine Freunde.	to think of/about I often **think** of my friends.
erzählen von **Erzähl** mir **von** deinem Freund.	to tell of/about **Tell** me **about** your friend.
fahren mit Wir **fahren mit** der Bahn nach Heidelberg.	to go by (means of) We are **going by** train to Heidelberg.
halten von Was **hältst** du **von** meinem Plan?	to have an opinion of, to think of What do you **think of** my plan?
lachen über *(+ acc.)* Jan hat **über** die Anekdote **gelacht**.	to laugh about Jan **laughed about** the anecdote.
reden / sprechen über *(+ acc.)* Meine Eltern **reden / sprechen** oft **über** das Wetter.	to talk/speak about My parents often **talk about** the weather.
schreiben an *(+ acc.)* / **über** *(+ acc.)* Lara hat eine E-Mail **über** ihre Arbeit **an** mich **geschrieben**.	to write to/about Lara **wrote** an e-mail to me **about** her work.
studieren an / auf *(+ dat.)* Jakob **studiert an / auf** der Universität München.	to study at Jakob is **studying at** the University of Munich.

D. Alexanders Plan

Getting to know someone better

28 **Mein Bruder** Ihr Freund Lukas erzählt Ihnen von seinem Bruder. Ergänzen Sie die Sätze.

1. Mein Bruder studiert _____ der Universität München.
2. Er schreibt oft E-Mails _____ mich und meine Eltern.
3. Ich denke oft _____ ihn, weil er auch ein guter Freund von mir ist.
4. Wie oft haben wir stundenlang _____ Politik, Sport und Frauen gesprochen!
5. In seiner letzten E-Mail _____ mich hat er mir _____ seiner Freundin Cornelia erzählt.
6. Soll ich ihm auch _____ meiner Freundin erzählen?

▲ Lukas' Bruder schreibt oft E-Mails an die Familie.

Yuri Arcurs/Shutterstock.com

29 **So bin ich** Fragen Sie Ihre Partnerin/Ihren Partner nach Ihren Interessen. Ihre Partnerin/Ihr Partner erzählt dann einer dritten Person, was Sie gesagt haben.

> *S2:* Woran denkst du oft?
> *S1:* Ich denke oft an die Sommerferien.
> *S2:* [Justin/Sarah] denkt oft an die Sommerferien.

1. Ich denke oft/nicht sehr oft an _____.
2. Ich spreche gern/ungern über _____.
3. Ich weiß viel/wenig über _____.
4. Ich halte nicht viel von _____.
5. Ich rede oft/nicht oft mit _____.
6. Ich muss oft über _____ lachen.

30 **Hören Sie zu** Moritz erzählt Jana von seinem Jahr in den USA. Hören Sie gut zu und geben Sie an, ob die Sätze **richtig** oder **falsch** sind. Sie hören zwei neue Wörter: **nie** *(never)*; **komisch** *(strange)*.

Saying when something takes place

	Richtig	Falsch
1. Jana will nächstes Jahr in Michigan studieren.	_____	_____
2. Moritz hat sein Jahr in den USA gut gefallen.	_____	_____
3. Moritz findet es gut, dass man in den USA ein Auto braucht.	_____	_____
4. Moritz findet die Amerikaner zu freundlich.	_____	_____
5. Moritz hat bei seinen Professoren den Vornamen benutzt.	_____	_____
6. Moritz sagt, dass Jana nicht nach Boston gehen soll.	_____	_____

Time expressions *(Zeitausdrücke)* in the dative

Am Montag bleibt Lena immer zu Hause.	*On Monday Lena always stays home.*
Phillipp kommt **in** einer Woche.	*Phillipp's coming in a week.*
Ich lese gern **am** Abend.	*I like to read in the evening.*
Marcel arbeitet **vor** dem Essen.	*Marcel works before dinner.*
Laura war **vor** einer Woche hier.	*Laura was here a week ago.*

* With time expressions, **an, in,** and **vor** take the dative case.
* The use of **am** + a day (e.g., **am Montag**) may mean *on that one day (on Monday)* or *on all such days (on Mondays)*.

31 **Wann machst du das?** Ein Freund fragt Sie viele Dinge. Widersprechen Sie ihm und benutzen Sie die angegebenen Zeitausdrücke im Dativ.

BEISPIEL Du arbeitest nur am Morgen, nicht? (Abend)   *Nein, nur am Abend.*

1. Frank kommt in fünf Minuten, nicht? (zwanzig Minuten)
2. Sollen wir vor dem Seminar Kaffee trinken gehen? (Vorlesung)
3. Du gehst am Donnerstag schwimmen, nicht? (Wochenende)
4. Du fährst am Samstagnachmittag nach Hause, nicht? (Sonntagabend)
5. Jasmin kommt in zwei Wochen, nicht? (eine Woche)
6. Im Sommer fährst du in die Berge, nicht? (Herbst)
7. Du gehst einmal im Monat in die Bibliothek, nicht? (Woche)

Time expressions in the accusative

Definite point	Florian kommt **nächsten Sonntag**.	*Florian is coming **next Sunday**.*
Duration	Er bleibt **einen Tag**.	*He's staying **(for) one day**.*

Nouns expressing a definite point of time or a duration of time are in the accusative, and do not use a preposition.

Words such as **nächst-** and **letzt-** have endings like the endings for **dies-**: **diesen/nächsten/letzten Monat; dieses/nächstes/letztes Jahr.**

32 **Besuch aus Montreal** Cathrin ist neu im Wohnheim und Leon spricht mit ihr in der Küche. Ergänzen Sie den Dialog mit den Wörtern in Klammer.

1. **CATHRIN:** Ich bin _letzten Montag_ in Tübingen angekommen, aber ich muss in drei Wochen noch einmal zurück nach Montreal, weil ich _____ eine Prüfung in meinem Hauptfach schreiben muss. *(last Monday, next month)*

2. **LEON:** Oh je, das ist aber stressig. Übrigens, _____ feiere ich meinen Geburtstag. Hast du Lust zu kommen? Da kannst du fast alle Leute aus unserem Wohnheim kennenlernen. *(next Saturday)*

3. **CATHRIN:** Nein, ich habe leider keine Zeit. _____ besuche ich meine Freundin in Frankfurt. Sie ist auch aus Montreal, aber sie bleibt nur _____ in Deutschland. Schade, aber wir können ja an einem anderen Wochenende etwas machen. *(This weekend, one month)*

4. **LEON:** Ja, gern. Ich will ja _____ mit dem Motorrad durch Nordamerika reisen. Du kannst mir sicher viel erzählen, wie es an der Ostküste so ist. *(next year)*

5. **CATHRIN:** Du fährst Motorrad? Das ist ja toll! Ich habe zu Hause auch ein Motorrad. Und ich war _____ in Neuengland zum Motorradfahren. *(last summer)*

2-12

33 **Hören Sie zu** Leonie interviewt Ari Izmir, den Gitarristen von der Band „Supermann" für die Uni-Zeitung. Beantworten Sie die Fragen zum Interview. Sie hören drei neue Wörter: **üben** *(to practice)*; viel **Glück** *(good luck)*; **sicher** *(definitely)*.

1. Warum duzen sich Leonie und Ari?
2. Wie lange sind Ari und seine Band „Supermann" schon zusammen?
3. Seit wann kennt Ari seine Bandmitglieder?
4. Wie lange spielen Ari und seine Band im Café Eulenspiegel?
5. Wie oft übt Ari Gitarre?
6. Wann lernt Ari?

34 **Pläne** Sprechen Sie mit Ihrer Partnerin/Ihrem Partner darüber, was Sie am Wochenende oder in den Ferien machen wollen.

S2: Was machst du [am Wochenende]?
S1: Ich will [nichts tun].

Times:	am Wochenende, am Mittwoch, nach dem Abendessen, im Sommer, in den Ferien
Activities:	ins Kino gehen, mit Freunden kochen, lesen, ein Video anschauen, Freunde treffen, tanzen gehen, eine Wanderung machen, im Internet surfen/chatten, Fitnesstraining machen

Da-compounds (Da-*Komposita*)

Erzählt Stefanie **von ihrem Freund**?   Ja, sie erzählt viel **von ihm**.
Erzählt Stefanie **von ihrer Arbeit**?   Ja, sie erzählt viel **davon**.

In German, pronouns used after prepositions normally refer only to persons.

- To refer to things and ideas (e.g., **Arbeit**), a **da**-compound consisting of **da** and a preposition is generally used: **dadurch, dafür, damit,** etc.
- **Da-** expands to **dar-** when the preposition begins with a vowel: **darauf, darin, darüber.**

---

35 **Hat es dir in Deutschland gefallen?** Sie waren ein Jahr in Deutschland und Ihre Freunde fragen, was Sie gemacht haben und wie es Ihnen gefallen hat. Beantworten Sie die Fragen mit „ja" und benutzen Sie ein *da*-Kompositum oder eine Präposition mit einem Pronomen.

BEISPIELE   Hat es dir bei deinen deutschen   *Ja, es hat mir bei ihnen gefallen.*
            Freunden gefallen?
            Hast du Appetit auf gute   *Ja, ich habe Appetit darauf*
            Hamburger gehabt?   *gehabt.*

1. Hast du viel mit anderen Studenten geredet?
2. Habt ihr oft über kulturelle Unterschiede geredet?
3. Hast du den deutschen Studenten oft mit ihrem Englisch geholfen?
4. Bist du gern mit deinen Freunden essen gegangen?
5. Bist du oft mit dem Fahrrad gefahren?
6. Hast du oft an zu Hause gedacht?
7. Hast du viel von deinem Leben in den USA erzählt?
8. Hast du oft von deiner Familie erzählt?

G. Daniel und Felix

Wo-compounds (Wo-*Komposita*)

Von wem spricht Stefanie?   Sie spricht **von ihrem Freund**.
Wovon (Von was) spricht Stefanie?   Sie spricht **von ihrer Arbeit**.

- The interrogative pronouns **wen** and **wem** are used with a preposition to refer only to persons.
- The interrogative pronoun **was** refers to things and ideas.
- As an object of a preposition, **was** may be replaced by a **wo**-compound consisting of **wo** + a preposition: **wofür, wodurch, womit,** etc.
- **Wo-** expands to **wor-** when the preposition begins with a vowel: **worauf, worin, worüber.**
- A preposition + **was** (**von was, für was**) is colloquial.

Matthias wohnt seit September in   **Seit wann** wohnt er in
   München.   München?

Wo-compounds are not used to inquire about time. To inquire about time, use **wann, seit wann,** or **wie lange.**

Asking for information

H. Worüber hat Hannah
gesprochen?

36 **Wie bitte?** Ihre Partnerin/Ihr Partner erzählt von Antonia. Aber die Musik ist laut und Sie können ihn/sie nicht gut hören. Fragen Sie noch einmal. Benutzen Sie Präpositionen und Fragewörter wie im folgenden

BEISPIEL

S1:	**S2:**
Antonia ist **mit Stefan** essen gegangen.	Wie bitte? **Mit wem** ist sie essen gegangen?
Mit Stefan.	
Beim Essen hat sie **von ihrer Arbeit** erzählt.	Wie bitte? **Wovon** hat sie erzählt?
Von ihrer Arbeit.	

1. Antonia arbeitet **für Frau Schneider**.
2. Antonia hat viel **von ihren Kollegen erzählt**.
3. Sie hat auch **von ihrem Urlaub** erzählt.
4. Gestern hat sie **mit Mark** Tennis gespielt.
5. Sie hat dann viel **über das Tennisspiel** geredet.
6. Sie denkt oft **an Tennis**.
7. Antonia wohnt jetzt wieder **bei ihren Eltern**.
8. Sie denkt nicht mehr **an eine eigene** *(her own)* **Wohnung**.

Indirect questions

Direct question	Indirect question
Wann kommt Paul nach Hause?	**Weißt du, wann Paul nach Hause kommt?**
When is Paul coming home?	*Do you know when Paul is coming home?*
Kommt er vor sechs?	**Ich möchte wissen, ob er vor sechs kommt.**
Is he coming before six?	*I'd like to know whether (if) he's coming before six.*

An indirect question (e.g., **wann Paul nach Hause kommt; ob er vor sechs kommt**) is a dependent clause. It begins with a question word **(wann)** or, if there is no question word, with the subordinating conjunction **ob**. The finite verb **(kommt)** is therefore in final position.

• An indirect question is introduced by an introductory clause; for example:

Weißt du, …?
Ich möchte wissen, …

Kannst du mir sagen, …?
Ich weiß nicht, …

Indirect informational questions

Direct informational question	**Wann** fährt Judith zur Uni?
Indirect informational question	Ich weiß nicht, **wann** Judith zur Uni fährt.

Indirect informational questions are introduced by the same question words that are used in direct informational questions (**wer, was, wann, wie lange, warum,** etc.). The question word functions as a subordinating conjunction.

37 Lia hat einen neuen Freund Jasmin und Lukas sprechen über Lias neuen Freund. Jasmin hat viele Fragen, aber Lukas weiß absolut nichts. Simulieren Sie ihren Dialog wie im Beispiel.

BEISPIEL JASMIN: Wie heißt er?
LUKAS: *Ich weiß nicht, wie er heißt.*

1. Wie alt ist er?
2. Wie lange kennt sie ihn schon?
3. Wo wohnt er?
4. Was macht er?
5. Wo arbeitet er?
6. Warum findet sie ihn so toll?
7. Wann sieht sie ihn wieder?

Indirect yes/no questions

Yes/No question	Fährt Judith heute zur Uni? *Is Judith driving to the university today?*
Indirect question	Weißt du, **ob** Judith heute zur Uni fährt? *Do you know **if/whether** Judith is driving to the university today?*

Indirect yes/no questions are introduced by the subordinating conjunction **ob**.

• **Ob** has the meaning of *if* or *whether* and is used with main clauses, such as **Sie fragt, ob ...** and **Ich weiß nicht, ob ...**

ob vs. wenn

| Tim fragt Judith, **ob** sie zur Uni fährt. | *Tim is asking Judith **if/whether** she's driving to the university.* |
| Er möchte mitfahren, **wenn** sie zur Uni fährt. | *He would like to go along, **if** she's driving to the university.* |

Both **wenn** and **ob** are equivalent to English *if*. However, they are not interchangeable.

• **Wenn** begins a clause that states the condition under which some event may or may not take place.

• **Ob** begins an indirect yes/no question.

38 Ob Judith wohl zur Uni fährt? Tim möchte mit Judith zur Uni fahren. Lesen Sie den Text. Was passt besser: **ob** oder **wenn**?

1. TIM: Weißt du, __*ob*__ Judith morgen zur Uni fährt?
2. PAUL: Ich glaube, sie fährt, _____ ihr Auto wieder läuft.
3. TIM: Ich muss sie dann fragen, _____ das Auto wieder in Ordnung ist.
4. PAUL: Ich weiß aber nicht, _____ sie um acht Uhr oder erst um neun fährt. Weißt du, _____ sie manchmal mit dem Rad zur Uni fährt?
5. TIM: Nein, und ich frage mich, warum sie immer mit dem Auto fährt, besonders _____ sie immer lange suchen muss, bis sie endlich parken kann.
6. PAUL: Ich habe sie mal gefragt, _____ wir vielleicht zusammen mit dem Rad fahren sollen, aber ich denke, das macht sie erst, _____ ihr Auto total kaputt ist.

K. Ich weiß nicht

I. Viele Fragen über Nele

2-13

Leserunde

The Austrian writer Ernst Jandl (1925–2000) was a very popular and influential figure in German literature. His works are numerous and cover a broad range—concrete poetry, experimentally acous-tical and visual poems, radio plays (**Hör-spiele**), and dramas, many of which straddle the line between the humorous and the serious. His characteristic wordplay is seen in the poem "fünfter sein," one of his best-known poems, and the one that became the basic text of a picture book for children and of a children's play. Using simple repeti-tion of the adverbs **raus** and **rein,** Jandl cleverly creates a scene and a mood.

▲ Ernst Jandl wurde in Wien geboren.

fünfter sein
tür auf[1]
einer raus[2]
einer rein[3]
vierter sein
tür auf
einer raus
einer rein
dritter sein
tür auf
einer raus
einer rein
zweiter sein
tür auf

einer raus

einer rein
nächster sein
tür auf
einer raus
selber rein
tagherrdoktor

—*Ernst Jandl*

[1]*open* [2]*raus = heraus* [3]*rein = herein*

Fragen

Wo sind die Personen in dem Gedicht?
Wie viele Personen gibt es?
Wer ist hinter der Tür?

fünfter sein, by Ernst Jandl, as appeared in Anspiel, © 1984, pg. 19. Reprinted with permission. Copyright © Luchterhand Literaturverlag, München. (Internationes)

Land und Leute

 Web Search

Fußgängerzonen

Most people in German-speaking countries live in cities. Three-fourths of the German people are urban dwellers, and two-thirds live in cities with a population of more than 100,000.

The physical layout of cities in the German-speaking countries is generally different from that of cities in the United States. The concept of building large suburbs and shopping malls around a city is uncommon in most of Europe due to the long history of urban growth and development on the one hand, and due to limited space on the other hand. The downtown area is generally the historic city center which has grown over centuries. While poeple still reside in these parts, the center of cities (**Großstadt**) or towns (**Stadt**) in German-speaking countries generally contain office buildings as well as apartment buildings, stores, historic churches, and official administrative building, such as town halls, district courts, and so on.

Many downtown areas have been converted to traffic-free pedestrian zones (**Fußgängerzonen**). A typical pedestrian zone has large department stores as well as small specialty stores and street vendors, restaurants, and outdoor cafés. Streets are often lined with flower beds, bushes, and trees, and sometimes lead into small squares, where people can rest on benches. The downtown shopping areas are used not only by people who live in the city, but also by those who live in the outskirts or in nearby villages. On weekends, the downtown area with its pedestrian zones may host all kinds of cultural events, such as open-air concerts or seasonal events, such as christmas markets. Therefore, the old city centers with their pedestrian zones are truly the heart of most towns and cities.

L. Kulturkontraste
4. Fußgängerzonen

▲ Eine typische Fußgängerzone

▲ Das Einkaufszentrum Friedrichstraße in Berlin

Kulturkontraste

Beschreiben Sie die Innenstadt dort, wo Sie wohnen. Vergleichen (*compare*) Sie Ihre Einkaufszone und Innenstadt mit deutschen Städten. Welche Vorteile (*advantages*) und welche Nachteile (*disadvantages*) finden Sie bei den Innenstädten in den deutschsprachigen Ländern?

Video-Ecke

▲ Er meint, Deutsche sind pünktlich aber nicht fröhlich.

▲ Er meint, Deutsche sind gewissenhaft.

▲ Sie meint, Amerikaner sind patriotisch.

❶ Typisch deutsch! Typisch amerikanisch!

Vor den Videos

39 **Nachgedacht** Was wissen Sie noch vom Kapitel? Denken Sie nach.

1. Was sind Fußgängerzonen?
2. Was sind Freunde, was sind Bekannte?
3. Was macht man als Gast bei Deutschen?

Nach den Videos

40 **Alles klar?** Sehen Sie sich die Interviews an und machen Sie sich Notizen. Beantworten Sie dann die Fragen.

1. Was ist „typisch deutsch" für *alle*?
2. Was sagen die Deutschen über sich selbst?
3. Was sagen die Deutschen über Amerikaner?
4. Welches Interview ist interessant? Warum?

❷ Die berühmte deutsche Pünktlichkeit!

▲ Normalerweise sind Busse in Deutschland relativ pünktlich.

▲ Anton filmt die Fußgängerzone.

▲ Dieses Motiv ist berühmt. Kennen Sie es?

In diesem Kapitel warten die Freunde auf einen Bus, machen einen Spaziergang in einer typischen Fußgängerzone, und dann sehen sie ein berühmtes Schloss ...

Nützliches	
pünktlich sein	*being punctual, on time*
ordentlich sein	*being neat, clean, orderly*
gewissenhaft sein	*being thorough, exact*
nicht fröhlich sein	*not being happy, joyous*
patriotisch sein	*being patriotic*
das Klischee	*cliché, stereotype*

Nach den Videos

Sehen Sie sich das Video an und machen Sie sich Notizen. Beantworten Sie dann die Fragen.

41 Was passiert wann? Bringen Sie die folgenden Sätze in die richtige Reihenfolge.

A. Was haben Sie gesehen?
B. Wer hat was gesagt?
C. Was ist typisch deutsch?
D. Schreiben Sie
E. Schloss Neuschwanstein

_____ Hülya sagt: „Wann kommt denn der Bus?"
_____ Paul findet Fußgängerzonen gut, vor allem die Cafés.
_____ Paul fragt Anton: „Wie ist denn das in Österreich?"
_____ Die Freunde stehen an der Bushaltestelle.
_____ Alle sehen Schloss Neuschwanstein.
_____ Lily zeigt Paul eine Postkarte von einem Schloss.
_____ Anton sagt: „Das ist also die berühmte deutsche Pünktlichkeit."

42 Richtig oder falsch? Arbeiten Sie mit einer Partnerin/einem Partner. Fragen Sie sie/ihn: Was ist **richtig**, was ist **falsch**?

S1:
Der Bus ist pünktlich. Ist das richtig?

S2:
Ja, das ist richtig. / Nein, das ist nicht richtig / falsch. Er ...

	Richtig	Falsch
1. Der Bus ist pünktlich.	_____	_____
2. Paul weiß nicht, wo die Freunde heute hingehen.	_____	_____
3. Paul findet Kathedralen gut.	_____	_____
4. Auf der Postkarte ist ein Café.	_____	_____
5. Die Freunde sind in Süddeutschland.	_____	_____

43 Was meinen Sie? Beantworten Sie die Fragen.

1. Was ist „typisch deutsch" für Sie, positiv und negativ?
2. Was ist „typisch amerikanisch" für Sie, positiv und negativ?
3. Kommentieren Sie die Videos: Wer denkt was über wen? Stimmt das?
4. An der Haltestelle, in der Fußgängerzone, in der Natur: Was fällt Ihnen auf? Was ist in Amerika anders?

Wiederholung

1 **Rollenspiel** Sie sprechen mit ihrer Partnerin/Ihrem Partner über Alltag *(everyday life)* und Kultur in den USA. Sie/Er macht die folgenden acht Aussagen *(statements)* und Sie stimmen mit *(agree)* ihr/ihm in manchen Aussagen überein, in manchen nicht.

1. Amerikaner sind zu freundlich. Das kann nicht echt *(genuine)* sein.
2. Das amerikanische Fernsehen ist toll.
3. In amerikanischen Städten braucht man immer ein Auto.
4. Die Amerikaner gehen wenig zu Fuß.
5. In Amerika gibt es nicht so viele Straßencafés.
6. Die Amerikaner essen zu viele Hamburger und Pommes frites *(French fries)*.
7. Die Amerikaner treiben mehr Sport als die Europäer.
8. Die Amerikaner sind generell tolerant.

Redemittel

Übereinstimmen oder nicht übereinstimmen
(Expressing agreement or disagreement)
- Richtig. • Genau.
- Natürlich. • Eben.
- Du hast recht.
- Wirklich?
- Meinst du? Ja, vielleicht. • Vielleicht hast du recht. • Das finde ich gar nicht.
- Was hast du gegen [Freundlichkeit]?
- Ich sehe das ganz anders.
- Das siehst du nicht richtig.

2 **Das hat Mark in Deutschland beobachtet** *(observed)* Erzählen Sie von Marks Erfahrungen *(experiences)* in Deutschland. Benutzen Sie die folgenden Wörter.

1. Mark / fahren / nicht gern / auf / Autobahn
2. Leute / fahren / wie die Wilden
3. viele Kinder / sehen / im Fernsehen / *Sesamstraße (Sesame Street)*
4. die vielen Blumen und Parks / gefallen / er
5. viele Leute / trinken / an / Sonntag / um vier / Kaffee
6. man / benutzen / Messer und Gabel / anders
7. man / sitzen / nach / Essen / lange / an / Tisch

3 **Ferien** Ergänzen Sie die folgenden Sätze über Urlaub in Deutschland, Österreich und der Schweiz mit den passenden Präpositionen.

1. Im Sommer kommen viele Ausländer _____ Deutschland. (an, nach, zu)
2. Sie fahren natürlich _____ der Autobahn. (an, über, auf)
3. Junge Leute wandern gern _____ Freunden. (bei, ohne, mit)
4. Einige fahren _____ dem Fahrrad. (bei, an, mit)
5. Viele Kanadier fahren gern _____ Salzburg. (zu, auf, nach)
6. Sie fahren auch gern _____ die Schweiz. (an, in, nach)
7. _____ den Märkten kann man schöne Sachen kaufen. (auf, an, in)
8. Zu Hause erzählen die Kanadier dann _____ ihrer Reise. (über, von, um)

4 **Etwas über Musik** Beantworten Sie die folgenden Fragen. Benutzen Sie ein Pronomen oder ein **da**-Kompositum für Ihre Antwort.

BEISPIELE Hast du gestern mit deiner   *Ja, ich habe gestern mit ihr gegessen.*
             Freundin gegessen? (Ja)

             Habt ihr viel über Musik   *Ja, wir haben viel darüber geredet.*
             geredet? (Ja)

1. Kennst du viele Werke *(works)* von Schönberg? (Ja)
2. Hältst du viel von seiner Musik? (Nein)
3. Möchtest du Frau Professor Koepke kennenlernen? (Ja)
4. Sie weiß viel über Schönberg, nicht wahr? (Ja)
5. Hält sie dieses Semester eine Vorlesung über seine Musik? (Ja)
6. Meinst du, ich kann die Vorlesung verstehen *(understand)*? (Nein)

5 Wie sagt man das auf Deutsch? Justin Schulz studiert an der Universität Zürich. Erzählen Sie auf Deutsch, was er dort macht.

1. *Justin Schulz goes to the University of Zurich.*
2. *In the summer he works for his neighbor.*
3. *On the weekend he goes with his girlfriend Lara to the mountains.*
4. *They like to hike.*
5. *Afterwards they are hungry and thirsty.*
6. *Then they go to a café, where they have coffee and cake. (Use **trinken** and **essen**.)*

6 Wer weiß das? Stellen Sie Ihren Kommilitoninnen/Kommilitonen die folgenden Fragen. Schreiben Sie auf *(write down)*, wer die Antworten weiß und wer sie nicht weiß.

BEISPIELE Wo hat Mozart gelebt?
          Tom weiß nicht, wo Mozart gelebt hat.

Fragen:

1. Wo hat Mozart gelebt?
2. Wie heißt die Hauptstadt der Schweiz?
3. In welchem Land liegt Konstanz?
4. In welchen Ländern machen die Deutschen gern Ferien?
5. Was trinken die Deutschen gern?
6. Wie viele Sprachen spricht man in der Schweiz?
7. Wie viele Nachbarländer hat Österreich?

7 Zum Schreiben

1. Wählen Sie eines der folgenden Themen und schreiben Sie dazu auf Deutsch mehrere Sätze über Deutschland und Ihr Land.

   > **Blumen Wetter autofahren fernsehen**
   > **essen Universität einkaufen**

2. Stellen Sie sich vor *(imagine)*, Sie sind Christine Hagen. Schreiben Sie Ihrer Freundin Lily eine E-Mail über den amerikanischen Austauschstudenten Michael Clasen. Schreiben Sie darüber:

   • wo Sie Michael getroffen haben

   • wie Michael aussieht

   • woher er kommt

   • worüber Sie und Michael oft und gern reden

   • was Sie und Michael am Wochenende machen

Schreibtipp

Bevor Sie mit dem Schreiben beginnen, machen Sie Notizen. Benutzen Sie Wechselpräpositionen und Verben mit Präpositionen. Achten Sie auf den Fall *(case)*, wenn Sie Wechselpräpositionen benutzen. Unter *Schreibtipp* auf Seite 247 finden Sie eine Liste von anderen Dingen, die Ihnen beim Schreiben helfen kann.

Grammatik: Zusammenfassung

Hin and *her*

Komm bitte **her**.	*Please come here.*
Fall nicht **hin**!	*Don't fall down.*

Hin and **her** are used to show direction. **Hin** indicates motion in a direction away from the speaker, and **her** shows motion toward the speaker.

Komm mal **herunter**!	*Come on down here!*
Wann gehen wir wieder **dorthin**?	*When are we going there again?*

Hin and **her** function as separable prefixes and therefore occupy final position in a sentence.

In addition to verbs, **hin** and **her** may be combined with other parts of speech such as adverbs (e.g., **dorthin**) and prepositions (e.g., **herunter**).

Legen/liegen, setzen/sitzen, stellen/ stehen, hängen, stecken

Nils **stellt** die Lampe **in die Ecke**.	*Nils **puts** the lamp in the corner.*
Die Lampe **steht** jetzt **in der Ecke**.	*The lamp **is** now in the corner.*

In English, the all-purpose verb for moving something to a position is *to put;* the all-purpose verb for the resulting position is *to be.* German uses several verbs to express the meaning of *to put* and *to be.*

Movement to a position: *to put*		Stationary position: *to be*	
legen, gelegt	*to lay*	liegen, gelegen	*to be lying*
setzen, gesetzt	*to set*	sitzen, gesessen	*to be sitting*
stellen, gestellt	*to place (upright)*	stehen, gestanden	*to be standing*
stecken, gesteckt	*to stick (into)*	stecken, gesteckt	*to be inserted (in)*
hängen, gehängt	*to hang*	hängen, gehangen	*to be hanging*

Nils stellt die Lampe **in die Ecke**.	Die Lampe steht **in der Ecke**.

The German verbs describing movement to a position (**wohin?**) take the accusative case after two-way prepositions. The German verbs describing a stationary position (**wo?**) take the dative case after two-way prepositions.

Two-way prepositions and their English equivalents

an	*at; on; to*	**in**	*in, inside (of); into; to*	**unter**	*under; among*
auf	*on, on top of; to*	**neben**	*beside, next to*	**vor**	*in front of; before; ago*
hinter	*behind, in back of*	**über**	*over, above; across; about*	**zwischen**	*between*

Nine prepositions take either the dative or the accusative. The dative is used for the meaning *place where,* in answer to the question **wo?** The accusative is used for the meaning *place to which,* in answer to the question **wohin?**

am = an dem	**im** = in dem
ans = an das	**ins** = in das

The prepositions **an** and **in** may contract with **das** and **dem**. Other possible contractions are **aufs, hinters, hinterm, übers, überm, unters, unterm, vors,** and **vorm**.

Verb and preposition combinations

Many verbs in both German and English are combined with prepositions to express certain idiomatic meanings.

denken an *(+ acc.)*	to think of/about	**lachen über** *(+ acc.)*	to laugh about
erzählen von	to tell of/about	**reden / sprechen über** *(+ acc.)* **/ von**	to talk/speak about/of
fahren mit	to travel by *(means of)*	**schreiben an** *(+ acc.)* **/ über** *(+ acc.)*	to write to/about
halten von	to have an opinion of, to think of	**studieren an/auf** *(+ dat.)*	to study at

Time expressions in the dative

am Montag	*on Monday, Mondays*	**in der Woche**	*during the week*	**vor dem Essen**	*before the meal*
am Abend	*in the evening, evenings*	**in einem Jahr**	*in a year*	**vor einem Jahr**	*a year ago*

Time expressions in the accusative

Definite point	Alina kommt **nächsten Freitag**.	*Alina is coming **next** Friday.*
Duration	Sie bleibt **einen Tag**.	*She's staying **(for) one day**.*

Nouns expressing a definite point in time or duration of time are in the accusative and do not use a preposition.

Da-compounds and *wo*-compounds

Spricht Hannah gern **von ihrem Freund**?　　Ja, sie spricht gern **von ihm**.
Spricht Hannah oft **von der Arbeit**?　　　Ja, sie spricht oft **davon**.

In German, pronouns after prepositions normally refer only to persons. German uses a **da**-compound, consisting of **da** + preposition, to refer to things or ideas.

Von wem spricht Hannah?　　　Sie spricht **von ihrem Freund**.
Wovon (Von was) spricht Hannah　　Sie spricht **von der Arbeit**.

The interrogative pronoun **wen** or **wem** is used with a preposition to refer to persons. The interrogative pronoun **was** refers to things and ideas. As an object of a preposition, **was** may be replaced by a **wo**-compound consisting of **wo** + a preposition.

Jan wohnt seit Mai in München.　　**Seit wann** wohnt er in München?

Wo-compounds are not used to inquire about time. Instead **wann, seit wann,** or **wie lange** is used.

Indirect questions

Weißt du, **warum** Nina heute nicht kommt?　　　*Do you know **why** Nina isn't coming today?*
Ich weiß auch nicht, **ob** sie morgen kommt.　　　*I also don't know **if/whether** she's coming tomorrow.*

An indirect question is a dependent clause. The finite verb is therefore in last position. An indirect question is introduced by an introductory clause such as:

Weißt du, … ?	**Ich weiß nicht, …**
Ich möchte wissen, …	**Kannst du mir sagen, … ?**

An indirect informational question begins with the same question words that are used in direct informational questions (**warum, wann, wer, was, wie lange,** etc.). An indirect yes/no question begins with **ob**. **Ob** can always be translated as *whether*.

Modernes Leben
Familie und Arbeit

Junge Familie mit zwei Kindern ▶

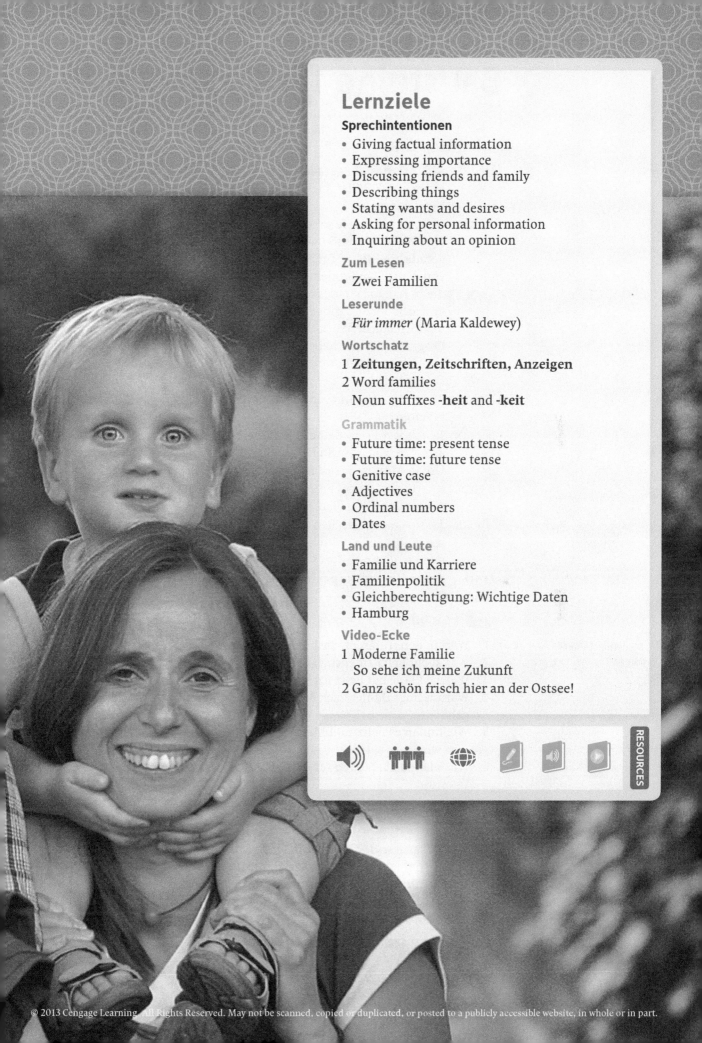

Lernziele

Sprechintentionen
- Giving factual information
- Expressing importance
- Discussing friends and family
- Describing things
- Stating wants and desires
- Asking for personal information
- Inquiring about an opinion

Zum Lesen
- Zwei Familien

Leserunde
- *Für immer* (Maria Kaldewey)

Wortschatz
1 **Zeitungen, Zeitschriften, Anzeigen**
2 Word families
   Noun suffixes **-heit** and **-keit**

Grammatik
- Future time: present tense
- Future time: future tense
- Genitive case
- Adjectives
- Ordinal numbers
- Dates

Land und Leute
- Familie und Karriere
- Familienpolitik
- Gleichberechtigung: Wichtige Daten
- Hamburg

Video-Ecke
1 Moderne Familie
   So sehe ich meine Zukunft
2 Ganz schön frisch hier an der Ostsee!

RESOURCES

Bausteine für Gespräche

🔊 Zukunftspläne

2-14

DANIEL: Sag mal, hast du gerade einen Chat? Willst du jemand kennenlernen?

FELIX: Quatsch! Ich surfe schon eine Weile rum und habe gerade ein Blog gefunden von deutschen Studenten, die in Kanada studieren und arbeiten. Da gibt es nämlich solche Work-Study-Programme und die Leute berichten hier über ihre Erfahrungen.

DANIEL: Ah ja. Du wirst in Montreal also nicht nur studieren, sondern auch arbeiten?

FELIX: Ja, ich werde ein Semester studieren und danach sechs Monate arbeiten. Aber die Stelle bei einer Firma muss ich selbst finden. Die Uni in Montreal wird mir dabei aber helfen.

DANIEL: Interessant. Was sagt eigentlich Marie dazu, wenn du dann ein ganzes Jahr weg bist? Ihr seid doch zusammen, oder?

FELIX: Ja. Na ja, ein bisschen traurig sind wir beide schon. Aber sie wird mich dort auch besuchen. Wahrscheinlich in den Winterferien. Und dann wollen wir dort vielleicht snowboarden gehen.

DANIEL: Schön. Irgendwie passt ihr ja auch wirklich gut zusammen.

A. Modernes Leben – moderne Technologie

1 Fragen

1. Warum denkt Daniel, dass Felix jemand kennenlernen will?
2. Was sucht Felix eigentlich im Internet?
3. Welche Pläne hat Felix für seine Zeit in Kanada?
4. Warum fragt Daniel nach Maries Reaktion, dass Felix nach Kanada geht?
5. Wie finden es Felix und Marie, dass Felix ein paar Monate in Kanada sein wird?
6. Was planen die beiden für diese Zeit?

Brauchbares

1. When Daniel says: **"Du wirst in Montreal ... studieren"** and Felix answers: **"Ja, ich werde ein Semester studieren"** they are using future tense. Future tense in German consists of a form of **werden** plus an infinitive: **ich werde studieren, du wirst studieren**. See *Grammatik und Übungen* in this chapter, p. 302.

2. **Ihr seid zusammen** is a common colloquial expression for *"going out"* or being a couple.

Erweiterung des Wortschatzes 1

Zeitungen, Zeitschriften, Anzeigen

Giving factual information

2 **Die Zeitung** Fragen Sie in der Klasse, wer welche Zeitung liest, und warum. Notieren Sie sich die Antworten und berichten Sie. Sie können die folgenden Wörter benutzen:

> **Wirtschaft**   **Sport**   **Anzeigen**+   **Filme**   **Literatur**
> **Musik**   **Theater**   **Wetterberichte**   **Comics**+

S1:

Welche Zeitung liest du?
Warum liest du Zeitung – was interessiert dich?

S2:

Ich lese [*Die Zeit*].

Politik.

3 **Bekanntschaften** Hier sind Anzeigen aus dem Hamburger Stadtmagazin „Hamburg total". Einige Leute suchen Partner für Freizeitaktivitäten. Lesen Sie die Anzeigen und beantworten Sie die Fragen.

Bekanntschaften

A **Beste Freundin gesucht:** Gehst du auch gerne shoppen, mountainbiken, schwimmen? Lachst gerne und bist trotzdem mal traurig, magst Nächte durchtanzen, aber auch mal ins Theater oder Musical gehen? Wenn du dich angesprochen fühlst[1], dann melde dich[2] bei mir (w[3]/24) unter
✉ bestfriend10029@yahoo.de
HBh ☎ 73487

B **Wandern!** In den Herbstferien und auch mal am Wochenende. Welche netten Leute zwischen 20–30 kommen mit?
✉ absofort[4]@gmx.net

C **Lust[5]** auf Inlinerfahren, Kino, Theater, Ausstellungen[6], Joggen, Biergarten. Ich (m[7], 31) möchte meinen Freundeskreis[8] erweitern[9].
✉ HamburgAktiv009@gmail.com.
HBh ☎ 73652

[1]**Wenn ... fühlst:** *If this appeals to you* [2]**melde dich:** *get in touch* [3]**w (=weiblich):** *female* [4]**ab sofort:** *leave immediately* [5]*desire* [6]*exhibitions* [7]**m (=männlich):** *male* [8]*circle of friends* [9]*expand*

1. Welche Anzeigen sollen mehrere Leute beantworten?
2. Welche Freizeitaktivitäten wollen die Leute machen? Schreiben Sie alle Aktivitäten auf.
3. In welcher Anzeige sucht die Person Leute für kulturelle Aktivitäten?
4. Welche Anzeige ist von einer Frau? Was sucht sie?
5. Würden Sie auf eine der Anzeigen antworten? Warum (nicht)?

Vokabeln I

Substantive

der **Chat**, -s chat
der **Comic**, -s comic strip, comics
der **Film**, -e film
der **Quatsch** nonsense;
  Quatsch! Nonsense!
der **Wetterbericht**, -e weather
  report

der/das **Blog**, -s blog *(both articles
  are in use)*
die **Anzeige**, -n ad, announcement
die **Bekanntschaft**, -en
  acquaintance
die **Erfahrung**, -en experience
die **Firma, Firmen** company, firm

die **Politik** politics
die **Stelle**, -n job, position
die **Weile** a short period of time
die **Wirtschaft** economy
die **Zukunft** future

Verben

berichten to report
passen (+ *dat.*) to fit, suit; to be
  appropriate

rum·surfen *(coll.)* to surf around
zusammen·passen to be suitable
  for each other

Weitere Wörter

dabei with it
danach afterwards; after it
gerade just; straight

jemand (-en, -em) *(endings are
  optional)* someone
na ja well now; oh well

wahrscheinlich probably

Besondere Ausdrücke

Ihr seid zusammen. You are
  going together.

Alles klar?

4 **Definitionen** Welche Definition passt zu welchem Wort?

1. ein kleiner Text, z. B. in einem Magazin, in dem
   man schreibt, was man sucht oder braucht _____
2. ein fester Job bei einer Firma _____
3. Es war nicht gestern, es ist nicht heute, sondern
   es wird morgen sein. _____
4. wenn man sagen will, dass etwas dumm oder
   idiotisch ist und nicht stimmt _____

a. Anzeige
b. Quatsch
c. Stelle
d. Zukunft

5 **Blog aus Montreal** Ergänzen Sie Dominiks Bericht mit den
passenden Wörtern aus der folgenden Liste.

| berichten danach Erfahrungen Firma jemand Stelle Weile |

Ich bin jetzt schon seit drei Monaten hier bei einer kanadischen _____
in Quebec – sie heißt „Assecurance Internationale". Meine _____ sind
sehr positiv und ich kann wirklich nur Gutes _____. Die Kollegen sind
sehr freundlich und immer hat _____ Zeit mir Dinge zu erklären.
   Ich will hier aber noch eine _____ bleiben, wahrscheinlich
maximal sechs Monate.
   Doch für die Zeit _____ suche ich eine _____ bei einer Firma
in Hamburg. Dort wohnt nämlich meine Freundin.

Land und Leute

Familie und Karriere

During early child-rearing years many women in Germany either withdraw from the workforce or work part time. Employers (**Arbeitgeber**) are required to make every attempt to facilitate the return to work for mothers, including providing part-time work. Around 60% of mothers with children under fifteen are gainfully employed. Almost three-fourths of these women work part time. In contrast 90% of fathers are employed with only around 4% choosing part-time work. Based on the **Mutterschutzgesetz** (bill for the protection of mothers), a new mother may not work 6 weeks before and 8 weeks after the birth of a child. However, despite such government mandates, women who interrupt their careers or work part time during child-rearing years very often find themselves at a disadvantage when they resume full-time employment. In Germany, parents are entitled to **Elternzeit** *(parental leave)*. One of the two parents may stay home with the child for up to three years. The return to one's previous workplace is guaranteed.

A special case is the situation of single parents (**Alleinerziehende**). Almost 20% of families in Germany are one-parent families. Of these, around 86% of single parents are women. Although single-parent families are entitled to the same benefits as traditional families, government statistics show that single-parent households are three times more at, life is complicated by a shortage of childcare facilities, especially in the West, and the fact that most German schools run only to noon or slightly later. The government is now in the process of increasing the number of full-day schools (**Ganztagsschulen**).

M. Kulturkontraste,
1. Familie und Karriere

▲ Diese Mutter arbeitet von zu Hause aus.

▲ Mit drei Jahren kann man in den Kindergarten gehen.

Kulturkontraste

1. Finden Sie, dass **Elternzeit** eine gute Idee ist? Wie ist das in Ihrem Land?
2. Was sind die Konsequenzen von Elternzeit für die Familie und den Arbeitgeber *(employer)*?
3. Arbeit, Hausarbeit, und Kinder: Was meinen Sie, wer soll was machen?

Zum Lesen

Vor dem Lesen

6 Die moderne Familie

1. Beschreiben Sie die traditionelle Familie. Gibt es eine Mutter und einen Vater? Wer arbeitet? Was machen die Kinder?
2. Heute gibt es viele Familienmodelle. Beschreiben Sie eine nicht traditionelle Familie.
3. Viele Eltern, besonders Mütter, sagen, dass sie gestresst sind. Warum ist das so?

 7 Umfrage Machen Sie eine Umfrage unter Ihren Kommilitoninnen/Kommilitonen. Wie stellst du dir dein Familienleben später vor? Möchtest du Single sein/heiraten/Kinder haben …? Warum?

 8 Familie und Arbeit Überlegen Sie mit Ihrer Partnerin/Ihrem Partner, in welchen Berufen man relativ viel Zeit für das Familienleben und Kinder hat. Machen Sie eine Liste. Die folgenden Kriterien können Ihnen dabei helfen Berufe zu finden:

> flexible Arbeitszeiten
> von zu Hause aus arbeiten
> nur wenige Arbeitsstunden pro Tag
> man arbeitet abends oder nachts
> wenn die Partnerin/der Partner bei den Kindern ist

Beim Lesen

9 Zwei Familien Der Text beschreibt die Situationen von Petra Böhnisch und von Rainer Valentin. Machen Sie sich Notizen.

	Petra Böhnisch	Rainer Valentin
wie viele Kinder?		
welcher Beruf?		
wie viel Arbeit?		
Partner?		

Brauchbares

The following text contains several verbs in the simple past, also called the narrative past. The simple past tense is used mostly in writing. The meaning is the same as the simple past in English and is discussed in *Kapitel 10*. You are already familiar with **war** and **hatte,** the simple past of the verbs **sein** and **haben**. Other verbs used here are as follows: *separated;* l. 29 **sollte:** *should;* l. 33 **auseinandergingen:** l. 38 **wollte:** *wanted;* l. 46 **dachte:** *thought.*

Modernes Leben: Zwei Familien

L. Familie in Deutschland heute

Heute gibt es neben der traditionellen Familie – Ehepaar mit einem oder mehreren Kindern – auch zunehmend° andere Formen des Zusammenlebens. Familien mit nur einem Elternteil°, Paare – verheiratet oder unverheiratet – ohne Kinder und „Patchwork-Familien", in denen°

5 Partner mit Kindern aus anderen Verbindungen° zusammenleben. Vor allem in Großstädten gibt es immer mehr Menschen, die° alleine leben. Auch die Zahl der Geburten ist stark gesunken, weil es viele Menschen schwierig finden, beides zu haben – Kinder und einen anstrengenden Beruf. Lesen Sie hier wie zwei Familien mit Kindern ihr

10 Leben und ihren Job organisieren.

increasingly

which
unions
who

A. Modernes Leben: Zwei Familien
B. Richtig oder falsch?

Die berufstätige Mutter Fünf Jahre hat Petra Böhnisch Babypause gemacht, um den ganzen Tag mit ihren Söhnen verbringen zu können. In dieser Zeit hat ihr Mann den Lebensunterhalt° der Familie

15 verdient. Nun sind die Kinder in der Schule und im Kindergarten und Petra Böhnisch arbeitet wieder halbtags in ihrem Beruf als Sozialpädagogin°. Doch obwohl sie nur 20 Stunden pro Woche arbeitet, klagt sie über die organisatorischen Probleme. „Ich

20 arbeite morgens von acht bis zwölf. Die Schule ist meistens um 12.30 h zu Ende, genauso der Kindergarten. Eine Betreuung° über Mittag gibt es zwar, doch wir haben keinen Platz bekommen. So ist es immer stressig, meine Kinder pünktlich abzuholen°. Schlimm ist auch,

25 wenn ich bei der Arbeit weggehen muss, obwohl ich mir mehr Zeit nehmen möchte für die Leute, die mit ihren Problemen zu mir kommen. Ich habe oft das Gefühl, dass ich in beidem – im Beruf und als Mutter – immer gestresst bin und nie genug Zeit habe. Darunter leidet auch das Familienleben. Vielleicht sollte ich noch ein, zwei Jahre Elternzeit° nehmen.

livelihood

social worker

childcare

▲ Petra Böhnisch, 37.

Uli Gersiek

child-rearing leave

30 **Der alleinerziehende Vater** Seit fünf Jahren ist Rainer Valentin schon alleinerziehender Vater und er ist, wie er sagt „stolz auf seine intakte Familie". Als er und seine Frau auseinandergingen, war es klar, dass seine beiden Töchter Sarah und Anne,

35 damals drei und eins, bei ihm bleiben würden. Er hatte sie seit ihrer Geburt versorgt°, weil er als selbstständiger° Architekt flexible Arbeitszeiten hatte. Seine Frau wollte° ihre gut bezahlte Stelle als Produktmanagerin nicht aufgeben. „Meine Karriere

40 war mir nie so wichtig gewesen. So war der Schritt vom Hausmann zum alleinerziehenden Vater gar nicht so groß. Und gearbeitet habe ich eben von zu Hause aus. Na ja, ganz so einfach war es natürlich nicht. Am Anfang war es für mich zum Beispiel ein Problem, dass die ‚anderen Mütter' in Spielgruppen

45 oft etwas skeptisch waren. Und wenn die Kinder schwierig waren, hatte ich das Gefühl, dass sie dachten°: ‚Ist ja kein Wunder, wenn nur der Vater erzieht!' Meine Ex-Frau und ich hatten aber immer einen guten Kontakt, schon wegen der Kinder. Sie hat uns natürlich auch finanziell unterstützt. Heute sind wir wieder gute Freunde und im Sommer wollen wir sogar zusammen Urlaub

50 machen.

hatte ... versorgt: *had looked after them / independent / wanted*

thought

▲ Rainer Valentin, 38

Courtesy of Simone Berger

Nach dem Lesen

10 Fragen zum Lesestück

1. Wie lange ist Petra Böhnisch mit ihren Söhnen zu Hause geblieben, bevor sie wieder gearbeitet hat?
2. Wie viele Stunden arbeitet Frau Böhnisch am Tag?
3. Wo sind ihre Kinder vormittags?
4. Warum findet Frau Böhnisch es manchmal schwierig, ihren Arbeitsplatz um 12 Uhr zu verlassen *(leave)*?
5. Was für ein Gefühl hat Frau Böhnisch oft?
6. Welche Lösung *(solution)* sieht Frau Böhnisch?
7. Wie lange ist Rainer Valentin schon alleinerziehender Vater?
8. Warum blieben die Kinder bei Rainer Valentin, als er und seine Frau auseinandergingen?
9. Was für Probleme hat er manchmal mit „den anderen Müttern"?
10. Wie unterstützt ihn seine Ex-Frau?

11 Wörter

A. Erklären Sie die folgenden Wörter.

BEISPIEL Babypause: *-wenn die Mutter oder der Vater mit dem Baby zu Hause bleibt und nicht arbeitet*

| Babypause   berufstätig   flexible   Arbeitszeit |
| gestresst   halbtags   Spaß   Urlaub |

B. Rainer Valentin ist „stolz auf seine intakte Familie". Sagen Sie, wann Ihre Eltern stolz oder nicht stolz auf Sie sind.

BEISPIEL Meine Mutter/Mein Vater ist (nicht) stolz auf mich, wenn …

| gute Klausuren schreiben   fleißig sein   mein Zimmer aufräumen |
| einen Ferienjob finden   meinen Freunden helfen |

12 Erzählen wir Sprechen Sie über eines der folgenden Themen.

1. Was für Probleme haben berufstätige Eltern?
2. Zwei Jahre Elternzeit: Eine gute oder schlechte Idee?
3. Wann sind Sie gestresst?

▲ Man kann auch im Internet nach einem Job suchen.

Bundesagentur für Arbeit

E. Ein Gespräch

> With more deaths than births each year, Germany has a negative population growth. The government predicts that by 2050 the population of Germany will be only 65 million instead of the present 82.4 million. The population figure for 2050 is predicted in a study **"Familiensurveys"** by the **Bundesfamilienministerium**. Recently, there was a modest increase in birth rates, though population growth remains negative.

Land und Leute

Familienpolitik

M. Kulturkontraste
2. Familienpolitik

In Germany, federal policy concerning families **(Familienpolitik)** covers a number of areas intended to support the quality of life for women, men, and children. One aim is to help both women and men reconcile their professional and personal lives. Opportunities for flexible work hours **(Gleitzeit),** part-time work **(Teilzeitarbeit)** with full benefits, or job sharing have been improved. Many single mothers and fathers receive financial aid **(Unterhaltsvorschüsse)**. Every woman receives a paid six-week maternity leave before the child's birth and eight weeks after the birth **(Mutterschutzurlaub),** the cost of which is shared by the government and her employer. One or both parents may stay at home and care for the child during the first three years **(Elternzeit),** and the employer agrees to reinstate the parent with the same or an equivalent position at the end of the time. With the consent of the employer twelve months of the three years may be taken at any time before the child's eighth birthday. At the age of three, the child is legally entitled to placement in a nursery school, although in reality many children are three and a half or four before space becomes available.

The government also provides a number of financial benefits. The government will replace up to 67% of net income during the Elternzeit – more for low-income families **(Elterngeld)**. This money is in addition to the child benefit **(Kindergeld)** of 184 euros per month for the first child with increases for additional children. This benefit is paid regardless of the parents' income and continues at least until the child's eighteenth birthday.

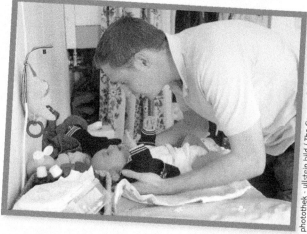

▲ Dieser Vater nimmt sich Elternzeit.

▲ Sie wird sich Mutterschutzurlaub nehmen.

The U.S. Family and Medical Leave Act enables employees in large companies to take up to 12 weeks off, but that time is unpaid.

Kulturkontraste

1. In den meisten Industrieländern bekommen neue Mütter bezahlten Mutterschaftsurlaub. In Deutschland müssen neue Mütter 14 Wochen Mutterschutzurlaub nehmen. Wie ist das in Ihrem Land?

2. In Deutschland haben alle Kinder ein Recht auf Kindergeld. Was halten Sie davon?

3. Was deutsche Familien und Mütter vom Staat bekommen, ist für die Regierung und die Wirtschaft teuer. Denken Sie, dass diese finanzielle Hilfe für Familien wichtig ist? Warum (nicht)?

Erweiterung des Wortschatzes 2

Word families

arbeiten	*to work*
die Arbeit	work
der Arbeiter/die Arbeiterin	worker

Similar to English, German has many words that belong to families and are derived from a common root.

13 **Noch ein Wort** Ergänzen Sie die fünf Sätze mit einem passenden Wort.

1. München hat 1,3 Millionen **Einwohner**. Viele Münchner ___wohnen___ in kleinen **Wohnungen**.
2. Der **Koch** und die **Köchin** in diesem Restaurant benutzen nie ein **Kochbuch,** aber sie ___kocht___ sehr gut.
3. Auf unserer **Wanderung** haben wir viele **Wanderer** getroffen. Der **Wanderweg** war schön. Wir ___Wandern___ wirklich gern.
4. —Ich muss jetzt zum **Flughafen**.
   —Wann geht dein **Flugzeug**?
   —Ich ___fliege___ um 10.30 Uhr.
5. In dieser **Bäckerei backen** sie gutes Brot. Ich finde, der ___Bäcker___ macht auch gute Kuchen.

Noun suffixes *-heit* and *-keit*

die **Freiheit**	*freedom*
frei	*free*
die **Wirklichkeit**	*reality*
wirklich	*really*

Nouns ending in **-heit** and **-keit** are feminine nouns. Many nouns of this type are related to adjectives. The suffix **-keit** is used with adjectives ending in **-ig** or **-lich**.

B. Suffixes *-heit* und *-keit*

14 **Dieses Wetter!** Ergänzen Sie den Text über das Wetter. Benutzen Sie ein Substantiv, das auf **-heit** endet und das zu dem fett gedruckten Adjektiv passt.

1. Der Garten ist sehr **trocken**. Diese _____ ist nicht gut für die Blumen.
2. Dieses Wetter ist nicht **gesund**. Der kalte Wind ist nicht gut für meine _____.
3. Frau Lehmann fühlt sich ziemlich **krank**. Hoffentlich hat sie keine schlimme _____.
4. Die Natur ist im Mai besonders **schön**. Diese _____ in der Natur macht mich glücklich.
5. Hier lebt man relativ **frei**. Durch diese _____ können die Menschen vieles selbst machen.

Vokabeln II

Substantive

Ehe und Familie

der **Kindergarten, ⸗** nursery school
der **Hausmann, ⸗er** househusband
das **Ehepaar, -e** married couple
das **Paar, -e** pair; couple
die **Ehe, -n** marriage
die **Erziehung** rearing; education
die **Geburt, -en** birth

Die Welt der Arbeit

der **Architekt, -en, -en**/die **Architektin, -nen** architect
der **Manager, -**/die **Managerin, -nen** manager

der **Urlaub** vacation
Urlaub machen to go on vacation
in *or* **im** *or* **auf Urlaub sein** to be on vacation
in Urlaub fahren to go on vacation
die **Arbeitszeit** working hours
die **Karriere, -n** career
die **Pause, -n** break; rest; intermission

Weitere Substantive

der **Anfang, ⸗e** beginning; **am Anfang** in the beginning
der **Mittag, -e** noon
der **Kontakt, -e** contact
dcr **Schritt, -c** step
das **Gefühl, -e** feeling
das **Recht, -e** right; law; **das Recht auf** (*+ acc.*) right to
das **Wunder, -** wonder; miracle; **kein Wunder** no wonder
die **Freiheit, -en** freedom
die **Großstadt, ⸗e** city
die **Wirklichkeit** reality

Verben

an·nehmen (nimmt an), angenommen to accept
auf·geben (gibt auf), aufgegeben to give up
erziehen, erzogen to bring up, rear; to educate
hoffen (auf *+ acc.*) to hope (for)

klagen to complain
leiden, gelitten to suffer; to tolerate; to endure
organisieren to organize
schauen to look; **schauen nach** to look after
sinken, (ist) gesunken to sink

verbringen, verbracht to spend (time)
verlieren, verloren to lose
unterstützen to support

Adjektive und Adverbien

berufstätig working, gainfully employed
damals at that time
gestresst stressed
mehrere several; various

nie never
schlimm bad; serious, severe
schwierig difficult
skeptisch sceptical
sogar even

stark strong; greatly, very much
stolz proud; **stolz auf** (*+ acc.*) proud of
verheiratet married

Weitere Wörter

als (*sub. conj.*) when
auseinander apart, away from each other

da (*sub. conj.*) because, since (*causal*)
obwohl (*sub. conj.*) although
pro per

wegen (*+ gen.*) on account of, because of

Besondere Ausdrücke

immer mehr more and more

na ja oh well

zu Ende over, finished

Alles klar?

15 Gegensätze Verbinden Sie die Wörter mit ihren Antonymen.

1. einfach _____
2. Ende _____
3. gewinnen _____
4. immer _____
5. Kleinstadt _____
6. Fantasie _____
7. ruhig _____
8. schwach _____
9. unverheiratet _____

a. Anfang
b. gestresst
c. Großstadt
d. nie
e. schwierig
f. stark
g. verheiratet
h. verlieren
i. Wirklichkeit

🔊
C. Ist das logisch?
D. Die gleiche Bedeutung

✎
J. Wie viel verdienst du?

16 Eine berufstätige Mutter Susanne trifft ihre Freundin Brigitte zum Kaffeetrinken. Sie sprechen über Susannes Situation, denn Susanne hat zwei kleine Kinder und ist berufstätig. Ergänzen Sie die Sätze mit den folgenden Wörtern.

Arbeitszeiten	Geburt	klagen	organisieren	Pause
unterstützt	Urlaub	verbringen	Wunder	

1. SUSANNE: Puuuh, das ist schön, endlich mal eine kleine _____. Ich glaube, ich brauche mal wieder einen richtigen _____, mal zwei Wochen wegfahren und nichts tun!

2. BRIGITTE: Das ist ja auch kein _____, dass du müde und gestresst bist. _____ Thomas dich denn jetzt mehr bei der Hausarbeit?

3. SUSANNE: Na ja, nicht so richtig. Ich weiß noch, kurz nach Lenas _____ hat er gesagt, dass er viel Zeit mit der Familie _____ möchte. Aber seine _____ sind auch ziemlich lang – von morgens um 8 bis abends um 9.

4. BRIGITTE: Vielleicht musst du auch die Hausarbeit anders _____. Kannst du keinen Babysitter finden?

5. SUSANNE: Ja, du hast recht. Es ist dumm von mir, immer nur zu _____ und doch nichts anders zu machen.

▲ Susanne und Brigitte treffen sich zum Kaffee.

Dmitriy Shironosov, 2009 / Used under license from Shutterstock.com

Land und Leute

 Web Search

Gleichberechtigung *(equal rights)*: Wichtige Daten

M. Kulturkontraste
3. Gleichberechtigung:
Wichtige Daten

A few milestones in the progress toward legal equality of the genders:

1901   German universities begin to admit women.

1918   German women receive the right to vote and to be elected to parliament.

1949   The Basic Law of the Federal Republic **(Grundgesetz)** guarantees the right of a person to decide on her or his role in society.

1955   The Federal Labor Court **(Bundesarbeitsgericht)** states that there should be no discrimination on the basis of gender in compensation for work performed.

1977   Women and men are judged by law to be equal in a marriage. Either can take the surname of the other, or a combination of both names. A divorce may now be granted on the principle of irreconcilability rather than guilt, and all pension rights that the spouses accrued during marriage are equally divided.

1979   Women are entitled to a six-month leave to care for a newborn child. By 1990 the leave time had increased to 12 months and was available to mothers or fathers.

1980   The law prohibits gender discrimination in hiring practices, wages, working conditions, opportunities for advancement, and termination policies.

1986   Years spent raising children are included in the calculation of retirement pensions.

1991   Married partners may keep separate names. Children may have the name of either parent.

1994   Married couples have the right to decide on a common married name. A law forbidding sexual harassment at the workplace is passed. Parents may take turns staying at home for three years to care for their child.

2001   One or both parents may stay home, and the option to convert a former full-time position into a part-time position should be generally supported by the employer.

Austrian women received the right to keep their maiden names in 1995.

   The equality of women and men guaranteed by law has not translated into their compensation. Women still generally earn 27% less than men in comparable positions, and only 30% of top managerial positions are held by women.

▲ **Geschäftsfrau bei einer Präsentation vor ihren Kollegen.**

Kulturkontraste

1. Beschreiben Sie, wie die Frauen in Deutschland Gleichberechtigung bekommen haben. Was ist wann passiert?

2. Wissen Sie, wie es für Frauen in Ihrem Land ist?

Grammatik und Übungen

Future time: present tense

Ich **helfe** dir morgen bestimmt. { *I'll help* you tomorrow for sure.
I'm going to help you tomorrow for sure.

Arbeitest du heute Abend? { *Are you working* tonight?
Are you going to work tonight?

German generally uses the present tense (e.g., **ich helfe, arbeitest du?**) to express future time.

● English expresses future time with the future tense (e.g., *I'll help*), with a form of *go* (e.g., *I'm going to help*), or with the present progressive tense (e.g., *you are working*).

---

18 Was für Pläne hast du? Leon spricht mit Marie über ihre Pläne. Bilden Sie Sätze im Präsens.

1. kommen / du / heute Abend / mit / ins Kino / ?
2. nein, ich / gehen / auf eine Party
3. was / machen / du / morgen / ?
4. die Semesterferien / anfangen / doch / morgen
5. fahren / du / bald / in Urlaub / ?
6. nein, ich / lernen / zuerst / für meine Prüfungen
7. und in ein paar Wochen / ich / besuchen / eine Freundin / in der Schweiz
8. müssen / du / auch arbeiten / ?
9. ja, / im August / arbeiten / ich / bei / Siemens

Future time: future tense *(das Futur)*

Wir **werden** unsere Freunde **einladen**.   *We **will invite** our friends.*
Tim **wird** auch **kommen**.   *Tim **will come**, too.*

Both German and English have a future tense, although in German it is not used as often as the present tense to express future time.

● The future tense is used to express future time if it would otherwise not be clear from the context that the events will take place in the future.

Paula **wird** es allein **machen**.   *Paula **will do** it alone.*

● The future tense in German may be used to express intention.

Nina **wird** wohl zu Hause **sein**.   *Nina **is probably** at home.*
Das **wird** sicher falsch **sein**.   *That's **most likely** wrong.*

● In addition to expressing intention, the future tense may be used to express an assumption (present probability) when it is used with adverbs, such as **wohl, sicher,** or **schon**.

werden				
ich	**werde** es sicher **finden**	wir	**werden** es sicher **finden**
Sie	**werden** es sicher **finden**	Sie	**werden** es sicher **finden**
du	**wirst** es sicher **finden**	ihr	**werdet** es sicher **finden**
er/es/sie	**wird** es sicher **finden**	sie	**werden** es sicher **finden**

In both English and German, the future tense is a COMPOUND TENSE.

- In English, the future tense is a verb phrase consisting of *will* or *shall* plus the main verb.
- In German, the future tense is also a verb phrase and consists of a form of **werden** plus an infinitive in final position.

---

19 **Die Freundin** Paul und Felicitas sind seit ein paar Monaten zusammen. Paul hofft, dass die Freundschaft auch in Zukunft so gut bleiben wird. Setzen Sie Pauls Aussagen ins Futur.

BEISPIEL Felicitas ist sicher immer eine gute Freundin.
Felicitas wird sicher immer eine gute Freundin sein.

1. Hoffentlich bleibt Felicitas immer so nett und freundlich.
2. Wir haben wohl immer so viele interessante Gespräche und gemeinsame Interessen.
3. Bei Felicitas bin ich sicher nicht so kritisch und negativ wie bei Christina.
4. Felicitas ist wahrscheinlich auch immer offen und ehrlich zu mir.
5. Ich verliere Felicitas als Freundin wohl nie.
6. Vielleicht bleiben wir sehr lange zusammen.

I. Kein Streik

D. Und was werden Sie nach Ihrem Examen machen?

Future tense and word order in subordinate clauses

Michael weiß nicht, ob Christin ihn **besuchen wird**.

Sebastian sagt, dass sie sicher **kommen wird**.

*Michael doesn't know whether Christin **will visit** him.*

*Sebastian says she'**ll come** for sure.*

The auxiliary **werden** is in final position in a dependent clause because it is the finite verb. It follows the infinitive.

---

20 **Ein tolles Wochenende** Lukas erzählt, was seine Freunde wahrscheinlich am Wochenende machen werden. Beginnen Sie jeden Satz mit **Lukas sagt, dass** ...

BEISPIEL Nelli wird wohl mit Gülay Tennis spielen.
Lukas sagt, dass Nelli wohl mit Gülay Tennis spielen wird.

1. Erkan wird wohl seinem Vater im Geschäft helfen.
2. Am Samstagabend werden wohl alle in den neuen Club gehen.
3. Erkan wird wohl vor dem Konzert viel Gitarre spielen.
4. Sie werden am Sonntag wohl im Restaurant von Erkans Eltern essen.
5. Sie werden dort wohl andere Freunde treffen.

Discussing
postgraduation plans

F. Ein Jobinterview

C. Was wird Marie nach
ihrem Examen machen?

21 **Was wirst du nach dem Studium machen?** Bilden Sie eine kleine Gruppe. Fragen Sie die anderen, was für Pläne sie nach dem Studium haben. Benutzen Sie die Stichwörter.

> ein Jahr ins Ausland gehen   bei einer [spanischen / deutschen / großen / kleinen /Computer- / Auto-] Firma arbeiten
> eine Stelle in [Brüssel / Straßburg / Berlin] suchen
> in die Politik gehen   weiterstudieren
> in einem Forschungslabor arbeiten   erst mal nichts tun

S1:
Weißt du schon, was du nach dem Studium machen wirst?

S2:
Ich werde wohl bei einer Computer-Firma arbeiten. Und du?

22 **Hören Sie zu** Anna und Daniel denken an das Ende ihres Studiums und sprechen über die Zukunft. Hören Sie zu und beantworten Sie die Fragen. Sie hören zwei neue Wörter: **der Traum** (*dream*), **viel Glück** (*good luck*).

1. Warum wird Daniel nach seinem Studium vielleicht für ein oder zwei Jahre in die USA gehen?
2. Was glaubt Daniel, was er in zehn Jahren haben wird?
3. Wo wird Anna in zehn Jahren vielleicht wohnen?
4. Was wird sie in zehn Jahren hoffentlich haben?
5. Was wird Daniel jetzt machen?

Genitive case *(der Genitiv)*

Showing possession and close relationships

Ich habe mit dem Kollegen **des Ingenieurs** gesprochen.	*I talked to the colleague of the engineer.*
Die Möglichkeit **eines Teilzeitjobs** gibt es nicht.	*There is no possibility of a part-time job.*
Der Name **der Firma** ist in den USA bekannt.	*The name of the firm is known in the USA.*

English shows possession or other close relationships by adding *apostrophe + -s* to a noun or by using a phrase with *of*. English generally uses the *'s* form only for persons. For things and ideas, English uses the *of*-construction.

- German uses the genitive case to show possession or other close relationships.
- The genitive is used for things and ideas, as well as for persons.
- The genitive generally follows the noun it modifies (**die Möglichkeit** *eines Jobs*).

> die Freundin **von meinem Bruder** (meines Bruders)
> zwei **von ihren Freunden** (ihrer Freunde)
> ein Freund **von Thomas** (Thomas' Freund)

In spoken German, the genitive of possession is frequently replaced by **von** + **dative**.

> ein Freund **von mir**
> ein Freund **von Nicole**

Von + dative is also used in phrases similar to the English *of mine, of Nicole,* etc.

Masculine and neuter nouns

der Name **des Kindes**   *the name of the child*
der Name **seines Vaters**   *the name of his father*

Masculine and neuter nouns of one syllable generally add **-es** in the genitive; nouns of two or more syllables add **-s**.

- The corresponding articles, **der**-words, and **ein**-words end in **-es** in the genitive.

Masculine *N*-nouns

Die Frau **unseres Nachbarn** ist Ingenieurin.   ***Our neighbor's** wife is an engineer.*

Ihre Kinder sind in der gleichen Schule wie die Kinder **meines Kollegen**.   *Her children are in the same school as the children **of my colleague**.*

Masculine nouns that add **-n** or **-en** in the accusative and dative singular also add **-n** or **-en** in the genitive. A few masculine nouns add **-ns: des Namens.** For a list of masculine **N**-nouns, see *Appendix D,* Grammatical Tables, #9.

---

23 **Fragen**

A. Verbinden Sie die Wörter.

BEISPIEL der Mann / das Jahr   *Wer war der Mann des Jahres?*

1. das Buch	das Auto
2. die Designerin	der Film
3. das Deutschbuch	das Haus
4. die Farbe	Herr/Frau Meier
5. die Frau	das Jahr

B. Bilden Sie einen Satz mit den Wörtern

BEISPIEL das Buch / Frau Meier   *Ist das Frau Meiers Buch?*

1. der Mann / der Junge
2. der Name / der Professor
3. der Rucksack / der Pulli
4. der Titel / Sebastian

Feminine and plural nouns

Die Größe **der Wohnung** ist perfekt.   *The size **of the apartment** is perfect.*

Da ist das Haus **meiner Eltern**.   *There is **my parents'** house.*

Feminine and plural nouns do not add a genitive ending.

- The corresponding articles, **der**-words, and **ein**-words end in **-er** in the genitive.

Wann ist die „Lange Nacht der Museen" in Stuttgart?

PV Projekt Stuttgart

24 Hast du die Adresse? Sie und Ihre Partnerin/Ihr Partner sind neu in der Stadt und brauchen einige Adressen. Sehen Sie sich die Informationen unten an und geben Sie eine Adresse. Benutzen Sie den Genitiv.

S1:
Weisst du, wo eine Apotheke ist? /
Hast du die Adresse einer Apotheke?

S2:
Ja. Die Adresse **der Apotheke** ist Sinnhubstraße 34.

Ort	Adresse
1. eine Apotheke?	Florianplatz 15
2. ein Café?	Bahnhofstraße 32 bis 38
3. der Park?	Berliner Platz 95
4. die Universitätsbibliothek?	Mozartstraße 57
5. ein Restaurant?	Bahnhofstraße 112
6. eine Metzgerei?	Berliner Straße 78
7. eine Drogerie?	Sinnhubstraße 34

Was ist die Quelle der Schönheit?
Wovon hat die Quelle der Schönheit viel?
Wie viel kostet die Quelle der Schönheit?

Die Quelle[1] der Schönheit
Mineralwasser oder Stille Quelle
STEINSIEKER
Viel Calcium 595mg/kg
Wenig Natrium[2] 19,4 mg/kg
12 x 0,7 / 0,75 Ltr.
4,39 € uro
zuzgl.[3] 3,30 € Pfand[4]
Preis/Ltr: 0,52€

[1]source, spring [2]sodium [3]**zuzüglich**: in addition [4]deposit

The interrogative pronoun *wessen*

Wessen CD-Spieler ist das?
Wessen CDs sind das?

Whose CD player is that?
Whose CDs are those?

The question word to ask for nouns or pronouns in the genitive is **wessen**. **Wessen** is the genitive form of **wer** and is equivalent to English *whose*.

Possessive adjectives

Theresa ist die Freundin **meines Bruders**.

*Theresa is **my brother's** girlfriend.*

Hast du die Telefonnummer **seiner Freundin**?

*Do you have **his girlfriend's** telephone number?*

Possessive adjectives take the case of the noun they modify. Even though a possessive adjective already shows possession (**mein** = *my*, **sein** = *his*), it must itself be in the genitive case when the noun it goes with is in the genitive (**meines Bruders** = *of my brother*); **die Freundin meines Bruders** shows *two* possessive relationships.

25 **Wessen Dinge sind das?** Fragen Sie Ihre Partnerin/Ihr Partner, wem die folgenden Dinge gehören. Nehmen Sie eine Person aus der Liste und benutzen Sie den Genitiv.

S1:
Wessen Pulli ist das?

S2:
Das ist der Pulli **meiner Tante**.

Dinge	Personen
der Pulli	meine Tante
das Deutschbuch	dein Bruder
das Auto	unser Nachbar
die Schuhe	mein Freund Markus
die Bücher	deine Freundin Hülya
der iPod	meine Eltern

F. Wer ist das?

26 **Ein Zimmer in Hamburg** Annabelle wird ab Oktober in Hamburg studieren. Sie hat noch kein Zimmer gefunden, aber sie kann in den ersten Wochen bei der Familie ihres Freundes Ali wohnen. Ergänzen Sie das Gespräch mit den richtigen Genitivformen.

ANNABELLE: Und wo ist denn das Haus _____? Ist es nah bei der Uni? (deine Eltern)

ALI: Nein, nicht direkt. Aber die Lage _____ ist perfekt, nah bei der Alster und ganz nah bei der U-Bahn. (das Haus) Und du wohnst dann in meinem Zimmer.

ANNABELLE: Toll! Ist denn das Zimmer _____ im gleichen Stockwerk? (deine Schwester)

ALI: Nein, Emine hat ihr Zimmer ganz oben. Aber das Zimmer _____ ist neben meinem Zimmer. (mein Bruder) Ja, das ist vielleicht ein kleines Problem. Er hat jeden Abend Besuch von seiner Freundin und die Freundinnen _____ kommen oft auch mit. (seine Freundin) Da ist Leben im Haus!

ANNABELLE: Ach, das macht nichts. Die ersten Wochen _____ muss ich doch sicher nicht so viel arbeiten, oder? (das Semester)

ALI: Meinst du? Na ja, und das andere kleine Problem ist vielleicht der Hund _____. (unser Nachbar) Er ist ziemlich laut!

ANNABELLE: Kein Problem, dann setze ich meinen iPod auf!

27 **Hören Sie zu** Torben bekommt heute Besuch von seinen Eltern. Stefanie kommt vorbei. Hören Sie zu und beantworten Sie die Fragen. Sie hören einen neuen Ausdruck: **morgen früh** *(tomorrow morning)*.

1. Warum hat Torben Stress?
2. Wie ist das Wetter?
3. Was muss Torben alles kaufen?
4. Warum ist Torbens Mutter kritisch, wenn sie Brot isst?
5. Wo finden Torben und Stefanie die Adresse der Bäckerei?
6. Bis wann bleiben Torbens Eltern bei ihm?
7. Wann wird Stefanie Torben anrufen?

Prepositions with the genitive

(an)statt	*instead of*	Kommt Anna **(an)statt** ihrer Schwester?
trotz	*in spite of*	**Trotz** des Wetters fahren wir in die Berge.
während	*during*	**Während** der Reise kann Anna ja arbeiten.
wegen	*on account of*	**Wegen** des Wetters gehen wir nicht viel wandern.

The prepositions **anstatt** or **statt, trotz, während,** and **wegen** require the genitive case.

> wegen **dem Wetter** (des Wetters)   trotz **dem Regen** (des Regens)

In colloquial usage, many people use the dative case with the prepositions **statt, trotz, wegen,** and sometimes **während**.

> statt **ihr**   wegen **mir**

In colloquial usage, dative pronouns are frequently used with the prepositions **statt ihr, trotz ihm, wegen mir**.

E. Eine Ferienreise
G. Studium in Deutschland

28 **Eine Wanderung** Die Firma Ihres Vaters organisiert eine Wanderung. Ihre Freundin/Ihr Freund fragt Sie, wie die letzte Wanderung war. Beantworten Sie die Fragen mit den Wörtern in Klammern und benutzen Sie den Genitiv.

BEISPIEL Bist du auch mitgegangen? (ja, trotz / das Wetter)
Ja, trotz des Wetters.

1. Warum ist dein Bruder zu Hause geblieben? (wegen / seine Arbeit)
2. Ist deine Schwester mitgegangen? (ja, statt / mein Bruder)
3. Sind viele Leute gekommen? (nein, wegen / das Wetter)
4. Wann macht ihr Pläne für die nächste Wanderung? (während / diese Woche)
5. Warum gehen die Leute eigentlich wandern? (wegen / das Café)

29 **Reiseangebote** Lesen Sie die folgende Anzeige und beantworten Sie dann die Fragen.

1. Wie viele Personen können für 99 Euro mit dem „Weekender Plus"-Wochenendangebot im Hotel übernachten?
2. Wer muss nicht für das Essen zahlen und für wen ist nur das Frühstück inklusive?
3. Ist das „Weekender Plus"-Angebot nur für das Wochenende?

> ## Wochenendangebote auch während der Woche!
>
> *Summer Special* — **Weekender Plus**
>
> **Wochenendangebote auch an Wochentagen ab nur €99**
> Pro Zimmer und pro Übernachtung inclusive Frühstück
> Für Erwachsene und zwei Kinder
> Für Kinder sind Mittag–und Abendessen
> ebenfalls inbegriffen
>
> ———————————————————————
>
> ‚Summer Special' Abendmenü
> Für € 18* oder weniger pro Person
> (*in vielen Hotels schon ab €15)

Adjectives (Adjektive)

Predicate adjectives

Die Stadt ist **interessant**.	*The city is **interesting**.*
Der Urlaub wird sicher **toll**.	*Vacation will be **great**.*
Das Wetter bleibt auch **gut**.	*The weather is still **good**.*

Predicate adjectives follow the verbs **sein, werden,** or **bleiben** and modify the subject. Predicate adjectives do not take endings.

Attributive adjectives

Hamburg ist eine **interessante** Stadt.	*Hamburg is an **interesting** city.*
Das war ein **toller** Urlaub.	*That was a **great** vacation.*
Wir hatten **gutes** Wetter.	*We had **good** weather.*

Attributive adjectives precede the nouns they modify. Attributive adjectives have endings.

Was für Essen gibt es hier?
Was kostet 9 Euro?
Wie viel kostet eine türkische Pizza?

Ulrike Welsch

Preceded adjectives

Adjectives preceded by a definite article or der-word

	Masculine	Neuter	Feminine	Plural
Nom.	der neu**e** Pulli	das neu**e** Sweatshirt	die neu**e** Hose	die neu**en** Schuhe
Acc.	den neu**en** Pulli	das neu**e** Sweatshirt	die neu**e** Hose	die neu**en** Schuhe
Dat.	dem neu**en** Pulli	dem neu**en** Sweatshirt	der neu**en** Hose	den neu**en** Schuhen
Gen.	des neu**en** Pullis	des neu**en** Sweatshirts	der neu**en** Hose	der neu**en** Schuhe

	Masculine	Neuter	Feminine	Plural
Nom.	e	e	e	en
Acc.	en	e	e	en
Dat.	en	en	en	en
Gen.	en	en	en	en

Definite articles and **der**-words indicate gender and/or case. Therefore, attributive adjectives do not have to. Their endings are simply -**e** or -**en**.

Diese Handschuhe sind **teuer**.	Willst du diese **teuren** Handschuhe wirklich kaufen?

Some adjectives ending in -**er** may omit the -**e** when the adjective takes an ending.

J. Noch einmal
K. Welche meinst du?

30 **Neue Sachen** Viktoria und Anna sind in einem Kaufhaus. Sie sehen viele schöne Sachen, aber sie kaufen nichts. Ergänzen Sie die Sätze mit den passenden Endungen im Nominativ oder Akkusativ.

1. VIKTORIA: Sag' mal, Anna, wie findest du dies____ rot____ Pulli?
2. ANNA: Ganz gut, aber d____ blau____ Pulli hier gefällt mir besser.
3. VIKTORIA: Vielleicht kaufe ich dies____ kurz____ Rock.
4. ANNA: Der Rock gefällt mir auch. Willst du d____ braun____ oder d____ schwarz____?
5. VIKTORIA: Ich weiß nicht. Vielleicht kaufe ich anstatt des Rocks dies____ toll____ Hose.
6. ANNA: Gute Idee. Du, d____ weiß____ Hemd da ist schön. Es passt gut zu der Hose.
7. VIKTORIA: Meinst du? Ja, doch. Gut, ich kaufe auch d____ weiß____ Hemd. Aber Moment mal, ich kann ja gar nichts kaufen. Ich habe ja gar kein Geld.

31 **Wie ist es hier?** Verena und Mario sprechen darüber, was sie gern machen. Geben Sie die Sätze mit einem passenden Adjektiv wieder.

> **alt gemütlich modern billig groß ruhig**
> **schön laut gut neu klein**

BEISPIEL Mario isst gern in dem Café an der Uni.
Mario isst gern in dem billigen Café an der Uni.

1. Verena isst lieber in dem Biergarten in der Fußgängerzone.
2. Abends sitzen die beiden gern in der Kneipe an der Uni.
3. Nachmittags arbeitet Verena in der Buchhandlung am Markt.
4. Mario arbeitet in dem Musikgeschäft in der Stadt.
5. Abends laufen sie zusammen in dem Park im Stadtzentrum.

32 **Viele Fragen** Akif hat viele Fragen. Ergänzen Sie die Sätze mit den passenden Endungen. Achtung! Alle Substantive sind im Plural.

1. Warum trägst du immer noch dies____ alt____ Schuhe?
2. Wann hast du dies____ toll____ Hemden bekommen?
3. Wer hat dies____ warm____ Handschuhe gekauft?
4. Was hältst du von dies____ neu____ CDs?
5. Was hältst du von dies____ viel____ Fragen?

33 **Hier ist alles klein** Lesen Sie die Geschichte und erzählen Sie sie dann mit dem Adjektiv **klein** vor jedem Substantiv.

BEISPIEL Das Haus steht in der Sonnenstraße.
Das kleine Haus steht in der kleinen Sonnenstraße.

Der Junge wohnt in dem Haus. Hinter dem Haus ist der Garten. In dem Garten steht die Bank *(bench)*. Auf der Bank sitzt der Junge. Unter der Bank liegt der Ball von dem Jungen. Er will mit dem Ball spielen. Er nimmt den Ball in die Hand und kickt ihn durch das Fenster. Peng! Da ist das Fenster kaputt.

Adjectives preceded by an indefinite article or *ein*-word

	Masculine	Neuter	Feminine	Plural
Nom.	ein neuer Pulli	ein neues Sweatshirt	eine neue Hose	meine neuen Schuhe
Acc.	einen neuen Pulli	ein neues Sweatshirt	eine neue Hose	meine neuen Schuhe
Dat.	einem neuen Pulli	einem neuen Sweatshirt	einer neuen Hose	meinen neuen Schuhen
Gen.	eines neuen Pullis	eines neuen Sweatshirts	einer neuen Hose	meiner neuen Schuhe

	Masculine	Neuter	Feminine	Plural
Nom.	er	es	e	en
Acc.	en	es	e	en
Dat.	en	en	en	en
Gen.	en	en	en	en

Adjectives preceded by an indefinite article or an **ein**-word have the same endings as those preceded by **der**-words (-**e** or -**en**), except when the **ein**-word itself has no ending.

- These endings are -**er** for masculine nominative and -**es** for neuter nominative and accusative.
- Since in these instances **ein** does not indicate the gender of the noun, the adjective has to take on that function. Note the following table.

Nom.	ein neuer Pulli	ein neues Sweatshirt
Acc.	—	ein neues Sweatshirt

34 **Wie war es an der Uni heute?** Ihr Freund Max war heute nicht an der Uni und hat viele Fragen. Benutzen Sie Adjektive im Nominativ für Ihre Antworten. Sie und Ihr Partner haben nicht die gleiche Meinung.

BEISPIEL Wie war Professor Schmidts Vorlesung heute: langweilig oder interessant?

S1:
Es war eine interessante Vorlesung.

S2:
Nein, das war heute eine langweilige Vorlesung.

1. Wie war der Film im Deutschkurs: lustig oder ernst?
2. Wie war das Essen in der Mensa heute: gut oder schlecht?
3. Wie war der Kaffee heute: stark oder schwach?
4. Wie war das Referat im Geschichtskurs: lang oder kurz?
5. Waren die Studenten heute müde oder aktiv?
6. War der Seminarraum heute warm oder kühl?
7. Heute habt ihr die neuen Bücher für nächstes Semester gekauft? Waren sie billig oder teuer?

▲ Max hat viele Fragen.

Kurhan/Shutterstock.com

35 Frage-Ecke Sprechen sie mit Ihrer Partnerin/Ihrem Partner über Geburtstagsgeschenke. Finden Sie erst heraus, was Anton, Lily und Franziska ihrer Familie und ihren Freunden schenken. Fragen Sie dann Ihre Partnerin/Ihren Partner, was sie/er verschenken möchte. Die Informationen für **S2** finden Sie im Anhang *(Appendix B)*.

S1:
Was möchte Lily ihren Eltern schenken?

S2:
Sie möchte ihren Eltern einen neuen Computer schenken.

	Eltern	Schwester	Bruder	Freundin/Freund
Anton	ein teurer DVD-Player	eine blaue Bluse		
Lily			ein neues Fahrrad	eine tolle CD
Franziska		eine kleine Katze	ein australischer Hut	
ich				
Partnerin/ Partner				

L. Ein neues Zimmer

36 Alles ist neu In Ihrem Leben ist vieles neu. Ihre Partnerin/ihr Partner fragt Sie nach Details, und Sie antworten.

S1:
Ich habe ein neues Auto.
Es ist schnell, nicht teuer, und grün.

S2:
Erzähl mal **von deinem neuen Auto!**

1. Ich habe eine neue Freundin.
2. Ich habe einen neuen iPod.
3. Ich habe ein neues Fahrrad.
4. Ich habe eine neue Wohnung.
5. Ich habe neue Freunde.
6. Ich habe einen neuen Deutschprofessor.
7. Ich habe neue Vorlesungen.

Stating wants and desires

37 Ich habe gewonnen Sie haben im Lotto gewonnen. Sagen Sie Ihrer Partnerin/Ihrem Partner, was Sie sich kaufen. Ihre Partnerin/Ihr Partner sagt, was Sie ihr/ihm kaufen sollen. Benutzen Sie die Bilder und passende Adjektive.

S1:
Ich kaufe mir eine neue teure Uhr.
Was soll ich dir kaufen?

S2:
Du kannst mir einen neuen MP3-Player kaufen.

38 **Träume und Wünsche** Bilden Sie eine kleine Gruppe und sprechen Sie über Ihre Träume und Wünsche.

S1:
Ich träume von [einem schönen Wochenende]. Wovon träumst du?

S2:
Ich träume von [einem tollen Motorrad]. Ich möchte eine tolles Motorrad haben.

Träume und Wünsche: **Reise Auto Haus Motorrad Wochenende Urlaub**

Adjektive: **schnell klein schön interessant weiß groß toll lang teuer**

Unpreceded adjectives

	Masculine	Neuter	Feminine	Plural
Nom.	frischer Kaffee	frisches Brot	frische Wurst	frische Eier
Acc.	frischen Kaffee	frisches Brot	frische Wurst	frische Eier
Dat.	frischem Kaffee	frischem Brot	frischer Wurst	frischen Eiern
Gen.	frischen Kaffees	frischen Brotes	frischer Wurst	frischer Eier

	Masculine	Neuter	Feminine	Plural
Nom.	er	es	e	e
Acc.	en	es	e	e
Dat.	em	em	er	en
Gen.	en	en	er	er

- Adjectives not preceded by a definite article, a **der**-word, an indefinite article, or an **ein**-word must indicate the gender and/or case of the noun.
- They have the same endings as **der**-words, with the exception of the masculine and neuter genitive.

39 **Wir essen und trinken gern** Fragen Sie Ihre Partnerin/Ihren Partner, was sie/er gern isst oder trinkt. Antworten Sie positiv!

S1:
Schmecken dir Brötchen gut? (frisch)

S2:
Ja, frische Brötchen schmecken mir gut. Und dir?

S1: ...

1. Bier schmeckt gut. (deutsch)
2. Ich trinke gern Wein. (trocken)
3. Ich esse gern Fisch. (frisch)
4. Zum Mittagessen esse ich gern Steak. (amerikanisch)
5. Zum Abendessen esse ich gern Wurst. (deutsch)

H. Ein langer Tag im Einkaufszentrum

I. Was meinen Sie?

40 **Eine Geburtstagsparty** Planen Sie mit Ihrer Partnerin/Ihrem Partner eine Geburtstagsparty für eine Freundin. Diskutieren Sie darüber, was es zu essen geben soll.

S1:
Wollen wir amerikanischen Käse servieren?

S2:
Ich möchte lieber deutschen Käse servieren. Ist das okay?

S1: ...

Adjektive: **italienisch türkisch englisch französisch amerikanisch deutsch spanisch**

Substantive: **der Tee der Fisch der Wein der Kaffee das Brot der Käse das Bier die Salami die Orangen das Steak der Kuchen**

2-18

41 **Hören Sie zu** Katrin und Leon sprechen über Katrins Bruder. Seine Frau hat gerade ein Baby bekommen. Sie geht wieder arbeiten und er bleibt mit dem Baby zu Hause. Was ist richtig, was ist falsch? Sie hören einige neue Wörter: Wie **fühlst du dich?** *(How do you feel?)*; **süßeste** *(sweetest)*; **stressig** *(stressful)*.

	Richtig	Falsch
1. Katrin ist nicht gern Tante.	_____	_____
2. Ihr Bruder ist nicht gern Hausmann, er hat zu viel Stress.	_____	_____
3. Der Bruder muss das Haus sauber machen und kochen.	_____	_____
4. Katrin geht nur in den Park, wenn schönes Wetter ist.	_____	_____
5. Leon geht mit.	_____	_____

Ordinal numbers

erst-	1.	einundzwanzig**st-**	21.
zweit-	2.	zweiunddreißig**st-**	32.
dritt-	3.	hundert**st-**	100.
sechst-	6.	tausend**st-**	1000.
siebt-	7.		
acht-	8.		

An ORDINAL NUMBER indicates the position of something in a sequence (e.g., the first, the second).

• In German, the ordinal numbers are formed by adding **-t** to numbers 1–19 and **-st** to numbers beyond 19.

• Exceptions are **erst-, dritt-, siebt-,** and **acht-**.

Mein Sohn geht in die **dritte** Klasse.   *My son is in third grade.*
Am **siebten** Mai habe ich Geburtstag.   *My birthday is May 7.*

• The ordinals take adjective endings.

Dates *(das Datum)*

Der Wievielte ist heute?   *What is the date today?*
Heute ist **der 1. (erste)** März.   *Today is March first.*

Den Wievielten haben wir heute?   *What is the date today?*
Heute haben wir **den 1. (ersten)** März.   *Today is March first.*

In German, there are two ways to express dates.

- Dates are expressed with ordinal numbers preceded by the masculine form of the definite article (referring to the noun **Tag**).
- A period after a number indicates that it is an ordinal.
- The day always precedes the month.

Hamburg, **den 2. März 2009.**

- Dates in letter headings or news releases are always in the accusative.

---

42   Welche Wünsche haben Sie?   Sehen Sie sich zusammen die folgende Tabelle an und beantworten Sie dann die Fragen.

Stating wants and desires

K. Liebstes Tagebuch

Umfrage: Welche Wünsche sind den Deutschen besonders wichtig?	
glückliches Familienleben	89 %
Sicherheit und Ordnung im öffentlichen Leben	84 %
persönliche Sicherheit	82 %
Liebe und Partnerschaft	78 %
das Leben genießen°	74 %
Geld und Wohlstand°	60 %
beruflicher Erfolg°	57 %
Urlaub und reisen	57 %
viele Freizeitaktivitäten	51 %
Regierungswechsel° in Berlin	46 %
neue Wohnung / neues Haus	16 %

enjoy

das affluence

success

change of government

1. Welche Wünsche sind den Deutschen wichtig?
2. An welcher Stelle stehen
   a. Liebe und Partnerschaft?
   b. Erfolg im Beruf?
   c. Freizeit?
3. Was ist Ihnen wichtig? Machen Sie Ihre eigene Liste.
4. Vergleichen Sie Ihre Liste mit der Liste Ihrer Partnerin/Ihres Partners.

▲ 89% der Deutschen wünschen sich ein glückliches Familienleben.

Asking for personal information

43 **Zwei Tage später!** Ihre Partnerin/Ihr Partner vergisst immer, wann ihre/seine Freunde Geburtstag haben und fragt Sie. Die Geburtstage sind immer zwei Tage später als sie/er denkt. Beantworten Sie ihre/seine Fragen.

BEISPIEL Pia / am neunten Mai?

S1:	*S2:*
Hat Pia am neunten Mai Geburtstag?	Nein, am elften.

1. Nina / am dreizehnten Juli?
2. Pascal / am ersten Januar?
3. Moritz / am zweiten März?
4. Celina / am sechsten November?
5. Luisa / am achtundzwanzigsten April?
6. Kevin / am fünfundzwanzigsten Dezember?

44 **Zwei Fragen** Fragen Sie vier Kommilitoninnen/Kommilitonen, wann sie Geburtstag haben und in welchem Semester sie studieren.

S1:	*S2:*
Wann hast du Geburtstag?	Am [siebten Juni].
In welchem Semester/Jahr bist du?	[Im zweiten.]

🌐 Web Links

2-19

Leserunde

Maria Kaldewey, who was born in Westphalia in 1963, began writing poetry at an early age and has seen her work published in a number of anthologies. She now lives in Neuried, near Munich, where she works as a bilingual secretary. In a statement for **Deutsch heute**, Maria Kaldewey says: "Ich schreibe, weil Gedanken flüchtig sind, Worte aber bleiben." (I write because thoughts are fleeting, words however endure.) In her five-line aphorism "Für immer," the poet has used simple, everyday words to state a deep thought about relationships between human beings. Does the simplicity of her language make the comment commonplace or more universally true?

Für immer
Einen Menschen,
den man wahrhaft[1] liebt,
kann man nicht verlieren.
Es sei denn[2],
man vergisst ihn.

—*Maria Kaldewey*

[1]*truly* [2]**Es sei denn:** *unless*

Fragen

1. Warum kann ein Mensch, den ich wahrhaft liebe, „für immer" für mich da sein?
2. Wann ist dieser Mensch nicht mehr für mich da?

Für immer by Maria Kaldewey, from the anthology: "Schlagzeilen, Edition L, by Theo Czernik (1996), p. 215; Reprinted by permission of the author.

Land und Leute

 Web Search

Hamburg

M. Kulturkontraste
4. Hamburg

Since the Middle Ages, when Hamburg was a member of the Hanseatic League **(die Hanse),** the city has been a center of trade and industry. Located at the mouths of the Elbe and Alster Rivers only one hundred kilometers from the North Sea, Hamburg calls itself "the Gateway to the World" **(das Tor zur Welt)**. There are 3,000 firms in the import/export business alone. Hamburg's harbor **(Hafen)** is one of the largest in the world and spreads out over 75 square kilometers within the city. With its 1.7 million inhabitants, Hamburg is Germany's second largest city after Berlin and, after the Ruhr valley area **(das Ruhrgebiet),** it is the second largest industrial center.

▲ Die Binnenalster und die bekannte Michaeliskirche

Hamburg is also known as the green industrial center because over 12% of its area consists of green spaces and parks. One of the most famous of these is **Planten un Blomen** (Low German for **Pflanzen und Blumen,** *plants and flowers*) in the middle of the city. Also in the center of the city, the Alster River forms two large lake-like bodies of water (**Außenalster** and **Binnenalster**) that provide both a popular place for water sports and a convenient taxi boat service. **Hagenbecks Tierpark,** built in 1907, was the first zoo in the world to keep animals in a natural setting rather than in cages. It has been the model for such zoos ever since.

Hamburg is not only the commercial, but also the cultural center of Northern Germany, as exemplified by its 11 universities and technical schools, 31 theaters, 6 concert halls, and 50 public and private museums. In addition, like many other large seaports, Hamburg is known for its nightlife, found especially in the entertainment quarter called **St. Pauli**. The Beatles' 1962 performances in the Star Club here marked the beginning of their international popularity.

▲ Der Hafen in Hamburg ist sehr gross

Kulturkontraste

1. Was bedeutet es für eine Stadt, wenn sie einen großen internationalen Hafen hat? Kennen Sie andere große Hafenstädte? Gibt es Hafenstädte in Ihrem Bundesstaat / in Ihrer Provinz?

2. Hamburg wollte im Sommer 2012 die Olympischen Spiele organisieren. Denken Sie, dass Hamburg dafür die richtige Stadt gewesen wäre? Warum (nicht)? Würden Sie gerne zu den Olympischen Spielen nach Hamburg kommen?

Video-Ecke

▲ Ihre Eltern haben gleichberechtigt im Haushalt gearbeitet.

▲ Er meint, in einer Beziehung muss die Arbeitseinteilung funktionieren.

▲ Sie möchte in der Zukunft einmal ins Ausland gehen.

❶ Moderne Familie
So sehe ich meine Zukunft

Vor den Videos

45 **Nachgedacht** Was wissen Sie noch vom Kapitel? Denken Sie nach.

1. Was sind
   a) das Elterngeld
   b) ein Arbeitgeber
   c) die Gleichberechtigung
2. Was wissen Sie über Familienpolitik in Deutschland?
3. Was wissen Sie über Hamburg und Norddeutschland?

Nach den Videos

46 **Alles klar?** Sehen Sie sich die Interviews an und machen Sie sich Notizen. Beantworten Sie dann die Fragen.

1. Was denken die Leute über Arbeitsteilung und Gleichberechtigung?
2. Wie traditionell/modern sind die Familienmodelle der Personen?
3. Wer möchte einmal eine Karriere im Bereich *public relations* haben?
4. Welchen Traum hat eine Person, und welche Probleme gibt es damit?

❷ Ganz schön frisch hier an der Ostsee!

▲ Auf einer Parkbank an der Ostsee.

▲ Paul und Lily essen ein Fischbrötchen in Hamburg.

▲ Alle vier machen einen Spaziergang am Strand.

In diesem Kapitel sind die Freunde an der Ostsee und machen auf einer Parkbank Pause. Lily und Paul erinnern sich an Hamburg. Beim Spaziergang am Strand sprechen Sie über Familie, Beruf und Kinder ...

318 • Deutsch heute

	Nützliches	
die Gleichberechtigung	*equality*	
die Arbeitsteilung	*division of labor*	
berufstätig sein	*to be employed, have work*	
die Beziehung	*relationship*	
der Haushalt	*household, house keeping*	
die Ostsee	*Baltic Sea*	
der Strand	*the beach*	
die Freiheit	*freedom*	
sich erinnern	*to remember, to think back*	
das Paar	*a couple, an "item"*	

Nach den Videos

Sehen Sie sich das Video an und machen Sie sich Notizen. Beantworten Sie
dann die Fragen.

47 Was passiert wann? Bringen Sie die folgenden Sätze in die richtige
Reihenfolge.

_____ Hülya spricht über ihre Großmutter.
_____ Hülya sagt zu Lily: „Du bist verliebt!"
_____ Das Handy klingelt - ein „Freund" von Lily?
_____ Lily sagt: „Ganz schön frisch!"
_____ Anton fragt: „Seid ihr ein Paar?"
_____ Lily sagt: „Schöne Augen hat er …"
_____ Paul und Lily erinnern sich an die Zeit in Hamburg.

A. Was haben Sie gesehen?
B. Wer ist es?
C. Vor zwei Jahren
D. Lily und Christian
E. Wer hat das gesagt?
F. Christian
G. Seebad Heiligendamm

48 Richtig oder falsch? Arbeiten Sie mit einer Partnerin/einem
Partner. Fragen Sie sie/ihn: Was ist richtig, was ist falsch?

S1:
Paul hat eine Thermoskanne.
  Ist das richtig?

S2:
Ja, das ist richtig. / Nein. Er …

	Richtig	Falsch
1. Die Ostsee ist in Süddeutschland.	_____	_____
2. Paul hat eine Thermoskanne.	_____	_____
3. Hülyas Mutter hat ihr oft Tee ans Bett gebracht.	_____	_____
4. Paul hat in Hamburg Containerschiffe gesehen und Fischbrötchen gegessen.	_____	_____
5. Lilys Freund heißt Markus.	_____	_____
6. Anton sagt, er möchte nicht heiraten. Er findet seine Freiheit gut.	_____	_____

49 Was meinen Sie? Beantworten Sie die Fragen.

1. Warum braucht man im Sommer eine Thermoskanne?
2. Kommentieren Sie, was Anton sagt: Gibt es nur „Freiheit" oder nur
   „Familie"? Kann es beides geben?
3. Auf der Parkbank, in Hamburg, an der Ostsee - was fällt Ihnen auf? Was
   ist in Amerika anders?

Wiederholung

 1 **Meinungen erfragen** Fragen Sie zwei Kommilitoninnen/ Kommilitonen, was sie zu den folgenden Aussagen zum Thema Familie meinen. Benutzen Sie die Fragen aus der Liste.

> **Redemittel**
>
> **Meinungen erfragen** (*Inquiring about opinions*)
>
> • Wie findest du das? • Findest du es gut (nicht gut), dass ... • Was meinst du? • Was glaubst du? • Wie siehst du das?
>
> • Was hältst du davon? • Bist du dafür oder dagegen?

1. Ich bin dafür, dass die Mutter oder der Vater die ersten Monate beim Baby bleibt.
2. Ich finde es gut, dass immer mehr Väter an der Erziehung ihrer Kinder teilhaben (*participate*).
3. Ich glaube, dass jede Familie selbst entscheiden (*decide*) soll, wer die Kinder versorgt (*take care of*).
4. Ich halte nichts davon, dass oft nur die Mütter die Kinder erziehen.
5. Ich glaube, dass die moderne Familie sehr unterschiedlich (*different*) aussehen kann.
6. Ich bin dagegen, dass berufstätige Mütter als egoistisch gelten (*are considered egotistical*).
7. Ich bin genauso dagegen, dass viele den Beruf Hausfrau und Mutter unwichtig finden.

2 **Ein Amerikaner in Deutschland** Ergänzen Sie die Sätze mit den passenden Adjektivendungen.

Ein amerikanisch_____ Student studiert an einer deutsch_____ Universität. Er wohnt in einem schön_____, hell_____ (*bright*) Zimmer bei einer nett_____ Familie. In seinem Zimmer gibt es alles – ein bequem_____ (*comfortable*) Bett, eine groß_____ Kommode, einen modern_____ Schreibtisch, Platz für viel_____ Bücher auf einem groß_____ Bücherregal – aber keinen Fernseher. Im ganz_____ Haus ist kein Fernseher. Im Wohnzimmer steht neben dem grün_____ Sofa ein toll_____ CD-Spieler, in seinem Zimmer hat er ein klein_____ Radio, aber das ganz_____ Haus hat nicht einen einzig_____ Fernseher. Das gibt es! (*There is such a thing!*)

3 **Eine Schweizerin in Deutschland** Erzählen Sie, wo Vanessa studiert und was sie in den Sommerferien macht. Benutzen Sie die Stichwörter.

1. Vanessa studiert an _____. (die Universität Tübingen)
2. Sie wohnt in _____. (ein großes Wohnheim)
3. Sie denkt oft an _____. (ihre Freunde zu Hause)
4. Sie kommt aus _____. (die Schweiz)
5. In _____ fährt sie nach Hause. (die Sommerferien)
6. Sie arbeitet bei _____. (ihre Tante)
7. Sie fährt mit _____ zur Arbeit. (der Bus)
8. Am Sonntag macht sie mit _____ eine kleine Wanderung. (ein guter Freund)
9. Nach _____ gehen sie in ein Café. (die Wanderung)
10. Leider hat sie _____. (kein Geld)
11. Ihr Freund muss _____ etwas Geld leihen. (sie)
12. Nachher gehen sie auf _____. (eine Party)

4 Wie sagt man das auf Deutsch?

1. —*My friend Clara is studying at the University of Tübingen.*
   —*Does she live with a family?*
   —*Yes. The family is nice, and she likes her large room.*

2. —*What's the date today?*
   —*It's February 28.*
   —*Oh no. Clara's birthday was yesterday.*

3. —*Awful weather today, isn't it?*
   —*Yes, but I'm going hiking, in spite of the weather.*

5 Letzte Woche Erzählen Sie, was diese Leute letzte Woche gemacht haben.

BEISPIEL Annika macht Hausarbeit.   *Annika hat Hausarbeit gemacht.*

1. Sie räumt ihr Schlafzimmer auf.
2. Nils wäscht jeden Tag ab.
3. Annika trocknet manchmal ab.
4. Ich kaufe ein.
5. Ich fahre mit dem Fahrrad auf den Markt.
6. Nils kocht am Wochenende.

6 Was meinst du? Beantworten Sie die folgenden Fragen und finden Sie dann heraus, wie Ihre Partnerin/Ihr Partner sie beantwortet hat. Sie können Ihrer Partnerin/Ihrem Partner auch noch mehr Fragen stellen.

1. Wer macht den Haushalt bei dir zu Hause?
2. Wie gleichberechtigt *(having equal rights)* sind Männer und Frauen hier in diesem Land? In der Wirtschaft? Zu Hause?
3. Wer war die erste berufstätige Frau in Ihrer Familie? (Großmutter? Mutter? Tante?)
4. Wann wird die erste Frau auf dem Präsidentenstuhl in den USA sitzen?

7 Zum Schreiben

1. Schreiben Sie eine kurze Biografie von Petra Böhnisch oder Rainer Valentin. Denken Sie sich *(invent)* etwas über ihr Leben aus, was Sie nicht im Text auf Seite 295–296 gelesen haben. Hier sind einige Vorschläge *(suggestions)*.

   - wo Petra Böhnisch ihren Mann oder Rainer Valentin seine Frau kennengelernt hat
   - was Petra an ihrem Mann oder Rainer an seiner Frau besonders gefallen hat
   - was Petra in ihrer oder Rainer in seiner Freizeit gern macht

2. Im Lesestück finden Sie auch Aussagen *(statements)* über alleinerziehende Mütter im Allgemeinen *(in general)*. Glauben Sie, dass es schwer ist, eine alleinerziehende Mutter oder ein alleinerziehender Vater zu sein? Erklären Sie auf Deutsch, warum das schwer ist oder warum nicht. Hier sind einige Stichwörter *(cues)*: **Zeit, Geld, Disziplin** *(discipline)*.

Schreibtipp

Bevor Sie mit dem Schreiben beginnen, machen Sie sich Notizen: Was wollen Sie schreiben? Benutzen Sie Adjektive, um Ihren Text interessanter zu machen. Nachdem Sie den Text fertig geschrieben haben, kontrollieren Sie die Adjektivendungen. Achten Sie auf die Präpositionen und Fälle *(cases)*. Andere Dinge, die Ihnen beim Schreiben helfen, können Sie auf Seite 249 finden.

Grammatik: Zusammenfassung

The future tense

werden			
ich	**werde** es **machen**	wir	**werden** es **machen**
Sie	**werden** es **machen**	Sie	**werden** es **machen**
du	**wirst** es **machen**	ihr	**werdet** es **machen**
er/es/sie	**wird** es **machen**	sie	**werden** es **machen**

The German future tense consists of the auxiliary **werden** plus an infinitive in final position. In a dependent clause, the auxiliary **werden** is in final position because it is the finite verb: **Nele sagt, dass sie es sicher *machen wird.***

Future time: present tense

Ich **komme** morgen bestimmt.　　　　*I'll come tomorrow for sure.*
Fahren Sie nächstes Jahr nach Deutschland?　*Are you going to Germany next year?*

German uses the future tense less frequently than English. German generally uses the present tense if the context clearly indicates future time.

Uses of the future tense

1. Intention	Nico **wird** mir **helfen**.	*Nico **will (intends to)** help me.*
2. Future time	Nico **wird** mir **helfen**.	*Nico **will help** me.*
3. Assumption	Anna **wird** uns sicher **glauben**.	*Anna **probably believes** us.*
	Das **wird** wohl **stimmen**.	*That is **probably correct**.*

Future tense is used to express intention or future time if the context doesn't make it clear that the events will take place in the future. The future tense may also be used to express an assumption (present probability) when it is used with adverbs such as **sicher, schon,** and **wohl.**

Forms of the genitive

	Masculine	Neuter	Feminine	Plural	
Definite article	des Mannes	des Kindes	der Frau	der Freunde	
Der-words	dieses Mannes	dieses Kindes	dieser Frau	dieser Freunde	
Indefinite article	eines Mannes	eines Kindes	einer Frau	—	
Ein-words	ihres Mannes	unseres Kindes	seiner Frau	meiner Freunde	

Forms of wer	
Nom.	wer?
Acc.	wen?
Dat.	wem?
Gen.	wessen?

Nouns	
Masculine/Neuter	*Feminine/Plural*
der Name **des Mannes**	der Name **der Frau**
ein Freund **des Kindes**	ein Freund **der Kinder**

Masculine *N*-nouns		
Nom.	der Herr	der Student
Acc.	den Herrn	den Studenten
Dat.	dem Herrn	dem Studenten
Gen.	des Herrn	des Studenten

Masculine and neuter nouns of one syllable generally add **-es** in the genitive; masculine and neuter nouns of two or more syllables add **-s.** Feminine and plural nouns do not add a genitive ending.

Uses of the genitive

Possession and other relationships	
das Buch **meines Freundes**	my friend's book
die Mutter **meines Freundes**	my friend's mother
die Farbe **der Blumen**	the color of the flowers

Prepositions	
(an)statt	instead of
trotz	in spite of
während	during
wegen	on account of

Adjectives preceded by a definite article or *der*-word

	Masculine	Neuter	Feminine	Plural
Nom.	der neue Pulli	das neue Hemd	die neue Hose	die neuen Schuhe
Acc.	den neuen Pulli	das neue Hemd	die neue Hose	die neuen Schuhe
Dat.	dem neuen Pulli	dem neuen Hemd	der neuen Hose	den neuen Schuhen
Gen.	des neuen Pullis	des neuen Hemdes	der neuen Hose	der neuen Schuhe

	M.	N.	F.	Pl.
Nom.	e	e	e	en
Acc.	en	e	e	en
Dat.	en	en	en	en
Gen.	en	en	en	en

Adjectives preceded by an indefinite article or *ein*-word

	Masculine	Neuter	Feminine	Plural
Nom.	ein neuer Pulli	ein neues Hemd	eine neue Hose	meine neuen Schuhe
Acc.	einen neuen Pulli	ein neues Hemd	eine neue Hose	meine neuen Schuhe
Dat.	einem neuen Pulli	einem neuen Hemd	einer neuen Hose	meinen neuen Schuhen
Gen.	eines neuen Pullis	eines neuen Hemdes	einer neuen Hose	meiner neuen Schuhe

	M.	N.	F.	Pl.
Nom.	er	es	e	en
Acc.	en	es	e	en
Dat.	en	en	en	en
Gen.	en	en	en	en

Unpreceded adjectives

	Masculine	Neuter	Feminine	Plural
Nom.	frischer **Kaffee**	frisches Brot	frische Wurst	frische Eier
Acc.	frischen **Kaffee**	frisches Brot	frische Wurst	frische Eier
Dat.	frischem **Kaffee**	frischem Brot	frischer Wurst	frischen Eiern
Gen.	frischen **Kaffees**	frischen Brotes	frischer Wurst	frischer Eier

	M.	N.	F.	Pl.
Nom.	er	es	e	e
Acc.	en	es	e	e
Dat.	em	em	er	en
Gen.	en	en	er	er

Ordinal numbers

erst-	1.	**einundzwanzigst-**	21.
zweit-	2.	zweiunddreißigst-	32.
dritt-	3.	hundertst-	100.
sechst-	6.	tausendst-	1000.
siebt-	7.		
acht-	8.		

The ordinals are formed by adding **-t** to the numbers 1–19, and **-st** to numbers beyond 19. EXCEPTIONS: **erst-, dritt-, siebt-,** and **acht-**. The ordinals take adjective endings: **Dies ist mein *drittes* Semester**. *(This is my third semester.)*

KAPITEL 9

In der Schweiz
Hier sagt man Grüezi!

Zürich mit Zürichsee

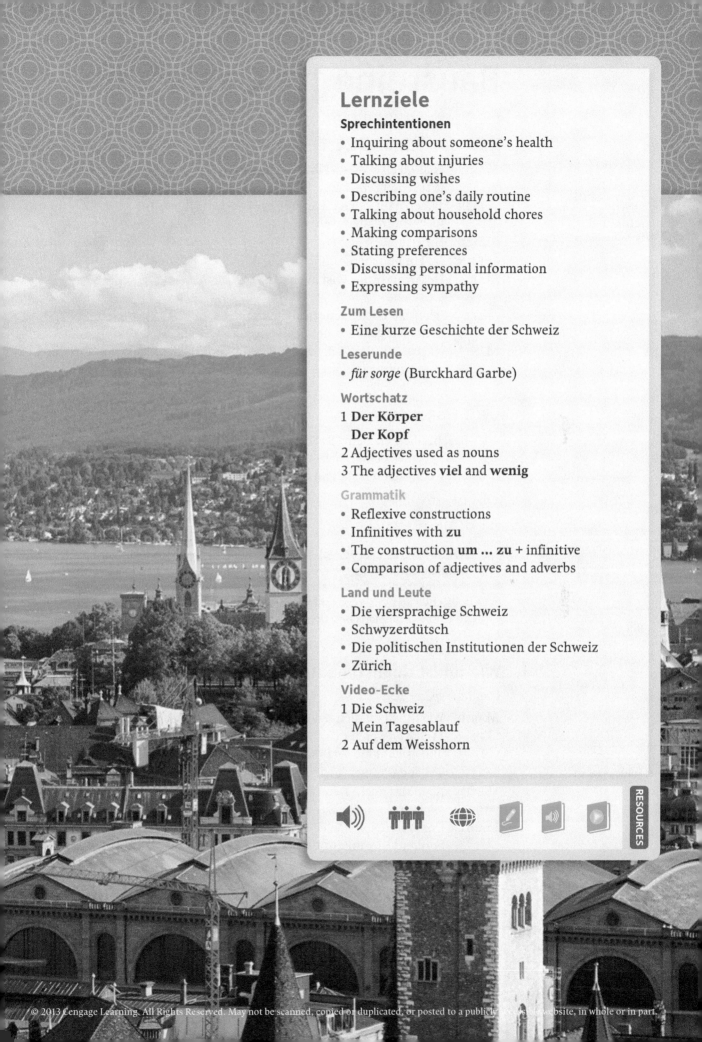

Lernziele

Sprechintentionen
- Inquiring about someone's health
- Talking about injuries
- Discussing wishes
- Describing one's daily routine
- Talking about household chores
- Making comparisons
- Stating preferences
- Discussing personal information
- Expressing sympathy

Zum Lesen
- Eine kurze Geschichte der Schweiz

Leserunde
- *für sorge* (Burckhard Garbe)

Wortschatz
1 **Der Körper**
   Der Kopf
2 Adjectives used as nouns
3 The adjectives **viel** and **wenig**

Grammatik
- Reflexive constructions
- Infinitives with **zu**
- The construction **um … zu** + infinitive
- Comparison of adjectives and adverbs

Land und Leute
- Die viersprachige Schweiz
- Schwyzerdütsch
- Die politischen Institutionen der Schweiz
- Zürich

Video-Ecke
1 Die Schweiz
   Mein Tagesablauf
2 Auf dem Weisshorn

RESOURCES

Bausteine für Gespräche

🔊 Hast du dich erkältet?

2-20

MARIE: Hallo, Felix! Was ist los? Du hustest ja fürchterlich.

FELIX: Ja, ich habe mich erkältet. Der Hals tut mir furchtbar weh.

MARIE: Hast du auch Fieber?

FELIX: Ja, ein bisschen – 38.

MARIE: Du Armer! Du siehst auch ganz blass aus!

FELIX: Ich fühle mich auch wirklich krank. Vielleicht gehe ich lieber zum Arzt.

MARIE: Na, das würde ich aber auch sagen! Vergiss nicht, dass wir ab Samstag eine Woche lang mit Anna and Daniel in Zermatt Ski laufen wollen!

> Felix's temperature of 38°C = 100.4°F. Normal body temperature is 37°C.

---

1 | **Fragen**

1. Beschreiben Sie Felix' Krankheit[+].
2. Warum ist es besser, dass er zum Arzt geht?
3. Mit wem wollen Felix und Marie Ski laufen gehen?

Brauchbares

In Felix's two sentences, **"Ich habe *mich* erkältet"** and **"Ich fühle *mich* auch wirklich krank",** note the pronoun **mich.** These are reflexive pronouns and the verbs that use them are called reflexive verbs. The English equivalents of these two verbs have no reflexive pronouns. For more discussion of reflexive verbs see *Grammatik und Übungen* in this chapter, pages 342–346.

🔊 Wie fühlst du dich heute?

2-21

Drei Tage später ...

MARIE: Wie fühlst du dich heute? Bist du gestern zum Arzt gegangen?

FELIX: Ja, ich war in der Uni-Klinik. Die Ärztin hat mir etwas verschrieben und es geht mir jetzt schon wesentlich besser. Das Fieber ist weg.

MARIE: Willst du immer noch am Samstag mit in die Schweiz fahren?

FELIX: Aber klar doch! Den Urlaub haben wir doch schon seit Monaten geplant.

MARIE: Das Wetter soll nächste Woche toll sein. Vergiss nicht deine Sonnenbrille mitzubringen.

C. Entgegnungen

---

2 | **Fragen**

1. Wie fühlt sich Felix heute?
2. Warum geht es Felix besser?
3. Ist das Fieber weg?
4. Wie soll das Wetter nächste Woche in den Alpen sein?

Brauchbares

Marie's exclamation, **"Na, das würde ich aber auch sagen!"** is the equivalent of *You can say that again!* (literally, *I would say so!*) **Würde** is the equivalent of the English *would*-construction. Like *would*, **würde** is used to express polite requests, hypothetical situations, or wishes. **Würde** is derived from the verb **werden,** and it is the subjunctive form. You will learn more about it in *Kapitel 11*.

Inquiring about someone's health

3 **Was hast du?** Ihre Partnerin/Ihr Partner sieht blass aus. Fragen Sie, was mit ihr/ihm los ist.

S1:
Du siehst blass aus. Was hast du?⁺

S2:
Mir geht es nicht gut.⁺
Ich fühle mich nicht wohl.⁺
Mir ist schlecht.⁺
Ich habe | **Kopfschmerzen.**
| Zahnschmerzen⁺.
| Magenschmerzen⁺.
| Rückenschmerzen⁺.
Ich bin erkältet.

4 **Geht es dir besser?** Fragen Sie eine Freundin/einen Freund, wie es ihm/ihr geht.

S1:
Was macht deine Erkältung?⁺

S2:
Es geht mir | **besser.**
| schon besser.
| schlechter⁺.
Ich fühle mich | **krank.**
| schwach⁺.
| schwächer als gestern.

5 **Wie fühlst du dich?** Fragen Sie eine Kommilitonin/einen Kommilitonen, wie sie/er sich fühlt.

1. Was machst du, wenn du Fieber hast?
2. Was machst du, wenn du dich erkältet hast?
3. Wie oft gehst du zum Zahnarzt?
4. Wie oft bist du krank?
5. Zu welchem Arzt gehst du oft?
6. Wie fühlst du dich heute?

▲ Sie fühlt sich gar nicht wohl.

Audio Flashcards

Erweiterung des Wortschatzes 1

Der Körper⁺

D. Körperteile

der **Hals**, ⁺e

der **Finger**, -

die **Hand**, ⁺e

der **Arm**, -e

der **Rücken**, -
der **Bauch**, *pl.* Bäuche

der **Hintern**, -

das **Knie**, -

der **Fuß**, ⁺e

das **Bein**, -e

Der Kopf⁺

das **Haar**, -e

das **Gesicht**, -er
das **Auge**, -n
das **Ohr**, -en
die **Nase**, -n
der **Mund**, ⁺er
die **Lippe**, -n
das **Kinn**, -e

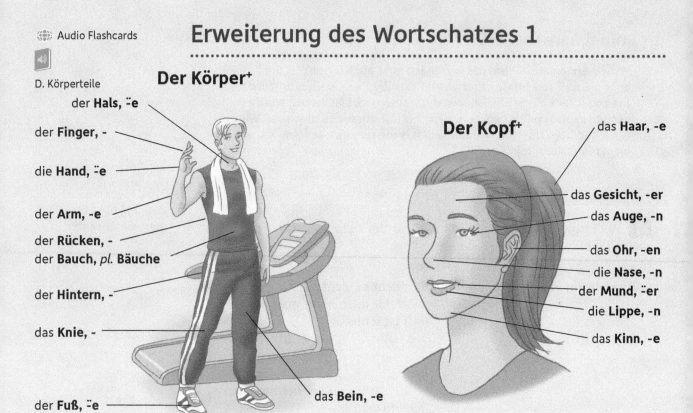

6 Alle sind verletzt! Alexanders Fußball-Team hat sich beim Spielen verletzt⁺. Fragen Sie Ihre Partnerin/Ihren Partner, wo sich wer (welche Nummer) verletzt hat.

S1:
Wo ist Nummer 1 verletzt?

S2:
Der Arm tut ihm weh⁺.

7 Wer ist es? Beschreiben Sie eine Studentin/einen Studenten in Ihrer Klasse. Ihr Partner muss raten (*guess*) wer es ist und den Namen finden.

S1: Ist sie/er groß?
Hat sie/er blonde⁺/schwarze/braune/rote/dunkle⁺/hellbraune⁺ Haare?
Sind die Haare kurz/lang?
Trägt sie/er eine Brille?
S2: ...

Vokabeln I

Substantive

Der Körper

der **Hals**, ⸚e throat, neck
der **Kopf**, ⸚e head
der **Körper**, - body
der **Magen**, - stomach; die
  Magenschmerzen (*pl.*) stomachache
der **Rücken**, - back; die **Rücken-**
  schmerzen (*pl.*) back pain
der **Zahn**, ⸚e tooth; die
  Zahnschmerzen (*pl.*) toothache
das **Gesicht**, -er face

das **Haar**, -e hair
der **Hintern**, - rear

Weitere Substantive

der **Schmerz**, -en pain
das **Fieber** fever
die **Erkältung**, -en cold (*illness*)
die **Klinik**, -en clinic
die **Krankheit**, -en illness
die **Sonnenbrille**, -n sunglasses

Verben

sich erkälten to catch a cold; **erkältet:**
  Ich bin erkältet. I have a cold.
sich fühlen to feel (*ill, well, etc.*); **Ich**
  fühle mich nicht wohl. I don't feel
  well.
husten to cough
planen to plan
vergessen (vergisst), vergessen to
  forget
verletzen to injure, hurt; **Ich habe mir**
  den Arm verletzt. I've injured/hurt

my arm. **Ich habe mich verletzt.** I
hurt myself.
verschreiben, verschrieben to
  prescribe
weh·tun (+ *dat.*) to hurt; **Die Füße tun**
  mir weh. My feet hurt.
würde (*subjunctive of* **werden**) would;
  Ich würde das auch sagen. You can
  say that again.

Adjektive und Adverbien

arm (ä) poor
blass pale; **ganz schön blass** pretty
  pale
blond blond
dunkel dark
fürchterlich horrible, horribly
hell light; bright; **hellbraun** light
  brown

lang (ä) long
lieber preferably, rather
nächst- next
schlecht: schlechter worse
schwach (ä) weak
wesentlich essential, substantial,
  in the main
wohl well

Lerntipp

Adjectives and
adverbs that add
umlauts in the
comparative and
superlative are
indicated as
follows: **arm (ä)**.

Besondere Ausdrücke

ab heute from today; **ab** from a certain
  point on; away (from)
du Armer you poor fellow
immer noch still
Mir geht es (nicht) gut. I am (not)
  well.

Mir ist schlecht. I feel nauseated.
Was hast du? What is wrong with you?
  What's the matter?
Was macht deine Erkältung? How's
  your cold?

Alles klar?

F. Bei der Ärztin

8 **Antonyme** Verbinden Sie die Wörter mit ihren Antonymen.

1. mit gesunder Gesichtsfarbe _____   a. arm
2. mit dunklen Haaren _____   b. blass
3. hell _____   c. blond
4. gut _____   d. dunkel
5. wunderbar, toll _____   e. fürchterlich
6. stark _____   f. lang
7. unwichtig _____   g. schlecht
8. kurz _____   h. schwach
9. reich _____   i. wesentlich

9 **Krank oder nicht krank** Ergänzen Sie.

> erkältet Fieber fühlst gehustet lang Schmerzen
> verletzt verschreiben weh würde

FRANZISKA: Du hast letzte Nacht wirklich laut _____ und bist auf jeden Fall stark _____. Wenn du aber auch noch solche _____ am ganzen Körper hast und dir wirklich alles _____ tut, musst du etwas tun. Ich _____ vielleicht doch zum Arzt gehen. Vielleicht hast du ja die Grippe! Und Dr. Braun kann dir etwas _____.

SEBASTIAN: Mein Kopf ist nicht mehr heiß. Ich denke, ich habe auch kein _____ mehr.

FRANZISKA: Na ja, wenn du dich besser _____, kannst du vielleicht auch die Küche aufräumen, oder? Ich bin nämlich auch todmüde, weil ich nicht besonders _____ geschlafen habe letzte Nacht.

SEBASTIAN: Das geht leider nicht. Ich habe mir nämlich auch noch beim Fußballspielen die Hand _____.

FRANZISKA: Ach ja?

10 **Was ist das?** Verbinden Sie die Wörter mit den richtigen Bildern.

1. _____   2. _____

die Erkältung
das Fieber
der Husten
die Magenschmerzen
die Rückenschmerzen
die Zahnschmerzen

3. _____   4. _____

Land und Leute

🌐 Web Search

Die viersprachige Schweiz

Invasions by several ethnic tribes over a period of many hundred years shaped Switzerland's linguistic character. Today there are four national languages, each one spoken in a specific region or regional pocket. About 64% of the population speaks German, 20% speaks French, and 7% is Italian-speaking. The fourth national language, Rhaeto-Romanic (**Rätoromanisch**) is spoken by less than 1% of the population. In a conscious effort to preserve that language, the Swiss voted in a constitutional referendum in 1996 to elevate Rhaeto-Romanic to the status of an official language (**Amtssprache**) of the Swiss Confederation. However, German, French, and Italian are the primary **Amtssprachen** used to conduct business and political affairs. Every Swiss can learn these languages at school and usually gains at least a passive understanding of them. Each of the four national languages has many dialects; Rhaeto-Romanic alone has five, while Swiss German has many more. Although High German (**Hochdeutsch**) is taught in schools, many Swiss resist speaking it. **Hochdeutsch** is referred to as written German (**Schriftdeutsch**), and the primary spoken language of the German-speaking Swiss is called **Schwyzerdütsch** (see p. 335).

From the perspective of the country's small size—the longest north-south distance is 137 miles (220 km), and the longest east-west distance is 216 miles (348 km)—and its many languages and dialects, Switzerland is linguistically and culturally a highly diversified country. Only in a political sense do the Swiss see themselves as a unit.

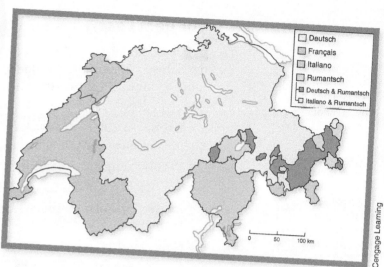

Cengage Learning

▲ Deutsch, Französisch, Italienisch und Rätoromanisch sind die vier Sprachen der Schweiz.

Norbert Derec /Shutterstock.com

▲ Das idyllische Bergdorf Zermatt am Fuß des Matterhorns (4 478 m) ist auch im Sommer attraktiv.

Kulturkontraste

Die Schweiz hat eine lange Tradition der Viersprachigkeit. Sie ist aber trotzdem politisch gesehen ein Land. Denken Sie, dass man in den USA auch andere Sprachen außer Englisch sprechen kann und das Land politisch trotzdem ein Land bleiben würde? Warum (nicht)? Sprechen Sie mit Ihrer Partnerin/Ihrem Partnerin darüber!

K. Kulturkontraste
1. Die viersprachige Schweiz

Zum Lesen

🌐 Web Links

Vor dem Lesen

11 **Fakten über die Schweiz** Sehen Sie sich die Landkarte von der Schweiz am Anfang des Buches an und lesen Sie die folgenden Informationen. Beantworten Sie dann die Fragen.

km²: pronounced as **Quadratkilometer**

After the defeat by the French army in Italy in 1515, Switzerland avoided political entanglements with other powers. Since then it has successfully preserved its neutral status.

- **Größe:** 41.290 km²; etwa halb so groß wie Österreich (83.855 km²) oder Maine (86.027 km²); etwas kleiner als Nova Scotia (52.841 km²)
- **Bevölkerung:** ca. 7,48 Millionen Einwohner
- **Topografie:** 2/3 des Landes sind hohe Berge.
- **Regierungsform:** Bundesstaat mit 26 Kantonen, parlamentarische Demokratie.
- **Hauptstadt:** Bern
- **5 Nachbarn:** Frankreich (F), Deutschland (D), Österreich (A), Fürstentum Liechtenstein (FL), Italien (I)*

1. Ist Ihr Land oder Bundesland größer oder kleiner als die Schweiz?
2. Ist die Schweiz größer als Österreich?
3. Hat die Schweiz mehr Einwohner als Österreich oder weniger?
4. Das Matterhorn ist der höchste Berg der Schweiz. Wie hoch ist er?
5. Suchen Sie Zürich. An welchem See liegt Zürich?
6. Welches Nachbarland liegt westlich von der Schweiz? Welches liegt südlich?
7. Welche Produkte und andere Dinge assoziieren Sie mit der Schweiz?
8. Was assoziieren Sie mit dem Namen Wilhelm Tell?

Beim Lesen

12 **Eine Schweizer Tabelle** Was lesen Sie über die folgenden Themen? Machen Sie sich Notizen!

Geografie	Transport und Tourismus	Schweizer Produkte	Zürich und Genf	Sprachen

Eine kurze Geschichte der Schweiz

Bahntunnel: The 32-mile long tunnel under the English Channel ("Chunnel") built in 1994 is now the longest tunnel in the world.

Dass die geografische Lage eines Landes seine Geschichte beeinflusst, gilt° ganz besonders für die Schweiz. Da sie im Zentrum Europas liegt und viele strategisch wichtige Alpenpässe hat, waren unter anderem die Römer°, die Habsburger° und Napoleon an dem
5 kleinen Land interessiert. Schweizer Ingenieure haben im 19. Jahrhundert Passstraßen gebaut, um Nord- und Südeuropa zu verbinden. Der Simplontunnel war mit seinen 19,8 Kilometern Länge bis 1982 der längste Bahntunnel der Welt. Und der Gotthard-Basistunnel°, der bis zum Jahr 2020 fertig sein soll, wird dann mit 57 km der längste
10 Bahntunnel der Welt sein.

applies to

Romans / Habsburgs

Gotthard Base Tunnel

Wegen der guten Bergstraßen hat der Engländer Thomas Cook 1863 auch die ersten Pauschalreisen° in die Schweiz organisiert. Damit begann° der Massentourismus in das kleine Land. Touristenattraktionen gibt es genug: In der spektakulären Natur kann man
15 im Sommer und Winter Sport treiben. Leute, die weniger sportlich sind, finden in den schönen Schweizer Städten Museen, Theater, Geschäfte und Restaurants. In Altdorf gibt es die Statue von Wilhelm Tell und die jährlichen Tellspiele°. Eigentlich unlogisch, denn trotz ihrer politischen Neutralität ist kein Schweizer so bekannt wie der
20 kämpferische° Tell, der gegen die Habsburger war. Obwohl niemand weiß, ob der Mann wirklich existiert hat, ist er seit Jahrhunderten ein Symbol für die Unabhängigkeit° und Freiheit der Schweiz.

package tours
began

plays based on life of Wilhelm Tell

aggressive

independence

Für die Schweizer Landwirtschaft° war und ist Milch das Basisprodukt°. Wen wundert es dann, dass Lebensmittel wie Käse
25 und Schokolade so wichtig für den Export sind? Durch die Automatisierung der Schokoladenproduktion im 19. Jahrhundert machten° die Schweizer Pioniere Cailler, Suchard, Lindt und Sprüngli ihr Produkt billiger. Dadurch war Schokolade kein Luxusprodukt mehr für die reichsten Leute. Zur gleichen Zeit wurden° Schweizer Uhren, Texti-
30 lien und Pharmazeutika° weltberühmt. Obwohl die Schweiz in dieser Zeit ein wichtiges Industrieland wurde, war die Situation für Arbeiter schwer und das Leben in den Bergen hart. Deshalb wanderten viele Schweizer nach Amerika aus°. Heute ist die Schweiz ein reiches Industrieland mit guten Arbeitsbedingungen°, in das° Leute einwandern.

agriculture
basic product

made

became
pharmaceuticals

wanderten aus:
emigrated / working conditions / which Geneva

35 Genf° und Zürich waren im 16. Jahrhundert unter Jean Calvin (1509–1564) und Ulrich Zwingli (1484–1531) Zentren der Reformation. Heute sind sie die zwei größten Städte der Schweiz und moderne Finanzzentren. Die Vereinten Nationen (UNO) hatten ihren europäischen Sitz° immer schon in Genf. Das ist auch die Stadt, in der Nobelpreis-
40 träger° Henri Dunant (1828–1910) 1864 das Internationale Rote Kreuz gegründet° und die Genfer Konvention angeregt° hat. Seit 2000 arbeitet die Schweiz mit der Europäischen Union in Fragen der Sicherheit, Wirtschaft, Kultur und Umwelt zusammen und gehört seit 2002 zur UNO. Damit hat sie einen Teil ihrer 500-jährigen Neutralität aufgegeben.

headquarters (seat)
Nobel Prize winner
founded / proposed

E. Stadt, Land, Fluss
H. Die Sage von Wilhelm Tell
K. Kulturkontraste

45 Obwohl das Land mit 41.290 Quadratkilometern sehr klein ist, hat es vier offizielle Sprachen. Die meisten Schweizer sprechen Deutsch, aber rund° 20 % sprechen Französisch, 7 % Italienisch und 1 % Rätoromanisch°. Deswegen hat die Schweiz auch offiziell keinen deutschen, französischen oder italienischen Namen, sondern einen lateinischen:
50 „Confoederatio Helvetica". Auf Deutsch bedeutet das „Schweizerische Eidgenossenschaft"°, weil das Land 26 autonome° Kantone hat.

around / Rhaeto-Romanic

Confederation / autonomous

Kapitel neun • **333**

Nach dem Lesen

13 Fragen zum Lesestück

1. Warum waren die Römer, Habsburger und Napoleon an der Schweiz interessiert?
2. Wie lang ist der Simplontunnel?
3. Wer hat die ersten Pauschalreisen in die Schweiz organisiert?
4. Was kann man als Tourist in der Schweiz alles machen?
5. Warum ist Wilhelm Tell so wichtig für die Schweiz?
6. Für welche Produkte ist die Schweiz berühmt?
7. Warum ist Schokolade heute viel billiger als früher?
8. Warum sind im 19. Jahrhundert viele Schweizer nach Amerika ausgewandert?
9. Was kann man außer Banken in Genf noch finden?
10. Warum hat die Schweiz einen Teil ihrer Neutralität aufgegeben?
11. Wie viele offizielle Sprachen gibt es in der Schweiz?
12. Warum hat das Land einen lateinischen Namen?

14 Was wissen Sie über die Schweiz? Welche Namen oder Substantive auf der linken Seite passen zu den Informationen auf der rechten Seite?

1. Thomas Cook ...
2. François-Louis Cailler, Philippe Suchard und Rodolphe Lindt ...
3. Rätoromanisch ...
4. Henri Dunant ...
5. Napoleon ...
6. Jean Calvin und Ulrich Zwingli ...

a. haben durch Automatisierung Schokolade billiger gemacht.
b. ist eine von den vier offiziellen Sprachen der Schweiz.
c. war an der Schweiz interessiert, weil sie strategisch wichtige Passstraßen hat.
d. waren für die Reformation in der Schweiz wichtig.
e. hatte die Idee für die Genfer Konvention und hat den Nobelpreis bekommen.
f. hat Reisen für englische Touristen in die Schweiz organisiert.

15 Erzählen wir Sprechen Sie zusammen mit Ihrer Partnerin/Ihrem Partner über eines der folgenden Themen.

1. Planen Sie eine Reise in die Schweiz. Machen Sie eine Liste und sagen Sie, was Sie in der Schweiz sehen und machen wollen.
2. Was sind drei Dinge, die man über die Schweiz wissen muss?
3. Schreiben Sie einen Slogan für die Schweiz. Erklären Sie, warum Sie diesen Slogan gewählt haben.

Brauchbares

The verbs **begann** (l. 13), **machten** (l. 26), **wurden** (l. 29), and **wanderten aus** (ll. 32–33) are the simple past tense forms of **beginnen, machen, werden,** and **auswandern.** The simple past is discussed in *Kapitel 10*.

Schwyzerdütsch

The differences between Swiss German (**Schywzerdütsch**) and High German (**Hochdeutsch**) are significant and include vocabulary, grammar endings, pronunciation, and sentence rhythm. It can be difficult for High German speakers to understand Swiss German speakers and vice versa. Newspapers are usually written in High German but many advertisements appear in Swiss German. Here is an example of an ad which seeks to attract singers to join a local choir. It is entirely written in regional dialect.

The High German translation of this advertisement reads as follows:

Jodlerchörli Basel-Land

Singsch au vo Härze gärn?
Chasch jodle?
Oder wotsch es emol versueche?

Jodlerchörli suecht Sängerinne un Sänger.
Probe dien mir am Mittwuch Zobe am
halbi achti im Riechemer Schlössli.

Uskunft: www.jodlerchoerli-baselbiet.ch

▲ **Zeitungsannonce eines Schweizer Chors**

Jodler-Chor Basel Land

Singst du auch von Herzen° gern?   *heart*
Kannst du jodeln?
Oder willst du es mal versuchen?
Jodlerchor sucht Sängerinnen und Sänger.
Proben tun wir° am Mittwoch Abend um   ***Proben ... wir:*** *we rehearse*
halb acht im Riehener Schlösschen.
Auskunft°: www.jodlerchoerli-baselbiet.ch   *information*

Schwyzerdütsch: Many people use the word *dialect* to describe *substandard* language and therefore ascribe negative connotations to both the term and the linguistic code it describes. Linguists, however, use the word quite differently. Dialect as a technical term is used by linguists in

▲ **Die Schweizer Flagge und das Matterhorn**

order to describe a non-standard variety of a particular language that can be systematically described in its own right. Dialects are considered fully grammatical, and in most cases dialects enjoy a significant social reality and are an integral part of the social, political, and regional identity of their speakers.

Kulturkontraste

1. Vergleichen Sie Schwyzerdütsch und Hochdeutsch.
2. Welche Wörter verstehen Sie? Welche nicht?
3. Welche Unterschiede sehen Sie?

K. Kulturkontraste
1. Die viersprachige Schweiz

Erweiterung des Wortschatzes 2

Adjectives used as nouns

Herr Schmidt ist **ein Bekannter** von mir.

Mr. Schmidt is **an acquaintance** of mine.

Frau Schneider ist **eine Bekannte** von mir.

Ms. Schneider is **an acquaintance** of mine.

Sie haben **keine Verwandten** mehr in der Schweiz.

They have **no relatives** in Switzerland anymore.

Many adjectives can be used as nouns.

- As nouns, they retain the adjective endings as though a noun were still there: **ein Deutscher** (Mann), **eine Deutsche** (Frau).

- Adjectives used as nouns are capitalized.

▲ Herr Schmidt und Frau Schneider sind Bekannte.

---

16 **Ein guter Bekannter** Aische und Mustafa sind beim Einkaufen im Supermarkt. Mustafa sieht einen Bekannten. Aische möchte wissen, wer das ist. Setzen Sie die fehlenden Adjektivendungen ein.

AISCHE: Kennst du den groß___ Blond___ dort?

MUSTAFA: Ja, er ist ein gut___ Bekannt___ von mir. Er ist Arzt im Marienhospital, und zwar Orthopäde. Die Krank___ dort sind bei ihm in besten Händen.

AISCHE: Ist er Deutsch___?

MUSTAFA: Nein, Kanadier.

AISCHE: Und die Klein___ neben ihm ist sicher seine Tochter, nicht?

MUSTAFA: Ja, und dort beim Obst steht seine Frau. Sie ist Deutsch___. Sie hat in Kanada studiert und da haben sie sich kennengelernt.

AISCHE: In Kanada?

MUSTAFA: Ja, viele Deutsch___ studieren in den USA oder in Kanada. ... Ach, hallo James, wie geht es dir ...

Das Gute daran ist, dass es billig ist.

The good [thing] about it is that it is cheap.

Hast du **etwas Neues** gehört?

Have you heard **anything new**?

Ja, aber **nichts Gutes**.

Yes, but **nothing good**.

Adjectives expressing abstractions (**das Gute** = *the good*; **das Schöne** = *the beautiful*) are neuter nouns.

- They frequently follow words such as **etwas, nichts, viel,** and **wenig**.

- They take the ending **-es** (e.g., **etwas Schönes**) and as nouns are capitalized.

Note: **anderes** is not capitalized (e.g., **etwas anderes**).

17 **Wie war das Wochenende?** Sarah und Marie sitzen nach der Vorlesung im Café und sprechen über das letzte Wochenende. Setzen Sie die fehlenden Adjektivendungen ein.

MARIE: Hast du am Wochenende etwas Schön_____ gemacht?

SARAH: Nein, ich habe nichts Besonder_____ gemacht. Das Interessant_____ war vielleicht noch der alte Spielfilm Sonntagabend im Fernsehen.

MARIE: Bei mir war das Wochenende eigentlich ganz nett. Ich habe einen neuen französisch_____ Film mit Gérard Depardieu gesehen. Und das Best_____ war, Felix hat mich eingeladen.

SARAH: War der Film auf Französisch?

MARIE: Ja. Das war ja das Gut_____ daran!

SARAH: Ach, wie schön für dich. Aber so etwas Langweilig_____ wie dieses Wochenende habe ich lange nicht gehabt. Können wir jetzt von etwas ander_____ reden?

18 **Was meinst du?** Schauen Sie sich die Bilder an. Was sehen Sie? Etwas Schönes, Kleines, Grosses, Teures? Diskutieren Sie mit einer Partnerin/einem Partner.

> schön teuer stressig billig gut schlecht
> interessant lecker langweilig

S1:
[Urlaub in der Karibik]? Ich finde, das ist etwas [Teures]. Was meinst du?

S2:
Ja, das ist etwas Teures.
Nein, ich finde Urlaub in der Karibik ist etwas Schönes.

1. Urlaub in der Karibik

2. im Internet einkaufen

3. mit viel Zwiebeln kochen

4. eine eigene Bibliothek haben

The adjectives *viel* and *wenig*

Wir haben **wenig** Geld, aber **viel** Zeit.   *We have **little** money but **lots** of time.*

When used as adjectives, **viel** and **wenig** usually have no endings in the singular.

Johannes hat **viele** Freunde.   *Johannes has **lots of** friends.*
Das kann man von **vielen** Menschen sagen.   *You can say that about **many** people.*

In the plural, **viel** and **wenig** take the endings of unpreceded adjectives.

Add: **Hören Sie viel (wenig) Musik? Treiben Sie viel (wenig) Sport?**

---

19 **Viel oder wenig?** Sprechen Sie mit Ihrer Partnerin/Ihrem Partner. Benutzen Sie Wörter aus der Liste und die folgenden Fragewörter: **wie viel?/wie viele? warum? welche?**

| **Freizeit** **Geld** **Freunde** **Freundinnen** **Kurse dieses Semester** **CDs** **DVDs** **Kreditkarten⁺** **Videos** **Uhren** **Computerspiele** **Fernsehspiele** |

S1:
Wie viele Kurse hast du dieses Semester?
Welche sind das?

S2:
Vier.

Deutsch, Biologie, Politik und Chemie

▲ Johannes (ganz rechts) hat viele Freunde.

20 **Meine Meinung!** Arbeiten Sie mit einer Partnerin/einem Partner. Fragen Sie, ob die folgenden Dinge relativ viel oder relativ wenig sind. Folgen Sie dem Modell, aber diskutieren Sie auch, warum!

S1:
200 Euro für ein Abendessen. Ist das relativ viel oder wenig?

S2:
Ich finde, das ist relativ viel. Was meinst du?

S1: ...

	Relativ viel	**Relativ wenig**
200 Euro für ein Abendessen		
4 Sofas im Wohnzimmer		
3 Tassen Tee zum Frühstück		
70 Euro für eine Jeans		
7 Kilometer laufen		
6 Stunden schlafen		

Vokabeln II

Audio Flashcards
Tutorial Quizzes

Substantive

der **Arbeiter, -**/die **Arbeiterin, -nen** worker
der/die **Bekannte** (*noun declined like adj.*) acquaintance
der **Engländer, -**/die **Engländerin, -nen** English person
der **Schweizer, -**/die **Schweizerin, -nen** Swiss person
der **Teil, -e** part
der/die **Verwandte** (*noun declined like adj.*) relative
das **Jahrhundert, -e** century
das **Symbol, -e** symbol

das **Zentrum, Zentren** center
die **Attraktion, -en** attraction
die **Kreditkarte, -n** credit card
die **Lage, -n** situation, location
die **Natur** nature
die **Schokolade** chocolate
die **Sicherheit** safety, security
die **Sprache, -n** language
die **Umwelt** environment

Verben

aus·wandern, ist ausgewandert to emigrate
bauen to build
bedeuten to mean
ein·wandern, ist eingewandert to immigrate
existieren to exist

gehören (*+ dat.*) to belong to
verbinden, verbunden to connect
wundern to surprise; **es wundert mich** I'm surprised

Adjektive und Adverbien

deswegen therefore
französisch French
größt- (**groß**) largest
hart hard
interessiert (**an** + *dat.*) interested (in)
jährlich yearly
längst for a long time, a long time ago
meist (*superlative of* **viel**) most;
  die meisten (**Leute**) most of (the people)
reich rich
schwer difficult; heavy
Schweizer Swiss
sportlich athletic

Weitere Wörter

damit (*sub. conj.*) so that
niemand (-en, -em) (*can be used with or without endings*) no one

Besondere Ausdrücke

auf Deutsch in German
zur gleichen Zeit at the same time

Alles klar?

21 Ergänzen Sie

> ausgewandert   interessiert   jährlich   Jahrhunderts
> Kreditkarte   reich   Teil   Umwelt   Verwandten

1. Wenn du nicht so viel Geld dabei hast, kannst du doch mit deiner
   _____ bezahlen. Aber eigentlich möchte ich meinen _____ der
   Rechnung *(bill)* selbst bezahlen. Wir sind doch beide nicht so _____,
   dass wir alles bezahlen können.

2. Pauls Familie ist am Anfang des letzten _____, nämlich im
   Jahr 1921, aus Deutschland in die USA _____. Viele von seinen
   _____ leben auch heute noch in Stuttgart und München.

3. Die Organisation „Naturschutz heute" arbeitet daran, dass es in
   Zukunft eine intakte, gesunde _____ geben wird. Und immer mehr
   Menschen sind an diesem Thema _____. _____ kommen im
   Durchschnitt *(on average)* 2.500 Leute dazu, die der Organisation auch
   finanziell helfen. Letztes Jahr waren es zum Beispiel fast 3.000 Leute.

22 Ergänzen Sie Anton Wörth ist zu Besuch in Zürich und er schreibt
eine E-Mail an einen Freund.

> Bekannten   damit   Deutsch   deswegen   Französisch
> gehört   gewundert   Natur   Schweizer   schwer

Gestern Nacht habe ich bei Christine Dörfler, einer guten _____
meiner Frau, in Zürich übernachtet. Ich war da die letzten drei Tage auf
Geschäftsreise und bleibe jetzt noch übers Wochenende, _____ ich
endlich einmal Zürich kennenlernen kann. Christine wohnt in Regensberg,
das ist nur etwa 6 Kilometer von Zürich weg. Regensberg _____ noch
zu Zürich und es ist sehr idyllisch hier! In nur 10 Minuten ist man mit
dem Bus am Zürichsee und da hat man alles – Stadt und wunderschöne
_____. Christine und ich waren gestern Abend essen und dann noch
in einer Bar. Da haben wir ein paar _____ kennengelernt. Es hat mich
ein bisschen _____, weil es ja manchmal heißt, dass die Menschen
hier generell eher reserviert sind. Doch mit den Leuten aus der Bar haben
wir uns heute sogar noch einmal zum Kaffeetrinken getroffen. Sie arbeiten
in Lausanne und sprechen dort _____, aber ihre Muttersprache
istSchweizerdeutsch. Damit habe ich allerdings so meine Probleme und
ich kann es manchmal nur _____ verstehen. Zum Schluss haben sie
zu mir gesagt: „S'isch schön gsi dich gchennelert zha und mir sötte uns
wider emol träffe." Das heißt auf _____: „Es war schön dich getroffen
zu haben und wir sollten uns bald wieder sehen." Das hoffe ich auch und
_____ fahre ich sicher bald wieder in die Schweiz.

▲ Schloss Regensberg

Land und Leute

Die politischen Institutionen der Schweiz

Although political life in Switzerland is essentially based in the cantons (comparable to states in the United States and provinces in Canada), federal affairs are represented by several constitutional bodies.

▲ Das Parlament in der Schweiz

Swiss citizens must be at least 18 years old to vote for the National Council (**Nationalrat**). Each citizen can vote for a party and a candidate. Elections for the Council of States (**Ständerat**) vary according to cantonal law. The National Council and the Council of States form the Federal Assembly (**Bundesversammlung**), which elects a cabinet of Federal Ministers (**Bundesrat**) and the Federal President (**Bundespräsident/ Bundespräsidentin**). Although the President is the head of state, his/her duties are largely ceremonial and he/she does not hold special power within the government.

The Federal Assembly decides on new or amended laws. However, if within three months of such a decision 50,000 signatures are collected from voters, the law must be put to the Swiss people for a referendum (**Volksabstimmung**). The law then takes effect only if the majority votes in favor of it. Examples of recent referenda results are: (1) 1992: Approval of Switzerland's joining the International Monetary Fund and the World Bank. (2) 1993: Approval of an increase in the gasoline tax and the introduction of a value-added tax to replace the sales tax. Rejection of an initiative to ban ads for alcohol and tobacco products. (3) 1994: Approval of a ban in 10 years on all heavy trucks traveling through Switzerland to other European countries. Mandatory hauling of such cargo by rail. Moratorium on the building of new highways. (4) 2000: Defeat of a move to limit the immigrant population to 18%. (5) 2001: A third defeat of a referendum to join the European Union. 2002: Passage of a referendum to join the UN. (6) 2007: Passage of a referendum that withholds welfare benefits from new arrivals unless they present required documents within 24 hours, documents that few foreigners possess. 2008: Rejection of a referendum that would have allowed townspeople to vote by secret ballot on whether to grant citizenship to their neighbors.

Despite Switzerland's long democratic tradition, it was not until 1971 that women gained the right to vote in federal elections and to hold federal office. In 1981, a referendum was passed that bars discrimination against women under canton as well as federal law.

Kulturkontraste

1. Welches Schweizer Referendum finden Sie interessant? Warum?
2. Wie finden sie ein Referendum als politisches Instrument? Ist es praktisch, demokratisch, oder kann es auch problematisch sein?
3. Welches Thema möchten Sie für ein Referendum in Ihrem Land haben? Warum?

K. Kulturkontraste
2. Die politischen Institutionen der Schweiz

Grammatik und Übungen

Talking about actions relating to oneself

Reflexive constructions

Accusative	Ich habe **mich** gewaschen.	*I washed (**myself**).*
Dative	Kaufst du **dir** einen neuen Fernseher?	*Are you buying (**yourself**) a new TV?*

A REFLEXIVE PRONOUN indicates the same person or thing as the subject. A reflexive pronoun may be in either the accusative or the dative case, depending on its function in the sentence.

Forms of reflexive pronouns *(Reflexivpronomen)*

Reflexive pronouns differ from personal pronouns only in the **er/es/sie-**, **sie-** *(pl.)*, and **Sie**-forms, which are all **sich**.

	ich	Sie	du	er/es/sie	wir	Sie	ihr	sie
Accusative	mich	sich	dich	sich	uns	sich	euch	sich
Dative	mir	sich	dir	sich	uns	sich	euch	sich

Use of accusative reflexive pronouns

Direct object	Ich habe **mich** schnell gewaschen.	*I washed (**myself**) in a hurry.*
Object of preposition	Jan erzählt etwas über **sich**.	*Jan is telling something about **himself**.*

A reflexive pronoun is in the accusative case when it functions as a direct object or as the object of a preposition that requires the accusative.

I. Einige Fragen

> **23** **Sie fühlen sich heute besser** Sie und Ihre Freunde waren krank, doch heute fühlen sich alle besser. Formen Sie Sätze und benutzen Sie das passende Reflexivpronomen im Akkusativ.
>
> BEISPIEL Lily   *Lily fühlt sich heute besser.*
>
> 1. Jasmin und Julian
> 2. du
> 3. ich
> 4. wir
> 5. Phillipp
> 6. ihr

Use of dative reflexive pronouns

Indirect object	Kaufst du **dir** einen neuen Computer?	*Are you going to buy **yourself** a new computer?*
Object of preposition	Sprichst du von **dir**?	*Are you talking about **yourself**?*

A reflexive pronoun is in the dative case when it functions as an indirect object or as the object of a preposition that requires the dative case.

24 **Was wünschen sie sich aus der Schweiz?** Frau Schmidt fährt zu einer Konferenz in die Schweiz und bringt Souvenirs mit zurück. Bevor sie in die Schweiz gereist ist, hat sie alle gefragt, was sie sich wünschen. Ergänzen Sie den Text mit den richtigen Formen von **wünschen** und den Reflexivpronomen im Dativ.

Frau Schmidts Tochter Alina _____ _____ eine warme Jacke. Ihr

Mann _____ _____ eine Schweizer Uhr. Tim, ihr Sohn, _____

_____ ein Buch über die Schweiz. Ihre Eltern _____ _____

Schweizer Schokolade. Ich _____ _____ einen schönen Fotoka-

lender. Was hast du _____ _____? Letztes Jahr hast du _____

von Frau Schmidt eine CD von einer Schweizer Techno-Gruppe _____,

nicht wahr? Du und Sven – _____ ihr _____ wieder CDs? Hoffent-

lich bekommen wir alles, was wir _____ _____.

25 **Geburtstagswünsche** Stefan und seine Freunde sprechen darüber, was sie sich zum Geburtstag wünschen. Sehen Sie sich die Bilder an und fragen Sie Ihre Partnerin/Ihren Partner, was sich jeder wünscht. Dann fragen Sie Ihre Partnerin/Ihren Partner, was sie/er sich wünscht.

Discussing wishes

C. Kurze Gespräche

> **ein neues Fahrrad** **eine gute Digitalkamera** **eine teure Jacke**
> **neue Schuhe** **ein neues Handy** **eine Sonnenbrille**

S1: Was wünscht sich Stefan?
S2: Stefan wünscht sich eine teure Lederjacke.
S1: die Eltern? Marie? mein Bruder Luca? Partnerin/Partner?
S2: Stefan? Sophie? Antonia? Partnerin/Partner?

Verbs of personal care and hygiene

A. Morgens oder abends?

Wann badest du?
Ich bade abends.

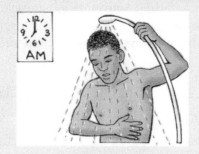

Wann duschst du?
Ich dusche morgens.

Wann putzt du dir die Zähne?
Ich putze mir nach dem Essen
die Zähne.

Wann rasierst du dich?
Ich rasiere mich morgens.

Wann schminkst du dich?
Ich schminke mich morgens.

Wann ziehst du dich an?
Ich ziehe mich morgens an.

Wann kämmst du dich?
Ich kämme mich morgens.

Wann föhnst du dir die Haare?
Ich föhne mir morgens die Haare.

Wann ziehst du dich aus?
Ich ziehe mich abends aus.

Wann wäschst du dir Gesicht und Hände?
Ich wasche mir abends Gesicht und Hände.

Verben

sich an•ziehen, angezogen	to get dressed	Ich ziehe mich an.	I get dressed.
sich aus•ziehen, ausgezogen	to get undressed	Ich ziehe mich aus.	I get undressed.
baden	to take a bath	Ich bade.	I take a bath.
(sich) duschen	to shower	Ich dusche (mich).	I take a shower.
sich föhnen	to blow-dry	Ich föhne mir die Haare.	I'm blow-drying my hair.
sich kämmen	to comb	Ich kämme mich.	I comb my hair.
		Ich kämme mir die Haare.	I comb my hair.
putzen	to clean	Ich putze mir die Zähne.	I brush / clean my teeth.
sich rasieren	to shave	Ich rasiere mich.	I shave.
sich schminken	to put on make-up	Ich schminke mich.	I put on makeup.
		Ich schminke mir die Lippen / Augen.	I put on lipstick / eye make-up.
sich waschen (wäscht), gewaschen	to wash	Ich wasche mich.	I wash myself.
		Ich wasche mir die Hände.	I wash my hands.

26 **Wann machst du das?** Fragen Sie Ihre Partnerin/Ihren Partner nach ihrer/seiner täglichen Routine.

Describing one's daily routine

S1:

Wann | stehst du auf?
duschst du?
ziehst du dich an?
putzt du dir die Zähne?
kämmst du dir die Haare?
föhnst du dir die Haare?
wäschst du dir die Hände?
ziehst du dich aus?
badest du?
gehst du schlafen?

S2:

Um [sieben].
Morgens.
Abends.
Vor/Nach dem Frühstück.
Vorm Schlafengehen.
Nach der Dusche *(shower).*
Vor/Nach dem Essen.
Nach einer schmutzigen *(dirty)* Arbeit.
[Drei]mal *(times)* am Tag.

B. Schreiben Sie über Ihr Morgenprogramm

> **Duschen** can be used with or without the reflexive pronoun; the meaning is the same.

FitnessCenter Brücke

Halt dich fit – fühl dich gut!

› Kraftraum
› Ausdauergeräte
› Squash/Tennis/Badminton
› Yoga
› Sauna/Solarium
› Kosmetik
› Bistro

www.fitnessbruecke.de

Wir seh'n uns im
FitnessCenter Brücke
Industriestraße 76 (im Gewerbegebiet)
79618 Rheinfelden

1. Womit kann man sich im Fitness-Center Brücke fit halten?
2. Was kann man noch alles im Fitness-Center Brücke machen?

Reflexive verbs in German vs. English

Setz dich.	*Sit down.*
Fühlst du **dich** nicht wohl?	*Don't you feel well?*
Hast du **dich** gestern **erkältet?**	*Did you catch a cold yesterday?*
Hast du **dich** zu leicht **angezogen?**	*Did you dress too lightly?*
Mark hat **sich** heute nicht rasiert.	*Mark didn't shave today.*
Ich **freue mich** auf deinen Brief.	*I'm looking forward to your letter.*
Anna **interessiert sich** für Musik.	*Anna is interested in music.*

In the vocabularies of this book, reflexive verbs are listed with the pronoun **sich: sich fühlen**.

1. In German, some verbs regularly have a reflexive pronoun as part of the verb pattern. The English equivalents of these verbs do not have reflexive pronouns. In general, the reflexive construction is used more frequently in German than in English.
2. Some verbs can be used either with or without reflexives, and some with both accusative and dative reflexives: **Ich wasche die Wäsche, ich wasche mich, ich wasche mir die Hände.**

---

27 Mini-Gespräche Welche Antwort auf der rechten Seite passt zu welcher Frage auf der linken Seite?

G. Worauf freust du dich?

1. Geht es Ihnen heute besser, Herr Meier?
2. Ist Lara wieder krank?
3. Ach, du bist nicht fertig. Soll ich noch warten (*wait*)?
4. Interessierst du dich für alte Filme?
5. Gefällt dir dein neuer iPod?

a. Ja, sie hat sich schwer erkältet.
b. Ja, ich habe mir schon lange einen gewünscht.
c. Nein, leider. Ich fühle mich gar nicht gut.
d. Ja. Setz dich bitte. Ich bin gleich fertig.
e. Ja, sehr. Ich freue mich auf *Casablanca* im Fernsehen.

Definite article with parts of the body

Ich habe **mir die** Hände gewaschen.	*I washed **my** hands.*
Hast du **dir die** Zähne geputzt?	*Did you brush **your** teeth?*

In referring to parts of the body, German uses a definite article (e.g., **die**) and a reflexive pronoun (e.g., **mir**) where English uses a possessive adjective (e.g., *my*).

Ich muss **mir die** Schuhe anziehen.	*I have to put on **my** shoes.*

In German the definite article is also often used with clothing.

---

28 Hast du das gemacht? Fragen Sie eine Partnerin/einen Partner, was sie/er heute gemacht hat.

BEISPIEL das Gesicht gewaschen

S1:
Hast <u>du dir</u> heute das Gesicht gewaschen?

S2:
Ja, ich habe <u>mir</u> heute das Gesicht gewaschen. Und du?

S1: ...

1. die Hände gewaschen
2. die Haare gewaschen
3. die Haare gekämmt
4. die Zähne geputzt
5. eine saubere Jeans angezogen
6. ein schönes Hemd angezogen

29 **Wann machst du das?** Fragen Sie Ihren Partner/Ihre Partnerin, wann sie/er was macht.

1. Wann duschst oder badest du?
2. Wäschst du dir abends oder morgens die Haare?
3. Mit was für einem Shampoo wäschst du dir die Haare?
4. Wann putzt du dir die Zähne?
5. Mit welcher Zahnpasta (*tooth paste*) putzt du dir die Zähne?
6. Ziehst du dir die Schuhe aus, wenn du fernsiehst?
7. Ziehst du dir alte Sachen an, wenn du abends nach Hause kommst?

⊕ Web Links

Leserunde

Burckhard Garbe (b. 1941) is a professor at the University of Göttingen, author of numerous books, and recipient of many literary prizes. He writes concrete poetry, visual texts, experimental texts, aphorisms, and ironic-satiric prose works. Garbe's use of word play amuses but also causes one to reflect on the trite expressions in everyday speech. His poem "für sorge" is a perfect example of his intentions, as he uses the mechanical declension of reflexive pronouns to end with a serious comment on human nature.

für sorge[1]
ich für mich
du für dich
er für sich
wir für uns
ihr für euch
jeder für sich

—*Burckhard Garbe*

Fragen

1. Der Dichter sagt, Menschen sind egozentrisch. Was meinen Sie?
2. Ändern Sie das Gedicht, sodass es das Gegenteil aussagt.

[1]**die Fürsorge:** *care*

Für sorge, by Burckhard Garbe in R.O. Wiemer (HG) Bundesdeutsch. Lyrik zur sache Gramatik Peter Hammer Verlag Wuppertak, 1974. Reprinted by permission of Peter Hammer Verlag.

Infinitives with *zu*

Infinitives with *zu*	Ich brauche heute nicht **zu** arbeiten.	*I don't have to [need to] work today.*
Modals and infinitive	Musst du morgen arbeiten?	*Do you have to work tomorrow?*

In English, dependent infinitives used with most verbs are preceded by *to*.

• In German, dependent infinitives used with most verbs are preceded by **zu**.

• Dependent infinitives used with modals are not preceded by **zu**.

Du brauchst nicht **mitzu**kommen.	*You don't need to come along.*
Wir haben vor übers Wochenende **dazu**bleiben.	*We're planning to stay here over the weekend.*

- When a separable-prefix verb is in the infinitive form, the **zu** comes between the prefix and the base form of the verb.
- Infinitive phrases need not be set off by commas, although writers may choose to use a comma for clarity.

Some verbs you know that can be followed by **zu** + an infinitive are **beginnen, brauchen, lernen, scheinen, vergessen,** and **vorhaben.**

30 Das haben wir vor Marcel feiert sein Examen an der Universität mit seinen Freunden. Erzählen Sie, was sie vorhaben.

BEISPIEL wir haben vor (20 Gäste einladen)   *Wir haben vor 20 Gäste einzuladen.*

1. ich muss noch (das Essen vorbereiten)
2. ich habe vor (Spaghetti kochen)
3. Marcel will (einkaufen gehen)
4. er hat vor (eine besonders gute Torte kaufen)
5. ich brauche nicht (aufräumen)
6. Marcel muss (alles machen)
7. er braucht nicht (das Bad putzen)

Talking about household chores

31 Hausarbeit Sie und Ihre Freundin/Ihr Freund sprechen darüber, was Sie im Haushalt alles machen müssen.

> einkaufen   kochen   das Bett machen
> [bei der Hausarbeit] helfen   Geschirr spülen   abtrocknen
> aufräumen   [die Küche] sauber machen   Fenster putzen
> [die Wäsche / das Auto] waschen   [im Garten] arbeiten
> die Spülmaschine ein- und ausräumen   Staub saugen

S1:
Ich muss [jeden Tag] [abwaschen], und du?

S2:
Ja, ich muss auch [Geschirr spülen]. Ich brauche nicht [Geschirr zu spülen].

D. Zum Studium in Zürich

Expressions requiring infinitives with zu

Es ist schön frühmorgens **zu** joggen.   *It's nice to jog early in the morning.*

Aber es ist schwer früh aufzustehen.   *But it's hard to get up early.*

Infinitives with **zu** are used after a number of expressions, such as **es ist schön, es ist schwer, es macht Spaß, es ist leicht,** and **es ist Zeit.**

- A writer may choose to set off the infinitive phrase with a comma for the sake of clarity: **Ich habe vor, vier Tage zu bleiben.**

32 Jennifer studiert in Zürich Erzählen Sie, wie es Jennifer in Zürich geht. Benutzen Sie die Ausdrücke aus dem Schüttelkasten.

BEISPIEL Sie steht früh auf.   *Es ist schwer früh aufzustehen.*

> **Es ist gut.   Es macht Spaß.   Es ist schwer.**
> **Es ist schön.   Es ist nicht leicht.**

1. Sie fährt mit dem Zug.
2. Sie versteht die Vorlesungen.
3. Sie sitzt mit Freunden im Biergarten.
4. Sie sucht einen Job.
5. Sie geht mit Freunden inlineskaten.

33 Es macht Spaß Sie und Ihre Partnerin/Ihr Partner wollen sich besser kennenlernen. Erzählen Sie einander, was Sie gut, schlecht, schwer oder leicht finden und was Ihnen Spaß macht.

S1:
Es ist schön [am Sonntag nichts zu tun].

S2:
Es ist schwer [früh aufzustehen].

1. Es macht (keinen) Spaß ...   am Wochenende lang schlafen
2. Es ist (nicht) schön ...   mit Freunden ins Café gehen
3. Es ist (nicht) schwer ...   bei schönem Wetter in der Bibliothek
                                    arbeiten
4. Es ist (nicht) leicht ...   viel Spaß haben
5. Es ist (nicht) gut ...   ins Kino gehen
6. Ich habe keine Zeit ...   schwimmen gehen
                                    während des Semesters jobben

The construction *um ... zu* + infinitive

Expressing purpose or intention

Die Schweiz muss wirtschaftlich stark sein, **um** neutral **zu** bleiben.

*Switzerland has to remain economically strong **in order to** remain neutral.*

- The German construction **um ... zu** + *infinitive* expresses purpose or intention and is equivalent to the English construction *(in order) to* + infinitive.
- A comma is required with an **um ... zu** construction.

34 Was meinen Sie? Ergänzen Sie die Sätze mit Ausdrücken aus der Liste und vergleichen Sie dann Ihre Sätze mit denen Ihrer Partnerin/Ihres Partners.

BEISPIEL *Um gesund zu bleiben, muss man viel Sport treiben.*

> **hart arbeiten   viel lernen   viel Geld haben**
> **gute Freunde haben   viel Sport treiben**

1. Um gute Noten zu bekommen, ...
2. Um glücklich zu sein, ...
3. Um reich zu werden, ...
4. Um Spaß zu haben, ...
5. Um ... zu ...

Comparison of adjectives and adverbs

Comparison of equality

Die Schweiz ist halb **so** groß **wie** Österreich.	*Switzerland is half **as** large **as** Austria.*
Nils schwimmt nicht **so** gut **wie Tobias**.	*Nils doesn't swim **as** well **as** Tobias does.*
Diese Reise ist genau**so** schön **wie** die letzte.	*This trip is just **as** nice **as** the last one.*

The construction **so ... wie** is used to express the equality of a person, thing, or activity to another. It is equivalent to English *as . . . as.*

J. Ich kann das auch

35 **Vier Bekannte** Wie sind diese Personen? Sind sie gross oder klein, dick oder dünn?

A. Ihre Partnerin/Ihr Partner möchte etwas über vier Bekannte von Ihnen wissen. Beschreiben Sie die Bekannten.

BEISPIEL Wie ist Tobias?   *Er ist groß und hat dunkle Haare.*

Mustafa   Udo   Olaf   Luigi

| groß/klein   schlank/dick   attraktiv/unattraktiv   wenig/viel |

HAARE:	BLOND, DUNKEL, LANG/KURZ, HELLBRAUN
NASE:	GROSS/KLEIN, DÜNN, LANG
MUND:	GROSS/KLEIN
BRILLE:	EINE DUNKLE BRILLE

B. Ihre Partnerin/Ihr Partner sagt etwas über einen der vier Bekannten. Vergleichen Sie diesen mit einem anderen.

BEISPIEL Tobias ist groß.   *Ja, Tobias ist so groß wie Fabian.*

1. Tobias ist sportlich.
2. Frank ist unfreundlich.
3. Fabian ist nicht dick.
4. Leon spricht gut Englisch.
5. Frank kann gut kochen.
6. Leon spielt oft Gitarre.

Comparative forms (der Komparativ)

der Komparativ

Base form	klein	Österreich ist **klein**.	*Austria is **small**.*
Comparative	kleiner	Die Schweiz ist noch **kleiner**.	*Switzerland is even **smaller**.*

The comparative of an adjective or adverb is formed by adding **-er** to the base form.

Julia arbeitet **schwerer als** Paul.   *Julia works **harder than** Paul.*
Julia ist **fleißiger als** Paul.   *Julia is **more industrious than** Paul.*

The comparative form plus **als** is used to compare people, things, or activities.
Als is equivalent to English *than*.

Base form	dunkel	teuer
Comparative	**dunkler**	**teurer**

- Adjectives ending in **-el** drop the final **-e** of the base form before adding **-er**.
- Adjectives ending in **-er** may follow the same pattern.

Base form	groß	Hamburg ist **groß**.
Comparative	**größer**	Hamburg ist **größer** als Bremen.

Many common one-syllable words with stem vowel **a**, **o**, or **u** add an umlaut in the comparative form, including **alt, dumm, jung, kalt, kurz, lang, oft, rot, stark,** and **warm**.

> Adjectives and adverbs that add an umlaut in the comparative are indicated in this book as follows: **kalt (ä)**.

Base form	gern	gut	hoch	viel
Comparative	**lieber**	**besser**	**höher**	**mehr**

A few adjectives and adverbs have irregular comparative forms.

Hannes sieht **gern** fern.   *Hannes likes to watch TV.*
Alina liest **lieber**.   *Alina prefers [likes more] to read.*

The English equivalent of **lieber** is *to prefer,* or *preferably,* or *rather* with a verb.

---

36 **Vergleichen Sie** Sehen Sie sich nocheinmal das Bild mit Stefan und seinen Freunden an und beantworten Sie die Fragen.

BEISPIEL Was kostet mehr – Lucas Fahrrad oder Sophies Handy?
      Lucas Fahrrad kostet mehr als Sophies Handy.

1. Was kostet mehr – Antonias Sonnenbrille oder Stefans Jacke?
2. Wessen Haare sind länger – Maries oder Antonias?
3. Wer ist jünger – Stefan oder Luca?
4. Wer ist älter – Sophie oder Luca?
5. Was ist größer – das Fahrrad oder das Handy?
6. Was ist billiger – die Sonnenbrille oder die Digitalkamera?

Making comparisons

F. Bei der Ärztin

K. Wie ist die neue Wohnung?
L. Erik ist anders
M. In einem Möbelgeschäft

Stefan   Sophie   Antonia   die Eltern   Marie   mein Bruder Luca

37 Geografiestunde Was wissen Sie über die deutschsprachigen Länder? Ergänzen Sie die Sätze mit dem Komparativ der Wörter in Klammern.

1. Welche Stadt ist _____, Zürich oder Basel? (groß)
2. Was ist _____, der Main oder der Rhein? (lang)
3. Welcher Berg ist _____, die Zugspitze in Deutschland oder das Matterhorn in der Schweiz? (hoch)
4. Welche Republik ist _____, die österreichische oder die Schweizer Republik? (alt)
5. Wo ist das Wetter _____, in Salzburg oder in Hamburg? (kalt)
6. Welches Land ist _____, die Schweiz oder Österreich? (klein)

Comparative adjectives before nouns

Das ist kein besser**er** Plan.   *That's not a better plan.*
Hast du eine besse**re** Idee?   *Do you have a better idea?*

Comparative adjectives that precede nouns take adjective endings.

N. Es ist alles besser

38 Unzufrieden Stefanie ist mit allem unzufrieden und will immer etwas Besseres. Ergänzen Sie die Sätze mit einer passenden Komparativform.

BEISPIEL   Stefanie hat eine schöne Wohnung, aber sie möchte eine _____ haben.
Stefanie hat eine schöne Wohnung, aber sie möchte eine schönere haben.

1. Sie hat ein großes Auto, aber sie möchte ein _____ haben.
2. Sie kauft immer teure Kleider, aber sie wünscht sich noch _____.
3. Sie isst oft in guten Restaurants, aber sie möchte in _____ essen.
4. Sie hat einen schnellen Computer, aber sie kauft sich bald einen _____.
5. Sie macht schöne Ferien, aber sie wünscht sich _____.
6. Stefanie hat einen guten Job, aber sie braucht bestimmt einen _____.

▲ Stefanie möchte eine schönere Wohnung haben.

Petro Feketa/Shutterstock.com

39 Hören Sie zu Luisa und Nina gehen. Hören Sie sich das Gespräch an. Sind die folgenden Sätze richtig oder falsch? Sie hören zwei neue Wörter: **die Herrenabteilung** (*men's department*), **die Musikabteilung** (*music section*).

2-24

	Richtig	Falsch
1. Luisa weiß genau, was ihr Bruder Stefan zum Geburtstag haben möchte.	_____	_____
2. Luisa möchte ihrem Bruder etwas kaufen, weil er ihr immer etwas zum Geburtstag schenkt.	_____	_____
3. Nina und Luisa sehen sich zuerst Lederjacken an.	_____	_____
4. Sie finden eine gute, billige Lederjacke und kaufen sie.	_____	_____
5. Luisa findet 120 Euro nicht zu teuer.	_____	_____
6. Nina und Luisa suchen lieber eine CD für Stefan.	_____	_____

Superlative forms (der Superlativ)

Base form	alt	Chur ist sehr **alt**.	*Chur is very **old**.*
Superlative	ältest-	Es ist die **älteste** Stadt in der Schweiz.	*It is the **oldest** city in Switzerland.*

The superlative of an adjective is formed by adding **-st** to the base form.

- The **-st** is expanded to **-est** if the adjective stem ends in **-d, -t,** or a sibilant. The superlative of **groß** is an exception: **größt-**.
- The words that add umlaut in the comparative also add umlaut in the superlative.
- Superlative adjectives that precede nouns take adjective endings.

40 **Was weißt du über die Schweiz?** Ihre Freundin/Ihr Freund spricht mit Ihnen über die Schweiz. Erklären Sie ihr/ihm, dass die Orte die ältesten, größten usw. sind.

BEISPIEL Ist Chur eine alte Stadt?   *Ja, Chur ist die älteste Stadt der Schweiz.*

1. Ist die Universität Basel alt?
2. Ist Graubünden ein großer Kanton?
3. Ist Basel-Stadt ein kleiner Kanton?
4. Ist Zürich eine sehr große Stadt?
5. Ist der Rhein ein langer Fluss?
6. Ist das Matterhorn ein sehr bekannter Berg?

Im Winter arbeitet Frau Greif **am schwersten**.	*In the winter Mrs. Greif works **(the) hardest**.*
Im Winter sind die Tage **am kürzesten**.	*In the winter the days are **(the) shortest**.*

The superlative of adverbs (e.g., **am schwersten**) and predicate adjectives (e.g., **am kürzesten**) is formed by inserting the word **am** in front of the adverb or adjective and adding the ending **-(e)sten** to it.

- The construction **am** + superlative is used when it answers the question **wie** *(how)* as in: **Wie arbeitet Frau Greif im Winter? Sie arbeitet *am schwersten*.**

41 **Alles ist am größten** Charlotte spricht im Superlativ: Alles ist am größten, am kältesten, am schönsten usw. Ergänzen Sie die Sätze mit den Superlativen der Adjektive.

1. Im Sommer sind die Tage _____ (lang).
2. Im Herbst sind die Farben _____ (interessant).
3. Im Frühling sind die Blumen _____ (schön).
4. Im Winter sind die Tage _____ (kalt).
5. Chiara fährt _____ (langsam).
6. Justin arbeitet _____ (schwer).
7. Jana und Simon tanzen _____ (schön).

Lukas ist der jüngste Sohn und Fabian ist **der älteste (Sohn)**.		*Lukas is the youngest son and Fabian is **the oldest (son)**.*

The superlative of attributive adjectives (with a following noun expressed or understood) is formed by inserting **der/das/die** in front of the adjective and adding the appropriate ending to the superlative form of the adjective.

1. Im Juni sind die Rosen **am schönsten**.
2. Diese Rose ist **die schönste**.
   Diese Rosen sind **die schönsten**.

The above chart shows the two patterns of superlative predicate adjectives. The adjectives preceded by **der/das/die** have **-e** in the singular and **-en** in the plural.

Irregular forms are indicated in the vocabularies of this book as follows: **gern (lieber, liebst-)**.

42 Die schönsten, neuesten Sachen Phillipp findet alles am besten. Stellen Sie sich vor, Sie sind Phillipp und wiederholen Sie die folgenden Sätze im Superlativ.

BEISPIEL Diese Schuhe sind sehr billig.   *Diese Schuhe sind die billigsten.*

1. Diese Blumen sind sehr schön.
2. Dieses Auto ist sehr teuer.
3. Diese Jacke ist sehr warm.
4. Dieses T-Shirt ist toll.
5. Dieser CD-Player ist billig.
6. Diese Digitalkamera ist ziemlich teuer.

I. Hallo Wach!
J. Werbung

Base form	gern	gut	hoch	viel
Comparative	**lieber**	**besser**	**höher**	**mehr**
Superlative	**liebst-**	**best-**	**höchst-**	**meist-**

The adjectives and adverbs that are irregular in the comparative are also irregular in the superlative.

43 Was sind das alles für Leute in diesem Sportclub?

BEISPIEL Nico spielt lieber Tennis als Basketball. Und Fußball?
Fußball spielt er am liebsten.

1. Leon spielt aber besser als Nico. Und Alexander?
2. Jana treibt mehr Sport als ihr Bruder. Und ihre Schwester?
3. Vanessa schlägt den Ball höher als Lisa. Und Sophia?
4. Julians Schuhe kosten mehr als meine. Und Noahs Schuhe?
5. David joggt lieber morgens als mittags. Und abends?
6. Sie hören lieber Reggae als klassische Musik. Und Rockmusik?

Discussing personal information

44 Was meinst du? Beantworten Sie die Fragen erst selbst und vergleichen Sie dann Ihre Antworten mit den Antworten Ihres Partners.

1. Was trinkst du am liebsten?
2. Was isst du am liebsten?
3. Welche Sprache sprichst du am besten?
4. Was studierst du am liebsten?
5. Welchen Sport treibst du am liebsten?
6. Welcher Politiker spricht am besten?
7. Welche Stadt ist die schönste?
8. Wer ist der beste Tennisspieler?

Land und Leute

Zürich

Zurich (**Zürich**), with some 339,000 inhabitants, is Switzerland's largest city and a leading financial center of the world. It is a city with global influence and tremendous wealth. The Zurich stock exchange is the fourth largest in the world, after New York, London, and Tokyo. Zurich is a beautiful city in an attractive setting. **Zürichsee** (Lake Zurich) is at one end; pleasant parks and gardens line the banks of the Limmat River, which bisects the city; and snow-clad peaks of the Alps are visible in the distance. Like many other European cities, Zurich has a very old section, **die Altstadt,** and a newer part built mostly in the nineteenth century. **Die Altstadt** is characterized by narrow streets and many well-preserved old buildings, including the houses of thirteen medieval guilds which were crucial to Zurich's rise to financial importance. Among the city's churches, the **Fraumünster** dates back to 853, but the new part was constructed mainly in the nineteenth century and today contains stained-glass twentieth-century windows by Marc Chagall. Unlike most other important cities, Zurich has only three high-rise buildings of modest size. Also found here is the **Bahnhofstraße,** an elegant world-famous shopping street with expensive fashion, jewelry, and watch shops. The University of Zurich, with 21,000 students, is the largest in Switzerland and occupies a scenic setting on low hills not far from the city center.

In spite of its relatively small size, Zurich has an internationally recognized orchestra, the **Tonhalle-Orchester Zürich,** a widely recognized opera company, and an impressive theater housed in the **Schauspielhaus.**

Zurich has more than 50 museums and countless art galleries. Examples include the **Kunsthaus Zürich** which has significant permanent and traveling exhibits, or the **Fotomuseum Winterthur** which is an internationally known venue for contemporary photography. The relatively small **Cabaret Voltaire** chronicles the history of Dadaism, which originated in Zurich in 1916.

A survey comparing the quality of life in 215 world cities ranked Zurich first, just ahead of Geneva. The ranking is based on 39 criteria, including political, social, economic, and environmental conditions, as well as public safety, transportation, education, and health.

▲ Der Zürichsee

▲ Einkaufen auf der Bahnhofstraße, Zürichs teuerste Adresse

Kulturkontraste

Vergleichen Sie Ihre Stadt mit Zürich: Was ist an Zürich anders als an Ihrer Stadt? Was gibt es in Ihrer Stadt auch?

K. Kulturkontraste
3. Zürich

Video-Ecke

▲ Er treibt vor dem Frühstück auf dem Heimtrainer Sport.

▲ Er isst oft in der Mensa zu Mittag.

▲ Sie hat in ihrer Agentur oft einen sehr langen Tag.

❶ Die Schweiz
Mein Tagesablauf

Vor den Videos

45 **Nachgedacht** Was wissen Sie noch vom Kapitel? Denken Sie nach.

1. Wieviele Sprachen gibt es in der Schweiz?
2. Was kann man in Zürich alles machen?
3. Was wissen Sie über die Schweiz und Europa?

Nach den Videos

46 **Alles klar?** Sehen Sie sich die Interviews an und machen Sie sich Notizen. Beantworten Sie dann die Fragen.

1. Wie gut kennen die Personen die Schweiz?
2. Welche Konzepte assoziieren *alle* Personen mit der Schweiz?
3. Wer hat den längsten Tag? Warum?
4. Wer hat den interessantesten Tag? Warum?

❷ Auf dem Weisshorn

▲ Der Zug fährt durch die Berge.

▲ Die Freunde wandern in den Alpen.

▲ Die Kletterwand ist neu für Paul, Lily und Hülya.

In diesem Kapitel sind die Freunde in der Schweiz. Sie fahren mit dem Zug durch die Berge, wandern bei schönstem Wetter, und am Ende klettern sie sogar an einer Kletterwand …

Nützliches	
die Berge	*mountains*
der Gletscher	*glacier*
der See	*lake*
die Kletterwand	*climbing wall*
das Seil	*rope*
steil	*steep*
versuchen	*to try*
Anfänger	*beginner, novice*

....

Nach den Videos

Sehen Sie sich das Video an und machen Sie sich Notizen. Beantworten Sie
dann die Fragen.

47 **Was passiert wann?** Bringen Sie die folgenden Sätze in die richtige
Reihenfolge.

———— Hülya fragt: „Ist das ein Gletscher?"
———— Paul versteht die Frau nicht.
———— Lily fragt eine Frau nach dem Weg.
———— Paul sagt: „Die Berge sind noch viel höher als ich dachte!"
———— Paul ist Anfänger, aber er kann ganz gut klettern!
———— Der Lehrer sagt: „Das ist eine Kletterroute für Anfänger."
———— Die Freunde machen eine Pause auf dem Berg.

48 **Richtig oder falsch?** Arbeiten Sie mit einer Partnerin/einem
Partner. Fragen Sie sie/ihn: Was ist richtig, was ist falsch?

S1: Paul hat eine Thermoskanne. Ist das richtig?
S2: Ja, das ist richtig. / Nein. Er …

	Richtig	Falsch
Lily findet die Schweiz langweilig.	————	————
Anton sagt, die Schweiz ist ein Paradies für Skifahrer.	————	————
Auf den Bergen ist Schnee.	————	————
Hülya hat eine Thermoskanne dabei.	————	————
Die Frau auf dem Berg spricht Hochdeutsch.	————	————
Paul klettert nicht an der Wand.	————	————

49 **Was meinen Sie?** Diskutieren Sie die Fragen mit einem Partner.

1. Warum versteht Paul die Frau auf dem Berg nicht? Wieso kann Anton
   die Frau verstehen?
2. Sie haben einen Tag in den Alpen. Was machen Sie?
3. Auf dem Berg, während der Pause, an der Kletterwand - was fällt Ihnen
   auf? Was ist in Amerika anders?

A-C. Was haben Sie
gesehen?
D. Wer hat das gesagt?
E. Richtig oder falsch
F. Auf dem Weisshorn
G. Urlaub im Hotel
Weisshorn

Wiederholung

 1 **Rollenspiel** Ihre Partnerin/Ihr Partner erzählt Ihnen, dass ihr/sein Computer kaputt gegangen ist. Drücken Sie *(express)* ihr/ihm Ihr Mitgefühl *(sympathy)* aus und wählen dafür jeweils *(in each instance)* eine passende Formulierung unten.

1. Am Wochenende ist mir mein Computer kaputt gegangen.
2. Der Monitor war auf einmal schwarz.
3. Leider kann niemand den Computer reparieren.
4. Alle Dateien sind weg.
5. Und ich habe keine Sicherheitskopien *(back-up copies)*.
6. Und jetzt muss ich mir einen neuen Computer kaufen.
7. Ach, ich ärgere mich *(am annoyed)* so!

Redemittel

Mitgefühl ausdrücken *(Expressing sympathy)*

• Schade. • Du Arme/
Du Armer! • Das ist ja
dumm / blöd *(stupid)* /
ärgerlich *(annoying)* /
schade. • Was hast
du denn? • Das
verstehe *(understand)*
ich. • Geht es dir
nicht gut?

• Das tut mir aber leid
für dich. • Dass dir
das passieren musste!

2 **So beginnt mein Tag** Beschreiben Sie, wie Ihr Tag anfängt. Benutzen Sie die folgenden Wörter.

> aufstehen   baden oder duschen   sich anziehen   tragen
> etwas trinken und essen   sich die Zähne putzen
> sich die Haare kämmen

3 **In der Schweiz ist es anders** Verbinden Sie die Sätze mit einer passenden Konjunktion aus der Liste.

> aber   da   dass   denn   ob   oder   und   weil   wenn

BEISPIEL Diane Miller studiert in der Schweiz. Sie möchte mehr Deutsch lernen.
Diane Miller studiert in der Schweiz, denn sie möchte mehr Deutsch lernen.

1. Sie geht mit ihrer Freundin Nicole. Ihre Freundin geht einkaufen.
2. Sie nimmt eine Einkaufstasche mit. Sie geht zum Supermarkt.
3. Nicole kauft fast alles im Supermarkt. Die Sachen sind da oft billiger.
4. Sie kauft Tabletten in der Apotheke. Sie kauft einen Kamm in der Drogerie.
5. Beim Bäcker kauft sie frischen Kuchen. Sie kauft kein Brot.

4 **Bei Beckers in Zürich** Pia, Sarah und Ryan planen eine Reise nach Österreich. Ergänzen Sie den Text mit den passenden Possessivpronomen.

1. PIA: Komm, Ryan, wir machen gerade _____ Ferienpläne. Wir fahren nach Österreich zu _____ Freunden. Du kommst doch mit, oder?
2. RYAN: Ja, gern. Wie lange bleibt ihr denn bei _____ Freunden?
3. SARAH: Eine Woche. Du kannst _____ Arbeit mitnehmen.
4. RYAN: Ja, das muss ich. Ich muss _____ Referat vorbereiten.
5. PIA: Das Schöne ist, dass Vater gesagt hat, wir können _____ Auto nehmen.
6. RYAN: Das finde ich sehr nett von _____ Vater, Pia.
7. PIA: Ich glaube, _____ Reise wird super.

5 **Ein Vergleich** *(comparison)* Wählen Sie zwei Personen aus: einen Freund, eine Freundin, ein Familienmitglied usw. Wählen Sie dann fünf Kriterien aus der Liste und vergleichen Sie sich mit diesen Personen.

BEISPIELE viel Sport treiben

Ich treibe genauso viel Sport wie mein Freund Jens.
Ich treibe mehr Sport als meine Freundin Annika.

1. gut singen
2. oft kochen
3. sicher fahren
4. gute Noten haben
5. viel arbeiten
6. interessante Geschichte erzählen
7. oft auf Partys gehen
8. cooles Auto / Fahrrad / Motorrad haben

6 **Niklas fühlt sich nicht wohl** Michelle denkt, dass Niklas krank aussieht. Geben Sie die Sätze auf Deutsch wieder.

MICHELLE: *Why did you get up so late?*
    NIKLAS: *I don't feel well.*
MICHELLE: *Do you have a fever?*
    NIKLAS: *No. I caught a cold. My throat hurts.*
MICHELLE: *You look pale. Maybe it's better if you go to the doctor.*
    NIKLAS: *You're right. I do feel weak.*

7 **Rollenspiel** Sie sind Ärztin/Arzt. Ihre Partnerin/Ihr Partner ist Ihre Patientin/Ihr Patient. Sie/Er sagt Ihnen, dass sie/er sich nicht wohl fühlt, und beschreibt viele verschiedene Symptome. Sie glauben, dass die Patientin/der Patient gestresst ist, und sagen ihr/ihm, sie/er soll seinen Tagesablauf *(daily routine)* ändern.

8 **Zum Schreiben** Sie sind in einem Internet-Chatroom und lernen eine Person aus der Schweiz kennen.

- Schreiben Sie erst etwas über sich selbst.
- Dann schreiben Sie ein bisschen über Ihre Stadt, Ihren Staat oder Ihre Provinz, z. B. wo liegt sie/er, welche Städte, was ist besonders.
- Erklären Sie ihr/ihm, warum Sie gern oder ungern dort leben.
- Stellen Sie dann mindestens drei Fragen über die Schweiz.

Schreibtipp

Benutzen Sie die **du**-Form. Schreiben Sie „Hallo" und am Ende schreiben Sie **„viele Grüße"** und Ihren Namen, z. B. **„viele Grüße, Jessie".** Kontrollieren Sie auch, ob Subjekt und Verb zusammenpassen. Ist die Wortstellung richtig? Sind die Präpositionen, Fälle, Adjektivendungen und Reflexivpronomen richtig?

Grammatik: Zusammenfassung

Forms of reflexive pronouns

	ich	Sie	du	er/es/sie	wir	Sie	ihr	sie
Accusative	mich	**sich**	dich	**sich**	uns	**sich**	euch	**sich**
Dative	mir	**sich**	dir	**sich**	uns	**sich**	euch	**sich**

Accusative reflexive pronouns

Direct object	Ich habe **mich** gewaschen.	*I washed (**myself**).*
Object of preposition	Hast du das für **dich** gemacht?	*Did you do that for **yourself**?*

Dative reflexive pronouns

Indirect object	Hast du **dir** ein neues Auto gekauft?	*Did you buy **yourself** a new car?*
Dative verb	Ich kann **mir** nicht helfen.	*I can't help **myself**.*
Object of preposition	Spricht Luisa von **sich** selbst?	*Is Luisa talking about **herself**?*

Reflexive vs. personal pronouns

Reflexive	Jonas hat das für **sich** gemacht.	*Jonas did it for **himself**.*
	Ich kann **mir** nicht helfen.	*I can't help **myself**.*
Personal	Jonas hat das für **ihn** gemacht.	*Jonas did it for **him**.*
	Jonas kann **mir** nicht helfen.	*Jonas can't help **me**.*

Definite articles with parts of the body

Ich habe **mir die** Hände gewaschen.   *I washed **my** hands.*
Sophia hat **sich die** Haare gekämmt.   *Sophia combed **her** hair.*

In referring to parts of the body, German often uses a definite article and a dative pronoun. English uses a possessive adjective.

Infinitives with *zu*

Jan versucht alles **zu** verstehen.   *Jan tries to understand everything.*
Er kann alles verstehen.   *He can understand everything.*

Dependent infinitives used with most verbs are preceded by **zu**. Dependent infinitives used with modals are not preceded by **zu**.

Hannah hat keine Zeit die Arbeit **zu** machen.   *Hannah has no time to do the work.*
Es war schwer die Vorlesung **zu** verstehen.   *It was difficult to understand the lecture.*

Infinitives with **zu** are also used after a large number of expressions, such as **sie hat keine Zeit** and **es ist schwer**. While a comma is not required to set off an infinitive phrase, a writer may choose to use a comma for the sake of clarity.

Es ist schwer so früh auf**zu**stehen.
Es ist Zeit jetzt auf**zu**hören.

When a separable prefix is in the infinitive form, the **zu** comes between the prefix and the base form of the verb.

The construction *um ... zu* + infinitive

Amerikaner kommen oft nach
    Deutschland, **um** dort **zu** studieren.

*Americans often come to Germany
    in order to study there.*

The German construction **um ... zu** + infinitive is equivalent to the English construction *(in order) to* + infinitive. A comma is required to set off an **um ... zu** construction.

Comparative and superlative forms of adjectives and adverbs

Base form	klein	*small*	schön	*beautiful*
Comparative	**kleiner**	*smaller*	**schöner**	*more beautiful*
Superlative	**kleinst-**	*smallest*	**schönst-**	*most beautiful*

German forms the comparative by adding the suffix **-er** to the base form. It forms the superlative by adding the suffix **-st** to the base form. The ending **-est** is added to words ending in **-d** (**gesündest-**), **-t** (**leichtest-**), or a sibilant (**kürzest-**). An exception is **größt-**.

Base form	alt	groß	jung	gern	gut	hoch	viel
Comparative	**älter**	**größer**	**jünger**	**lieber**	**besser**	**höher**	**mehr**
Superlative	**ältest-**	**größt-**	**jüngst-**	**liebst-**	**best-**	**höchst-**	**meist-**

Many one-syllable adjectives and adverbs with stem vowel **a**, **o**, or **u** add an umlaut in the comparative and the superlative. A few adjectives and adverbs are irregular in the comparative and superlative forms.

Special comparison constructions and uses

Nico ist nicht **so groß wie** Jens.
Es ist heute **so kalt wie** gestern.

*Nico is not **as tall as** Jens.*
*Today it is just **as cold as**
    yesterday.*

In German, the construction **so ... wie** is used to make comparisons of equality. It is equivalent to English *as . . . as.*

Jana ist **größer als** ihre Mutter.
Es ist **kälter als** gestern.

*Jana is **taller than** her mother.*
*It is **colder than** yesterday.*

The comparative form of an adjective or adverb is used to make comparisons of inequality. **Als** is equivalent to English *than.*

Jessica singt **am schönsten**.
Im Frühling ist das Wetter hier
    am schönsten.
Dieser kleine Busch ist **der schönste**.

*Jessica sings **the best**.*
*The weather here is **nicest** in the
    spring.*
*This little bush is **the prettiest**
    (bush).*

The pattern **am** + superlative with the ending **-en** is used for adverbs (as in the first example above), and for predicate adjectives (as in the second example). The superlative of attributive adjectives, with a following noun that is expressed or understood, is preceded by the article **der/das/die** (as in the third example). The superlative form of the adjective, therefore, has an ending.

Deutschland
1945 bis heute

Die Kaiser-Wilhelm-Gedächtniskirche in Berlin

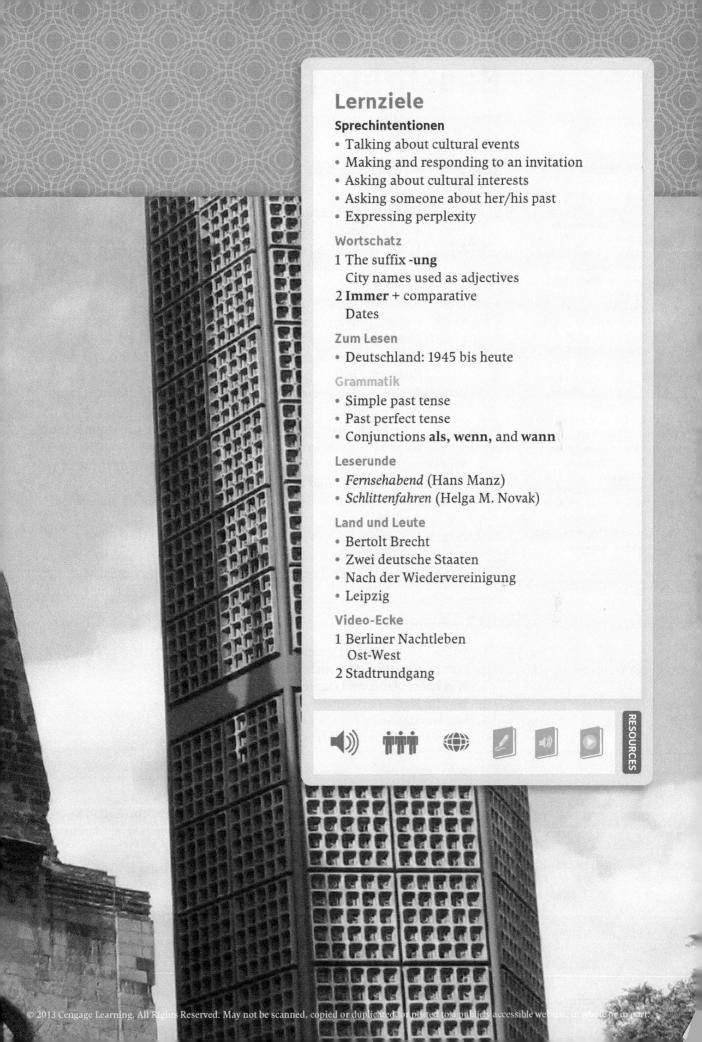

Lernziele

Sprechintentionen
- Talking about cultural events
- Making and responding to an invitation
- Asking about cultural interests
- Asking someone about her/his past
- Expressing perplexity

Wortschatz

1 The suffix **-ung**
   City names used as adjectives
2 **Immer** + comparative
   Dates

Zum Lesen
- Deutschland: 1945 bis heute

Grammatik
- Simple past tense
- Past perfect tense
- Conjunctions **als, wenn,** and **wann**

Leserunde
- *Fernsehabend* (Hans Manz)
- *Schlittenfahren* (Helga M. Novak)

Land und Leute
- Bertolt Brecht
- Zwei deutsche Staaten
- Nach der Wiedervereinigung
- Leipzig

Video-Ecke

1 Berliner Nachtleben
   Ost-West
2 Stadtrundgang

RESOURCES

Bausteine für Gespräche

◀)) Wie war's?
2-25

Anna und Daniel sind für ein paar Tage in Berlin bei Annas Freunden Franziska und Sebastian. Morgens beim Frühstück sprechen sie über ihre Aktivitäten.

SEBASTIAN: Na, wie findet ihr das Berliner Nachtleben? Wo wart ihr denn gestern Abend?

ANNA: Franziska ging ja zu dem Volleyballspiel, aber Daniel und ich waren im *Berliner Ensemble.*

SEBASTIAN: Ah, und was gab es?

ANNA: *Die Dreigroschenoper* von Bertolt Brecht. Und zwar in einer ganz modernen Inszenierung ...

SEBASTIAN: Ach ja, darüber stand in der Zeitung eine gute Kritik. Hattet ihr denn gute Plätze?

DANIEL: Ja, wir hatten sogar prima Plätze, obwohl wir Studentenkarten hatten. Die kosteten nur 8 Euro.

SEBASTIAN: Ich hätte ja mal große Lust wieder ins Theater zu gehen. Könnt ihr das Stück denn empfehlen?

ANNA: Ja, unbedingt. Ich wollte es zuerst gar nicht sehen, aber dann fand ich es absolut toll.

SEBASTIAN: Und was habt ihr danach gemacht? Ihr kamt doch erst so spät nach Hause.

DANIEL: Wir waren noch in der Wunder-Bar, tranken etwas und unterhielten uns lange über das Stück.

SEBASTIAN: Ach, ihr Glücklichen! Ich wäre auch gern dabei gewesen! Ich war zwar auch bis zwei Uhr wach, aber ich musste für meine Prüfung lernen!

---

1 Fragen

1. Wo waren Anna und Daniel gestern Abend?
2. Warum war Franziska nicht dabei?
3. Was haben Anna und Daniel gesehen?
4. Was für Karten hatten sie?
5. Wie war das Stück?
6. Warum war Sebastian bis zwei Uhr wach?

Brauchbares

1. Note that to say something is written or printed somewhere, e.g., in a newspaper, German uses the verb **stehen**. Thus Sebastian says, **"darüber stand in der Zeitung eine gute Kritik."**

2. When Sebastian says, **"Ich hätte ja mal große Lust wieder ins Theater zu gehen,"** the word **hätte** is the subjunctive form of **haben**. The subjunctive is often used in wishes and will be presented in *Kapitel 11*.

3. When Sebastian says, **"Ich wäre auch gern dabei gewesen!"** he is using the past-time subjunctive form of **sein: wäre gewesen**. Sebastian would like to have been there but couldn't for the reason he gives. This structure will also be presented in *Kapitel 11*.

2 Wo warst du? Ihre Partnerin/Ihr Partner ist gestern ausgegangen. Finden Sie heraus, wo sie/er war und wie der Abend war.

Talking about cultural events

S1:	*S2:*
Wo warst du gestern Abend?	**Im Theater.**
	In einem Musical.
	Im Konzert.
	Im Kino.
	In der Oper⁺.
Was gab es?	***Die Dreigroschenoper.***
	Mamma Mia.
	Goethes *Faust.*
	Ende gut, alles gut.
	Fidelio.
	Lohengrin.
	Beethovens *Neunte.*
	Schumanns *Klavierkonzert⁺.*
	Das Phantom der Oper.
	Der König der Löwen.

3 Was möchtest du machen? Laden Sie Ihre Partnerin/Ihren Partner ein, mit Ihnen zusammen auszugehen. Die Partnerin/Der Partner kann ja oder nein sagen.

Making and responding to an invitation

S1:		*S2:*
Möchtest du **in die Oper** gehen?		**Ja, gern.**
ins	Musical	In welche? / In welches?
	Theater	O ja, das interessiert mich sehr.
	Konzert	Wenn du mich einlädst, schon.
	Popkonzert⁺	Nein, ich habe leider keine Zeit.
	Open-Air-Konzert⁺	Nein, ich habe wirklich keine Lust.
	Kino	

4 Interview Fragen Sie Ihre Partnerin/Ihren Partner, was ihr/ihm gefällt. Schreiben Sie die Antworten auf und erzählen Sie Ihren Kommilitoninnen/Kommilitonen, was Sie herausgefunden haben.

Asking about cultural interests

E. Ein Gespräch
F. Ein Dokumentarfilm

Fragen Sie Ihre Partnerin/Ihren Partner, . . .

1. ob sie/er oft ins Theater geht.
2. was für Theaterstücke sie/er gern sieht.
3. ob sie/er lieber ins Kino geht.
4. wie oft sie/er ins Kino geht – einmal in der Woche? Zweimal im Monat?
5. welche neuen Filme sie/er gut [schlecht] findet.
6. ob sie/er manchmal in die Oper geht.
7. welche Opern sie/er kennt.
8. ob sie/er oft ins Konzert geht.
9. was für Musik sie/er gern hört.
10. welche Rockbands sie/er gut [schlecht] findet.
11. welche Fernsehsendungen sie/er gut [schlecht] findet.

Erweiterung des Wortschatzes 1

The suffix -ung

wandern	to hike	die Wanderung, -en	hike
wohnen	to live	die Wohnung, -en	dwelling

- The suffix **-ung** may be added to a verb stem (e.g., **wander-, wohn-**) to form a noun.
- All nouns ending in **-ung** are feminine.

5 **Eine Einladung** Hannah erzählt von einer Party. Bilden Sie Substantive mit der Endung **-ung** aus den fett gedruckten Verben. (Einige der Substantive sind im Plural und haben die Endung **-ungen**.)

1. Kevin Braun hat mich für Samstagabend **eingeladen**. Habt ihr auch eine _____ bekommen?
2. Ja, aber ich habe mich **erkältet** und meine _____ wird einfach nicht besser.
3. Ach, komm' doch. Kevin **wohnt** doch jetzt in Berlin-Mitte. Er will uns sicher seine neue _____ zeigen.
4. Hmmm, die interessiert mich ja schon. Aber du weißt doch, Kevin zeigt immer seine Videos aus seinem letzten Urlaub. Und er **beschreibt** jede Szene sehr genau. Solche _____ finde ich immer ein bisschen langweilig.
5. Aber er **erzählt** doch oft auch nette Anekdoten von seinen Reisen. Ich höre seine _____ ganz gern.
6. Außerdem **empfiehlt** er oft schöne Urlaubsziele. Seine _____ waren immer gut.
7. **Meinst** du? Da habe ich eigentlich eine andere _____.

City names used as adjectives

Na, wie findet ihr das **Berliner** Nachtleben?

*Well, how do you like **Berlin** night life?*

Gut, aber ich vermisse die **Wiener** Gemütlichkeit.

*Fine, but I miss the relaxed **Viennese** atmosphere.*

- Names of cities used as adjectives end in **-er**.
- The **-er** ending is never declined; that is, no additional adjective endings are used to indicate gender or case.

▲ **Berliner Dom und Fernsehturm**

Vokabeln [I]

🌐 Audio Flashcards
Tutorial Quizzes

Substantive

Unsterhaltung

der **Film, -e** film
das **Klavier, -e** piano; das **Klavierkon-zert, -e** piano concerto
das **Open-Air-Konzert, -e** outdoor concert
das **Popkonzert, -e** pop concert
die **Bar, -s** bar, pub; nightclub
die **Oper, -n** opera; **in die Oper ge-hen** to go to the opera
die **Rockband, -s** rock band
die **Unterhaltung, -en** conversation; die **Unterhaltung** *(no pl.)* entertainment

Weitere Substantive

der/die **Glückliche, n** *(noun decl. like adj.)* lucky one, fortunate one
die **Kritik, -en** criticism; review
die **Lust** desire; pleasure;
  Lust haben (+ **zu** + *infinitive*) to be in the mood, feel like
  ich habe keine Lust das zu tun I don't feel like doing that
die **Meinung, -en** opinion

Verben

empfehlen (empfiehlt), empfahl, empfohlen to recommend
kosten to cost
unterhalten (unterhält), unterhielt, unterhalten to entertain; **sich un-terhalten (über)** *(+ acc.)* to converse (about)
zeigen to show

Adjektive und Adverbien

absolut absolutely, completely
dabei (sein) (to be) there, (to be) present
danach afterwards
prima fantastic, great (**prima** *takes no adj. endings*)

unbedingt without reservation, absolutely
wach awake
wach: Add **aufwachen.**
einmal: Add **einmal am Tag.**

Besondere Ausdrücke

einmal in der Woche once a week
es stand in der Zeitung it said in the newspaper
was gab es? what was playing? what was offered?
zweimal im Monat twice a month

Lerntipp

Beginning with the **Vokabeln** of *Kapitel 10*, the simple past tense of irregular weak and strong verbs (e.g., **empfahl**) is given.

C. Ist das logisch?
D. Die gleiche Bedeutung

Alles klar?

6 **Anders gesagt** Welche Sätze passen zusammen?

1. Wir haben lange über das Konzert gesprochen.
   a. Das Konzert hat uns gut gefallen.
   b. Wir haben uns lange über das Konzert unterhalten.

2. Mir gefällt das Theaterstück nicht.
   a. Ich kann das Theaterstück nicht empfehlen.
   b. Ich finde das Theaterstück gut.

3. Hast du Lust heute Abend ins Theater zu gehen?
   a. Darfst du heute Abend ins Theater gehen?
   b. Möchtest du heute Abend ins Theater gehen?

4. Wir können später in die Bar gehen.
   a. Wir können danach in die Bar gehen.
   b. Wir müssen unbedingt in die Bar gehen.

5. Tim möchte immer dabei sein.
   a. Tim möchte immer bei ihm sein.
   b. Tim möchte immer bei allem mitmachen.

7 **Ergänzen Sie**

> **absolute Bar empfohlen Euro Glücklichen Klavier**
> **kostet Kritik Meinung Open-Air-Konzert zweimal**

1. In vielen Ländern der EU kann man mit _____ bezahlen.

2. Ich gehe gern ins Theater. Und ich habe in der Zeitung eine interessante _____ über das neue Brecht-Stück gelesen. Der Journalist hat es sehr _____. Seiner _____ nach ist es die beste Produktion, die das Theater je hatte.

3. Ich gehe meistens _____ pro Woche ins Kino. Oft montags und donnerstags, weil es da weniger _____. Das sind nämlich Kinotage!

4. Bei Julia und Tobias gibt es nie Konflikte zu Hause. Die _____! Doch eine so _____ Harmonie finde ich auch ein bisschen langweilig.

5. Heute Abend ist das große _____ im Park. Das Problem ist, dass es heute Abend regnen soll. Es gibt aber auch noch etwas in der neuen _____ bei der Uni. Dort spielt eine Rockband mit Gitarre, Saxofon und _____.

▲ **Die Alte Oper in Frankfurt. Hier gibt es Theater, Kabarett, Opern, Operetten, und viele Konzerte.**

clearlens/Shutterstock.com

Land und Leute

Bertolt Brecht

Bertolt Brecht (1898–1956) was one of the most important figures of twentieth-century theater. His dramatic theories have influenced many playwrights and theater directors throughout the world. As a young playwright during the twenties, Brecht took the German theater by storm with "The Threepenny Opera" *(Die Dreigroschenoper)*; it both shocked and fascinated audiences with its depiction of London's criminal underworld and the social and political forces underlying it. Brecht's critical focus on society and his dramatic theories revolutionized the German stage and made him a celebrity.

As an outspoken opponent of National Socialism, however, Bertolt Brecht had to flee Germany in 1933. He lived temporarily in several European countries until he settled down in California. Like many other German emigrants, he found refuge in the United States until the end of World War II and the end of the National Socialist regime. Brecht wrote some of his major plays in exile: *Mutter Courage und ihre Kinder* (1941), *Der gute Mensch von Sezuan* (1942), *Leben des Galilei* (1943).

During the Third Reich many Germans, among them Brecht, left Germany. This choice is often called **"äußere Emigration"** in contrast to **"innere Emigration,"** which refers to writers, artists, and intellectual figures who remained in Germany but were unable to publish their work during the Third Reich.

In 1947, after Brecht had been called before the House Committee on Un-American Activities, he moved back to Europe and eventually chose the German Democratic Republic as his home. With his wife, Helene Weigel, he founded the Berliner Ensemble, a theater in former East Berlin that continues to perform Brecht's plays and tries to put his dramatic theories into practice.

Mary Evans Picture Library / Alamy

▲ Bertolt Brecht

rook76 / Shutterstock.com

▲ Diese Briefmarke ehrt Bertolt Brecht.

Kulturkontraste

1. Während der Nazizeit haben viele deutsche Intellektuelle wie Bertolt Brecht Deutschland verlassen. Finden Sie heraus, welche deutschen Intellektuellen während der Nazizeit in die USA oder nach Kanada geflohen sind.

2. Recherchieren Sie Bertolt Brecht in einem Lexikon über Theatergeschichte oder Weltliteratur. Was können Sie über Brechts Konzept des „Verfremdungseffekts" herausfinden?

I. Kulturkontraste, 1. Bertolt Brecht

Zum Lesen

Web Links

Vor dem Lesen

8 Was wissen Sie schon?

1. Was wissen Sie schon über Deutschlands Geschichte seit 1945?
2. Machen Sie eine Liste mit Daten, Wörtern oder Namen zu den folgenden Themen:
   a. der Zweite Weltkrieg
   b. Berlin
   c. der Kalte Krieg *(the Cold War)*
   d. die Wiedervereinigung
3. Berichten Sie einer kleinen Gruppe, was Sie aufgeschrieben haben.

Beim Lesen

9 Der Kalte Krieg Machen Sie sich beim Lesen Notizen mit neuen Informationen über den Kalten Krieg.

10 Die Mauer Schauen Sie sich die beiden Fotos im Text an. Beantworten Sie dann die Fragen.

Foto 1
1. Wann wurde das Foto gemacht?
2. Warum ließ die DDR-Regierung die Mauer bauen?
3. Wie lange gab es die Mauer? Wann fiel sie?

Foto 2
1. Wann wurde das Foto gemacht?
2. Sie sehen hier einen Teil der Mauer. Wie sieht der aus? Was machen die Leute dort?
3. Warum sind die Menschen vor dem Brandenburger Tor?

B. Wetterprobleme

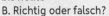

A. Deutschland: 1945 bis heute
B. Richtig oder falsch?

2-26

National Socialists ruled Germany under Adolf Hitler from 1933–1945.

Deutschland: 1945 bis heute

Über 40 Jahre lang hatte es zwei deutsche Hauptstädte gegeben: Bonn und Ost-Berlin. Denn als 1945 der Zweite Weltkrieg zu Ende war, hatten die Siegermächte° – Amerika, die Sowjetunion, England und Frankreich – beschlossen, dass es nie mehr ein so starkes Deutschland geben durfte. Wenn die Hauptstadt und das Land geteilt waren, so argumentierten die

victorious powers

ullstein bild / The Granger Collection, NYC

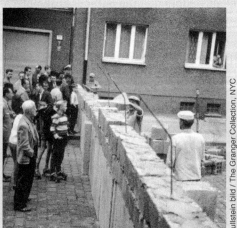

▲ Die Mauer wird gebaut.

Alliierten°, konnte Deutschland
15 nie wieder stark genug werden, um
einen neuen Krieg anzufangen.
    Europa hatte Angst vor einem
starken Deutschland, denn es
war im 20. Jahrhundert für zwei
20 Weltkriege verantwortlich gewesen.
Im Zweiten Weltkrieg hatte
Deutschland zwischen 1938 und
1944 alle Nachbarländer, außer
der Schweiz, angegriffen° und
25 eine Zeitlang besetzt°. Außerdem
hatten die Nationalsozialisten
(Nazis) nicht nur im eigenen Land,
sondern auch in allen besetzten
Nachbarländern die jüdische°

▲ Menschen aus Ost und West feiern
die Öffnung der Mauer.

30 Bevölkerung° verfolgt° und in Konzentrationslager° gebracht. Im
Holocaust starben mehr als sechs Millionen Juden°. Außer den Juden
verfolgten die Nationalsozialisten auch ihre politischen Gegner – die
Kommunisten, Sozialisten und Sozialdemokraten – sowie° Sinti und
Roma°, Behinderte° und Homosexuelle.
35   In den Jahren nach der Kapitulation wurden die Spannungen°
zwischen den Sowjets und den drei westlichen Siegermächten
(England, Frankreich und den USA) immer stärker und sie
kulminierten 1948 in der Berliner Blockade. Die Russen wollten
die westlichen Soldaten zwingen, Berlin zu verlassen, und sie
40 blockierten die Straßen um Berlin herum, so dass keine Transporte
mehr stattfinden konnten. Amerika und die anderen westlichen
Alliierten organisierten daraufhin° die Berliner Luftbrücke° und
versorgten° die ganze Stadt ein Jahr lang mit Hilfe von Flugzeugen
mit allem, was die Menschen in der Stadt brauchten. Als die
45 Blockade 1949 schließlich zu Ende war, gab es zwei deutsche Staaten:
die Bundesrepublik Deutschland (BRD) mit der provisorischen°
Hauptstadt Bonn und die Deutsche Demokratische Republik (DDR)
mit der Hauptstadt Ost-Berlin. Der Kalte Krieg hatte begonnen und
die neuen Fronten waren der Ost- und der Westblock. Die neue
50 Grenze, die sich durch Europa zog°, nannte man den „Eisernen
Vorhang°“. Doch nicht alle Ostdeutschen waren für den Sozialismus.
Da es dem Westen wirtschaftlich besser ging als dem Osten,
versuchten viele Ostdeutsche nun ihr Land zu verlassen. Um diesen
Exodus zu beenden, baute die DDR-Regierung mit Unterstützung° der
55 Sowjetunion 1961 die Mauer. Als 1963 der amerikanische Präsident
John F. Kennedy die geteilte Stadt besuchte, demonstrierte er mit den
Worten: „Ich bin ein Berliner!" die Solidarität des Westens mit den
Berlinern.
    In den Jahren nach ihrer Gründung° stärkten° die Bundesrepublik
60 wie auch die DDR jeweils° ihre Beziehungen zu ihren Verbündeten°.
Auf der westlichen Seite entstand° die EG (Europäische Gemeinschaft°),
eine Gruppe von europäischen Staaten, die° politisch, wirtschaftlich
und kulturell eng zusammenarbeiten wollten. Aus der EG wurde

Allies

The expression "Iron
Curtain" became
current after Winston
Churchill used it in
a speech in Fulton,
Missouri, in 1946.

attacked
occupied

Jewish
*population / persecuted /
concentration camps /
Jews*

Sinti und Roma: *Gypsies /
as well as / tensions*

thereupon / airlift
provided

provisional

ran
der Eiserne Vorhang: *the
Iron Curtain*

support

founding / strengthened
each one / allies
*was established /
  community / which*

die EU (Europäische
65 Union), die inzwischen
27 Mitgliedsstaaten hat.
    Die DDR war Mitglied
in der wirtschaftlichen
Union der Ostblockstaaten
70 (COMECON), wo es
Ende der 80er Jahre
auch unter dem starken
influence Einfluss° der Glasnost
literally / openness (wörtlich°: Offenheit°)
75 durch den sowjetischen
Staatschef Gorbatschow
zu wirtschaftlichen und
politischen Reformen kam.
In der DDR, besonders
80 in Leipzig, fanden
1989 große friedliche
Demonstrationen statt. Am
9. November 1989 musste

▲ Am Brandenburger Tor feiern seit 1990
Millionen Silvester.

hated die DDR-Regierung die Mauer öffnen: Das verhasste° Symbol des
85 kalten Krieges war endlich gefallen.
    Ab dem 3. Oktober 1990 war das geteilte Deutschland wieder ein
unified Land. Und das vereinte° Berlin, das fast 40 Jahre lang in Ost- und
West-Berlin geteilt war, war wieder die Hauptstadt von Deutschland.
In den Jahren nach der Wiedervereinigung zeigte sich, dass das
90 Zusammenwachsen der beiden deutschen Staaten mehr Probleme mit
sich brachte, als viele Politiker gedacht hatten. Große wirtschaftliche
differences / partly und auch kulturelle Unterschiede° führten dazu, dass es teilweise°
zu starken Ressentiments zwischen Ost- und Westdeutschen kam.
Auch heute noch, viele Jahre nach der Wiedervereinigung, gibt es
95 Unterschiede; z. B. die größeren wirtschaftlichen Probleme und
unemployed die höhere Zahl an Arbeitslosen° in den neuen Bundesländern
(der früheren DDR). Trotz dieser Unterschiede zwischen „Ossis"
und „Wessis" sind die Deutschen auf dem besten Weg sich wieder
als eine Nation zu sehen.

Brauchbares

1. l. 37, **immer stärker:** For more information on the construction **immer +**
comparative, see p. 375.

2. l. 42, **Berliner Luftbrücke:** During the blockade of Berlin **(Berliner Blockade)**
the Allies supplied over 2 million West Berliners with food and fuel by a
round-the-clock airlift. There were 277,264 flights made at 3.5-minute
intervals. By the end of the lift in 1949, 2.3 metric tons of goods (2/3 of
it coal) were flown in daily.

3. l. 57, **Worten:** The German word **Wort** has two plurals. The plural form
Worte refers to words used in a meaningful context in speech or writing,
while **Wörter** refers to words in isolation or individual vocabulary words.

Nach dem Lesen

11 Fragen zum Lesestück

1. Wie viele Jahre lang gab es zwei deutsche Hauptstädte?
2. Warum teilten die Alliierten Berlin auf?
3. Benutzen Sie eine Landkarte. Wer hat Deutschland nach dem Zweiten Weltkrieg besetzt?
4. Die Nazis verfolgten viele Gruppen. Nennen Sie diese Gruppen.
5. Was passierte im Holocaust?
6. Warum blockierten die Russen im Jahre 1948 Berlin?
7. Von wann bis wann gab es zwei deutsche Staaten?
8. Was meinte John F. Kennedy mit dem Satz: „Ich bin ein Berliner"?
9. Warum wollte Deutschland Mitglied der Europäischen Gemeinschaft werden?
10. Wofür demonstrierten viele Menschen 1989 in der DDR?
11. Bei der Vereinigung der beiden deutschen Staaten gibt es auch heute noch Probleme. Was für Probleme sind das?

12 Der Kalte Krieg

1. Viele Historiker sagen, dass Deutschland im Kalten Krieg eine zentrale Rolle gespielt hat. Beim Lesen des Textes haben Sie Notizen zum Thema Kalter Krieg gemacht. Vergleichen Sie Ihre Notizen mit der folgenden Liste. Haben Sie etwas aufgeschrieben, was nicht auf dieser Liste steht?
2. Was ist wann passiert? Bringen Sie die folgenden Konzepte in die richtige Chronologie.

Chronologie	Ereignis
_____	der Zweite Weltkrieg
_____	Gründung (founding) der BRD und der DDR
_____	Kennedys Besuch in Berlin
_____	Bau (construction) der Mauer
_____	Aufteilung (division) Berlins
_____	Vereinigung Deutschlands
_____	Fall der Mauer
_____	die Luftbrücke
_____	Reformen in den Ostblockländern
_____	Demonstrationen in Leipzig
_____	Gründung einer Wirtschaftsunion im Westen
_____	Gorbatschow und Glasnost

13 Erzählen wir Erklären Sie kurz die folgenden Ereignisse und Daten.

1. der Holocaust
2. Probleme nach der Vereinigung
3. die Berliner Blockade
4. die EU
5. der 3. Oktober 1990

Land und Leute

Zwei deutsche Staaten

▲ „Wir sind das Volk!" war das Motto der Demonstrationen in Ostdeutschland.

Two German states existed from 1949–1990. In the later years of the separation, West Germany (The Federal Republic of Germany/**Die Bundesrepublik Deutschland**) referred to this situation as "two states, but one nation" **(zwei Staaten, eine Nation),** and its constitution assumed a future reunification. East Germany (The German Democratic Republic/**Die Deutsche Demokratische Republik**), in contrast, was increasingly dedicated to building an independent, separate country. While West Germany developed a market economy, East Germany followed an economic system of central planning. While the citizens of East Germany liked the fact that there was no unemployment, that government subsidies kept rents and prices of food staples low, and that the government provided health care and a pension system, they found that the political system restricted individual freedom, and the scarcity of non-staple consumer goods was a daily irritant.

The construction of the Berlin Wall **(Mauerbau)** in 1961 was the most dramatic attempt to stop the wave of people leaving East Germany. In addition, the gradual build-up of a 865-mile long and 656-foot wide "death strip" **(Todesstreifen)** of 12–15 foot high metal fences, barbed wire, trenches, mine fields, dogs, and watch towers with guards between the two countries had made the border practically impenetrable. Still people tried to escape and 1,065 people lost their lives trying.

In the early seventies, Willy Brandt, Chancellor of the Federal Republic of Germany, made the first open overtures to East Germany (part of his **Ostpolitik**) and thereby laid the groundwork for cooperation with East Germany. Over the years, the climate between the two countries improved. At first retirees **(Rentner)** and later others from East Germany were allowed to visit West Germany, permanent diplomatic offices similar to embassies **(ständige Vertretungen)** were established, and West Germans living in border areas were allowed to travel more freely across the border **(grenznaher Verkehr)**.

In 1989, the overall political climate in eastern European countries began to change. Hungary was the first to open the Iron Curtain by taking down the barbed wire and letting vacationing East Germans cross into Austria. A democratic movement spread throughout the Warsaw Pact countries, of which East Germany was a member. Throughout East Germany there were large demonstrations and in November 1989, the government opened the Berlin Wall and subsequently resigned. The freedom movement culminated in free elections in March 1990.

🖉

I. Kulturkontraste

2. Zwei deutsche Staaten

people / change (i.e., the revolution of 1989) / turning back / **auf die Dauer:** *in the long run / perks provided to the functionaries of the ruling party*

Kulturkontraste

1. 1989 gab es in Ost- und Westdeutschland Proteste: Die Ostdeutschen demonstrierten und die Westdeutschen schrieben Graffiti an die Mauer. Erklären Sie die folgenden Slogans aus Ost- und Westdeutschland aus dem Jahr 1989:

   a. Wir sind ein Volk°.

   c. Wende° ohne Umkehr°.

   b. Auf die Dauer° fällt die Mauer.

   d. Privilegien° weg! Wir sind das Volk!

2. Wie lange existierten zwei verschiedene deutsche Staaten? Kennen Sie andere Länder, die geteilt sind? Was wissen Sie über die politischen Systeme in diesen Ländern?

Erweiterung des Wortschatzes 2

Immer + comparative

Seit dem Krieg ist der Lebensstandard der Deutschen **immer mehr** gestiegen.	*Since the war, the living standard of the Germans has risen **more and more**.*

The construction **immer** + comparative indicates an increase in the quantity, quality, or degree expressed by the adjective or adverb. In English, the comparative is repeated (e.g., *more and more*).

---

14 **Das Leben nach dem Krieg** Frau Weiß, die während des Zweiten Weltkrieges geboren ist, erzählt Ihnen, wie sich das Leben in Deutschland seit dem Ende des Krieges verändert hat. Ergänzen Sie die Sätze mit **immer** und dem Komparativ des Adjektivs oder des Adverbs in Klammern.

BEISPIEL Der Lebensstandard der Deutschen wird _____. (hoch)
Der Lebensstandard der Deutschen wird immer höher.

1. Die Wohnungen werden _____. (groß)
2. Die Leute tragen _____ Kleidung. (gute)
3. Die Autos werden _____. (schnell).
4. Die Leute bekommen _____ Ferien. (lang)
5. Sie bleiben während der Ferien _____ zu Hause. (wenig)

Dates

1945 teilten die Alliierten Berlin in vier Sektoren auf.	*In 1945, the Allies divided Berlin into four sectors.*
Im Jahre 1963 besuchte Präsident Kennedy Berlin.	*In 1963, President Kennedy visited Berlin.*

In dates that contain only the year, German uses either the year by itself (e.g., **1945**) or the phrase **im Jahr(e) 1945**. English uses the phrase *in* + the year (e.g., *in 1945*).

---

15 **Hören Sie zu** Hören Sie sich den kurzen Radiobericht an und geben Sie an, ob die Sätze unten richtig oder falsch sind. Sie hören vier neue Wörter: **der Jahrestag** *(anniversary);* **erinnern sich** *(remember);* **beliebt** *(popular);* **die Solidarität** *(solidarity).*

	Richtig	Falsch
1. John F. Kennedy besuchte Berlin im Jahr 1963.	_____	_____
2. An der Berliner Mauer sagte er: „Ich bin ein Berliner."	_____	_____
3. Kennedy sagte, dass er dem Osten helfen wollte.	_____	_____
4. John F. Kennedy war in Deutschland sehr beliebt. Deshalb gibt es in vielen deutschen Städten Straßen, Plätze und Brücken, die seinen Namen tragen.	_____	_____

Vokabeln II

Substantive

Deutsche Geschichte

der **Politiker**, -/die **Politikerin**, -nen
  politician
der **Soldat**, -en, -en/die **Soldatin**,
  -nen soldier
die **Bundesrepublik Deutschland**
  Federal Republic of Germany
  (the name of West Germany from
  1949 to 1990; today this is the official
  name for all of Germany)
die **Demonstration**, -en demonstration
die **Grenze**, -n border, boundary; limit
die **Mauer**, -n wall
die **Regierung**, -en government
die **Vereinigung** unification
die **Wiedervereinigung** reunification

Weitere Substantive

der **Unterschied**, -e difference
der **Weg**, -e way; path
das **Wort**, ⁻er word; **Worte** words *(in a*
  context)
die **Angst**, ⁻e fear; **Angst haben (vor** +
  dat.) to be afraid (of)
die **Beziehung**, -en relationship
die **Brücke**, -n bridge
die **Gruppe**, -n group
die **Hilfe** help
die **Luft**, ⁻e air
die **Seite**, -n side; page

Verben

beschließen, beschloss,
  beschlossen to decide on
demonstrieren to demonstrate
fallen (fällt), fiel, ist gefallen to fall
führen to lead
nennen, nannte, genannt to name
öffnen to open
statt.finden, fand statt,
  stattgefunden to take place
sterben (stirbt), starb, ist
  gestorben to die

teilen to divide; **auf·teilen (in** +
  acc.) to split up (into)
verlassen (verlässt), verließ, verlas-
  sen to leave, abandon
wachsen (wächst), wuchs, ist gewach-
  sen to grow; **zusammen·wachsen** to
  grow together
zwingen, zwang, gezwungen to force,
  compel

Adjektive und Adverbien

demokratisch democratic(ally)
eigen own
eng narrow; tight; cramped
friedlich peaceful(ly)
individuell individually

inzwischen in the meantime
kulturell cultural(ly)
verantwortlich (für) responsible (for)
westlich western

Besondere Ausdrücke

vor allem above all

Alles klar?

16 **Deutschland und die EU** Ergänzen Sie die Sätze.

> beschließen Beziehungen Bundesrepublik eigenen
> finden Politiker Unterschiede wächst

1. Der offizielle Name von Deutschland ist _____ Deutschland.
2. Die _____ zwischen Deutschland und seinen Nachbarstaaten sind seit dem Ende des Zweiten Weltkriegs stabil.
3. Die _____ der EU-Staaten treffen sich oft, um über die Probleme der EU zu diskutieren.
4. Diese Treffen _____ oft in kleinen Städten statt.
5. Dort _____ die Regierungschefs der verschiedenen EU-Staaten, was in Zukunft in der EU passieren soll.
6. Jedes EU-Land hat seine _____ politischen Ziele und die kulturellen _____ sind teilweise recht groß.
7. Die EU _____ immer weiter.

17 **Die Berliner Mauer** Ergänzen Sie den folgenden Text mit den passenden Stichwörtern.

> Angst fiel Grenze Soldaten starben
> verlassen zwangen

Die Berliner Mauer war ein Teil der innerdeutschen _____ und trennte West-Berlin vom Ostteil der Stadt. Die Regierung der DDR hatte die Mauer gebaut aus _____ davor, dass zu viele Menschen, besonders Leute mit wichtigen Berufen, die DDR _____ wollten. Durch die Mauer _____ sie die Menschen im Land zu bleiben. _____ bewachten die Mauer mit Waffen *(weapons)*. An der Grenze _____ viele Menschen. Als die Mauer am 9. November 1989 _____, war die Freude groß darüber und die Menschen – aus Ost- und Westberlin – feierten zusammen am Brandenburger Tor.

> Recherchieren Sie im Internet: Was ist „Check Point Charlie"? Wann gab es in Berlin"Sektoren"? Was hatte Präsident J. F. Kennedy mit Check Point Charlie zu tun?

▲ „Check Point Charlie" in Berlin.

▲ Dieses Schild wurde zu einem zentralen Symbol des kalten Krieges.

Nach der Wiedervereinigung

▲ Brandenburger Tor vor dem Fall der Mauer, 1989

When the Berlin Wall fell (November 9, 1989), few observers believed that East and West Germany would be unified less than a year later. Unification came about in two major stages. In July 1990, economic union occurred when the **Deutsche Mark** became the common currency of East and West Germany. On October 3, 1990, political unification was completed and the districts of former East Germany were regrouped into five new states (**Länder**), referred to as **FNL (Fünf Neue Länder): Mecklenburg-Vorpommern, Brandenburg, Sachsen-Anhalt, Sachsen,** and **Thüringen**. Berlin also acquired the full status of a **Bundesland**. The first all-German elections followed in December 1990. For the most part, unification meant that West German laws applied in the new states.

Economic unification revealed that the economy of East Germany, the strongest in Eastern Europe and supporting the highest living standard in that area, was by Western standards in shambles. Unemployment grew rapidly. To facilitate the conversion to a market economy, the German government established a trustee agency (**Treuhandanstalt**). It broke up the state-owned combines (**Kombinate**) and helped establish 30,000 private businesses, arranging for new or restructured ownership. West Germans have been paying a surtax to finance these changes along with improvements to the infrastructure. Between the years 1993–2004 the support (**Solidarpakt**) was 94.5 billion euros. For the years 2005–2019 the government pledged an additional 156.5 billion euros. Unification also called for coordination of social and governmental services in the East and West.

▲ Brandenburger Tor nach der Wiedervereinigung, 1990

Generally, for former East Germans, it meant fewer social benefits and government services than before unification. At the same time consumer prices rose substantially and unemployment was higher and wages were lower in East Germany than in the West.

In addition to these political and economic considerations, the two parts of Germany were faced with the necessity of adjusting to each other on a personal level. The social division was reflected in the terms **"Ossis"** (eastern Germans) and **"Wessis"** (western Germans). **Wessis** accused the **Ossis** of being lazy, while the **Ossis** perceived the **Wessis** as arrogant and unfriendly.

Today, teachers report that their students know little about the history of the Democratic Republic, and that they have no sense of separation felt by many of their parents.

I. Kulturkontraste
3. Nach der Wiedervereinigung

Kulturkontraste

1. Sehen Sie sich die Deutschlandkarte am Anfang des Buches an und sagen Sie, welche die neuen und welche die alten Bundesländer sind.
2. Warum glauben Sie hat die Vereinigung Deutschlands so viel Geld gekostet?
3. Viele hatten die stereotype Vorstellung, dass Leute aus dem Osten faul und passiv und Leute aus dem Westen arrogant waren. Gibt es in Ihrem Land auch solche regionalen Unterschiede?

Grammatik und Übungen

⊕ Tutorial Quizzes

The simple past tense (das Präteritum) vs. the present perfect tense

Narrating past events

The simple past tense, like the present perfect (see *Kapitel 6*), is used to refer to events in the past. However, the simple past and the present perfect are used in different circumstances.

Uses of the simple past

Als ich zehn Jahre alt **war, wohnten** wir in Berlin. Da **stand** die Mauer noch. Die Leute aus Ostberlin **konnten** nicht zu uns in den Westen kommen. Das **verstand** ich nicht.

I **was** *ten years old, we* **lived** *in Berlin. The wall* **was** *still* **standing** *then. The people from East Berlin* **couldn**'t *come to us in the West. I* **didn**'t **understand** *that.*

- The simple past tense (e.g., **wohnten, stand**) is often called the narrative past because it narrates a series of connected events in the past.

- It is used most frequently in formal writings, such as literature and newspaper articles.

Uses of the present perfect tense

SOPHIE: **Hast** du gestern Abend **ferngesehen**?   *Did you watch TV last night?*
MICHAEL: Nein, ich **habe** im Internet **gesurft**.   *No, I surfed the Internet.*

- The present perfect tense (e.g., **hast ferngesehen, habe gesurft**) is also called the conversational past because it is used in conversational contexts and in informal writings, such as e-mails, personal letters, diaries, and notes, all of which are actually a form of written "conversation."

- Note that English always uses the simple past (e.g., *did watch, wrote*) when referring to an action completed in the past.

Uses of sein, haben, and modals in the simple past

SOPHIE: Tobias **konnte** am Freitag nicht kommen.
MICHAEL: **War** er krank oder **hatte** er keine Zeit?
SOPHIE: Er **wollte** schon, aber er **musste** arbeiten.

In *Kapitel 6*, you learned that the simple past tense forms of **sein (war)** and **haben (hatte)** are used more frequently than the present perfect tense, even in conversations. The same is true of the modals, e.g., **konnte, musste, wollte**.

Modals in the simple past

Infinitive	Past stem	Tense marker	Simple Past	English equivalent
dürfen	durf-	-te	**durfte**	*was allowed to*
können	konn-	-te	**konnte**	*was able to*
mögen	moch-	-te	**mochte**	*liked*
müssen	muss-	-te	**musste**	*had to*
sollen	soll-	-te	**sollte**	*was supposed to*
wollen	woll-	-te	**wollte**	*wanted to*

In the simple past tense, most modals undergo a stem change.

- The past tense marker **-te** is added to the simple past stem.
- The past stem has no umlaut.

	können		
ich	konnte	wir	konnten
Sie	konnten	Sie	konnten
du	konntest	ihr	konntet
er/es/sie	konnte	sie	konnten

In the simple past, all forms except the **ich-** and **er/es/sie**-forms add verb endings to the **-te** tense marker.

18 **Auf einem Geburtstagsfest** Sie und Ihre Freunde haben eine Party organisiert. Erzählen Sie, was passiert ist. Benutzen Sie die Modalverben im Präteritum.

BEISPIEL Ich will meine Freunde einladen.
    *Ich **wollte** meine Freunde einladen.*

1. Pascal kann die CDs nicht mitbringen.
2. Luisa muss noch abwaschen.
3. Elias will abtrocknen.
4. Michael soll das Wohnzimmer sauber machen.
5. Die Gäste sollen in zwei Stunden kommen.
6. Wir müssen daher schnell aufräumen.
7. Jens kann leider nicht lange bleiben.

19 **Frage-Ecke** Letzte Woche hatten Sie, Ihre Partnerin/Ihr Partner und einige andere Leute viel zu tun. Finden Sie heraus, wer was tun konnte, wollte, sollte und musste. Die Informationen für **S2** finden Sie im Anhang *(Appendix B)*.

S1:   *S2:*
Was wollte Nils tun?   Er wollte mehr Sport treiben.

S1: ...

	konnte	wollte	sollte	musste
Jana		mit ihrer Diät beginnen	ein Referat schreiben	
Nils	seine Arbeit fertig machen			die Garage aufräumen
Frau Müller	sich mit Freunden unterhalten	eine kurze Reise nach Paris machen		bei ihrer Tochter babysitten
Herr Meier			seinem Sohn bei der Arbeit helfen	sich einen neuen Computer kaufen
ich				
Partnerin/ Partner				

20 **Wie war es, als du jung warst?** Beantworten Sie die folgenden Fragen erst für sich selbst. Dann fragen Sie Ihre Partnerin/Ihren Partner und erzählen Sie Ihren Kommilitoninnen/Kommilitonen, was Sie diskutiert haben.

Asking someone about her/his past

1. Musstest du deinen Eltern viel helfen?
2. Durftest du viel fernsehen?
3. Welche Computerspiele / Videospiele durftest du spielen? Nicht spielen?
4. Konntest du dein eigenes Handy haben?
5. Was durftest du nicht machen?
6. Wann solltest du ins Bett gehen?
7. Konntest du machen, was du wolltest?
8. Durftest du am Wochenende aufstehen, wann du wolltest?
9. Was wolltest du werden, als du ein Kind warst?

Leserunde

🔊
28

🌐 Web Links

In *Kapitel 4* (see page 166), we saw how Hans Manz used modal auxiliaries and interrogative pronouns to evoke a comment on the everyday event of vacations. In "Fernsehabend," Manz again uses language, in this case everyday expressions, to show the difficulty of achieving genuine communication between human beings.

Fernsehabend
„Vater, Mutter, hallo!"
„Pssst!"
„Ich bin ..."
„Später!"
„Also ich wollte nur ..."
„Ruhe[1]!"
„Dann geh ich ..."
„Momentchen. Gleich
haben sie den Mörder[2].
So, was wolltest du sagen,
mein Kind? –
Jetzt ist es wieder weg.
Nie kann man in Ruhe reden
mit ihm."

—*Hans Manz*

Fragen

1. Wie viele Mitglieder hat diese Familie?
2. Was machen die Eltern?
3. Was macht das Kind?
4. Wer sagt: „Nie kann man in Ruhe reden mit ihm"?
5. Was möchten Sie dieser Familie raten?

[1]*Ruhe!: Quiet!* [2]*Mörder: murderer*
Hans Manz, Die Welt der Wörter. Copyright © 1991 Beltz & Gelberg Verlag, Weinheim und Basel. Reprinted with permission.

Regular weak verbs in the simple past

Infinitive	Stem	Tense marker	Simple past
machen	mach-	-te	machte
sagen	sag-	-te	sagte
reden	red-	-ete	redete
arbeiten	arbeit-	-ete	arbeitete
regnen	regn-	-ete	regnete

In the simple past tense, regular weak verbs add the past-tense marker **-te** to the infinitive stem. Regular weak verbs with a stem ending in **-d (reden)** or **-t (arbeiten)** and verbs like **regnen** and **öffnen** insert an **-e** before the tense marker. This is parallel to the insertion of the extra **-e** in the present tense (**er arbeitet**; past tense **er arbeitete**).

machen		
ich machte	wir machten	
Sie machten	Sie machten	
du machtest	ihr machtet	
er/es/sie machte	sie machten	

reden		
ich redete	wir redeten	
Sie redeten	Sie redeten	
du redetest	ihr redetet	
er/es/sie redete	sie redeten	

In the simple past, all forms except the **ich-** and **er/es/sie-**forms add verb endings to the **-te** tense marker.

21 **Campingurlaub in den Bergen** Ergänzen Sie die Geschichte von Tobias und Paul. Benutzen Sie das Präteritum.

Es _____ (regnen) nun schon den dritten Tag. Als Tobias und Paul an diesem Morgen _____ (aufwachen), _____ (hören) sie gleich, wie der Regen auf ihr Zeltdach _____ (tropfen). Schnell _____ (machen) sie die Augen wieder zu und _____ (versuchen) weiterzuschlafen. Doch sie _____ (haben) großen Hunger und nach einer weiteren Stunde in ihren Schlafsäcken standen sie dann doch auf. Sie _____ (machen) sich ihr einfaches Frühstück: Es gab Kaffee und trockenes Toastbrot mit Marmelade. Sie _____ (kauen) ihre Brote und _____ (reden) kein Wort miteinander. Tobias hatte auch seinen iPod an und _____ (hören) Musik. Eigentlich _____ (wollen) sie wandern, aber Regenmäntel _____ (haben) sie auch nicht dabei.

Also _____ (spielen) sie Karten. Und dann _____ (diskutieren) sie darüber, wer eigentlich die Idee gehabt hatte, im Oktober in die Berge zu fahren. Noch drei Tage, bis sie im Zug nach Hause sitzen würden.

▲ Tobias und Paul zelten in den Bergen.

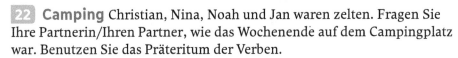

22 Camping Christian, Nina, Noah und Jan waren zelten. Fragen Sie Ihre Partnerin/Ihren Partner, wie das Wochenende auf dem Campingplatz war. Benutzen Sie das Präteritum der Verben.

BEISPIEL Christian arbeitet nur bis 12 Uhr.

> **S1:** | **S2:**
> Was machte Christian? | Er arbeitete nur bis 12 Uhr.

1. Christian und Noah machen eine Wanderung.
2. Sie zelten in den Bergen.
3. Nina und Jan warten am Campingplatz auf ihre Freunde.
4. Dann baden alle im See.
5. Am Abend grillen sie Würstchen.
6. Sie reden über dies und das.
7. Am nächsten Morgen sagen alle, dass das ein tolles Wochenende war.

Irregular weak verbs in the simple past

Infinitive	Past stem	Tense marker	Simple past	Examples
bringen	brach-	-te	**brachte**	Nach der Arbeit **brachte** Theresa ihrer Tochter Lilli Rosen mit.
denken	dach-	-te	**dachte**	Theresa **dachte** bei der Arbeit im Blumenladen oft an ihre Tochter.
kennen	kann-	-te	**kannte**	Theresas Chefin **kannte** Lilli auch.
nennen	nann-	-te	**nannte**	Sie **nannte** Lilli oft „meine zweite Tochter".
wissen	wuss-	-te	**wusste**	Theresa **wusste**, dass Lilli Blumen mochte.

German has a few weak verbs that have a stem-vowel change in the simple past. (For this reason they are called irregular weak verbs.) Several of the most common irregular weak verbs are listed in the chart above.

- The verbs **bringen** and **denken** also have a consonant change.
- The tense marker **-te** is added to the simple past stem.

bringen			
ich	brachte	wir	brachten
Sie	brachten	Sie	brachten
du	brachtest	ihr	brachtet
er/es/sie	brachte	sie	brachten

In the simple past, all forms except the **ich-** and **er/es/sie**-forms add verb endings to the **-te** tense marker.

23 Vor Jahren So haben viele Leute vor vierzig Jahren die Rolle der Frauen gesehen. Berichten Sie von den Meinungen im Präteritum.

I. So war es früher

BEISPIEL Viele Leute haben wenig über die Emanzipation gewusst.
Viele Leute wussten wenig über die Emanzipation.

1. Sie haben nur typische Rollen von Mann und Frau gekannt.
2. Viele Frauen haben aber anders gedacht.
3. Sie haben andere Ideen gehabt.
4. Die Kinder haben oft so wie ihre Eltern gedacht.
5. Viele Frauen haben nur ihre Hausarbeit gekannt.
6. Vom Berufsleben haben sie nur wenig gewusst.
7. In vielen anderen Ländern hat man schon mehr über Emanzipation gewusst.

Separable-prefix verbs in the simple past

Present	Simple past
Simon **kauft** für seine Freunde **ein**.	Simon **kaufte** für seine Freunde **ein**.
Er **bringt** für alle etwas zu trinken **mit**.	Er **brachte** für alle etwas zu trinken **mit**.

In the simple past, as in the present, the separable prefix is separated from the base form of the verb and is in final position in the sentence or clause.

> **24** **Eine Party** Fragen Sie Ihre Partnerin/Ihren Partner, wie Ihre Freunde eine Party vorbereitet haben. Bilden Sie Sätze im Präteritum.
>
> **BEISPIEL** Nele / aufräumen / die Wohnung
>
> **S1:** | **S2:**
> Was machte Nele? | Nele räumte die Wohnung auf.
>
> 1. Felix / einkaufen
> 2. er / mitbringen / vom Markt / Blumen
> 3. Nele und David / zurückzahlen / ihm / das Geld
> 4. Nele und Felix / einräumen / die Geschirrspülmaschine
> 5. Felix / abtrocknen / das Geschirr
> 6. David / vorbereiten / die ganzen Salate
> 7. dann / sie / sich anschauen / das Partybuffet
>
>

Strong verbs in the simple past

Infinitive	Simple past stem	Examples
sprechen	sprach	Elias sprach mit Leonie.
gehen	ging	Leonie ging dann ins Theater.

A strong verb undergoes a stem change in the simple past. The tense marker **-te** is *not* added to a strong verb in the simple past tense.

sprechen			
ich	sprach	wir	sprach**en**
Sie	sprach**en**	Sie	sprach**en**
du	sprach**st**	ihr	sprach**t**
er/es/sie	sprach	sie	sprach**en**

In the simple past, all forms except the **ich**- and **er/es/sie**-forms add verb endings to the simple past stem. How the stem of a strong verb changes in the simple past cannot always be predicted, but fortunately many follow stem change patterns similar to English (e.g., German **singen** → **sang** and English *sing* → *sang*).

25 **Wie war das damals?** Paul erzählt von seiner Studienzeit in Berlin. Ergänzen Sie den Text mit den Verben aus der Liste. Benutzen Sie die Imperfekt-Form.

A. An der Uni
C. Eine Reise nach Berlin
D. Von Ost-nach Westdeutschland

| fahren/fuhr | finden/fand | geben/gab | gefallen/gefiel |
| gehen/ging | genießen/genoss | kommen/kam | treffen/traf |

Es war eine tolle Zeit, als ich 1991, kurz nach der Wiedervereinigung, zum Kunststudium nach Berlin _____. In den ersten beiden Semestern machte ich noch nicht so viel für die Uni, aber ich war oft in der Stadt unterwegs und _____ fast jeden Abend aus. Überall _____ es neue Bars und Clubs, kleine Geschäfte und Ateliers. Viele davon waren ganz provisorisch und innovativ, was mir sehr _____. Ich _____ es, einfach nur durch die Stadt zu spazieren und mir alles anzuschauen. Abends _____ ich mich dann oft mit Freunden und wir _____ nach Ost-Berlin, was ich besonders interessant _____ . Heute sieht Berlin in vielen Teilen anders aus, aber ich finde es immer noch eine spannende Stadt.

26 **Alexanders merkwürdiges Erlebnis** *(strange experience)*
Lesen Sie die folgende Anekdote und setzen Sie alle fett gedruckten Verben ins Präteritum. In der folgenden Liste finden Sie das Präteritum der Verben. Achtung! Es gibt hier schwache und starke Verben.

| antwortete | empfahl | gab | ging | sagte | sah | sollte |
| sprach | stand | trank | war | wollte | wusste |

Heute **gehe** ich in der Fußgängerzone einkaufen. Da **steht** ein Mann vor mir, **sieht** mir in die Augen und **sagt:** „Hallo, Stefan. Wie geht's denn?" „Na, gut, danke", **antworte** ich und **weiß** nicht, was ich im Moment noch sagen **soll,** denn ich **weiß** seinen Namen nicht. Er **will,** dass wir zusammen essen gehen, **empfiehlt** ein gutes Restaurant und wir **gehen** hin. Das Essen **ist** gut und wir **trinken** eine Flasche Wein dazu. Beim Essen **spricht** er über dies und das. Ich **sage** sehr wenig. „Du kennst mich nicht mehr", **sagt** er. „Doch", **sage** ich, aber es **ist** nicht wahr. Nach dem Essen **sagt** er: „Ich rufe dich in einer Woche an. Vielleicht können wir uns wieder treffen." „Das wäre schön", **antworte** ich. Ich **gebe** ihm die Hand und **sage:** „Also, mein Lieber, bis bald." Du, Jana, warum hat er immer ‚Stefan' zu mir gesagt? „Ja, das ist wirklich merkwürdig, Alexander", **antwortet** Jana.

Verbs with past-tense vowel long ā and short ǎ

Infinitive	Simple past stem (ā)		Infinitive	Simple past stem (ǎ)
empfehlen	empfahl		tun	tat
essen	aß		finden	fand
geben	gab		helfen	half
kommen	kam		stehen	stand
lesen	las		trinken	trank
liegen	lag			
nehmen	nahm			
sehen	sah			
sitzen	saß			
sprechen	sprach			
treffen	traf			

L. Letzten Sommer

Note the similar stem-vowel changes in English: *drink/drank, eat/ate, come/came.*

27 **Der Sommerjob** Megan, eine Amerikanerin, hat ihrer deutschen Freundin Paula eine Email über ihren Sommerjob bei einer deutschen Firma geschrieben. Lesen Sie die E-Mail und beantworten Sie die Fragen.

Von:	Megan <megan@hotmail.com>
An:	Paula <paula1234@web.de>
Betreff:	Mein Sommerjob

Liebe Paula,

du wolltest etwas über meinen Sommerjob wissen. Also, ich kam am 5. Juni in München an. Viele Menschen waren am Flughafen *(airport)*. Die Deutschen waren sehr nett, vor allem meine Chefin *(boss)* Frau Volke. Sie half mir auch sehr bei der Arbeit. Ich fand die Arbeit dann viel leichter. Am Anfang gab es nicht viel zu tun. Deshalb machten wir um 10 Uhr morgens immer Pause und tranken Kaffee. Manchmal waren unsere Gespräche so interessant, dass wir nicht pünktlich wieder an die Arbeit gingen. Aber Frau Volke sagte nichts. Wie du siehst, kann ich jetzt viel mehr Deutsch. Schreib bald.

Herzliche Grüße
Deine Megan

1. Wann kam Megan in München an?
2. Was sah sie auf dem Flughafen?
3. Wer war besonders nett?
4. Warum fand Megan die Arbeit im Büro leicht?
5. Was machte man um 10 Uhr morgens?
6. Warum ging man manchmal nicht wieder pünktlich an die Arbeit?

Verbs with past-tense vowel ie, u, *and* i

Infinitive	Simple past stem (*u* or *i*)
fahren	fuhr
tragen	trug
gehen	ging

Infinitive	Simple past stem (*ie*)
bleiben	blieb
fallen	fiel
gefallen	gefiel
halten	hielt
laufen	lief
schlafen	schlief
schreiben	schrieb
verlassen	verließ

28 **Als die Mauer fiel** Kornelia erzählt einer Freundin vom 9. November 1989, dem Tag, als die Mauer fiel. Sie und ihr Mann Torsten lebten damals in Ost-Berlin, was zur DDR gehörte. Ergänzen Sie den folgenden Text mit der Verben aus der Liste.

H. Ein Hundeleben

| sangen nahm standen saß rief fand zog ging las |

Ich _____ im Wohnzimmer auf der Couch und _____ die Zeitung. Eigentlich war ich müde und wollte schon ins Bett gehen. Da klingelte das Telefon. Ich _____ den Hörer ab – es war Torsten. Ohne hallo zu sagen, _____ er aufgeregt: „Die Mauer ist offen!" Zuerst dachte ich, es wäre Spaß, und ich _____ es überhaupt nicht lustig. Doch Torsten lachte: „Komm zur Bornholmerstraße. Du wirst es sehen!" Da _____ ich schnell meinen Mantel an und _____ zur Bornholmerstraße. Dort _____ Tausende von Menschen. Sie lachten und _____ und weinten vor Freude. Ja, so war der Abend, als die Mauer fiel.

29 **Hören Sie zu** Christian hat seinem Freund Dominik einen Brief über seine Reise nach Frankfurt geschrieben. Der Brief ist zu Hause und Dominiks Bruder liest ihm den Brief am Telefon vor *(reads aloud)*. Hören Sie, was Dominiks Bruder liest, und beantworten Sie die Fragen dazu. Sie hören einen neuen Ausdruck: **den ganzen Weg** *(the whole way)*.

1. Wie war das Wetter?
2. Wohin fuhren Christian und Hannah?
3. Was für Hosen trugen sie?
4. Wo liefen sie ein bisschen herum?
5. Warum blieben sie nur eine halbe Stunde im Kino?
6. Was machten sie nach dem Kino?
7. Was tat Hannah auf der Rückreise *(return trip)* nach Hause?
8. Was tat Christian?

30 **Eine Nacht im Leben von Herrn Zittermann** Lesen Sie die Anekdote und beantworten Sie die Fragen. Schreiben Sie dann ein Ende für die Geschichte.

Herr Zittermann war allein im Haus. Er lag im Bett, aber er schlief noch nicht. Er hatte die Augen offen. Er sah unter der Tür Licht. Er blieb liegen. Was war los? Er bekam Angst. Er stand auf und nahm seine große Taschenlampe, die natürlich auf dem Nachttisch lag. Er hielt die Taschenlampe in der Hand. Er ging zur Tür und sah ...

_____

_____

_____

_____

1. Wo lag Herr Zittermann?
2. Wie viele Leute waren im Haus?
3. Schlief Herr Zittermann?
4. Was sah er plötzlich?
5. Wie war seine Reaktion?
6. Was lag auf dem Nachttisch?
7. Wohin ging er?

31 **Ein Unfall** *(accident)* **in der Herzogstraße** Sie sind Journalistin/ Journalist und berichten über einen Unfall. Benutzen Sie die Bilder und Ausdrücke und schreiben Sie Ihren Artikel. Leider haben Sie nicht alle Informationen und müssen die Geschichte selber zu Ende schreiben.

BEISPIEL ein blauer Wagen / schnell / um die Ecke / fahren
Ein blauer Wagen fuhr schnell um die Ecke.

1. eine alte Frau / über die Straße / laufen

2. sie / nicht / das Auto / sehen

3. dann / sie / auf der Straße / liegen

4. ein Fußgänger / zu der Frau / kommen

5. er / die Frau / tragen

6. Wie ging die Geschichte weiter?

Past tense of *werden*

Infinitive	Past tense
werden	wurde

32 **Das Klassentreffen** Annas Eltern waren auf einem Klassentreffen. Am Sonntag sitzen sie mit Anna am Frühstückstisch und erzählen ihrer Tochter, was ihre Klassenkameradinnen und Klassenkameraden von Beruf geworden sind. Was sagen sie? Benutzen Sie das Präteritum von **werden**.

BEISPIEL FRAU RIEDHOLT: Antonia / Ingenieurin   *Antonia wurde Ingenieurin.*

1. FRAU RIEDHOLT ZU IHREM MANN: du / Journalist und ich / Lehrerin
2. HERR RIEDHOLT: Ja, und Annika / Geschäftsfrau
3. ANNA: Was / Sebastian?
4. HERR RIEDHOLT: Sebastian / Apotheker
5. FRAU RIEDHOLT: Steffi und Franziska / Ärztinnen
6. HERR RIEDHOLT: Mein Freund Gerd / Ingenieur
7. FRAU RIEDHOLT: Deine Ex-Freundin Karen / Krankenschwester
8. ANNA: Was / Mamas Ex-Freund?

Past perfect tense *(das Plusquamperfekt)*

Nico war noch nie in Köln gewesen.   *Nico had never been to Cologne.*
Er hatte noch nie den Rhein **gesehen**.   *He **had** never **seen** the Rhine.*

The English past perfect tense consists of the auxiliary *had* and the past participle of the verb.

- The German past perfect tense consists of the simple past of **haben** (e.g., **hatte**) or **sein** (e.g., **war**) and the past participle of the verb.
- Verbs that use a form of **haben** in the present perfect tense also use a form of **haben** in the past perfect; those that use a form of **sein** in the present perfect also use a form of **sein** in the past perfect.

Edith konnte am Montag nicht anfangen, weil sie am Sonntag krank **geworden war**.   *Edith couldn't begin on Monday, because she **had gotten** sick on Sunday.*

The past perfect tense is used to report an event or action that took place before another event or action that was itself in the past. The following time-tense line will help you visualize the sequence of tenses.

2nd point earlier in past		1st point in past		Present		Future
Previous to previously	→	previously	←	now	→	later
Past perfect tense		Present perfect/ simple past tense				

◀ Sebastian hatte gestern sein Auto hier geparkt und als er zurückkam, war es weg.

33 Der Fall der Mauer Herr Pabst hat immer in Ostdeutschland gewohnt und spricht über den Fall der Berliner Mauer. Ergänzen Sie die Sätze durch Verben im Plusquamperfekt.

1. Als die Mauer _____ _____ (fallen), fuhren unglaublich viele DDR-Bürger *(citizens)* in den Westen.
2. Nachdem *(after)* sie diese Reise _____ _____ (machen), kamen die meisten wieder nach Hause zurück.
3. Sie _____ ein Stück vom Westen _____ (sehen) und wollten dann einfach wieder zu Hause sein.
4. Wer nie selbst in der Bundesrepublik _____ _____ (sein), kannte sie doch ein wenig aus dem Fernsehen.
5. Viele gingen aber zurück, weil sie ein anderes Bild vom Westen _____ _____ (haben).

Expressing when *in German*

F. Überall Fahrräder
G. So war es

Uses of *als*, *wenn*, and *wann*

Als, wenn, and **wann** are all equivalent to English *when*, but they are not interchangeable in German.

Als Paula gestern in Hamburg war, ging sie ins Theater.	*When Paula was in Hamburg yesterday, she went to the theater.*
Als Paula ein Teenager war, ging sie gern ins Theater.	*When Paula was a teenager, she liked to go to the theater.*

- **Als** is used to introduce a clause concerned with a single event in the past or with a block of continuous time in the past.

Wenn Anton in Hamburg ist, geht er ins Theater.	*When Anton is in Hamburg, he goes to the theater.*
Wenn Justin in Hamburg war, ging er jeden Tag ins Theater.	*When (whenever) Justin was in Hamburg, he went (would go) to the theater every day.*

- **Wenn** is used to introduce a clause concerned with events or possibilities in present or future time.

- **Wenn** is also used to introduce a clause concerned with repeated events *(whenever)* in past time.

Wann gehen wir ins Kino? Ich habe keine Ahnung, **wann** wir ins Kino gehen.	*When are we going to the movies? I have no idea **when** we're going to the movies.*

- **Wann** is used only for questions. It is used to introduce both direct and indirect questions.

34 Bernd und der Fall der Mauer Erzählen Sie, was Bernd nach dem Fall der Mauer getan hat. Verbinden Sie die Sätze mit den Konjunktionen in Klammern und achten Sie auf die Wortstellung.

BEISPIEL Die Mauer stand noch. Bernd wohnte in Dresden. (als)
Als die Mauer noch stand, wohnte Bernd in Dresden.

1. Seine Tante schrieb ihm aus Köln. Er wurde immer ganz traurig. (wenn)
2. Die Mauer fiel. Ein großes Chaos begann. (als)
3. Bernd hörte die Nachricht. Er telefonierte gerade mit seiner Tante. (als)
4. Er war in Köln. Er lernte ein anders Leben kennen. (als)
5. Er konnte sich nicht erinnern. Er war das letzte Mal so glücklich gewesen. (wann)

35 Ein Interview Fragen Sie Ihre Partnerin/Ihren Partner, wann sie/ er was gemacht hat oder machen will. Schreiben Sie auf, was sie/er sagt. Benutzen Sie die Konjunktionen in Klammern, wenn Sie antworten.

S1:
Wann hast du sprechen gelernt? (Als ich ...)

S2:
Als ich ein Jahr alt war. Und du? Wann hast du sprechen gelernt?

S1: ...

1. Wann hast du Rad fahren gelernt? (Als ich ...)
2. Wann hast du deinen Führerschein gemacht? (Als ich ...)
3. Willst du mal nach Europa reisen? (Ja, wenn ich ...)
4. Wann hast du angefangen, Deutsch zu lernen? (Als ich ...)
5. Was willst du machen, wenn du mit der Uni fertig bist? (Wenn ich ...)

Leserunde

⊕ Web Links

Helga M. Novak was born in 1935 in Berlin and grew up in East Germany. She studied philosophy and journalism in Leipzig. In 1961 she moved to Iceland and returned to East Germany in 1965. In 1966 she was stripped of her East German citizenship because her
5 writings criticized the government. Forced to leave the GDR, Novak went to West Germany to live in Frankfurt as a writer. In 1980, the New Literary Society in Hamburg recognized Die Eisheiligen as the best first novel by a German speaker. Since then she has received a number of prestigious awards for both her prose and poetry, includ-
10 ing, in 2001, the Ida-Dehmel-Literaturpreis for her lifetime work. Today, Novak lives in Poland. In her stories, Helga Novak deals with ordinary people in everyday situations.

Schlittenfahren°

Das Eigenheim° steht in einem Garten. Der Garten ist groß. Durch
15 den Garten fließt° ein Bach°. Im Garten stehen zwei Kinder. Das eine der Kinder kann noch nicht sprechen. Das andere Kind ist größer. Sie sitzen auf einem Schlit-
20 ten°. Das kleinere Kind weint. Das größere sagt, gib den Schlitten her. Das kleinere weint. Es schreit°.

Aus dem Haus tritt° ein Mann. Er sagt, wer brüllt°, kommt rein°.
25 Er geht in das Haus zurück. Die Tür fällt hinter ihm zu°.

Das kleinere Kind schreit.

Der Mann erscheint° wieder in der Haustür. Er sagt, komm rein. Na wirds bald°. Du kommst rein. Nix°.
30 Wer brüllt, kommt rein. Komm rein.

Chris Sargent/Shutterstock.com

sledding

private home

flows / brook

sled

screams
*steps / bawls / **rein = herein:** in / **fällt zu:** closes*

appears
Na ... bald: *hurry up* / **Nix = nichts**

slams	Der Mann geht hinein. Die Tür klappt°.
rope / sobs	Das kleinere Kind hält die Schnur° des Schlittens fest. Es schluchzt°.
	Der Mann öffnet die Haustür. Er sagt, du darfst Schlitten fahren,
	aber nicht brüllen. Wer brüllt, kommt rein. Ja. Ja. Jaaa. Schluß jetzt°.
Schluß jetzt: *that's*	
enough	35 Das größere Kind sagt, Andreas will immer allein fahren.
	Der Mann sagt, wer brüllt, kommt rein. Ob er nun Andreas heißt
otherwise	oder sonstwie°.
macht zu: *closes*	Er macht die Tür zu°.
	Das größere Kind nimmt dem kleineren den Schlitten weg. Das
squeals / howls / whines	40 kleinere Kind schluchzt, quietscht°, jault°, quengelt°.
	Der Mann tritt aus dem Haus. Das größere Kind gibt dem kleineren
	den Schlitten zurück. Das kleinere Kind setzt sich auf den Schlitten.
sleds	Es rodelt°.
sky	Der Mann sieht in den Himmel°. Der Himmel ist blau. Die Sonne
	45 ist groß und rot. Es ist kalt.
whistles	Der Mann pfeift° laut. Er geht wieder ins Haus zurück. Er macht
	die Tür hinter sich zu.
calls	Das größere Kind ruft°, Vati, Vati, Vati, Andreas gibt den Schlitten
	nicht mehr her.
geht auf: *opens*	50 Die Haustür geht auf°. Der Mann steckt den Kopf heraus. Er sagt,
	wer brüllt, kommt rein. Die Tür geht zu.
	Das größere Kind ruft, Vati, Vativativati, Vaaatiii, jetzt ist Andreas
	in den Bach gefallen.
crack / wide / man's	Die Haustür öffnet sich einen Spalt° breit°. Eine Männerstimme°
voice	55 ruft, wie oft soll ich das noch sagen, wer brüllt, kommt rein.

Fragen

1. In was für einem Haus wohnt die Familie?
2. Was wissen Sie über den Garten?
3. Was wissen Sie über die Kinder?
4. Warum weint das kleinere Kind?
5. Warum kommt der Mann aus dem Haus? Was sagt er?
6. Wie ist das Wetter?
7. Wer fährt am Ende mit dem Schlitten?
8. Warum ruft das ältere Kind am Ende den Vater?
9. Was antwortet der Vater?

Diskussion

1. Der Mann kommt mehrere Male zur Tür. Welche Sätze beschreiben das? Was sagen diese Sätze über den Mann?
2. Der Mann geht mehrere Male ins Haus. Welche Sätze beschreiben das? Was ist damit gesagt?
3. Welchen Satz sagt der Mann immer wieder? Welchen Effekt hat das auf die Kinder? Auf den Leser?
4. Was wird über Jahreszeit und Wetter gesagt? Welche Rolle spielt das?
5. Warum benutzt die Autorin immer wieder das Wort „der Mann"? Welches andere Wort könnte sie benutzen?

Helga M. Novak, Aufenthalt in einem irren Haus. Gesammelta Prosa. © Schoffling & Co. Verlagsbuchhandlung GmbH, Frankfurt am Main 1995.

Land und Leute

Leipzig

Leipzig, the largest city in Saxony, has been a site for trade fairs since the fifteenth century, and the tradition continues today. More than a million visitors—more than twice the population of the city—attend the 34 annual fairs and conferences in Leipzig. Many classical authors attended the university in Leipzig, among them Johann Wolfgang von Goethe (1749–1832) who called Leipzig "**ein klein Paris**" in his drama *Faust*. Today, Saxony's universities are among the most diverse in Germany, including one private university, the Leipzig Graduate School of Management. Music has long played a central role in Leipzig's culture. Johann Sebastian Bach (1685–1750) spent the last 27 years of his life in Leipzig as music director of the St. Thomas church and the music school. Both the world famous boys' choir, **Thomanerchor,** and the equally renowned 250-year-old **Gewandhausorchester** are at home in Leipzig. Kurt Masur, the director of the **Gewandhausorchester** (1970–1996) was director of the New York Philharmonic from 1991 to 2002. Both Leipzig and Masur played crucial roles in the days leading up to the Fall of the Berlin Wall. In 1989, Leipzig was the center of opposition to the regime in the German Democratic Republic. Over 100,000 people demonstrated against the East German government. Masur used his stature as one of the most famous persons in East Germany to persuade the government not to attack the demonstrators. And thus were created the conditions for the peaceful reunification of Germany in 1990.

dpa/lpol

▲ Bei den Montagsdemonstrationen 1989 in Leipzig: „Wir wollen Freiheit."

Jose Elias da Silva Neto/Shutterstock.com

▲ Johann Sebastian Bach vor der Thomaskirche

Kulturkontraste

1. Auerbachs Keller ist eine der ältesten Kneipen Deutschlands und der Schauplatz *(setting)* einer wichtigen Szene in Goethes Tragödie *Faust*. Was hat Faust in Auerbachs Keller gemacht?

2. 1989 gab es Massendemonstrationen in Leipzig gegen die Regierung der DDR. Haben Sie schon an einer Demonstration teilgenommen? Was halten Sie von politischen Demonstrationen?

I. Kulturkontraste
4. Leipzig
5. Ein Ostdeutscher in Westdeutschland

Video-Ecke

▲ Er findet, dass man in Berlin alles machen kann.

▲ Sie ist nach dem Mauerfall in den Osten Berlins gezogen.

▲ Sie sieht noch viele Unterschiede zwischen West und Ost.

① Berliner Nachtleben Ost-West

Vor den Videos

36 **Nachgedacht** Was wissen Sie noch vom Kapitel? Denken Sie nach.

1. Was wissen Sie über die Geschichte der DDR und der BRD? Schreiben Sie ein paar Daten und Fakten auf.
2. Welche Themen sind für die Deutschen seit der Wiedervereinigung wichtig?
3. Wie stellen Sie sich den Prozess der politischen und sozialen Wiedervereinigung vor?

Nach den Videos

37 **Alles klar?** Sehen Sie sich die Interviews an und machen Sie sich Notizen. Beantworten Sie dann die Fragen.

1. Was kann man in Berlin alles machen?
2. Warum gibt es viele kulturelle Veranstaltungen in Berlin?
3. Wer sagt, dass das Zusammenleben von West und Ost noch nicht gut funktioniert? Warum?
4. Über welche Unterschiede zwischen West und Ost sprechen die Personen?

② Stadtrundgang

▲ Die vier beginnen ihren Stadtrundgang am Reichstag.

▲ Das Holocaust-Mahnmal in Berlin ist direkt neben dem Brandenburger Tor.

▲ Der Stadtrundgang geht zu Fuß von Ost nach West – vor 1989 ging das nicht.

In diesem Kapitel sind die Freunde in Berlin und machen eine Stadtführung. Sie sehen den Reichstag, das Brandenburger Tor, das Holocaust-Mahnmal, und andere Sehenswürdigkeiten ...

Nach den Videos

Sehen Sie sich das Video an und machen Sie sich Notizen. Beantworten Sie dann die Fragen.

A. Wann haben Sie die Sehenswürdigkeiten gesehen?
B. Wissen Sie das?
C. Schreiben Sie
D. Berliner Sehenswürdigkeit

38 Was passiert wann? Bringen Sie die folgenden Sätze in die richtige Reihenfolge.

_____ Anton begrüßt den Stadtführer.
_____ Auf dem Brandenburger Tor kann man „Nike" sehen - die Siegesgöttin.
_____ Der Stadtführer erklärt das Holocaust-Mahnmal.
_____ Der Stadtführer spricht über den Reichstag.
_____ Anton sagt: „Das kann man sich gar nicht mehr richtig vorstellen."
_____ Paul fragt: „Stehen die Abgeordneten dort Schlange?"
_____ Der Stadtführer sagt: „Wir gehen vom Ostblock in den Westblock."

39 Richtig oder falsch? Arbeiten Sie mit einer Partnerin/einem Partner. Fragen Sie sie/ihn: Was ist richtig, was ist falsch?

S1:
„Nike" ist die Göttin der Schuhe. Ist das richtig?

S2:
Ja, das ist richtig. / Nein. Sie ...

	Richtig	Falsch
Der Stadtführer heißt Herr Baumann.	_____	_____
Der Reichstag ist nur ein Museum.	_____	_____
Touristen können in den Reichstag hineingehen.	_____	_____
Man kann in das Holocaust-Mahnmal „hineingehen".	_____	_____
Auf dem Brandenburger Tor ist die „Quadriga" mit einem Gott.	_____	_____
In Berlin kann man nicht von Ost nach West oder von West nach Ost gehen.	_____	_____

40 Was meinen Sie? Beantworten Sie die Fragen.

1. Sie haben nur eine Stunde Zeit und können nur *eine* Touristenattraktion in Berlin ansehen. Was nehmen Sie: den Reichstag, das Holocaust-Mahnmal, oder das Brandenburger Tor? Warum?
2. Die Touristenattraktionen in Berlin sind mit viel Geschichte verbunden. Was wissen Sie über die Geschichte der Attraktionen, die sie im Video sehen?
3. Vor dem Reichstag, beim Holocaust-Mahnmal, beim Brandenburger Tor oder an der Mauer - was fällt Ihnen auf?

Wiederholung

1 **Rollenspiel** Sie unterhalten sich mit Ihrer Partnerin/Ihrem Partner über ihre/seine nächste Prüfung. Sie/Er hat große Angst davor und Sie wollen ihr/ihm ein paar Tipps geben. Sie/Er antwortet Ihnen aber mit Ratlosigkeit *(perplexity, helplessness)* darauf.

1. Du musst versuchen, dich ganz auf die Prüfung zu konzentrieren.
2. Du darfst jetzt nicht an andere Dinge denken.
3. Arbeite nicht zu viel!
4. Fünf oder sechs Stunden am Tag sind genug.
5. Mach auch immer mal wieder eine Pause.
6. Versuch es doch mal mit Yoga.
7. Genug schlafen ist natürlich auch wichtig.
8. Du musst fest daran glauben, dass du die Prüfung bestehst *(pass)*.
9. Denkst du denn nicht, dass du noch genug Zeit hast?

2 **Eine Reise nach Paris** Lesen Sie den Bericht von Kristinas Reise nach Paris und beantworten Sie die sechs Fragen.

Kristina wohnte in Leipzig. Sie war Ingenieurin. Sie wollte immer gern Paris sehen. Aber als es noch die Grenze in Deutschland gab, konnte sie natürlich nicht nach Frankreich reisen. Sie fuhr in alle Länder von Osteuropa und kam sogar bis nach China. Doch in Wirklichkeit träumte *(dreamed)* sie immer von Paris. Als dann die Grenze fiel, konnte sie es kaum *(hardly)* glauben. Sofort *(immediately)* kaufte sie sich eine Bahnkarte und machte die lange Reise nach Paris. Die Stadt fand sie ganz toll, aber unglaublich teuer. Solche Preise kannte sie nicht! Da war sie dann ganz froh, dass sie wieder nach Hause fahren konnte. Aber – sie hatte Paris gesehen!

1. Was war Kristina von Beruf?
2. Wovon hatte sie immer geträumt?
3. In welche Länder konnte sie früher nur reisen?
4. Wohin fuhr sie, als die Grenze fiel?
5. Wie fand sie die Stadt?
6. Warum war sie froh, wieder nach Hause zu fahren?

3 **Besuch in Salzburg** Sarah und Marie durften während ihrer Zeit in Salzburg bei Antons Eltern übernachten. Sarah schreibt Anton eine E-Mail und erzählt ihm, wie es bei seinen Eltern war. Ergänzen Sie die E-Mail mit den passenden Modalverben im Präteritum.

Lieber Anton,

schnell eine E-Mail an dich. SMS tippen dauert immer so lange. Du fragst in deiner SMS, ob wir bei deinen Eltern viel erzählen _____ *(müssen)*? Und ob wir lange aufbleiben _____ *(dürfen)* oder früh ins Bett _____ *(müssen)*? Du bist vielleicht frech *(impudent, cheeky)*! Deine Eltern sind total nett und wir _____ *(wollen)* am Ende gar nicht mehr abfahren. Sie haben gesagt, dass wir doch länger bleiben _____ *(sollen)*. Doch leider _____ *(können)* wir nicht, weil wir unsere Reservierung in Wien nicht ändern _____ *(dürfen)*. Also _____ *(müssen)* wir nach einem Tag in Salzburg bei deinen Eltern wieder abfahren. So, ich muss weiterarbeiten. Sag deinen Eltern viele Grüße von mir und auch von Marie. Deine Sarah.

4 **Zwei kurze Gespräche** Ergänzen Sie die Kurzgespräche. Benutzen Sie in jedem Satz die richtige Form der Verben aus der Liste.

| aufstehen   stehen   verstehen |

KEVIN: Sonntags _____ich immer sehr spät_____. Meistens _____dann das Mittagessen schon auf dem Tisch.

JANA: Also wirklich, ich kann nicht_____, wie man so lange schlafen kann.

| ankommen   bekommen   kommen |

ELISABETH: Wann sind Sie denn in München _____?

THERESA: Vor einer Stunde. Ich bin dieses Mal mit dem Zug_____, nicht mit dem Flugzeug.

ELISABETH: Ah, also haben Sie meinen Brief noch früh genug _____.

5 **Was bedeutet das?** Bilden Sie neue Substantive aus den folgenden Wörtern und sagen Sie, was sie bedeuten.

1. die Bilder + das Buch
2. die Farb(e) + der Fernseher
3. die Blumen + das Geschäft
4. die Kinder + der Garten
5. die Geschicht(e) + s + der Professor
6. das Hotel + der Gast
7. der Abend + das Kleid
8. das Haus + das Tier
9. der Brief + der Freund
10. die Sonne + n + die Brille

6 **Ferienpläne** Erzählen Sie Ihrer Partnerin/Ihrem Partner, was Sie in den Ferien machen wollten und konnten. Denken Sie daran: Wenn man von der Vergangenheit erzählt, benutzt man das Perfekt, außer für die Verben **sein** und **haben** und Modalverben.

BEISPIELE *Ich wollte jeden Tag mit Jürgen Tennis spielen.*
Aber er ist selten gekommen, und so habe ich wenig gespielt.

Themen: reisen, [Tennis] spielen, nach [Europa] fliegen, [einem Freund] helfen, einen Job suchen, [Freunde] besuchen, einen Film sehen, [ein Buch] lesen, spät aufstehen, schwimmen, einkaufen gehen

7 **Zum Schreiben** Wählen Sie einen Satz, der *(that)* mit **als** beginnt, und einen, der mit wenn beginnt. Schreiben Sie dann einen kurzen Absatz *(paragraph)* zu jedem Satz. Denken Sie daran, dass Sie das Präteritum benutzen müssen, wenn Sie Ihren Absatz mit **als** beginnen.

- Als ich vier Jahre alt war, ...
- Als ich noch in die Schule ging, ...
- Als ich das letzte Mal auf einer Party war, ...
- Als ich ...
- Wenn ich [müde/glücklich/deprimiert *(depressed)*/nervös/böse] bin, ...
- Wenn ich Hausarbeit machen muss, ...
- Wenn ich ...

Schreibtipp

Lesen Sie Ihren Paragraphen oder Ihre Geschichte noch einmal. Kontrollieren Sie die Zeiten *(tenses)*, die Sie benutzt haben, und die Verbformen. Kontrollieren Sie auch, wie Sie **als, wenn** und **wann** benutzt haben.

Grammatik: Zusammenfassung

Werden in the simple past

werden			
ich	wurde	wir	wurden
Sie	wurden	Sie	wurden
du	wurde**st**	ihr	wurdet
er/es/sie	wurde	sie	wurden

Modals in the simple past

Infinitive	Simple past
dürfen	dur**fte**
können	konn**te**
mögen	moch**te**
müssen	muss**te**
sollen	soll**te**
wollen	woll**te**

Simple past of regular weak verbs

Infinitive	Stem	Tense marker	Simple past
glauben	glaub–	-te	glaubte
spielen	spiel–	-te	spielte
baden	ba**d**–	-ete	badete
arbeiten	arbei**t**–	-ete	arbeitete
regnen	reg**n**–	-ete	regnete

Irregular weak verbs in the simple past

Infinitive	Simple past
bringen	brach**te**
denken	dach**te**
kennen	kann**te**
nennen	nann**te**
wissen	wuss**te**

Like **hatte,** all forms except the **ich**- and **er/es/sie**-forms add endings to the past-tense marker -**te.**

In the simple past tense, modals, weak verbs, and irregular weak verbs have the past-tense marker -**te**. In verbs with a stem ending in -**d** or -**t,** and in some verbs ending in -**n** or -**m,** the tense marker -**te** expands to -**ete**.

Simple past of strong verbs

Infinitive	Simple past
gehen	ging
sehen	sah
schreiben	schrieb

For a more complete list see the Grammatical Tables, #27, in *Appendix D.*

Strong verbs undergo a stem vowel change in the simple past. Like **sein,** they do not take the past-tense marker -**te**. The **ich**- and **er/es/sie**-forms have no verb endings. See examples of selected strong verbs on the next page.

Infinitive	Simple past stem
anfangen	fing an
anziehen	zog an
bleiben	blieb

Infinitive	Simple past stem
empfehlen	empfahl
essen	aß
fahren	fuhr

Infinitive	Simple past stem
fallen	fiel
finden	fand
geben	gab

Infinitive	Simple past stem
gefallen	gefiel
gehen	ging
halten	hielt
helfen	half
kommen	kam
laufen	lief
lesen	las
liegen	lag

Infinitive	Simple past stem
nehmen	nahm
schlafen	schlief
schreiben	schrieb
sehen	sah
sein	war
sitzen	saß
sprechen	sprach

Infinitive	Simple past stem
stehen	stand
tragen	trug
treffen	traf
trinken	trank
tun	tat
verlassen	verließ
werden	wurde

Separable-prefix verbs in the simple past

Present tense	Simple past
Sie **kauft** immer im Supermarkt **ein**.	Sie **kaufte** immer im Supermarkt **ein**.
Er **kommt** immer **mit**.	Er **kam** immer **mit**.

In the simple past tense, as in the present tense, the separable prefix is separated from the base form of the verb and is in final position.

Past perfect tense

Ich **hatte** vor zwei Tagen **angefangen** zu arbeiten.	*I **had started** working two days before.*
Tim **war** am Montag **angekommen**.	*Tim **had arrived** on Monday.*

The German past perfect is a compound tense that consists of the simple past of either **haben** or **sein** plus the past participle of the main verb. It is used to report an event or action that took place before another past event or action.

Uses of *als, wenn,* and *wann* meaning *when*

Als, wenn, wann are used as follows:

1. **als**—a single event in past time
   Als Lara Julian gestern sah, sprachen sie über Politik.   *When Lara saw Julian yesterday, they talked about politics.*
2. **als**—a block of continuous time in the past
   Als Lara jung war, sprach sie gern über Politik.   *When Lara was young, she liked to talk about politics.*
3. **wenn**—repeated events *(whenever)* in past time
   Früher **wenn** sie Julian sah, redete sie immer über Politik.   *In the past, **when (whenever)** she used to see Julian, she always spoke about politics.*
4. **wenn**—present or future time
   Wenn wir in München sind, gehen wir ins Konzert.   *When (whenever) we are in Munich, we go to a concert.*
5. **wann**—introduces direct questions
   Wann beginnt das Konzert?   *When does the concert begin?*
6. **wann**—introduces indirect questions
   Ich weiß nicht, **wann** das Konzert beginnt.   *I don't know **when** the concert begins.*

KAPITEL 11

Wirtschaft und Beru

Das will ich werden!

Kollegen in der Mittagspause ▶

Lernziele

Sprechintentionen
- Presenting oneself for an appointment
- Telling about one's qualifications for a job
- Talking about future goals
- Discussing post-graduation plans
- Inquiring about and expressing wishes
- Discussing goals
- Expressing wishes and hypothetical statements

Wortschatz
1 **Berufe**
2 Suffix **-lich**

Zum Lesen
- Die Kündigung

Grammatik
- Subjunctive vs. indicative
- The **würde**-construction
- Present-time subjunctive
- Past-time subjunctive

Leserunde
- *Wenn ich ein Vöglein wär* (Volkslied)
- Der Verkäufer und der Elch (Franz Hohler)

Land und Leute
- Das soziale Netz
- Die deutsche Wirtschaft
- Die Europäische Union
- Berufliche Ausbildung

Video-Ecke
1 Von Beruf bin ich …
2 Ein Vorstellungsgespräch

RESOURCES

Bausteine für Gespräche

2-31 ## Ein Termin

FELIX: Guten Tag. Ohrdorf ist mein Name, Felix Ohrdorf. Ich würde gern Frau Dr. Ziegler sprechen. Ich habe einen Termin bei ihr.

SEKRETÄRIN: Guten Tag, Herr Ohrdorf. Ja bitte, gehen Sie doch gleich hinein. Sie erwartet Sie schon.

2-32 ## Ein Ferienjob

PERSONALCHEFIN: Herr Ohrdorf, Sie studieren jetzt im achten Semester Informatik und wollen zwei Monate bei uns arbeiten.

FELIX: Ja, richtig.

PERSONALCHEFIN: Wie ich sehe, haben Sie schon als Informatiker gearbeitet.

FELIX: Ja, ich habe letztes Jahr auch einen Ferienjob gehabt und da habe ich ganz gute praktische Erfahrungen gesammelt.

PERSONALCHEFIN: Und was wollen Sie später damit machen?

FELIX: Ich möchte eine Stelle bei einer Bank, eine Aufgabe mit viel Verantwortung, hoffe ich.

---

1 Fragen

1. Wen möchte Felix sprechen?
2. Warum soll er gleich hineingehen?
3. Was studiert Felix? In welchem Semester?
4. Wie hat ihn der Ferienjob letzten Sommer auf die neue Stelle vorbereitet?
5. Was für eine Stelle möchte Felix später finden? Wo?

S1:	*S2*:
Asks if she/he can speak with Dr. Schulze.	Asks if she/he has an appointment.
Responds that she/he does and gives the time of the appointment.	Says that she/he can go in because Dr. Schulze is expecting her/him.

Brauchbares

1. In **Ein Termin** Felix says: **"Ich würde gern Frau Dr. Ziegler sprechen."** All forms of formal social address begin with **Frau** or **Herr,** followed by titles, such as **Doktor** or **Professor**. The family name comes last.

2. Note that in the same sentence, to request to speak to someone officially, the construction in German is **sprechen** + direct object. In English one might say, *"I would like to speak with/to Dr. Ziegler."*

2 **Rollenspiel: Im Büro** Wählen Sie eine der folgenden Rollen und führen Sie ein Gespräch mit Ihrer Partnerin/Ihrem Partner. Vergessen Sie nicht, sich zu begrüßen.

S1 (Frau/Herr Richter):	*S2 (Sekretärin/Sekretär):*
Ich würde gern Frau/ Herrn Dr. Schulze sprechen. Ich habe einen Termin für ... Uhr.	Haben Sie denn einen Termin mit ihr/ ihm? Es tut mir leid. Um ... Uhr hat sie/er schon einen anderen Termin. Sind Sie sicher, dass der Termin für heute um ... Uhr war?
Ja, ich bin ganz sicher, dass ich den Termin heute um ... Uhr habe.	Ah ja, hier steht es. Sie haben recht. Sie/Er ist im Moment leider noch beschäftigt⁺. Sie/Er telefoniert gerade. Nehmen Sie doch bitte inzwischen Platz.
Danke.	So. Jetzt hat Frau/Herr Dr. Schulze Zeit für Sie. Gehen Sie doch bitte hinein. Sie/Er erwartet Sie.

3 **Eine neue Stelle** Sie sind Personalchefin/Personalchef. Ihre Partnerin/Ihr Partner hat einen Termin bei Ihnen. Sie/Er sollte sich auf das Gespräch vorbereiten.

S1 (Personalchefin/Personalchef):

Können Sie mit | **dem Computer** **Textverarbeitungsprogrammen⁺** | arbeiten?

S2 (Bewerberin/Bewerber):
Ja. Sehr gut.
Nein, tut mir leid.

S1 (Personalchefin/Personalchef):
Haben Sie schon praktische Erfahrung als Informatikerin/Informatiker?

S2 (Bewerberin/Bewerber):
Ja, | **ich habe bei einer kleinen Firma gearbeitet.** ich habe letztes Jahr einen Ferienjob gehabt.

S1 (Personalchefin/Personalchef):
Warum wollen Sie die Stelle wechseln⁺?

S2 (Bewerberin/Bewerber):
Ich möchte | **neue Erfahrungen sammeln.** mehr Verantwortung haben. mehr verdienen.

4 **Interview** Fragen Sie Ihre Partnerin/Ihren Partner, was sie/er bei einem Job wichtig findet. Benutzen Sie die folgenden Stichwörter.

> **flexible Arbeitszeiten   nette Kollegen   ein gutes Arbeitsklima**
> **ein gutes Einkommen⁺   unabhängig⁺ arbeiten**
> **eine sichere Arbeitsstelle haben   im Team arbeiten**
> **interessante Arbeit**

S1:	*S2:*
Ich finde ein gutes Arbeitsklima wichtig. Wenn Kollegen nett sind, macht die Arbeit mehr Spaß. Und du, ist ein gutes Arbeitsklima für dich auch wichtig?	Ja, aber ein gutes Einkommen ist auch wichtig. Das Leben ist teuer!

Presenting oneself for an appointment

C. Entgegnungen
D. Die gleiche Bedeutung
E. Zwei Gespräche

B. Eine Frage der Qualität

Talking about one's qualifications for a job

F. Eine neue Stelle

For computer terminology, refer to chapter 6 and to the *Supplementary Word Sets* on the Companion Website.

C. Praktika

Erweiterung des Wortschatzes 1

Berufe

der **Lehrer**/die **Lehrerin**

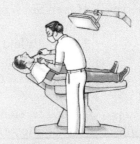

der **Zahnarzt**/
die **Zahnärztin**

der **Architekt**/
die **Architektin**

der **Rechtsanwalt**/
die **Rechtsanwältin**

der **Musiker**/
die **Musikerin**

der **Politiker**/
die **Politikerin**

der **Informatiker**/
die **Informatikerin**

der **Journalist**/
die **Journalistin**

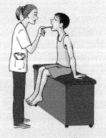

der **Arzt**/die **Ärztin**

der **Geschäftsmann**/
die **Geschäftsfrau**

5 **Berufe** Fragen Sie vier Kommilitoninnen/Kommilitonen nach ihren Berufswünschen. Benutzen Sie die folgenden Fragen.

Talking about future goals

S1:
Was möchtest du werden?

Ich [arbeite gern mit Maschinen].

S2:
Ich möchte [Ingenieurin/Ingenieur] werden.

1. Was möchtest du werden? Warum?
2. Wo möchtest du lieber arbeiten? In einem Büro oder im Freien?
3. Arbeitest du lieber allein oder im Team?
4. Ist dir ein gutes Arbeitsklima wichtig?
5. Wie sollte die Arbeit sein? Interessant? Leicht? Schwer?
6. Wie wichtig ist dir ein gutes Einkommen? Eine sichere Arbeitsstelle?

A. Job gesucht

6 **Stellenangebote** *(job opportunities)* Sehen Sie sich die Stellenangebote an. Beantworten Sie dann die Fragen.

1. Welche Stellen passen gut für eine Studentin/einen Studenten?
2. Welche Stelle ist nicht in Deutschland?
3. Welche Stellen sind nur für eine Frau? Für eine Frau oder einen Mann? Woher wissen Sie das?+ Was halten Sie davon?
4. Für welche Stelle braucht man Sprachkenntnisse? In welchen Sprachen?
5. Welche Stellen sind Teilzeit, welche sind Vollzeit?

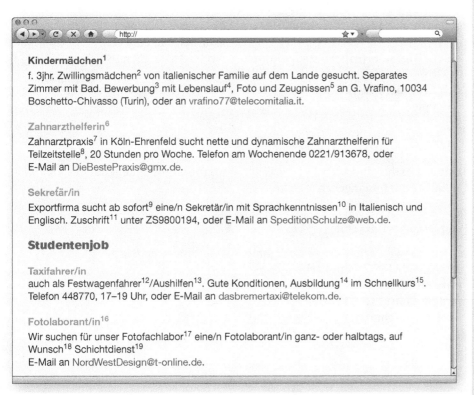

Kindermädchen[1]

f. 3jhr. Zwillingsmädchen[2] von italienischer Familie auf dem Lande gesucht. Separates Zimmer mit Bad. Bewerbung[3] mit Lebenslauf[4], Foto und Zeugnissen[5] an G. Vrafino, 10034 Boschetto-Chivasso (Turin), oder an vrafino77@telecomitalia.it.

Zahnarzthelferin[6]

Zahnarztpraxis[7] in Köln-Ehrenfeld sucht nette und dynamische Zahnarzthelferin für Teilzeitstelle[8], 20 Stunden pro Woche. Telefon am Wochenende 0221/913678, oder E-Mail an DieBestePraxis@gmx.de.

Sekretär/in

Exportfirma sucht ab sofort[9] eine/n Sekretär/in mit Sprachkenntnissen[10] in Italienisch und Englisch. Zuschrift[11] unter ZS9800194, oder E-Mail an SpeditionSchulze@web.de.

Studentenjob

Taxifahrer/in

auch als Festwagenfahrer[12]/Aushilfen[13]. Gute Konditionen, Ausbildung[14] im Schnellkurs[15]. Telefon 448770, 17–19 Uhr, oder E-Mail an dasbremertaxi@telekom.de.

Fotolaborant/in[16]

Wir suchen für unser Fotofachlabor[17] eine/n Fotolaborant/in ganz- oder halbtags, auf Wunsch[18] Schichtdienst[19]
E-Mail an NordWestDesign@t-online.de.

[1]*nanny* [2]*twin girls* [3]*application* [4]*short biography in narrative form* [5]*references* [6]*dental practice* [7]*dental assistant* [8]*part-time* [9]***ab sofort:** beginning immediately* [10]*proficiency in foreign languages* [11]***Zuschr. (= Zuschriften):** replies* [12]*permanent employee (driver)* [13]*temporary job* [14]*training* [15]*crash course* [16]*photo lab* [17]*photo lab technician* [18]***auf Wunsch:** if desired* [19]*shift work*

Vokabeln ❶

Substantive

Berufe

der **Chef, -s**/die **Chefin, -nen** boss
die **Geschäftsfrau, -en** business woman
der **Geschäftsmann** business man;
(*pl.*) **Geschäftsleute** business men,
business people
der **Informatiker, -**/die
Informatikerin, -nen computer
specialist, information technologist
der **Journalist, -en, -en**/die
Journalistin, -nen journalist
der **Lehrer, -**/die **Lehrerin, -nen**
teacher
der **Musiker, -**/die **Musikerin, -nen**
musician
der **Personalchef, -s**/die
Personalchefin, -nen head of
the human resources (personnel)
department

der **Rechtsanwalt, ⁼e**/die **Rechtsanwältin, -nen** lawyer, attorney
der **Zahnarzt, ⁼e**/die **Zahnärztin, -nen**
dentist

Weitere Substantive

der **Termin, -e** appointment; **einen
Termin bei jemandem haben** to have
an appointment with someone
das **Einkommen, -** income
das **Team, -s** team
das **Textverarbeitungsprogramm, -e**
word processing program; **mit
Textverarbeitungsprogrammen
arbeiten** to do word processing
die **Arbeitszeit** working hours
die **Bank, -en** bank
die **Erfahrung, -en** experience
die **Verantwortung, -en** responsibility

Verben

beschäftigen to keep a person busy;
to employ
  beschäftigt sein (mit) busy, occupied
  (with)
  sich beschäftigen (mit) to be
  occupied (with)

erwarten to expect
sammeln to collect
wechseln to change

Adjektive und Adverbien

flexibel flexible
hinein in (*as in* **hineingehen** to go in)

unabhängig independent

Besondere Ausdrücke

bei einer Firma arbeiten to work for a
company; **bei [Siemens] arbeiten** to
work for [Siemens]
mit dem Computer arbeiten to do
work (on) a computer

Woher wissen Sie das? How do you
know that?

Alles klar?

7 **Definitionen** Verbinden Sie die folgenden Definitionen mit dem jeweils passenden Wort.

1. die Frau, die im Team einer Firma die größte Verantwortung trägt _____
2. sie/er schreibt Computerprogramme _____
3. die Zeit, zu der man ein Interview hat _____
4. das Wissen, das man bekommt, wenn man einen Job lange macht _____
5. die Zeit, die man an seinem Arbeitsplatz verbringt _____
6. eine Person, die Musik macht _____
7. eine Frau, die für eine Zeitung oder ein Magazin schreibt _____

a. Arbeitszeit
b. Chefin
c. Informatiker/in
d. Erfahrung
e. Journalistin
f. Musiker/in
g. Termin

8 **Das Vorstellungsgespräch** Swenja hat gerade ein Vorstellungsgespräch hinter sich gebracht. Sie spricht mit ihrem Freund Dominik darüber. Ergänzen Sie den Dialog mit den passenden Wörtern.

> **Bank   beschäftigt   erwartet   flexibel**
> **gesammelt   Geschäftsleuten**

DOMINIK: War das Gespräch so, wie du _____ hattest?

SWENJA: Na ja, der Personalchef wollte ziemlich viel über meinen Job damals bei der _____ wissen, zum Beispiel, welche Erfahrungen ich dort denn _____ hätte und ob ich viel Kontakt mit _____ gehabt hätte.

DOMINIK: Und war das denn so? Dein erster Job war doch eher ein Ferienjob, oder?

SWENJA: Ja, genau. Dort habe ich oft Kaffee gekocht und war mit kleinen organisatorischen Aufgaben _____. Aber ich glaube, ich habe auf die Fragen des Personalchefs ganz kompetent geantwortet.

DOMINIK: Gut. Habt ihr denn auch über Geld gesprochen?

SWENJA: Nein, aber toll ist, dass die Arbeitszeiten _____ sind, das heißt, ich muss nicht Punkt neun da sein. Na ja, jetzt muss ich aber erst mal abwarten, ob es überhaupt einen zweiten Gesprächstermin geben wird.

DOMINIK: Viel Glück (*good luck*)!

▲ **Swenja erzählt Dominik von ihrem Vorstellungsgespräch.**

Land und Leute

Wolfgang Kaehler/CORBIS

▲ Münchner gehen zur Arbeit.

Arbeitsamt Munchen

▲ Eine Anzeige der Bundesagentur für Arbeit

J. Kulturkontraste
1. Das soziale Netz

Das soziale Netz

The foundations of German social legislation were laid during the time that Otto von Bismarck (1815–1898) was chancellor. Statutory health insurance **(Krankenversicherung),** workers' compensation **(Unfall- und Ivalidenversicherung),** and retirement benefits **(Rentenversicherung)** were introduced at that time. The costs were to be shared by the employer, the employee, and the state. Under the social market economy **(Sozialwirtschaft),** the system has expanded and includes many benefits for families.

The original kinds of insurance are still mandatory. Health insurance is compulsory for all legal residents of Germany. All employed people below a certain income must belong to a Krankenkasse, which takes care of basic health costs. The premiums are around 15.5% of the monthly income and not to exceed 740 euros per month. Employees above a certain income level may contract with a private firm as must self-employed workers. There is also unemployment insurance **(Arbeitslosenversicherung)** and insurance for long-term nursing care **(Pflegeversicherung).** The extended social "safety net" includes further benefits, such as a monthly payment to parents to offset childrearing expenses **(Kindergeld),** low-income rent allowances **(Wohngeld),** subsidized child care, financial aid for students, and others. The state also provides social welfare for those in need as well as help in finding work through the federal labor office **(die Bundesagenturfür Arbeit).**

These benefits come at a cost to both the employer and employee. In 2010, almost 40% of the German budget went to cover the costs of social benefits. A comparable figure for the United States is around 24%. Individual income tax rates range from 14–45%, giving Germany the sixth highest rate of taxation for individuals in European countries. As a percentage of the gross domestic product for the amount paid by Germans in taxes and other deductions, Germany falls in the middle range with around 36%. In the United States the percentage is around 27%, and in Sweden around 47%. However, when combined with mandatory insurance deductions, the take-home pay of many Germans is sometimes less than half of their gross income.

Kulturkontraste

1. Finden Sie es gut, dass alle Bürger eine Versicherung haben müssen?
2. Was meinen Sie: Welche Versicherungen sind am wichtigsten?
3. Welche generellen Unterschiede gibt es in Deutschland und in Ihrem Land im sozialen Netz?

Zum Lesen

🌐 Web Links

Dieser Text kommt aus einem Artikel der *Kultur-Chronik*.

Vor dem Lesen

9 **Wen betrifft das?** *(Who's affected?)* Lesen Sie die Stichwörter und sortieren Sie sie in die angegebenen Kategorien.

Stichwörter	Wirtschaft	Firma	Angestellte
Angst			
Familienprobleme			
Arbeitssuche			
Depression			
mehr Freizeit			
Finanzprobleme			
Profit			
Kündigung°			
Streiks⁺			
Inflation			
Sorgen⁺			
sinkende Produktion			
Kosten sparen°			
weniger Arbeitsplätze			
teure Rohstoffe°			
Konkurrenz°			

dismissal

Kosten sparen: *save expenses*

raw materials

competition

Beim Lesen

10 **Probleme** Lesen Sie den Text und mache Sie sich Notizen: Welche Probleme gibt es in der Wirtschaft und in der Firma? Was für Probleme haben die Mitarbeiter? Benutzen Sie die folgenden zwei Listen.

Probleme	
Wirtschaft/Firma	**Mitarbeiter⁺**

2-33

A. Die Kündigung
B. Richtig oder falsch?

in between

Außenhandel. Germany exports one-third of its industrial output. The most important German exports are machinery, automobiles, chemical products, and electronics.

to get into

affects
changes
affect

rechnen mit: *count on*

um ... gehen: *revolve around money / gone through*

the more fortunate one

severance pay

(job) application

related to one's job or career / **zurzeit:** *at the moment*

Die Kündigung

Heute ist Montag und ich bin wieder im Büro. Wie immer, wenn ich weg war, liegen Berge von Post auf meinem Schreibtisch. Letzte Woche war ich auf einer Geschäftsreise in San Francisco. Jetzt muss ich erst einmal alles durcharbeiten. Dazwischen° klingelt immer wieder das Telefon. Wie soll ich denn da den Postberg nur vom Tisch kriegen? Diesmal ist es das Büro des Personalchefs. Seine Assistentin fragt: „Herr Gartner, hätten Sie in einer halben Stunde Zeit? Herr Sundmann möchte Sie sprechen." „Ja, kein Problem, wenn's nicht zu lange dauert", antworte ich und merke, dass ich blass werde.
10 Schließlich weiß ich ja, was das heißt. Jetzt bin ich dran. Ich versuche, klar zu denken und nicht in Panik zu geraten°.

   Herr Sundmann ist unser Personalchef. Wenn er anruft oder seine Assistentin, dann weiß jeder in der Firma, was das heißt. In drei Jahren haben dreihundertfünfzig Mitarbeiter ihre Stelle verloren.
15 Die Büros links und rechts von mir sind eins nach dem anderen leer geworden. Die Krise betrifft° natürlich nicht nur uns allein. Heute gibt es mehr Streiks als früher. Neue Technologie und Veränderungen° auf dem Markt betreffen° heute die ganze deutsche Wirtschaft. Wie die meisten deutschen Firmen, so lebt auch unsere vom Außenhandel.
20 Deutschland muss viele Rohstoffe importieren. Früher hatte Deutschland eine niedrige Inflationsrate. Da konnten unsere Kunden mit stabilen Preisen rechnen°. Heute wird jedoch alles immer teurer. Aber jetzt gibt es auch immer mehr Länder, die die gleichen Waren billiger herstellen. Mit ihnen kann Deutschland immer weniger
25 konkurrieren. Das haben wir hier in unserer Firma gemerkt. Also weiß ich, dass der Besuch beim Personalchef in diesen Tagen Kündigung bedeutet. Beim Gespräch mit ihm wird es auch vor allem um Geld gehen°. Ich muss mich gut darauf vorbereiten. Susanna, meine Exkollegin, hat dies alles vor einem halben Jahr durchgemacht°. Sie
30 ist immer noch arbeitslos und meist zu Hause, wenn ich sie anrufe.

   Oh je! Warum muss mir das jetzt passieren? Wenn ich etwas jünger wäre, dann fände ich sicher leichter eine neue Stelle. Aber mit fünfundvierzig? Es würde mir auch nichts ausmachen, weniger zu verdienen. Wer weiß, vielleicht bin ich am Ende der Glücklichere°?
35 Vielleicht finde ich schnell eine neue Stelle, und ich bekomme ja auch meine Abfindung° von der Firma. Da ich zwölf Jahre lang hier gearbeitet habe, müsste meine Abfindung ein Jahresgehalt sein. Aber mein jetziges hohes Gehalt ist bei der Bewerbung° sicher ein Problem. Und wenn ich in einem Jahr keine neue Stelle finden kann,
40 muss ich vielleicht meine Wohnung verkaufen. Aber Moment mal! Wäre es denn wirklich das Ende der Welt? Ich hätte doch auch mehr Zeit für die Kinder und meine Hobbys! Ich könnte endlich Bücher lesen oder die Wohnung renovieren. Alles Dinge, die ich immer schon machen wollte, für die ich aber früher nie Zeit hatte. Aber würde ich
45 diese Dinge wirklich alle tun? Hätte ich wirklich Freude daran? Ich glaube nicht, denn ich mache mir jetzt schon große Sorgen um meine berufliche° Zukunft. Unsichere Zeiten zurzeit°!

Nach dem Lesen

11 Fragen zum Lesestück

1. Warum war Herr Gartner in San Francisco?
2. Was liegt auf seinem Schreibtisch?
3. Wer ruft Herrn Gartner an?
4. Warum wird Herr Gartner blass?
5. Wer ist Herr Sundmann?
6. Wie viele Leute haben schon ihre Stelle in der Firma verloren?
7. Wovon lebt die deutsche Wirtschaft?
8. Warum ist die deutsche Wirtschaft in einer Krise? Geben Sie mindestens zwei Gründe⁺ an.
9. Wie hoch könnte Herrn Gartners Abfindung sein?
10. Was wird das Thema sein, wenn Herr Gartner mit dem Personalchef spricht?
11. Was für Probleme sieht Herr Gartner bei der Bewerbung um eine neue Stelle?
12. Wofür hätte Herr Gartner Zeit, wenn er arbeitslos werden würde?
13. Wie sieht Herr Gartner seine Zukunft?

12 Zum Schreiben

Warum ist das so? Verbinden Sie Sätze aus den folgenden drei Kategorien: Wirtschaft, Firma und Angestellte. Benutzen Sie die folgenden Konjunktionen und Adverbien. Lesen Sie erst das Beispiel:

BEISPIEL Weil die Inflation höher ist, kann die Firma keine stabilen Preise garantieren.

Konjunktionen: weil   aber   denn   und

Adverbien: deshalb   später   dann   leider   in einem Jahr

Wirtschaft

1. Die Wirtschaft ist in einer Krise.
2. Viele Länder stellen die Waren billiger her.
3. Die Rohstoffe werden teurer.
4. Die Inflation ist höher.
5. Es gibt mehr Streiks.

Firma

1. Die Firma verkauft nicht mehr so viele Waren.
2. Die Firma kann keine stabilen Preise garantieren.
3. Die Firma reduziert ihr Personal.
4. Die Firma muss/will sparen.
5. Die Firma macht weniger Profit.

Angestellte

1. Die Angestellten verlieren ihre Stellen.
2. Die Angestellten haben mehr Zeit für ihre Kinder.
3. Die Angestellten müssen neue Stellen suchen.
4. Die Angestellten haben Angst vor der Zukunft.

13 Erzählen wir

Benutzen Sie die Notizen, die Sie sich beim Lesen gemacht haben, und sprechen Sie über ein Thema.

1. Sie verlieren vielleicht Ihre Stelle. Was sagen Sie zu Ihrer Familie oder Ihren Freunden? Versuchen Sie eine Minute zu sprechen.
2. Sprechen Sie kurz über die Wirtschaft in Ihrem Staat/Ihrer Provinz/ Ihrem Land.

Brauchbares

In the last paragraph, Herr Gartner is thinking about how his life might be if he lost his job. To indicate that his thoughts are about a hypothetical situation he uses verbs in the subjunctive. The verbs in subjunctive with English equivalents are **wäre** (would), **hätte** (had), **fände** (would find), **würde** (would), **müsste** (would have to), **könnte** (could). For information on the subjunctive see pp. 417–426 in this chapter.

D. Dicke Luft

Die deutsche Wirtschaft

▲ Mitarbeiterin einer Computerfirma bei der Endkontrolle

The German constitution, the Basic Law **(das Grundgesetz),** states "The Federal Republic of Germany is a democratic and social federal state." From this dual obligation to provide for both the freedom and well-being of its citizens, Germany developed the economic system known as the social market economy. This system has provided Germany with an extensive social safety net as well as a robust economy, which is the third largest in the world. During the period from 2003–2007, Germany was the world's largest exporter, surpassing even China and the United States. Germany's largest trading partner is France, followed by the United States. Many exports are driven by well-known companies like VW, Siemens, the software company SAP, and BMG music and entertainment, which is part of the Bertelsmann multimedia empire.

However, the exchange between the United States and Germany is not limited to consumer goods and services. German companies employ approximately 800,000 workers in the United States, and American companies, among them General Motors and UPS, employ around 800,000 workers in Germany. Although the names of the large firms are familiar to everyone, Germans often refer to the small- and medium-sized businesses **(Mittelstand)** as the backbone of the economy. These companies, many of which are family-owned, employ almost 70% of German workers.

Despite the long-term success of the German economy, many criticize the social aspect of the system. Some say that it makes the country slow to respond to trends in the world economy, hinders innovation, and discourages foreign investment. As a result, some reforms have been implemented in the previous decade to make Germany more competitive in the global economy. With some success, as in 2007, Germany ranked as the third most attractive location for foreign investment in Europe and the eighth most attractive in the world. Whatever the theoretical advantages or disadvantages of the German economic model of a social market economy **(soziale Marktwirtschaft)** may be, most national and international observers agree that Germany weathered the global financial crisis of 2008/2009 much better than most other economies in Europe and overseas.

J. Kulturkontraste
2. Die deutsche Wirtschaft

Kulturkontraste

1. Gibt es deutsche Firmen, die eine Rolle in Ihrem Alltag spielen? (Denken Sie an Sportkleidung, Autos und Kommunikation.)

2. Glauben Sie, dass die Regierung für die wirtschaftliche Sicherheit ihrer Bürger verantwortlich ist? Inwiefern?

Erweiterung des Wortschatzes 2

The suffix -*lich*

der Beruf	*occupation*	**beruflich**	*career-related*
der Freund	*friend*	**freundlich**	*friendly*
fragen	*to ask*	**fraglich**	*questionable*
krank	*ill, sick*	**kränklich**	*sickly*

German adjectives and adverbs may be formed from some nouns or verbs by adding the suffix **-lich**. The suffix **-lich** may also be added to other adjectives. Some stem vowels are umlauted: **ä, ö,** and **ü.** The English equivalent is often an adjective or adverb ending in *-ly,* as in *sick* and *sickly.*

14 **Politische Reden *(speeches)*** Gestern Abend hat der Wirtschafts-minister an der Universität eine Rede gehalten. Heute Abend soll die Rede im Fernsehen kommen. Marie und Felix sprechen über die Rede. Beant-worten Sie die Fragen. Dann sagen Sie, welche Verben, Substantive oder Adjektive mit den fett gedruckten Wörtern verwandt sind.

MARIE: Wie war es gestern Abend?

FELIX: Ich fand die Rede sehr interessant. Aber Sarah sagt, der Minister hat zu einigen Themen problematische Kommentare gemacht.

MARIE: Dass Sarah das gesagt hat, ist wirklich **unglaublich. Schließlich** ist ihr Vater der Assistent des Ministers. Hat sie das **öffentlich** gesagt?

FELIX: Nein, sie hat das nur zu mir gesagt. Wusstest du eigentlich, dass Marcel gestern Abend **schließlich** doch noch gekommen ist?

MARIE: Ja, aber es ist **fraglich,** ob er heute Abend kommt, weil er morgen eine wichtige Klausur hat. Wollten wir nicht nach der Sendung die Rede diskutieren?

FELIX: Stimmt! Sag mal, fandest du nicht auch, dass gestern Abend alle so **freundlich** waren?

MARIE: Ja, **natürlich**. Die studieren doch alle Politologie und die haben alle die gleiche Meinung.

1. Wer hat gestern Abend an der Universität gesprochen?
2. Warum weiß Sarah so viel über den Minister?
3. Was findet Marie fraglich?
4. Was wollen Marie und Felix heute Abend machen?
5. Warum ist es fraglich, dass Marcel kommt?
6. Warum war jeder so freundlich?

▲ **Das Bundeskanzleramt in Berlin – hier arbeiten Politiker.**

Tobias Machhaus/Shutterstock.com

Vokabeln II

Substantive

Die Welt der Arbeit

der/die **Angestellte** (*noun decl. like adj.*) salaried employee, white-collar worker
der **Außenhandel** foreign trade
der **Kunde, -n, -n**/die **Kundin, -nen** customer, client
der **Mitarbeiter, -**/die **Mitarbeiterin, -nen** employee
der **Preis, -e** price
der **Rohstoff, -e** raw material
der **Streik, -s** strike
das **Büro, -s** office

das **Gehalt, ¨er** salary
die **Ware, -n** wares, merchandise, goods

Weitere Substantive

das **Gespräch, -e** conversation; **ein Gespräch führen** to carry on a conversation
die **Freude, -n** pleasure, joy; **Freude an** + (*dat.*) pleasure in; **Freude machen** to give pleasure
die **Post** mail; post office
die **Sorge, -n** care, worry; **sich Sorgen machen (um)** to worry (about)

Verben

antworten (+ *dat.*) to answer (*as in* **ich antworte der Frau**); **antworten auf** (+ *acc.*) to answer (*as in* **ich antworte auf die Frage**)
aus·machen to matter; **es macht mir nichts aus** it doesn't matter to me
dauern to last; to require time
her·stellen to produce; to manufacture

klingeln to ring
konkurrieren to compete
kosten to cost
kriegen to get
merken to notice; to realize
sparen to save
verkaufen to sell

Adjektive und Adverbien

arbeitslos unemployed, out of work
beruflich career-related; professional
diesmal this time
jedoch (*also a conj.*) however
leicht easy; light

leer empty
links on/to the left
niedrig low
rechts on/to the right
unsicher insecure; unsafe

Besondere Ausdrücke

erst einmal first of all
immer wieder again and again

Moment mal! Just a minute!
wie immer as always

Alles klar?

15 **Antonyme** Verbinden Sie die Wörter mit ihren Antonymen.

1. ausgeben _____
2. Endprodukt _____
3. fragen _____
4. hoch _____
5. kaufen _____
6. rechts _____
7. schwierig _____
8. sicher _____

a. antworten
b. leicht
c. links
d. niedrig
e. Rohstoff
f. sparen
g. unsicher
h. verkaufen

16 **Die Arbeitswelt** Ergänzen Sie die Sätze.

> **Büro dauern Gehältern Gespräch herstellen klingelt
> konkurrieren kriegen Sorgen Streiks Waren**

1. In unserer Firma sitzen fünf Leute zusammen in einem _____.
   Das Problem ist, dass immer irgendein _____ stattfindet und
   dauernd ein Telefon _____, sodass man sich manchmal nur schwer
   konzentrieren kann.

2. Die Angestellten sind mit ihren _____ unzufrieden und sie
   diskutieren mit den Firmenchefs darüber. Die Gespräche _____
   nun schon drei Wochen und für nächste Woche sind große _____
   geplant.

3. Frau Klausmeier erzählt einer Nachbarin: „Jetzt bin ich schon seit fünf
   Monaten arbeitslos und so langsam mache ich mir _____, ob ich
   jemals wieder einen Job _____ werde!"

4. Der Außenhandel hier hat zurzeit große Probleme, weil es schwierig
   ist mit anderen Ländern zu _____. Diese können ihre _____
   besser verkaufen, weil sie sie wegen der niedrigeren Gehälter viel
   billiger _____ können.

H. Die Welt der Kinder – ein großes Geschäft

17 **Hier möchte ich arbeiten!**
Sehen Sie sich das Bild an.
Beantworten Sie dann die Fragen.

1. Welcher Konzern ist am
   beliebtesten?
2. Welcher Konzern hat mit
   Transport zu tun?
3. Welche Firmen auf der Liste
   kennen Sie, welche nicht?
4. Welchen Konzern finden Sie
   attraktiv? Warum?

Deutsche Lieblings-
arbeitgeber: Mercedes,
BMW und Lufthansa

Traumkonzerne¹ der Jungmanager

Wo deutsche Hochschulabsolventen am liebsten arbeiten würden

BMW	60%
Mercedes-Benz	59%
The Boston Consulting Group	55%
Lufthansa	52%
McKinsey & Company	52%
Siemens	52%
Bosch	50%
Audi	48%

Focus-Magazin

Focus

▶ Das sind die populärsten Konzerne
(companies) in Deutschland.

Land und Leute

▲ Die Flagge der Europäischen Union. Die zwölf Sterne symbolisieren Einheit und Stabilität.

Die Europäische Union

Citizens of the European Union (**Europäische Union**) have certain rights—called single market rights—in common. Often those guaranteed by the European Commission regarding job qualifications or residence conflict with the regulations of an individual member state. One of the most common areas of conflict concerns vehicles. For instance, a problem resolved by the Commission concerned a ban on trailers towed by motorcycles in Denmark. Danish legislation applied this prohibition to foreign-registered as well as Danish-registered motorcycles. The Commission considered the prohibition incompatible with the principle of free movement of goods in the single market (Article 30 of the EC Treaty) and, as a result of the Commission's intervention, Danish legislation has been modified to permit motorcycles in Denmark to tow trailers. The move has been warmly welcomed by motorcycle enthusiasts in both Denmark and other member states. The example of the motorcycle-towing concerns gives an idea of the issues still to be resolved. This situation can be compared with issues resulting from differences in road safety laws from state to state within the United States.

The European Union strives for economic and political union of the member countries. Since its beginning as the European Community (**Europäische Gemeinschaft**), it has made considerable progress in creating a single market without internal borders. Goods, services, and capital can move freely without customs regulations within the EU. Citizens of EU countries can, without restrictions, travel, live, and work anywhere within the EU.

The European Union stretches from the Arctic Circle to the island of Malta in the Mediterranean. With 27 nation members, almost 500 million people now live in the EU. Before 2004, there were fifteen members in the EU: Austria, Belgium, Denmark, Finland, France, Germany, Greece, Ireland, Italy, Luxembourg, the Netherlands, Portugal, Spain, Sweden, and the United Kingdom. Ten members were added in 2004: Czech Republic, Cyprus, Estonia, Hungary, Latvia, Lithuania, Malta, Poland, Slovakia, and Slovenia. In 2007, Rumania and Bulgaria joined. The citizens of the EU, together with the 300 million inhabitants of the United States, comprise 13% of the world's population and their gross domestic products are the two largest in the world.

In spite of the European Union's successes, many problems and goals remain. Farm subsidies and working hours, wages, and extended benefits are issues that need to be resolved while, from another perspective, the goal of a political confederation of states with common foreign and defense policies and common laws seems to be even more difficult to obtain. This is in part due to the pluralistic forces that drive the growth and development of the EU. Since its inception, the overall vision for a unified Europe has undergone changes and continues to be developed. The EU continues to be molded not only by its elected administrative bodies, but also by shifts and trends in the political landscape and cultural sentiment in each individual nation state.

J. Kulturkontraste
3. Die Europäische Union

Kulturkontraste

1. Seit 2007 gibt es 27 Mitglieder in der EU. Sehen Sie sich die Karte im Anfang des Buches an und identifizieren Sie die Mitglieder. Was für Probleme, glauben Sie, kann es in der EU geben?
2. Vergleichen Sie die Probleme mit den Problemen in Ihrem Land.

Grammatik und Übungen

Subjunctive mood (der Konjunktiv) vs. indicative mood

Expressing hypothetical situations, wishes, and requests

| Indicative | Alina kommt heute nicht. | *Alina is not coming today.* |
| | Vielleicht kommt sie morgen. | *Perhaps she'll come tomorrow.* |

In *Kapitel 1–10* you have primarily been using verbs in sentences that make statements and ask questions dealing with "real" situations. Verb forms of this type are said to be in the INDICATIVE MOOD. The INDICATIVE is used in statements that are factual (*Alina is not coming today*) or likely (*Perhaps she'll come tomorrow*).

| Subjunctive | Ich **würde** das nicht **tun**. | *I **would** not **do** that.* |
| | Das **wäre** nicht gut. | *That **would** not **be** good.* |

When we talk about "unreal" situations, we may use verbs in the SUBJUNCTIVE MOOD. The subjunctive is used in statements that are hypothetical, potential, unlikely, or contrary to fact. When a speaker says "*I wouldn't do that*," she/he means "*I wouldn't do that if I were you (or she, he, or someone else)*," because she/he thinks it is not a good idea. The speaker is postulating a hypothetical situation.

| Wishes | Ich **möchte** eine Tasse Kaffee. | *I **would like** a cup of coffee.* |
| Polite requests | **Hätten** Sie jetzt Zeit? | ***Would** you **have** time now?* |

The subjunctive is also used to express wishes and polite requests. You have been using **möchte** to express wishes since *Kapitel 3*. **Möchte** *(would like)* is the subjunctive form of **mögen** *(to like)*. **Hätte** is the subjunctive form of **haben** *(to have)*.

> Wenn ich nur Zeit **hätte**.   *If only I **had** time.*

Present-time subjunctive can refer to the future as well as to present time *(if only I had time now or in the future)*.

---

18 Wäre das gut oder nicht? Lesen Sie die folgenden Sätze. Diskutieren Sie dann mit einer Partnerin/einem Partner die Probleme und die Lösungen.

| *Positive Antwort:* | Ja, das wäre gut! |
| *Negative Antwort:* | Das wäre wohl nicht so gut. |

S1:
"Wenn das Auto ein bisschen
   kaputt ist, kann man einfach
   weiter fahren."
Wäre das gut oder nicht?
Warum nicht?

S2:
 Das wäre wohl nicht so gut.

...

1. Wenn das Auto ein bisschen kaputt ist, kann man einfach weiter fahren.
2. Wenn man Hunger hat, kann man sich eine Pizza bestellen.
3. Wenn man Zahnschmerzen hat, kann man Aspirin nehmen.
4. Wenn man im Urlaub ist, kann man seine E-Mail checken.
5. Wenn man im Schwimmbad ist, kann man schnell laufen.
6. Wenn man etwas Teures kauft, kann man seine Freunde um Hilfe bitten.
7. Wenn das Wetter sehr schlecht ist, kann man joggen gehen.

Kapitel elf • **417**

© 2013 Cengage Learning. All Rights Reserved. May not be scanned, copied or duplicated, or posted to a publicly accessible website, in whole or in part.

The *würde*-construction

Ich **würde** das nicht **machen**. *I **would** not **do** that.*
Max **würde** uns bestimmt **helfen**. *Max **would** certainly **help** us.*

To talk about hypothetical situations in the present, German often uses a **würde**-construction. English uses a *would*-construction.

ich	**würde** es **machen**	wir	**würden** es **machen**
Sie	**würden** es **machen**	Sie	**würden** es **machen**
du	**würdest** es **machen**	ihr	**würdet** es **machen**
er/es/sie	**würde** es **machen**	sie	**würden** es **machen**

- The **würde**-construction consists of a form of **würde** and an infinitive.
- **Würde** is the subjunctive form of **werden**. It is formed by adding an umlaut to **wurde**, the simple past of **werden**.

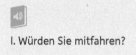

I. Würden Sie mitfahren?

---

19 **Freizeit** Was würden diese Leute tun, wenn sie nächste Woche frei hätten? Bilden Sie Sätze mit den Ausdrücken aus der Liste.

BEISPIEL Jens   *Jens würde sein Referat fertig schreiben.*

> **jeden Tag ins Kino gehen   faulenzen   viel im Internet surfen
> öfter ins Fitnesscenter gehen   inlineskaten lernen
> eine kleine Reise machen   ein Referat fertig schreiben
> mehr Golf spielen**

1. mein bester Freund
2. meine besten Freunde
3. meine Freundin Lara
4. meine Eltern
5. du
6. ich

Uses of the *würde*-construction

Hypothetical statements	Ich **würde** ihm **helfen**.	*I **would help** him.*
Wishes	Wenn er mir nur **helfen würde**.	*If only he **would help** me.*
Polite requests	**Würden** Sie mir bitte **helfen**?	***Would** you please **help** me?*

The **würde**-construction is used in hypothetical statements, in wishes, and in polite requests.

Inquiring about someone's wishes

20 **Hannah würde das auch gern tun** Was würde Hannah auch gern tun? Benutzen Sie die **würde**-Konstruktion und **gern**.

BEISPIEL Christine arbeitet bei einer großen Firma.
    Hannah würde auch gern bei einer großen Firma arbeiten.

1. Christine verdient viel.
2. Sie macht oft Geschäftsreisen.
3. Sie fährt dreimal im Jahr in Urlaub.
4. Sie kauft sich eine größere Wohnung.
5. Am Wochenende macht sie Fitnesstraining.

▲ Ich würde gerne mal wieder ausschlafen!

21 **Was würden Sie gern machen?** Beantworten Sie die folgenden Fragen erst selbst und vergleichen Sie Ihre Antworten dann mit den Antworten von zwei Kommilitoninnen/Kommilitonen.

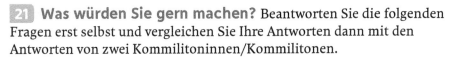
J. Alle wären froh

BEISPIEL Was würdest du nach dem Deutschkurs am liebsten machen?
Ich würde am liebsten [nach Hause gehen].

1. Was würdest du heute Abend gern machen?
2. Was würdest du am Freitagabend am liebsten machen?
3. Was würdest du im Sommer gern machen?
4. Was würdest du nach dem Studium gern machen?
5. Von wem würdest du am liebsten einen Brief, eine E-Mail oder einen Anruf *(phone call)* bekommen?

Present-time subjunctive *(der Konjunktiv der Gegenwart)* of *sein* and *haben*

	sein					haben		
ich	wäre	wir	wären		ich	hätte	wir	hätten
Sie	wären	Sie	wären		Sie	hätten	Sie	hätten
du	wärest	ihr	wäret		du	hättest	ihr	hättet
er/es/sie	wäre	sie	wären		er/es/sie	hätte	sie	hätten

- The verbs **haben** and **sein** are used in their subjunctive forms, **wäre** and **hätte,** not as part of the **würde**-construction.
- The subjunctive form of **sein** is the simple past tense **war** plus umlaut and subjunctive endings (**wäre, wärest,** etc.).
- The subjunctive of **haben** is the simple past tense form **hatte** plus umlaut and subjunctive endings (**hätte, hättest,** etc.).
- Note that the subjunctive endings are identical to the simple past tense endings of weak verbs minus the -t (e.g., **ich spielte, du spieltest,** etc.)
- In colloquial German, the endings -est and -et often contract to -st and -t (e.g., **du wärst**).

22 **Wären alle froh darüber?** Manche Politiker möchten auf allen Autobahnen ein Tempolimit *(speed limit)*. Sagen Sie, was die folgenden Leute davon halten.

BEISPIEL Nico / sicher froh   *Nico wäre sicher froh.*

1. Christine / unglücklich
2. du / sicher auch unglücklich
3. Nina und Elias / dagegen
4. wir / dafür
5. ihr / hoffentlich dafür
6. die Grünen / glücklich
7. ich / sehr froh

Kapitel elf • **419**

K. Alle hätten Angst

23 **Was hättest du lieber?** Fragen Sie Ihre Partnerin/Ihren Partner, was für eine Stelle sie/er lieber hätte. Ihre Partnerin/Ihr Partner stellt Ihnen dann dieselben Fragen.

BEISPIEL Was hättest du lieber? Eine Stelle mit einem guten Gehalt oder viel Freizeit?
Ich hätte lieber eine Stelle mit viel Freizeit.

1. mit viel Verantwortung oder wenig Verantwortung?
2. bei einer großen Firma oder bei einer kleinen Firma?
3. mit netten Kollegen oder mit einem netten Chef?
4. in der Nähe *(vicinity)* einer Großstadt oder in einer Kleinstadt?
5. mit vielen Geschäftsreisen oder ohne Geschäftsreisen?

Conditional sentences *(der Konditionalsatz)*

A conditional sentence contains two clauses: the condition (**wenn**-clause) and the conclusion. The **wenn**-clause states the conditions under which some event may or may not take place.

Conditions of fact

Wenn ich Zeit **habe, mache** ich die Arbeit.	*If I **have** time [maybe I will, maybe I won't], **I'll** do the work.*

Conditions of fact are conditions that can be fulfilled. Indicative verb forms are used in conditions of fact.

Contrary-to-fact conditions

Wenn ich Zeit **hätte, würde** ich die Arbeit **machen**.	*If I **had** time [but I don't], I **would do** the work.*

A sentence with a contrary-to-fact condition indicates a situation that will not take place. The speaker only speculates on how some things could or would be under certain conditions (if the speaker had time, for example).

- To talk about the present, a speaker uses present-time subjunctive of the main verb (e.g., **hätte**) in the condition clause (**wenn**-clause) and a **würde**-construction (e.g., **würde** die Arbeit **machen**) in the conclusion.

24 **Was würde Claudia tun?** Claudia denkt nach. Was würde Sie tun, wenn Sie diese Dinge hätte? Verbinden Sie die Sätze auf der linken und der rechten Seite.

1. Wenn sie ein Auto hätte, …
2. Wenn sie zu viele Klamotten hätte, …
3. Wenn sie einen Wecker hätte, …
4. Wenn sie eine schicke Sporttasche hätte, …
5. Wenn sie genug Zeit hätte, …
6. Wenn sie Disziplin hätte, …
7. Wenn sie Papier hätte, …

a. würde sie nicht zu spät zur Arbeit kommen.
b. würde sie in den Urlaub fahren.
c. würde sie mehr schlafen.
d. würde sie auch zum Sport gehen!
e. würde sie einige davon verkaufen.
f. würde sie ihre Hausarbeit ausdrucken.
g. würde sie vielleicht abnehmen.

25 **Hören Sie zu** Hören Sie zu, was Anna und Daniel einer Reporterin sagen. Geben Sie an, ob die Sätze unten richtig oder falsch sind. Sie hören drei neue Wörter: **die Traumreise** *(dreamtrip);* **der Lotterieschein** *(lottery ticket);* **überhaupt** *(absolutely).*

	Richtig	Falsch
1. Daniel spielt gern Lotto.	_____	_____
2. Anna spielt fast jede Woche Lotto.	_____	_____
3. Wenn Anna in der Lotterie gewinnen würde, würde sie sich ein Haus kaufen.	_____	_____
4. Anna würde ihren Freunden eine Reise nach Hawaii oder Tahiti schenken.	_____	_____
5. Anna kann dieses Mal gar nicht im Lotto gewinnen, weil sie keinen Lotterieschein gekauft hat.	_____	_____

withGod/Shutterstock.com

▲ **Was würden *Sie* machen, wenn Sie 15 Millionen Euro gewinnen würden?**

26 **Frage-Ecke** Sprechen Sie mit Ihrer Partnerin/Ihrem Partner und finden Sie heraus, was die folgenden Leute tun würden, wenn sie arbeitslos oder krank wären oder wenn sie mehr Zeit und viel Geld hätten. Die Informationen für *S2* finden Sie im Anhang *(Appendix B).*

S1:
Was würde Herr Schäfer machen, wenn er mehr Zeit hätte?

S2:
Wenn er mehr Zeit hätte, (dann) würde er seine Freunde besuchen.

S1: ...

	arbeitslos wäre	krank wäre	mehr Zeit hätte	viel Geld hätte
Frau Müller	Zeitung lesen		öfter Tennis spielen	in die Schweiz reisen
Herr Schäfer		viel schlafen		
Susanne und Moritz	spazieren gehen		Auto fahren	
ich				
Partnerin/ Partner				

I. Wenn ich nur …

27 Was wäre, wenn …? Beantworten Sie die folgenden elf Fragen erst selbst und fragen Sie dann Ihre Partnerin/Ihren Partner, was sie/er tun würde. Berichten Sie dann Ihren Kommilitoninnen/Kommilitonen, was Sie herausgefunden haben.

S1:
Was würdest du tun, wenn du 10 Jahre älter wärest?

S2:
Ich würde [ein Haus kaufen].

Was würdest du tun, …

1. wenn du 10 Jahre älter wärst?
2. wenn du sehr reich wärst?
3. wenn du Deutschlehrerin/Deutschlehrer wärst?
4. wenn du Präsidentin/Präsident der USA wärst?
5. wenn du kein Geld fürs Studium hättest?
6. wenn deine Freunde keine Zeit für dich hätten?
7. wenn du morgen frei hättest?
8. wenn du kein Auto hättest?
9. wenn dein Fernseher kaputt wäre?
10. wenn du morgen krank wärst?
11. wenn wir morgen 30ºC hätten?

Berichten Sie:

- Wie viel Prozent der Personen würden für ein halbes Jahr Urlaub nehmen?
- Würden Sie gern für sechs Monate unbezahlten Urlaub nehmen? Warum, warum nicht?

FOCUS-FRAGE

„Würden Sie für ein halbes Jahr unbezahlten Urlaub nehmen, um Dinge zu tun, die Sie immer schon mal tun wollten?"

SECHS MONATE FREIHEIT

von 551 Befragten*[1] antworteten

ja	**52 %**
nein	**46 %**
weiß nicht/keine Angabe[2]	**2 %**

*repräsentative Umfrage von polis für FOCUS im Februar

[1]those queried [2]response

Focus

2-35

🌐 Web Links

Leserunde

"**W**enn ich ein Vöglein wär" is a well-known German folk song (**Volkslied**). Even though a song may have been written by a single person, it becomes a folk song when it is taken over by a group of people (**Volk**). Because folk songs are sung from memory, the lines are short; the meter is musical or rhythmical; the language is simple; and the content is generally uncomplicated. A frequent theme in German folk songs is unrequited love. Notice the importance of the subjunctive mood here.

Wenn ich ein Vöglein wär
Wenn ich ein Vöglein wär,
Und auch zwei Flügel[1] hätt
Flög[2] ich zu dir.
Weils aber nicht kann sein,
Bleib ich allhier[3].

—*Dichter unbekannt*

Fragen

1. Was würde die Person in dem Volkslied machen, wenn sie ein Vogel wäre?
2. Warum bleibt die Person zu Hause oder „hier"?

[1]wings [2]would fly (**flög** is the subjunctive form of **fliegen**) [3]simply here (**allhier** is an obsolete term)

Excerpt from „Die Kündigung" from Süddeutsche Zeitung. Reprinted by permission.

Modals and *wissen* in present-time subjunctive

Infinitive		Simple past	Present-time subjunctive
dürfen		durfte	**dürfte**
können		konnte	**könnte**
mögen		mochte	**möchte**
müssen	er/es/sie	musste	**müsste**
sollen		sollte	**sollte**
wollen		wollte	**wollte**
wusste		wusste	**wüsste**

The present-time subjunctive of modals and of **wissen** is identical to the simple past tense except that **wissen** and the modals that have an umlaut in the infinitive also have an umlaut in the subjunctive.

- The subjunctive form of **wissen** is the simple past tense form **wusste** plus umlaut and subjunctive endings (**wüsste, wüsstest,** etc.).

Müsstest du die Arbeit allein machen?	*Would you **have** to do the work alone?*

- Like **sein** (**wäre**) and **haben** (**hätte**), the modals and **wissen** (**wüsste**) are used in their subjunctive form rather than as infinitives with the **würde**-construction.

Dürfte ich auch mitkommen?	*Might I come along, too?*
Könntest du noch etwas bleiben?	*Could you stay a while?*
Müsste Franziska vor allen Leuten sprechen?	*Would Franziska **have to** speak in front of all the people?*
Möchten Sie in einer Stunde essen?	*Would you **like** to eat in an hour?*
Solltet ihr jetzt nicht gehen?	*Shouldn't you be going now?*

The subjunctive forms of the modals are frequently used to express polite requests or wishes.

---

28 **Ein Picknick** Stefan spricht mit seiner Schwester Antonia über seine Pläne für ein Picknick. Ergänzen Sie die Sätze mit den Verben in Klammern. Benutzen Sie den Konjunktiv.

STEFAN: _____ du Zeit mitzukommen? (haben)

ANTONIA: Ja, sicher. Ich _____ einen Tag frei nehmen. (können)

STEFAN: _____ du, wen wir sonst einladen sollten? (wissen)

ANTONIA: Wie wäre es mit Onkel Max und Tante Gabi?

STEFAN: Vielleicht _____ wir alle zusammen fahren? (sollen)

ANTONIA: Schön. Das _____ wir machen. (können)

STEFAN: Wenn ich nur _____ wo die beiden sind! (wissen)

ANTONIA: Was meinst du, was Onkel Max mitbringen wird?

STEFAN: Frischen Fisch, wie immer. Und ich werde viel zu trinken mitbringen.

29 **Etwas höflicher (more politely), bitte!** Heute Abend möchten Sie mit einigen Freunden ausgehen und haben einige Fragen. Sie wollen höflich sein und benutzen deshalb den Konjunktiv für die Modalverben.

BEISPIEL **Können** wir das Restaurant allein finden?
Könnten wir das Restaurant allein finden?

1. **Können** wir nicht bald gehen?
2. Du **musst** noch abwaschen.
3. **Kann** ich dir helfen?
4. **Dürfen** Susi und Christiane mitkommen?
5. **Sollen** wir Jan nicht auch einladen?
6. **Darf** ich euch alle zu einem Getränk einladen?
7. **Kannst** du für das Essen zahlen?

30 **Ich möchte ..., ich könnte ...** Ergänzen Sie die Sätze. Finden Sie dann heraus, was Ihre Partnerin/Ihr Partner geschrieben hat und was sie/er gern tun würde.

1. Ich möchte dieses Jahr _____.
2. Wenn ich Zeit hätte, _____.
3. Wenn meine Eltern viel Geld hätten, _____.
4. Ich sollte _____.
5. Ich würde gern _____.

Discussing goals

31 **Was ist dir im Leben am wichtigsten?** Finden Sie heraus, was drei bis vier Lebensziele Ihrer Partnerin/Ihres Partners sind.

> **heiraten (marry) und Kinder haben   viel Geld verdienen**
> **gesund sein   schöne Dinge haben wie ein tolles Auto, teure**
> **Kleidung   ein schönes/großes Haus haben   einen guten Job**
> **haben   glücklich sein   Spaß und Freude am Leben haben**
> **einen Sinn im Leben finden   anderen Menschen helfen**

S1:
Was ist dir im Leben wichtig?

S2:
Ich möchte vor allem [einen guten Job haben].
Dann möchte ich [Kinder haben].
Und ich möchte [gesund bleiben].

¹lonely ²island

Present-time subjunctive of other verbs

Wir **kämen** gern mit.
Meinst du, das **ginge** dann?

We **would be** happy to come along.
Do you think that **would work** then?

Expressing hypothetical situations in the past

F. Verstehen Sie den Konjunktiv?

In addition to the modals and the verbs **sein, haben,** and **wissen,** you may sometimes also encounter a few other verbs used in their present-time subjunctive forms rather than as infinitives with **würde.**

- The subjunctive form of other verbs is also the simple past tense plus subjunctive endings. In addition, strong verbs add an umlaut to **a, o,** and **u** (e.g., **kam > käme**).
- The meaning of these subjunctive forms is the same as *infinitive* + **würde: ich täte das nicht = ich würde das nicht tun.** However, you should normally use the more common subjunctive construction, **würde** + *infinitive* (**würdetun,** not **täte**).

Since the subjunctive form derives from the simple past tense, you will have no trouble recognizing the subjunctive form of a verb when you come across it.

---

32 Die Kündigung Lesen Sie den Artikel über Herrn Gartner auf Seite 410 noch einmal. Finden Sie alle Verben im Konjunktiv und schreiben Sie sie auf.

_____

_____

_____

_____

_____

_____

1. Würde dieser Mann seinem Freund wirklich ein Auto geben? Warum (nicht)?
2. Warum gibt er seinem Freund kein Hemd?
3. Was würden Sie Ihrer besten Freundin/Ihrem besten Freund geben?

Past-time subjunctive *(der Konjunktiv der Vergangenheit)*

Wenn Marie das **gewusst hätte,**
  hätte sie mir **geholfen.**
Wenn ich das **gewusst hätte, wäre**
  ich **mitgekommen.**

*If Marie **had known** that, she **would have helped** me.*
*If I **had known** that, I **would have come along.***

The past-time subjunctive consists of the subjunctive verbs **hätte** or **wäre** + past participle of the main verb. The past-time subjunctive is used to express hypothetical statements, wishes, and contrary-to-fact conditions in past time.

33 Was hätte Charlotte gemacht ...? Charlotte hat einen neuen Job. Was hätte sie gemacht, wenn sie bei ihrer alten Arbeit geblieben wäre?

BEISPIEL bei ihrer alten Firma bleiben
Sie wäre bei ihrer alten Firma geblieben.

1. ihre alte Stelle nicht aufgeben
2. nicht jeden Tag eine Stunde mit dem Auto fahren
3. mit ihren alten Kolleginnen zu Mittag essen
4. mehr Zeit für ihre Freunde haben
5. nicht unzufrieden sein

G. Probleme, Probleme.

34 Eine schwere Woche Unterhalten Sie sich mit Ihrer Partnerin/ Ihrem Partner darüber, was Sie letzte Woche gemacht haben. Was hätten Sie lieber gemacht? Benutzen Sie die folgenden Wörter und Situationen, wenn Sie wollen.

> am Computer gearbeitet   mit Freunden essen gegangen
> meine Wohnung/mein Zimmer aufgeräumt
> alle neuen Zeitungen durchgesehen   einkaufen gegangen
> das Essen gekocht   joggen gegangen   Vokabeln gelernt
> ins Kinogegangen   meinen Freund besucht   ein Videospiel gespielt
> ein gutes Buch gelesen   im Garten gesessen   in der Sonne gelegen
> zu meiner Freundin gefahren   auf eine Party gegangen
> mir einen Film ausgeliehen   im Internet gesurft   gefaulenzt

S1:	S2:
Was hast du am Mittwoch gemacht?	Am Mittwoch habe ich lange in der Bibliothek gearbeitet.
Was hättest du lieber gemacht?	Ich wäre lieber auf eine Party gegangen. Und du, was hast du ...?

▶ Markus und Jana wären gern joggen gegangen. Sie mussten aber leider arbeiten.

Franz Hohler was born in 1943 in Biel, Switzerland. He is a well-known and popular cabaret artist who appears regularly in one-person shows in Switzerland and Germany. He is also a singer/songwriter **(Liedermacher)** with a number of CDs to his credit and an
5 author of plays for stage, TV, and radio as well as stories for children and adults. Much of his work is satirical. A good example of his humor with a serious intent is the story "Der Verkäufer und der Elch" from his work *Kontakt mit der Zeit* (1981).

Der Verkäufer und der Elch

Eine Geschichte mit 128 deutschen Wörtern

Kennen Sie das Sprichwort° „Dem Elch° eine
10 Gasmaske verkaufen?" Das sagt man bei uns
von jemandem, der sehr tüchtig° ist, und
ich möchte jetzt erzählen, wie es zu diesem
Sprichwort gekommen ist.

    Es gab einmal einen Verkäufer, der war
15 dafür berühmt, daß er allen alles verkaufen
konnte.

    Er hatte schon einem Zahnarzt eine
Zahnbürste° verkauft, einem Bäcker ein Brot
und einem Blinden einen Fernsehapparat.
20   „Ein wirklich guter Verkäufer bist du aber
erst", sagten seine Freunde zu ihm, „wenn du
einem Elch eine Gasmaske verkaufst."

    Da ging der Verkäufer so weit
nach Norden, bis er in einen
25 Wald kam, in dem nur Elche
wohnten.

    „Guten Tag", sagte er zum
ersten Elch, den er traf, „Sie
brauchen bestimmt eine
30 Gasmaske."

    „Wozu°?", fragte der Elch.
„Die Luft ist gut hier."

    „Alle haben heutzutage° eine
Gasmaske", sagte der Verkäufer.
35   „Es tut mir leid", sagte der
Elch, „aber ich brauche keine."

    „Warten Sie nur", sagte
der Verkäufer, „Sie brauchen
schon noch eine."
40   Und wenig später begann
er mitten° in dem Wald, in
dem nur Elche wohnten, eine
Fabrik zu bauen.

proverb / moose

competent

toothbrush

what for

nowadays

in the middle

▲ Einem Bäcker ein Brot verkaufen?

▲ Einem Zahnarzt Zahnbürsten verkaufen?

▲ Braucht ein Elch eine Gasmaske?

crazy

poisonous / waste gases / smokestack

immediately

polite form

by the way

werden verwechselt: *are confused*

„Bist du wahnsinnig°?", fragten seine Freunde.

45 „Nein", sagte er, „ich will nur dem Elch eine Gasmaske verkaufen."
Als die Fabrik fertig war, stiegen° soviel giftige° Abgase° aus dem
Schornstein°, daß der Elch bald zum Verkäufer kam und zu ihm
sagte: „Jetzt brauche ich eine Gasmaske."

„Das habe ich gedacht", sagte der Verkäufer und verkaufte ihm
50 sofort° eine. „Qualitätsware!", sagte er lustig.

„Die anderen Elche", sagte der Elch, „brauchen jetzt auch Gasmasken.
Hast du noch mehr?" (Elche kennen die Höflichkeitsform° mit „Sie"
nicht.)

„Da habt ihr Glück", sagte der Verkäufer, „ich habe noch Tausende."
55 „Übrigens°", sagte der Elch, „was machst du in deiner Fabrik?"
„Gasmasken", sagte der Verkäufer.

PS. Ich weiß doch nicht genau, ob es ein schweizerisches oder ein
schwedisches Sprichwort ist, aber die beiden Länder werden ja oft
verwechselt°.
60

Lisa F. Young/Shutterstock.com

▲ Er kann einfach alles verkaufen!

Fragen

1. Welche Beispiele zeigen, dass der Verkäufer ein guter Verkäufer ist?
2. Was muss ein „sehr guter" Verkäufer verkaufen können?
3. Warum glaubt der Elch, dass er keine Gasmaske braucht?
4. Warum kann der Verkäufer Gasmasken an alle Elche verkaufen?

Diskussion

1. Glauben Sie, dass **„Dem Elch eine Gasmaske verkaufen"** wirklich ein Sprichwort ist? Warum (nicht)?
2. Der Verkäufer in der Geschichte schafft eine Nachfrage *(demand)* nach einem Produkt. Können Sie in Ihrem eigenen Leben Beispiele finden, wo dies passiert ist?
3. Wo sehen Sie Beispiele von Ironie in dieser Geschichte?

„Der Verkäufer und der Elch" from Kontakt mit der Zeit by Franz Hohler. Reprinted by permission.

Berufliche Ausbildung

Despite high income-tax rates and labor costs, Germany has a very productive economy. Experts attribute this in large measure to the fact that Germany has a well-trained labor force.

Most young people who finish the **Hauptschule** (see *Das Schulsystem in Deutschland*, p. 156) or have a **Mittlere Reife** enter an apprenticeship (**Ausbildung**) program. There are over 300 recognized **Ausbildungsberufe**. An **Ausbildung** generally lasts three years. During this time the trainees (**Auszubildende,** also called **Lehrlinge**) work three to four days a week in a company and attend vocational school (**Berufsschule**) one to two days a week. Large companies have special workshops and staffs for trainees; in small businesses trainees often learn directly from the boss. The number of **Ausbildungsberufe** in Germany is around 330–360. Austria and Switzerland also have extensive apprenticeship programs. In Austria, an **Ausbildung** takes three years; in Switzerland, it may take up to four years.

Auszubildende (Azubis) receive benefits and a salary that increases every year. Here are some selected examples: a **Bankkaufmann/frau** *(bank teller)* earns about € 650; a **Hotelfachmann/frau** *(hotel manager)* about € 600; an **Arzthelfer/in** *(physician's assistant)* around € 550; a **Kfz-Mechaniker/in** *(auto mechanic)* receives about € 470; and a **Friseur/in** *(hairdresser)* earns approximately € 430.

At the end of their **Ausbildung,** trainees take exams at both the workplace and the **Berufsschule**. By passing the exam, a woman becomes a journeywoman (**Gesellin**) and a man becomes a journeyman (**Geselle**). After five more years of work and additional schooling, a **Gesellin/Geselle** may become a **Meisterin/Meister**. People who achieve the status of Meisterin/Meister have demonstrated on the basis of rigorous testing that they possess all the knowledge and skills necessary to operate a business. Only people who have passed the **Meisterprüfung** are allowed to train **Auszubildende**.

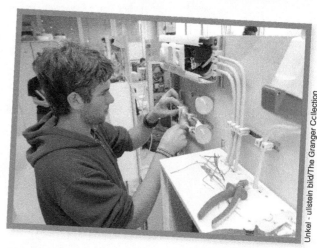

▲ Auszubildender Elektriker in einem Ausbildungszentrum in Köln.

Unkel · ullstein bild/The Granger Collection

▲ Automechaniker in der Ausbildung.

Tyler Olson/Shutterstock.com

Kulturkontraste

1. Stellen Sie sich vor, Sie wollen Schreinerin/Schreiner *(carpenter)* werden. Welche Ausbildung müssten Sie in Deutschland machen? Was würden Sie in Ihrem Land machen, um Schreinerin/Schreiner zu werden?

2. Wenn Sie in Deutschland Mechanikerin/Mechaniker oder Friseurin/Friseur werden wollen, müssen Sie eine Lehre *(apprenticeship)* machen. Wie ist die Ausbildung für diese Berufe in Ihrem Land?

J. Kulturkontraste
4. Berufliche Ausbildung
5. Ein Dilemma

Video-Ecke

▲ Er hat Maurer gelernt.

▲ Er möchte Professor werden.

▲ Sie hat ihre eigene PR-Agentur.

① Von Beruf bin ich...

Vor den Videos

35 **Nachgedacht** Was wissen Sie noch vom Kapitel? Denken Sie nach.

1. Was wissen Sie über die Berufsausbildung in Deutschland?
2. Wie funktionieren Staat und Wirtschaft in Deutschland?
3. Wie wichtig ist Deutschlands Wirtschaft in der EU?

Nach den Videos

36 **Alles klar?** Sehen Sie sich die Interviews an und machen Sie sich Notizen. Beantworten Sie dann die Fragen.

1. Wer hat eine lange Karriere hinter sich?
2. Wer möchte Professor werden, und was möchte er lehren?
3. Wer muss viel auf Englisch kommunizieren? Warum?
4. Wer arbeitet bei der Friedrich-Ebert Stiftung?

② Ein Vorstellungsgespräch

▲ Anton trägt einen Anzug und ist sehr nervös.

▲ Anton hat ein Vorstellungsgespräch in München.

▲ Nach dem Vorstellungsgespräch braucht Anton eine Pause.

In diesem Kapitel fahren die Freunde nach München. Anton hat dort ein Bewerbungsgespräch, und die Freunde helfen ihm vorher ein bisschen. Nach dem Gespräch gehen alle in einen Biergarten und trinken auf Anton ...

Nach den Videos

Sehen Sie sich das Video an und machen Sie sich Notizen. Beantworten Sie
dann die Fragen.

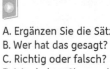

A. Ergänzen Sie die Sätze
B. Wer hat das gesagt?
C. Richtig oder falsch?
D. Was haben Sie gesehen?
E. Wer hat das gesagt?
F. Schreiben Sie

37 Was passiert wann? Bringen Sie die folgenden Sätze in die richtige
Reihenfolge.

_____ Anton trägt einen schicken Anzug und sagt: „Na?"
_____ Herr Meinert sagt: „Kommen Sie doch bitte mit."
_____ Die Freunde simulieren ein Bewerbungsgespräch.
_____ Paul, Lily und Hülya finden Antons Buch über Bewerbungen.
_____ Alle sagen: „Auf Anton!"
_____ Anton sagt: „Ich weiß nicht, ich bin so nervös."
_____ Hülya fragt: „Und, wie ist es gelaufen?"

38 Richtig oder falsch? Arbeiten Sie mit einer Partnerin/einem
Partner. Fragen Sie sie/ihn: Was ist richtig, was ist falsch?

S1:
Das Buch von Anton ist ein
Bewerbungsratgeber. Ist das richtig?

S2:
Ja, das ist richtig. / Nein. Es ...

	Richtig	Falsch
Das Buch von Anton heisst: „Richtig bewerben."	_____	_____
Lily spielt den Chef in der Simulation des Bewerbungsgesprächs.	_____	_____
Anton möchte als Bäcker arbeiten.	_____	_____
Antons Stärken sind Inspiration und Sauberkeit.	_____	_____
In der Firma sind alle nicht sehr formal gekleidet.	_____	_____
In der Firma sagen alle „Du".	_____	_____
Anton kann sich vorstellen, in der Firma zu arbeiten.	_____	_____

39 Was meinen Sie? Beantworten Sie die Fragen.

1. Anton zieht einen Anzug, Hemd und Krawatte an. Was würden Sie zu
   einem Vorstellungsgespräch tragen? Warum?
2. Wenn man ein Vorstellungsgespräch simuliert, was genau muss man
   üben? Warum?
3. Im Zug, in der Firma, im Biergarten – was fällt Ihnen auf?

Wiederholung

 1 **Rollenspiel** Sie erzählen Ihrer Partnerin/Ihrem Partner, dass Sie vielleicht gerne für ein Jahr eine Weltreise machen würden. Sie/Er stellt Ihnen alle möglichen Fragen. Antworten Sie darauf mit hypothetischen Aussagen.

1. Und du hast vor deinen Job aufzugeben?
2. Willst du dann alle Kontinente besuchen?
3. Und ein ganzes Jahr lang nur reisen?
4. Hast du vor alleine zu reisen?
5. Musst du dann nicht während der Reise Geld verdienen?
6. Und was passiert mit deinen ganzen Sachen?
7. Glaubst du, dass du danach wieder deinen Job bekommst?
8. Was sagt denn dein Freund/deine Freundin dazu?

Redemittel

Wünsche ausdrücken *(expressing)*/ **Hypothetische Aussagen machen**

• Das wäre schön. Wenn ich genug Geld hätte! Das würde ich (gern) machen.

• Das würde Spaß machen. Dazu hätte ich große/keine Lust.

• Ich müsste natürlich viel aufgeben. Ich würde viel riskieren.

• Ich glaube, das wäre mir egal *(that would be all the same to me)*.

2 **Was würden Sie tun?** Sagen Sie, was Sie unter bestimmten Bedingungen *(under certain circumstances)* tun würden. Fragen Sie dann Ihre Partnerin/Ihren Partner. Was würdest du tun, ...

1. wenn du viel Geld hättest?
2. wenn heute Sonntag wäre?
3. wenn du heute Geburtstag hättest?
4. wenn du jetzt zwei Wochen Ferien hättest?
5. wenn du das teure Essen im Restaurant nicht bezahlen könntest?
6. wenn Freunde dich zu einem Fest nicht einladen würden?

3 **Meine Freundin Sandra** Erzählen Sie von Ihrer Freundin Sandra und ergänzen Sie die Sätze mit den fehlenden *(missing)* Präpositionen.

1. Habe ich dir _____ meiner Freundin Sandra erzählt?
2. Mit 19 Jahren hat sie _____ dem Studium angefangen.
3. Jetzt arbeitet sie _____ Siemens.
4. Sie arbeitet den ganzen Tag _____ Computer.
5. Sie und ihre Kollegen bereiten sich _____ eine Konferenz vor.
6. In ihrer Freizeit schreibt sie einen Roman. Sie spricht gern mit Mark _____ ihr Projekt.

4 **Sie hätten es anders gemacht** Alle sind unzufrieden damit, was sie gestern gemacht haben. Ergänzen Sie die Sätze und sagen Sie, was die Leute lieber gemacht hätten.

BEISPIELE Laura ist schwimmen gegangen, aber _____.
(lieber ins Theater gehen)
Laura ist schwimmen gegangen, aber *sie wäre lieber ins Theater gegangen.*

1. Ich habe in der Mensa gegessen, aber _____. (lieber in einem eleganten Restaurant essen)
2. Charlotte hat an einem Referat gearbeitet, aber _____. (lieber im Garten arbeiten)
3. Jasmin und Kevin haben Tennis gespielt, aber _____. (lieber wandern)
4. Marcel hat ferngesehen, aber _____. (lieber in einen Club gehen)
5. Jessica hat klassische Musik gehört, aber _____. (lieber Hardrock hören)
6. Elias hat sich aufs Examen vorbereitet, aber _____. (lieber Golf spielen)

5 **Was möchten Sie?** Ergänzen Sie die Sätze mit den Adjektiven in Klammern oder anderen passenden Adjektiven.

1. Wenn ich Geld hätte, würde ich mir ein _____ **Auto** kaufen. (klein, groß, billig, teuer)
2. Ich wollte, man würde mich zu einer _____ **Party** einladen. (nett, toll, klein, laut, interessant)
3. Ich möchte einen _____ **Pulli** kaufen. (warm, blau, leicht, toll)
4. Ich würde gern mal einen _____ **Film** sehen. (toll, interessant, schön, modern, klassisch, gut)
5. Ich möchte eine _____ **Reise** nach Deutschland machen. (lang, kurz, billig)
6. Ich möchte einen neuen Computer haben, aber es müsste ein _____ **Computer** sein. (billig, teuer, klein, einfach, groß, schnell, anwenderfreundlich [*user-friendly*])

6 **Wie sagt man das auf Deutsch?**

1. *I have nothing planned for the weekend.* (use **vorhaben;** *for =* **am**) —*Would you like to go hiking?*
2. *Could it be that Erik is ill?* —*I don't know. You could ask him.*
3. *Would you like to go for a walk?* —*Gladly. I could go this afternoon.*
4. *Could you help me, please?* —*If I only had (the) time.*
5. *Would you like to watch TV?* —*No. I don't feel like it.*

7 **Deutsch als Berufssprache** Warum lernen Sie Deutsch? Welcher Grund ist für Sie der wichtigste? Welche anderen Gründe gibt es? Besprechen Sie Ihre Antworten mit Ihrer Partnerin/Ihrem Partner.

1. *Wichtige Geschäftssprache in Europa und in der Welt.* 100 Millionen Europäer sprechen Deutsch als Muttersprache. In Osteuropa lernen mehr Schüler Deutsch als Englisch. In Japan lernen 68 % der Schüler Deutsch.
2. *Vorteile (**advantages**) im Tourismus.* Besucher aus deutschsprachigen Ländern sind in vielen Ländern die größte und wichtigste Touristengruppe.
3. *Kultursprache Deutsch.* Deutsch ist die Sprache Goethes, Nietzsches und Kafkas, von Mozart, Bach und Beethoven, von Freud und Einstein.
4. *Wissenschaftliche Fortschritte (**advances**).* Deutschsprachige Publikationen belegen *(occupy)* den zweiten Platz in der Forschung *(research)*.

8 **Zum Schreiben**

1. Schreiben Sie einen Abschnitt auf Deutsch über die wirtschaftlichen Unterschiede zwischen Ihrem Land und Deutschland. Benutzen Sie die folgenden Fragen als Hilfestellung *(guideline)*.
   - In welchem Land spielt der Außenhandel eine größere Rolle? Warum?
   - Welches Land hat mehr Rohstoffe?
   - Welche Produkte exportieren diese Länder vor allem?
   - In welchem Land sehen die Chancen für eine gesunde Wirtschaft besser aus? Warum?
2. Wie wäre es, wenn Sie einen Tag mit einer berühmten Person verbringen *(spend time)* könnten? Die Person kann heute leben oder eine historische Persönlichkeit sein. Schreiben Sie einen kurzen Abschnitt über den Tag.
   - Was würden Sie machen?
   - Worüber würden Sie sprechen?
   - Warum möchten Sie den Tag mit dieser Person verbringen?

Schreibtipp

1. Benutzen Sie den Konjunktiv, wenn Sie Hypothesen oder Wünsche ausdrücken.

2. Wenn Sie Konjunktionen benutzen, achten Sie auf die Position der Verben.

Grammatik: Zusammenfassung

Subjunctive mood

Indicative	Ich **mache** die Arbeit nicht.	I'm not **doing** the work.
	Kannst du mir **helfen**?	**Can** you **help** me?
Subjunctive	Ich **würde** die Arbeit nicht **machen**.	I **would**n't **do** the work.
	Könntest du mir **helfen**?	**Could** you **help** me?

In both English and German, the indicative mood is used to talk about "real" conditions or factual situations. The subjunctive mood is used to talk about "unreal," hypothetical, uncertain, or unlikely events as well as to express wishes and polite requests.

Wenn ich heute (oder morgen) nur mehr Zeit **hätte**!

*If only I **had** more time today (or tomorrow)!*

Present-time subjunctive can refer to the future as well as to the present.

The *würde*-construction

Forms

ich	**würde** es **machen**	wir	**würden** es **machen**
Sie	**würden** es **machen**	Sie	**würden** es **machen**
du	**würdest** es **machen**	ihr	**würdet** es **machen**
er/es/sie	**würde** es **machen**	sie	**würden** es **machen**

The **würde**-construction consists of a form of **würde** + infinitive. **Würde** is the subjunctive form of **werden**. It is formed by adding an umlaut to **wurde,** the simple past of **werden**.

Uses

Hypothetical statements	Ich **würde** das nicht **machen**.	I **would** not **do** that.
Wishes	Wenn er mir nur **helfen würde**.	If only he **would help** me.
Polite requests	**Würdest** du mir bitte **helfen**?	**Would** you please **help** me?
Contrary-to-facts conditions	Wenn ich Zeit **hätte, würde** ich dir **helfen**.	If I **had** time I **would help** you.

To talk about "unreal" situations or hypothetical statements in the present, to express wishes, and to make polite requests, German may use a **würde**-construction. The **würde**-construction is the most common way to express subjunctive mood in conversational German.

Present-time subjunctive of *sein* and *haben*

sein			
ich	**wäre**	wir	**wären**
Sie	**wären**	Sie	**wären**
du	**wärest**	ihr	**wäret**
er/es/sie	**wäre**	sie	**wären**

haben			
ich	**hätte**	wir	**hätten**
Sie	**hätten**	Sie	**hätten**
du	**hättest**	ihr	**hättet**
er/es/sie	**hätte**	sie	**hätten**

The verbs **haben** and **sein** are used in their subjunctive forms, **wäre** and **hätte,** and not as part of a **würde**-construction.

The subjunctive form of verbs is the simple past tense I subjunctive endings. In addition, strong verbs add an umlaut to **a, o,** and **u** (e.g., **war > wäre**). Note that the subjunctive endings are identical to the simple past tense endings of weak verbs minus the **-t** (e.g., ich **spielte,** du **spieltest,** etc.).

Modals and *wissen* in present-time subjunctive

Infinitive		Simple past	Present-time subjunctive
dürfen		durfte	**dürfte**
können		konnte	**könnte**
mögen		mochte	**möchte**
müssen	er/es/sie	musste	**müsste**
sollen		sollte	**sollte**
wollen		wollte	**wollte**
wusste		wusste	**wüsste**

The modals and **wissen** are used in their subjunctive form rather than as infinitives with the **würde**-construction. The present-time subjunctive forms of **wissen** and the modals are identical to the simple past tense forms except that **wissen** has an umlaut, and the modals with an umlaut in the infinitive also have an umlaut in the subjunctive.

Past-time subjunctive

Wenn ich Zeit **gehabt hätte, wäre** ich **gekommen**.	*If I **had had** time, I **would have come.***
Wenn Marie hier **gewesen wäre, hätte** ich sie **gesehen**.	*If Marie **had been** here, I **would have seen** her.*

The past-time subjunctive consists of the subjunctive forms **hätte** or **wäre** + past participle of the main verb.

KAPITEL
12

Deutschland hat viele Gesichter
Multikulturelle Aspekte

In Deutschland wohnen und leben Menschen aus vielen Nationen. ▷

Lernziele

Sprechintentionen

- Talking about future plans
- Talking about cultural events
- Making suggestions
- Discussing who invented, wrote, or discovered something
- Indicating that you don't understand something

Zum Lesen

- Fremd im eigenen Zuhause

Grammatik

- Relative clauses
- Relative pronouns
- Passive voice
- Summary of uses of **werden**

Leserunde

- *Deutsch ist sehr leicht* (Sabri Cakir)

Land und Leute

- Ausländische Mitbürger
- Staatsbürgerschaft
- Deutschland: Die Regierung

Video-Ecke

1 Multikulti
2 Alles Gute zum Geburtstag

RESOURCES

Bausteine für Gespräche

Ein deutsch-türkisches Konzert

FRANZISKA: Michael, hast du Lust am Wochenende zu dem Open-Air-Konzert im Tiergarten zu gehen?

MICHAEL: Hmmm, ich weiß nicht. Ich wollte mir eigentlich noch Freiburg ansehen. In zwei Wochen fliege ich doch wieder nach Amerika zurück.

FRANZISKA: Ach, komm doch. Nach Freiburg kannst du auch noch nächstes Wochenende fahren.

MICHAEL: Aber ich kenne doch nur wenige von den Rockmusikern, die da spielen werden.

FRANZISKA: Na ja, manche sind schon bekannt. Sebastian kennt zum Beispiel den Sänger – ich glaube, er heißt Erkan. Und ich finde die Idee einfach toll. Es ist ein Konzert von deutschen und türkischen Musikern und die singen auf Deutsch und auf Türkisch.

MICHAEL: Ach so, das wusste ich gar nicht. Klingt interessant. Glaubst du, dass viele Leute kommen?

FRANZISKA: Ich denke schon, so etwa 2.000–3.000 Leute.

MICHAEL: Also gut, lass uns hingehen. Ich hole dich ab, ja? Am besten fahren wir mit den Fahrrädern.

---

1 Fragen

1. Wohin will Franziska am Wochenende gehen?
2. Warum will Michael zuerst nicht mitkommen?
3. Was findet Franziska toll?
4. Wie viele Leute werden wahrscheinlich zu dem Konzert kommen?
5. Wie wollen Michael und Franziska zum Tiergarten kommen?

Brauchbares

1. **Tiergarten** is a large, picturesque park in Berlin, full of shady paths, lakes, and streams. During World War II, it was largely destroyed during heavy fighting and also deforested to provide firewood for residents of the devastated city. Thanks to beautification efforts, its 32 kilometers of treelined walkways have now been restored to their pre-war state.

2. **Lass uns:** The phrase **lass uns** is equivalent to English *let's (do something)*. The verb **lassen** is like the modals in that it takes an infinitive without **zu**: **lass uns gehen.**

2 **Nächste Woche** Fragen Sie drei Kommilitoninnen/Kommilitonen, was sie nächste Woche machen wollen.

Talking about future plans

S1:
Was machst du nächste Woche?

S2:
Ich fahre nach [Freiburg].
Ich fliege nach [Europa].
Ich fange einen neuen Job an.
Ich bereite ein Referat vor.
Ich mache Hausaufgaben.
Ich muss viel arbeiten.

3 **Kennst du das?** Machen Sie mit Ihrer Partnerin/Ihrem Partner ein Rollenspiel und sprechen Sie über kulturelle Veranstaltungen *(events)*.

Talking about cultural events

S1: Kennst du
die Rockband, die heute [in der Stadt] spielt?
den Film, der heute im [Odeon] läuft?
die Oper, die heute Abend im Fernsehen kommt?
den neuen Roman, den ich lesen sollte?

S2: Ja, sehr gut sogar.
Ja, aber [der] interessiert mich nicht.
Nein, leider nicht.
Nein, warum fragst du?

4 **Vorschläge** *(suggestions)* Sprechen Sie in einer Gruppe darüber, was Sie machen wollen. Jedes Gruppenmitglied schlägt etwas anderes vor.

Making suggestions

BEISPIEL *Lasst uns …*

**essen gehen   unsere Freunde anrufen   unseren Freunden
helfen   Tennis oder Golf spielen   joggen gehen
den ganzen Tag faulenzen   Videospiele spielen
Karten spielen   eine Fahrradtour machen
einen guten Film anschauen**

5 **Hättest du Lust?** Entscheiden *(decide)* Sie erst selbst, was Sie in Ihrer Freizeit machen wollen. Dann fragen Sie drei Kommilitoninnen/ Kommilitonen, was sie gern machen möchten.

S1:
Hättest du Lust
inlineskaten zu gehen?
ins Kino zu gehen?
eine Party zu geben?
eine Radtour zu machen?
Musik zu hören?
eine DVD auszuleihen?
Chinesisch zu lernen?
einkaufen zu gehen?

S2:
Das wäre schön.
Wenn ich nur Geld hätte.
Das würde ich gern machen.
Das würde Spaß machen.
Wenn ich nur Zeit hätte.
Ich hätte schon Lust, aber …

Vokabeln I

⊕ Audio Flashcards
Tutorial Quizzes

Substantive

der **Rockmusiker**, -/die **Rockmusikerin**, **-nen** rock
  musician
der **Sänger**, -/die **Sängerin**, **-nen** singer

das **Open-Air-Konzert**, **-e** outdoor concert
die **Radtour**, **-en** bicycle trip

Verben

sich (*dat.*) **an·sehen (sieht an), sah an,**
  angesehen to look at; **ich sehe es mir an** I'll have
  a look at it
hin·gehen, ging hin, ist hingegangen to go there
klingen, klang, geklungen to sound

lassen (lässt), ließ, gelassen to leave behind; to let,
  permit; **lass uns gehen** let's go
zurück·fliegen, flog zurück, ist zurückgeflogen to
  fly back

Adjektive und Adverbien

türkisch Turkish

Alles klar?

6 **Liebe Franziska** Anna schreibt eine E-Mail an Franziska in Berlin.
Setzen Sie die passenden Wörter aus der Liste ein.

> angesehen hingegangen klingt lass Open-Air-Konzert
> Radtour Sänger zurückgeflogen

Liebe Franziska,

wie geht es dir? Wie war eure _____ an die Ostsee? Habt ihr euch

Rostock _____? Es ist ja eine schöne Stadt. Michael ist inzwischen

wieder nach Boston _____, oder? Du bist jetzt sicher ein bisschen

traurig. Aber du kannst ihn doch auch mal besuchen. _____ uns

doch nächstes Jahr Urlaub in den USA machen! Wie wäre das? Ich war am

Wochenende bei einem _____ im Stadtpark von Stuttgart. Es war ein

Konzert von einem deutsch-türkischen

_____ – Kool Savas heißt er!

Eigentlich bin ich nur _____, weil

ein Freund von mir Karten hatte. Aber es

war toll. Kool Savas ist Rapper und seine

Musik _____ irgendwie ein bisschen

orientalisch. So eine Art türkischer Hip-

Hop, wobei er auf Deutsch gesungen hat.

So, ich muss weiterarbeiten. Morgen habe

ich eine Klausur in Kunstgeschichte! Oh je.

Viele liebe Grüße
Deine Anna

Frank Hoensch/Getty Images Entertainment/Getty Images

▲ „Kool Savas" singt auf Deutsch.

Land und Leute

 🌐 Web Search

Ausländische Mitbürger

Germany is home to approximately 7 million foreigners who represent almost 9% of the population. Approximately 1.7 million are from Turkey, and hundreds of thousands more come from countries, such as Italy, Greece, Poland, and a variety of others. It has been argued that the term **Ausländer** *(foreigner)* should perhaps not be used anymore since it can convey a sense of in-group/out-group exclusivity and/or be ethnically demeaning. Many "foreigners" or descendants thereof are, in fact, German citizens. The official nomenclature for various generations of immigrants that has emerged recently and which is widely used by politicians and in the media is **Mitbürger mit Migrationshintergrund** *(citizens with a migratory background)*.

▲ Türkischer Spezialitätenmarkt in Starnberg

Immigration to Germany has a history unique to the country's economic circumstances. Between 1955 and 1973, West Germany sought many "guest workers" **(Gastarbeiter)** to relieve the labor shortage of the postwar economic boom **(Wirtschaftswunder)**. The first workers came from Italy, Greece, Spain, and Turkey. In 1961, there were 700,000 foreigners living in Germany, and by 1979 the number had increased to 2.6 million. Even though many of the foreign workers have returned to their home countries, many others have stayed and raised a family in Germany. Today, approximately 1.5 million of Germany's "foreign" inhabitants were born there. These foreign residents, even though they have lived there for more than 30 years, are not citizens **(Bürger)**. However, they are eligible to receive all social benefits, and in some localities, they have the right to vote and to run for local office.

The presence of diverse cultures in Germany has at times precipitated xenophobia **(Ausländerhass)**. In the early 1990s, when economic uncertainy prevailed in much of eastern Germnay as a result of the reunification of Germany's former east and west, acts of violence against foreigners occurred. These were often spurred by radical fringe groups, such as the Neo-Nazis and skinheads. These acts were met with considerable public protests across Germany as Germans demonstrated in the hundreds of thousands against such violent acts and sentiments.

Since then, the government has implemented policies that are meant to support a multicultural society **(multikulturelle Gesellschaft)**. Examples include a new naturalization law enacted in 2000 and a 15-week-long orientation course **(Integrationskurs)** for immigrants **(Einwanderer)** who seek permanent residence. The course offers an introduction to the language, institutions, and culture of Germany, and topics can range from shopping to folklore to principles of democracy.

Kulturkontraste

1. Heute spricht man nicht mehr von „Gastarbeitern", sondern von „ausländischen Mitbürgern". Was ist der Unterschied zwischen einem Gastarbeiter und einem Mitbürger?
2. Finden Sie es gut, wenn alle Ausländer, die in ein Land kommen, einen Integrationskurs machen müssten? Was sollte ein Einwanderer über Ihr Land wissen?
3. Die USA sind, historisch gesehen, immer ein Einwanderungsland gewesen. Was meine Sie: Was ist in Deutschland anders, politisch und kulturell?

 I. Kulturkontraste
1. Ausländische Mitbürger und Staatsbürgerschaft

Kapitel zwölf • 441

Zum Lesen

Vor dem Lesen

7 **Ausländer in Deutschland** In Deutschland kommen Ausländer aus vielen verschiedenen Ländern. Sehen Sie sich die Statistik unten genau an und beantworten Sie dann die Fragen.

Ausländer in Deutschland	
7.120.900 (2009)	
Die meisten Ausländer in Deutschland kommen aus den folgenden Staaten:	
Türkei	25,4%
Italien	7,8%
Polen	5,7%
Serbien / Montenegro	4,9%
Griechenland	4,4%
Kroatien	3,3%
Sonstige° Staaten	16,7%

other

1. Welche Ausländergruppe in Deutschland ist die größte?
2. Welche Gruppe ist am kleinsten?
3. Welche Gruppen gehören zur EU, welche nicht?
4. Gibt es diese Gruppen auch in den USA oder in Kanada?
5. Welche Gruppen sind am wichtigsten in Nordamerika?

 8 **Ausländer: Probleme** Was für Probleme könnten Ausländer in einer fremden Kultur haben? Machen Sie in Gruppenarbeit eine Liste mit vier oder mehr Problemen.

Beim Lesen

9 **Ausländer: Informationen** Geben Sie die Zeilen *(lines)* an, in denen man Informationen über die folgenden Punkte findet.

Thema	*Zeile*
Ausländische Arbeiter kommen nach Deutschland	
Klein-Istanbul	
Eine deutsch-türkische Kultur	
Unterschiede und Erfahrungen von jungen und älteren Ausländern	
Integration: Rolle der Sprache	
Türken, Deutsch-Türken und Deutsche: Interaktion	
Religion: offen praktizieren	

Fremd im eigenen Zuhause

Michael trifft in der Bibliothek Hakan, der mit ihm die Politikvorlesung besucht. Michael erzählt Hakan, dass er in zwei Wochen
5 nach Amerika zurückfliegt. Spontan lädt Hakan ihn zum Essen ein, und zwar in das türkische Lokal „Bosporus", das seinen Eltern gehört. Michael und Hakan werden von Hakans Eltern, dem
10 Ehepaar Gümeshan, begrüßt°, und beim Essen unterhalten sie sich.

▲ Döner Kebap ist in Deutschland sehr beliebt.

ZoneFatal/Shutterstock

HAKAN: Die Linsensuppe° kann ich nur empfehlen. Die nehme ich als Vorspeise°. Und das Kebab ist auch fantastisch.

MICHAEL: Es ist nett hier. Hmm, ich glaube ich nehme den Kebabteller mit
15 Salat. Seit wann habt ihr denn dieses Restaurant? Schon lange?

HAKAN: Nein, erst seit fünf Jahren. Da hat mein Vater sich entschieden, sein Hobby, das Kochen, zum Beruf zu machen. Davor war er viele Jahre Arbeiter bei Siemens. Ach, er ist schon ewig hier in Deutschland.

20 MICHAEL: Ja? Wann kam dein Vater denn nach Deutschland?

HAKAN: Mitte der siebziger Jahre. Damals konnte die deutsche Wirtschaft in manchen Bereichen° noch Arbeitskräfte° gebrauchen und im Süden der Türkei, wo wir wohnten, gab es keine Arbeit für alle. Also ging mein Vater nach Deutschland, um Geld zu
25 verdienen. Meine Mutter und mein großer Bruder allerdings blieben in der Türkei und mein Vater kam nur einmal im Jahr zu Besuch. Doch natürlich war das kein Familienleben und 1983 kamen sie dann nach. Und 1988 bin ich dann hier als jüngster von drei Geschwistern geboren. Ich habe auch die deutsche
30 Staatsbürgerschaft°.

MICHAEL: Und du fühlst dich sicher auch als Deutscher, nicht? Oder stehst du irgendwie zwischen den Kulturen?

HAKAN: Eigentlich fühle ich mich als Deutsch-Türke, denn ich bin hier in Berlin-Kreuzberg aufgewachsen – das wird auch Klein-Istanbul
35 genannt. Fast ein Drittel der Bewohner in Kreuzberg sind Ausländer und zwar vor allem Türken.
Deshalb ist mir die türkische Kultur sehr nahe, obwohl Deutschland mein Heimatland und die Türkei immer eher° ein Urlaubsland für mich ist. Irgendwie gibt es inzwischen sowieso so
40 etwas wie eine deutsch-türkische Kultur. Zum Beispiel viele Leute aus dem öffentlichen Leben, deren Eltern aus der Türkei kamen. Und auch viele deutsch-türkische Künstler, Sänger, Komiker°, Filmemacher, wie zum Beispiel Fatih Akin, die diese deutsch-türkischen Themen ansprechen°.

45 MICHAEL: Ist von Fatih Akin nicht der Film „Auf der anderen Seite", mit dem er die Lola gewonnen hat? Den haben wir in unserem Deutschkurs für ausländische Studenten gesehen.

HAKAN: Ja, genau. Fatih Akin ist sehr bekannt. Und seine Filme handeln oft von den Problemen der verschiedenen Generationen von

A. Fremd im eigenen Zuhause
B. Richtig oder falsch?

Kebab. A southeastern European dish of small pieces of grilled meat (usually mutton). **Kebab** is an Arabic/Turkish word.

greeted

lentil soup
appetizer

Siemens. Siemens produces electrical goods and is one of Germany's largest companies.

areas / workers

Berlin-Kreuzberg/ Klein-Istanbul. Berlin-Kreuzberg is an area of Berlin that is referred to as the "little capital" of Turkey because so many Turks live there.

citizenship

The Lola is the German equivalent of the American Oscar. The English title of the film is *The Edge of Heaven*. The film won awards at the Cannes Festival and the Lola in 2008.

immer eher: *always more of a*

comedians

deal with

	50 Türken hier. Na ja, und meine Eltern sind eben anders als meine Generation. Sie finden die jungen Türken oft auch problematisch, weil sie einfach überhaupt nicht traditionell sind. Und meine Eltern sprechen auch nach so vielen Jahren hier in Deutschland immer noch oft darüber, dass sie später wieder in der Türkei
	55 leben wollen.

Aber was heißt schon später, mein Vater ist Mitte sechzig. Und ob sie sich dort dann allerdings richtig wohl fühlen würden, weiß ich gar nicht. Dort hat sich natürlich auch viel verändert.

MICHAEL: Wie ist es denn mit Ausländerfeindlichkeit heute in Deutschland? 60 Ich habe mal gelesen, dass es in den 90er Jahren häufig
acts of violence Gewalttaten° gegen Ausländer gab. Besonders gegen Türken.

HAKAN: Ja, meine Eltern sprechen oft darüber. Ich als kleiner Junge habe es damals nicht so bemerkt. Ich hatte in Kreuzberg aber natürlich auch meine türkischen und deutsch-türkischen und auch 65 deutschen Freunde. Aber es war wohl ziemlich schlimm damals. Mein Bruder Ediz war damals schon 10 und er hat mir erzählt, dass er oft große Angst hatte. Solche Parolen° wie „Ausländer raus°"
slogans / out und „Deutschland den Deutschen" hat man häufig gehört. Gut, es gab auch viele Initiativen gegen Ausländerfeindlichkeit, bei denen 70 auch viele Deutsche mitgemacht haben. Und es gibt natürlich sehr viele Deutsche, die es toll finden, dass Deutschland jetzt auch ein bisschen multikulturell ist. Und in Berlin ist das sowieso ganz stark, dass viele Kulturen relativ friedlich nebeneinander existieren. In Kleinstädten kann das schon anders sein.

75 MICHAEL: Wohnen denn deine beiden Geschwister hier in Berlin?

HAKAN: Nein. Ediz wohnt in Köln. Dort hat er Jura studiert und jetzt ist er
applying for jobs gerade auf Jobsuche°. Er fühlt sich generell aber nicht so wohl in Deutschland und findet auch, dass man gerade in den besseren Jobs als Deutsch-Türke in Deutschland nicht voll akzeptiert ist. Er
job offers 80 hat auch Jobangebote° aus der Türkei und wahrscheinlich wird er nach Istanbul gehen.

MICHAEL: Dann würde er also wie deine Eltern wieder auswandern, aber eben in die Türkei zurück?

college graduate HAKAN: Ja, dort hat man wohl als Akademiker°, der beide Sprachen und 85 Kulturen kennt, sehr gute Chancen einen gut bezahlten Job zu finden. Und nicht alle fühlen sich hier in Deutschland so wohl wie ich – da gibt es sogar große Unterschiede bei uns Geschwistern. Zum Beispiel arbeitet meine Schwester Aysin bei einer kleinen Computerfirma in Süddeutschland und sie erzählt manchmal
devout 90 von intoleranten Leuten. Sie ist überzeugte° Muslimin und trägt immer ein Kopftuch. Doch dann wurde ihr bei der Arbeit gesagt, dass es besser wäre, wenn sie ihre Religion nicht so offen zeigen würde und ohne Kopftuch zur Arbeit kommen würde. Das hat sie irritiert und verletzt und sie hat ihrem Chef gesagt, dass sie das 95 nicht tun würde. Nun muss man sehen, was daraus wird.

MICHAEL: Hmmm, das kann ich mir vorstellen. Ah, da kommt ja das Essen.

FRAU GÜMESHAN: Na, schon hungrig, ihr beiden? Hier habe ich noch
cheese made from Schafskäse° und Oliven für euch, frisch aus der Türkei. Ach, wie
sheep's milk ich mich freue im August wieder nach Hause zu fahren. Und Sie, 100 Michael? Sie freuen sich sicher auch wieder auf die Heimat, nicht?

Nach dem Lesen

F. Ausländer in deutschen Städten

10 Fragen

1. Wo haben sich Michael und Hakan kennengelernt?
2. Wohin lädt Hakan Michael zum Essen ein?
3. Warum kam Hakans Vater nach Deutschland?
4. Warum kamen in dieser Zeit viele Ausländer nach Deutschland?
5. Warum fühlt sich Hakan auch in der türkischen Kultur wohl, obwohl er in Berlin geboren wurde?
6. Welche Unterschiede gibt es generell zwischen Hakans Generation und der Generation seiner Eltern?
7. Wie waren die 90er Jahre für Ausländer?
8. Wie ist die Atmosphäre für Ausländer in Deutschland besser geworden?
9. Was findet Hakans Bruder Ediz an der Situation der deutsch-türkischen Akademiker in Deutschland problematisch?
10. Warum ist Hakans Schwester bei ihrer Arbeit unsicher?
11. Was meinen Sie: Was bedeutet Frau Gümeshans Aussage am Ende des Textes?

11 Einige Themen Lesen Sie den Text noch einmal. Machen Sie eine Liste mit Stichwörtern zu den folgenden Themen.

1. Geschichte eines ausländischen Arbeiters in Deutschland
2. Erfahrungen eines jungen Deutsch-Türken oder einer jungen Deutsch-Türkin in Deutschland
3. Probleme der Ausländer in Deutschland
4. Sprache und Integration in die Gesellschaft

12 Zur Diskussion In Deutschland gibt es so etwas wie eine deutsch-türkische Kultur. Nennen Sie Beispiele aus Ihrem Land, wo verschiedene Kulturen zusammengekommen sind. Sie können über das Essen, die Musik, Kleidung oder Sprache sprechen.

13 Erzählen wir

1. Stellen Sie sich vor, dass Sie als Ausländerin/Ausländer in Deutschland leben. Erzählen Sie von sich. Woher kommen Sie? Warum sind Sie nach Deutschland gekommen? Wie gefällt es Ihnen in Deutschland?
2. **Rollenspiel.** Eine Reporterin/Ein Reporter interviewt eine ausländische Mitbürgerin/einen ausländischen Mitbürger *(fellow citizen)* in Ihrem Land.
3. Sie sind Reporterin/Reporter. Sie wollen Hakan oder Hakans Schwester interviewen. Welche Fragen würden Sie stellen?

Land und Leute

Staatsbürgerschaft

▲ Die doppelte Staatsbürgerschaft ist in Deutschland politisch kontrovers.

For many countries, the primary method of determining citizenship (**Staatsangehörigkeit** or **Staatsbürgerschaft**) is through heritage, that is, the citizenship of the parent(s), not the country of birth. In such countries, naturalization (**Einbürgerung**) is often a convoluted process. This was also the case in Germany. One example of the policy was that children born to foreigners in Germany were not citizens of Germany even though the families had lived in Germany for many years.

In 2000, however, a new citizenship law took effect that makes it easier to become a German citizen. Children born to foreigners who have lived in Germany for at least eight years automatically have dual citizenship until the age of 23, when they must choose one citizenship. As a general rule, dual citizenship applies only to other member states of the EU. In addition, the naturalization law has made it easier for adults to become German citizens. Foreigners who have been legal residents for at least eight years and can support themselves can apply to become citizens by demonstrating proficiency in German and knowledge of German culture and political institutions. Since the introduction of the new law, over 1 million people have been naturalized, with the largest single country of origin for new citizens being Turkey.

To understand the difficulties in the current cultural and political discourse on immigration and naturalization in Germany, it is important to realize that this discourse is affected by the aftermath of WWII and Nazi Germany. Given Germany's past, any debate on immigration policy requires Germans to discuss German identity in cultural and in historical terms. In order to determine what it may mean to become a German citizen, Germans must formulate what it means to be a German citizen, hence what it means to be German. Germans are historically wary of "mainstreaming" German cultural and national identiy, because many think that it was exaggerated national pride in concert with overreliance on a monocultural ethos of superiority that were some of the key factors making Nazi Germany and the Holocaust possible. As a result, in the pursuit of a workable framework for immigration and naturalization, it remains a difficult task for Germans to formulate what it is that Germans may share in terms of values, culture, and history.

I. Kulturkontraste
1. Ausländische Mitbürger und Staatsbürgerschaft
2. Zwei junge Türkinnen sprechen über ein Problem

Kulturkontraste

1. Was halten Sie von der doppelten Staatsbürgerschaft? Welche Vorteile und welche Nachteile kann es geben?
2. Wie wird man Staatsbürgerin/Staatsbürger in Ihrem Land?
3. Staatsbürgerschaft und Nationalität: Welche Themen werden in Ihrem Land besonders kontrovers diskutiert? Warum?
4. Was meinen Sie: Kann man die Kultur einer Nation klar definieren? Was sind ein paar zentrale Aspekte solcher Definitionen in Amerika? Was denken Sie darüber?

Vokabeln II

Audio Flashcards
Tutorial Quizzes

Substantive

der **Ausländer**, -/die **Ausländerin**, **-nen** foreigner
der **Bewohner**, -/die **Bewohnerin**, **-nen** inhabitant
der **Fall**, ⁼e case, situation; **auf jeden Fall** in any case
der **Teller**, - plate; dish of food
das **Kopftuch**, **-tücher** headscarf
das **Lokal**, **-e** restaurant, bar
das **Thema**, **Themen** topic, theme
das **Tuch**, ⁼er cloth; scarf; shawl
das **Zuhause** home

die **Ausländerfeindlichkeit** hostility toward
  foreigners, xenophobia
die **Decke** blanket
die **Geschwister** *(pl.)* siblings
die **Heimat**, **-en** homeland
die **Mitte** middle
die **Nähe** nearness; proximity; vicinity; **in der
  Nähe** near

Verben

**auf·wachsen (wächst auf), wuchs auf, ist
  aufgewachsen** to grow up
bemerken to notice; remark
sich **entscheiden, entschied, entschieden** to decide
geboren: ist geboren born
gebrauchen to use

handeln (+ von) to treat, be about
mit·machen to join in
sich **verändern** to change
sich *(dat.)* **vor·stellen** to imagine; **ich kann es mir
  vorstellen** I can imagine it

Adjektive und Adverbien

allerdings however, of course
fremd foreign, strange
häufig frequent(ly)
hungrig hungry
multikulturell multi-cultural
nahe *(+ dat.)* near; **mir nahe** close to me

nebeneinander side by side, near each other
offen open
problematisch problematical
sowieso in any case

Besondere Ausdrücke

die **(siebziger, neunziger) Jahre** the (1970s, 1990s)
zu Besuch for a visit

zum Essen for dinner

Alles klar?

14 Allerlei *(Potpourri)* Ergänzen Sie die folgenden Sätze mit den
passenden Wörtern aus der Liste.

| Fall geboren Geschwister Kopftuch |
| Lokal Mitte Nähe Teller Decke |

1. Für unser Picknick brauchen wir noch _____, Messer, Gabeln und
   Gläser. Wir sollten auch eine _____ mitnehmen, damit wir uns
   hinsetzen können.
2. Wenn du Ohrenschmerzen hast, solltest du bei diesem Wind hier auf
   jeden _____ ein _____ tragen.
3. Wenn ihr türkisch essen gehen wollt, kenne ich ein tolles _____.
   Es ist ganz in der _____, nur fünf Minuten zu Fuß.
4. Meine beiden _____ haben _____ August Geburtstag:
   Mein Bruder ist am 14. August und meine Schwester am 15. August
   _____.

15 Frau Gümeshan erzählt Ergänzen Sie den Text mit den Wörtern aus der Liste.

> aufgewachsen Ausländer Ausländerfeindlichkeit bemerkt
> Bewohner entschieden geboren Heimat verändert vorstelle

Frau Gümeshan erzählt:

Ich lebe seit fast 30 Jahren in Deutschland, doch für mich ist die Türkei immer noch meine richtige _____. Zwei meiner Kinder sind hier in Deutschland _____. Die Kinder sind hier in Berlin-Kreuzberg _____. Die 90er Jahre in Deutschland waren keine gute Zeit, weil damals die _____ am größten war. Häufig gab es schlimme Aktionen gegen _____. Zum Beispiel haben rechtsradikale Leute in Häusern, in denen es viele ausländische _____ gab, Feuer gelegt. Das war schrecklich und oft hatten mein Mann und ich auch große Angst um unsere Familie. Die Situation hat sich jetzt positiv _____ und wir fühlen uns recht wohl hier. Manchmal ist es aber schwierig für mich, wenn ich mir _____, dass ich immer in Deutschland leben und wohl auch hier sterben werde. Unsere Tochter und unser jüngster Sohn werden wohl in Deutschland bleiben, doch unser Sohn Ediz will nach Istanbul gehen. Als er sich um Jobs beworben hat, hat er wohl _____, dass er es als Deutsch-Türke in einer Managerposition nicht leicht haben wird in Deutschland. Und das ist natürlich schwierig – zwei Kinder hier, eins in der Türkei. Mein Mann und ich haben uns noch nicht _____, wo wir unseren Lebensabend verbringen wollen.

▲ Die Metropole
Istanbul am Bosporus

Vitaly Titov & Maria Sidelnikova/Shutterstock.com

Land und Leute

 Web Search

Deutschland: Die Regierung

In the Federal Republic of Germany each state **(Bundesland)** has a constitution. However, the central government is strong.

National elections to the House of Representatives **(der Bundestag)** take place every four years. All German citizens over 18 years of age have "two votes;" the "first vote" **(Erststimme)** is for a particular candidate and the "second vote" **(Zweitstimme)** is for one political party. The representative one votes for need not belong to the party that one votes for. The constitution **(Grundgesetz)** of the Federal Republic stipulates that a political party has to have a minimum of 5% of all the votes cast to be represented in the **Bundestag**.

▲ Besucher vor dem Reichstag in Berlin

The **Bundestag** is the only federal body elected directly by the people. The Federal Council **(Bundesrat)** represents the federal states **(Bundesländer)** and is made up of members of the state governments or their representatives. The President **(Bundespräsidentin/ Bundespräsident)** is elected by the Federal Convention (comparable to the U.S. Electoral College). The President's tasks are mainly ceremonial in nature.

The head of the government in the Federal Republic of Germany is the Federal Chancellor **(Bundeskanzlerin/Bundeskanzler),** who is nominated by the President and elected by the **Bundestag**.

The major German parties are **SPD (Sozialdemokratische Partei Deutschlands); CDU (Christlich-Demokratische Union); CSU (Christlich-Soziale Union); Grüne (Bündnis 90/Die Grünen); FDP (Freie Demokratische Partei);** and **Die Linke**.

In 2005 Angela Merkel (b. 1954) of the **CDU** became the first woman chancellor **(Kanzlerin)** of reunited Germany and was reelected into a second term in 2009. Thereby, in the opinion of many, she became the most powerful woman in the world.

▲ Angela Merkel, Bundeskanzlerin

Kulturkontraste

1. Vergleichen Sie die Regierung in Deutschland mit der Regierung in Ihrem Land. Welche deutschen Institutionen gibt es auch in Ihrem Land, welche sind anders?

2. Was meinen Sie: Wie mächtig ist der deutsche Bundeskanzler oder die deutsche Bundekanzlerin in der Welt?

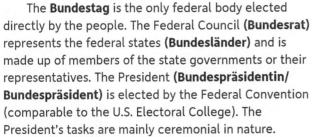

Grammatik und Übungen

Giving additional information

Relative clauses

Ist das **der Mann, den** Sie meinen?	*Is that **the man (whom)** you mean?*
Ist das **das Auto, das** du kaufen möchtest?	*Is that **the car (that)** you'd like to buy?*
Wer ist **die Frau, die** gerade hereinkommt?	*Who is **the woman (who is)** just coming in?*

A RELATIVE CLAUSE provides additional information about a previously mentioned noun or pronoun.

- The clause is introduced by a relative pronoun (e.g., **den, das, die**) that refers back to the noun, which is the antecedent (e.g., **Mann, Auto, Frau**).

- Since a relative clause is a dependent clause, the finite verb (e.g., **meinen, möchtest, hereinkommt**) stands in last position.

- In German, the relative pronoun must always be stated. In English, the relative pronoun may or may not be stated.

- Relative clauses are set off from main clauses by commas.

Relative pronouns (*das Relativpronomen*)

	Masculine	Neuter	Feminine	Plural
Nominative	der	das	die	die
Accusative	den	das	die	die
Dative	dem	dem	der	denen
Genitive	**dessen**	**dessen**	**deren**	**deren**

The FORMS of the relative pronoun are the same as the forms of the definite articles, except for the dative plural and all genitive forms.

Masculine	Das ist der Mann, **der** uns gefragt hat.
Neuter	Das ist das Kind, **das** uns gefragt hat.
Feminine	Das ist die Frau, **die** uns gefragt hat.
Plural	Das sind die Leute, **die** uns gefragt haben.

The GENDER (masculine, neuter, or feminine) of the relative pronoun depends on the gender of the noun to which it refers.

- In the examples above, **der** is masculine because it refers to **der Mann,** and **die** is feminine because it refers to **die Frau**.

- Whether a pronoun is singular or plural also depends on the noun to which it refers. The pronoun **die** that refers to **die Leute** is plural and therefore requires the plural verb **haben**.

Nominative	Ist das der Mann, **der** hier war?
Accusative	Ist das der Mann, **den** Sie meinen?
Dative	Ist das der Mann, **dem** Sie es gesagt haben?
Genitive	Ist das der Mann, **dessen** Auto Sie gekauft haben?

The CASE (nominative, accusative, dative, or genitive) of a relative pronoun depends on its grammatical function in the relative clause. In the examples above, **der** is nominative because it is the subject of its clause; **den** is accusative because it is the direct object of the verb **meinen** in that clause; **dem** is dative because it is an indirect object in the clause; and **dessen** is genitive because it shows possession.

Wie heißt die Frau, **für die** Sie arbeiten?	*What is the name of the woman for whom you work?*
Wo ist die Firma, **bei der** Sie arbeiten?	*Where is the firm (that) you work for?*

A relative clause can also be introduced by a preposition followed by a relative pronoun. The case of the relative pronoun then depends on what case the preposition takes. In **für die** (first example), **die** is accusative because of **für**; in **bei der** (second example), **der** is dative because of **bei**.

- In German, whenever a relative pronoun is the object of a preposition, the preposition precedes the pronoun.
- In colloquial English, the preposition is usually in last position: *(that) you work for.*

16 **Mohamad Moalem, 20, Iran** Lesen Sie den Bericht von Mohamad Moalem aus dem Magazin *Willkommen* des Goethe-Instituts. Hier erzählt der Austauschstudent, warum er gerne in Hamburg wohnt. Identifizieren Sie die Relativpronomen im Text und erklären Sie, in welchem Fall jedes Pronomen ist und worauf es sich bezieht. Beantworten Sie dann die Fragen.

> „Mein Vater arbeitet im iranischen Generalkonsulat in Hamburg. Bevor wir hierher kamen, habe ich gedacht, dass ich in eine ganz fremde Welt komme, aber eigentlich sind die Unterschiede gar nicht so groß – nur im Glauben und in der Kleidung. Der einzige Unterschied, an den ich mich wirklich schwer gewöhnen *(get used to)* kann, ist das kühlere Klima. Ich hoffe sehr, dass der Sommer hier in Deutschland wieder so gut wird wie im letzten Jahr, da war es lange Zeit sehr heiß. Ich werde wieder die schönen Restaurants und Cafés hier besuchen und viele deutsche Freunde finden, mit denen ich dann Spaß haben und das leckere Essen genießen *(enjoy)* kann. Ich bin schon ein großer Fan von Fischgerichten *(seafood)* und Burgern. Nach meinem Kurs am Goethe-Institut werde ich Medizin oder Biologie in Hamburg studieren. Es ist wichtig, dass man die Techniken und Methoden anderer Länder kennenlernt, die man dann in seine Heimat tragen und so die dortige Praxis bereichern *(enrich)* kann.

1. Warum lebt Mohamad in Hamburg?
2. Welche Unterschiede sieht Mohamad zwischen Deutschland und dem Iran?
3. Was gefällt ihm in Hamburg?
4. Was findet er weniger gut?
5. Was will Mohamad studieren?

> Mein Freund ist Ausländer

17 **Die sind doch gar nicht kaputt** Ihr Freund repariert gern elektrische Geräte *(appliances)*, aber er weiß nicht so genau, welche Geräte er reparieren soll. Korrigieren Sie ihn. Benutzen Sie den Nominativ des Relativpronomens.

S1:
Ich repariere jetzt
    diesen Computer, ja?

S2:
Das ist doch nicht der
    Computer, der kaputt ist.

1.

2.

3.

4.

5.

 18 **Die Sachen sind toll** Sie hatten Geburtstag! Und Sie haben jetzt neue Kleidung und sind sehr stolz darauf. Fragen Sie Ihre Partnerin/Ihren Partner, ob ihm/ihr die Kleidung gefällt. Die Partnerin/Der Partner fragt, ob Sie die Dinge zum Geburtstag bekommen haben. Benutzen Sie den Akkusativ der Relativpronomen.

S1:
Wie gefällt dir diese Jacke?

S2:
Toll. Ist das die Jacke, die du zum
    Geburtstag bekommen hast?

1. Wie gefällt dir diese Hose?
2. Wie gefällt dir dieses Hemd?
3. Wie gefällt dir dieser Rock?
4. Wie gefällt dir dieser Pulli?
5. Wie gefallen dir diese Jeans?
6. Wie gefallen dir diese Schuhe?
7. Wie gefallen dir diese Socken?
8. Wie gefallen dir diese Handschuhe?

19 Michael schreibt über die Ausländer Michael schreibt seinem Freund Thomas über die Situation der Ausländer in Deutschland. Ergänzen Sie die Sätze mit den passenden Relativpronomen.

1. In der E-Mail, _____ Michael an seinen Freund Thomas schreibt, berichtet er über die Ausländer.
2. Viele Ausländer, _____ in Deutschland leben, wohnen in den großen Industriestädten.
3. In manchen Vierteln *(city quarters),* in _____ die Ausländer wohnen, leben nur wenige Deutsche.
4. Dort gibt es Laden, in _____ die Auslander die Lebensmittel kaufen können, _____ sie von ihrer Heimat her kennen.
5. Es sind meistens die Kinder, _____ es in dem fremden Land ganz gut gefällt.
6. Das Deutsch, _____ die Kinder sprechen, ist oft besser als das Deutsch ihrer Eltern.
7. Die Ausländer, _____ die Deutschen bei der Integration wenig helfen, bleiben oft unter sich.

20 Wer sind diese Leute? Luisa und Jens sind auf einer Party. Luisa erzählt interessante Dinge über die Leute und Jens scheint schon einiges zu wissen. Ergänzen Sie die Sätze mit Relativpronomen im Genitiv.

BEISPIEL Frau Meier, ___deren___ Sohn in Marburg studiert, ist Rechtsanwältin.

1. Herr Schnell, _____ Tochter bei Volkswagen arbeitet, fährt einen Golf.
2. Herr und Frau Gescheit, _____ Kinder gut Englisch können, haben ein neues großes Haus.
3. Der alte Herr, _____ Sohn arbeitslos ist, hat vor ein paar Wochen Bankrott gemacht.
4. Herr Ettel, _____ Frau Chefärztin ist, studiert noch.
5. Diese junge Frau, _____ Vater ein bekannter Rechtsanwalt ist, hat letzte Woche geheiratet.

▲ **Das sind meine Freunde, mit denen ich jedes Jahr Fasching *(carneval)* feiere.**

B. Was ist das?
C. Deutschland als zweite Heimat
D. Kulturelle Unterschiede

21 **Wer ist ...?** Fragen Sie Ihre Partnerin/Ihren Partner, wer die verschiedenen Leute sind. Ihre Partnerin/Ihr Partner stellt Ihnen auch Fragen. Es ist möglich, dass Sie beide die Leute unterschiedlich (*differently*) beschreiben.

S1:		*S2:*
Wer ist Herr Rot?		Das ist der Journalist, der für die
Das ist ...		*Times* arbeitet. Und wer ist Frau ...?

Frau Blau	der Professor	Sie/Er schreibt an einem Roman.
Herr Klein	die Studentin	Sie/Er trägt immer komische Hüte.
Frau Rot	der Ingenieur	Alle mögen sie/ihn.
Dr. Kühler	der Journalist	Ihr Mann ruft sie jeden Tag an.
Herr Hamburger	die Sekretärin	Ihr/Ihm gefällt es gut hier.
Frau König	die Ärztin	Sie/Er arbeitet für die *Times*.
Frau Kaiser	der Musiker	Sie/Ihn sieht man nur mit der Zeitung unterm Arm.
Herr Bass	die Lehrerin	Sie/Er lächelt immer so viel.

22 **Erzähl mal** Bilden Sie Dreiergruppen und beenden Sie die Sätze.

BEISPIEL Wien ist eine Stadt, ...   *[die sehr alt ist].*
    [die ich besuchen möchte].
    [in der ich leben möchte].

1. Die Schweiz ist ein Land, ...
2. Österreich ist ein Land, ...
3. Volkswagen ist eine Firma, ...
4. Ich hätte gern eine Präsidentin/einen Präsidenten, ...
5. Ich habe einen Freund, ...
6. Ich habe eine Freundin, ...
7. Ich habe eine Professorin/einen Professor, ...
8. Der Juli ist ein Monat, ...

2-39

23 **Hören Sie zu** Hören Sie sich die Radiowerbung (*radio commercial*) für ein Restaurant in München-Haidhausen an. Beantworten Sie dann die Fragen. Sie hören drei neue Wörter: **Achtung!** (*Attention!*); **Neueröffnung** (*new opening*); **in der Nähe** (*near*).

1. Was machen die Leute, die in Haidhausen abends noch Hunger haben?
2. Was für ein Restaurant ist das „Restaurant Konya" in der Rablstraße?
3. Wann kann man im „Restaurant Konya" essen?
4. Wie viel kostet das billigste Essen im „Restaurant Konya"?
5. Was gibt es alles im Gasteig?

Konya!

Türkische Spezialitäten
➤ warme und kalte Küche

Öffnungszeiten:
Dienstag bis Sonntag
von **18.00 bis 24.00 Uhr**
Montag Ruhetag

Konya
Rablstraße 19
81669 München
(Nähe Gasteig)

© Cengage Learning

www.konya-restaurant.de

The passive voice (das Passiv)

Active voice	**Stefan** fragt mich fast jeden Tag.	*Stefan* asks me almost every day.	*Focusing attention on the receiver of an action*
Passive voice	**Ich** werde fast jeden Tag gefragt.	*I'm asked almost every day.*	

In the active voice, the subject is "active."

- The subject is the agent that performs the action expressed by the verb.
- Active voice focuses attention on the agent.
- The attention in the active sentence above is focused on Stefan, who asks me almost every day.

In the passive voice, the subject is "passive."

- The subject is acted upon by an expressed or unexpressed agent.
- Passive voice focuses attention on the receiver of the action.
- The attention in the passive sentence above is focused on the person *(me)* who is asked almost every day.

The subject (e.g., **ich**) of a passive sentence corresponds to the object of an active sentence (e.g., **mich**).

In everyday conversation, speakers of German use the active voice much more often than the passive voice. The passive is used in instructions, recipes, and technical and scientific manuals, where, just as in English, an impersonal style is preferred.

Passive voice: present tense and simple past tense

Present	Ich **werde gefragt**.	*I am asked.*
Simple past	Ich **wurde gefragt**.	*I was asked.*

- In English, a passive verb phrase consists of a form of the auxiliary verb *to be* and the past participle of the verb (e.g., *asked*).
- In German, the passive verb phrase consists of a form of the auxiliary **werden** and the past participle of the main verb (e.g., **gefragt**).
- The tenses you will encounter most frequently in passive voice are the present and simple past.

---

24 **Was wird heute gemacht?** Es ist Samstag und es gibt viel zu tun. Sagen sie, was heute bei Franziska alles gemacht wird.

BEISPIEL Brot / kaufen   *Brot wird gekauft.*

1. die Wäsche / waschen
2. das Geschirr / spülen
3. das Essen / kochen
4. das Haus / sauber machen
5. das Auto / putzen
6. die Gartenarbeit / machen
7. die Garage / aufräumen
8. der Kaffee / trinken

Von + agent

Without agent	Die Gartenarbeit wird gemacht.	*The yard work is being done.*
With agent	Die Gartenarbeit wird **von meiner Schwester** gemacht.	*The yard work is done by my sister.*

- In the passive voice, the agent is often omitted.
- If the agent (e.g., **Schwester**) is expressed, in most passive sentences, it is the object of the preposition **von** and thus it is in the dative case.

J. Von wem wird das gemacht?

25 **Wie war das damals?** Ihre Urgroßeltern erzählen aus ihrer Kindheit. Was wurde wie gemacht? Verbinden Sie die richtigen Konzepte miteinander.

1. Briefe wurden mit der Hand geschrieben,
2. Telefoniert wurde nur kurz,
3. Das Essen wurde auf dem Herd gekocht,
4. Filme wurden in schwarz-weiß gesehen,
5. Das Geschirr wurde von Hand gewaschen,

... nicht mit der Maschine.
... nicht in Farbe.
... nicht mit dem Computer.
... nicht stundenlang.
... nicht in der Mikrowelle.

▲ Das erste deutsche Auto (der „pferdelose Wagen") wurde von Carl Friedrich Benz entwickelt.

bluecrayola/Shutterstock.com

E. Was wird von wem gemacht?
G. Von wem wurde das erfunden oder geschrieben?

Discussing who invented, wrote, or discovered something

26 **Wer war das?** Sie und Ihre Partnerin/Ihr Partner fragen einander, was von wem gemacht wurde. Benutzen Sie die Stichwörter und bilden Sie Sätze im Passiv.

S1:
Von wem wurde das Telefon erfunden (*invented*)?

S2:
Das Telefon wurde von Alexander Graham Bell erfunden.

der Film *Star Wars*	Carl Friedrich Benz	gebaut
Micky Maus	George Lucas	geschrieben
die Brooklyn Bridge	Christopher Columbus	gemacht
Hamlet	Walt Disney	entdeckt (*discovered*)
Amerika	Alexandre Eiffel	erfunden
der Eiffelturm	Albert Einstein	entwickelt
das erste deutsche Auto	Thomas Jefferson	
die Relativitätstheorie	Johann Roebling	
die amerikanische Unabhängigkeitserklärung	William Shakespeare	

27 Ausländer in Deutschland Der Austauschstudent David spricht mit Anna über Ausländer in Deutschland. Lesen Sie das Gespräch und beantworten Sie die Fragen.

DAVID: Anna, ich sehe hier in Deutschland so viele ausländische Geschäfte – türkische, griechische, italienische, spanische.

ANNA: Ja, das stimmt. Es gibt in Deutschland fast 7 Millionen Ausländer. Zwischen 1955 und 1973 wurden Arbeiter in Westdeutschland gebraucht. Sie kamen vor allem aus Italien, Griechenland, Spanien und der Türkei.

DAVID: Wurden sie von den Deutschen denn akzeptiert?

ANNA: Am Anfang wurden zum Beispiel Türken nicht so leicht in die deutsche Gesellschaft integriert wie Italiener, Griechen und Spanier. Dann in den 90er Jahren gab es häufig Gewalttaten (*acts of violence*) gegen Türken aber auch viele Demonstrationen gegen diesen Ausländerhass (*xenophobia*).

DAVID: Und heute?

ANNA: In den letzten Jahren sind alle diese kulturellen Konflikte besser geworden. Man kann nur hoffen, dass das so bleibt und es weiterhin ein friedliches Zusammenleben gibt.

1. Was für ausländische Geschäfte und Restaurants sieht David in Deutschland?
2. Woher kamen die meisten Arbeiter, die Westdeutschland zwischen 1955 und 1973 brauchte?
3. Welche Gruppe von Ausländern integrierte sich am wenigsten schnell in die deutsche Gesellschaft. Woran könnte das gelegen haben?
4. Was passierte in den 90er Jahren?
5. Wie sieht Anna die Situation heute?

28 Hören Sie zu David fliegt nächste Woche wieder zurück nach Amerika. Die Studentenzeitung möchte noch ein Interview mit ihm machen, bevor er abreist. Hören Sie sich das Interview an und geben Sie an, ob die folgenden Sätze richtig oder falsch sind. Sie hören zwei neue Wörter: Lederhosen (*short leather pants*); Schloss Neuschwanstein (*castle built by Ludwig II of Bavaria in the nineteenth century, a popular tourist attraction*).

	Richtig	Falsch
1. Die Amerikaner glauben, dass Deutschland ziemlich multikulturell ist.	_____	_____
2. Wurst, schnelle Autos und viele Neonazis sind ein Teil des amerikanischen Deutschlandbildes.	_____	_____
3. Deutsche und Ausländer studieren und spielen zusammen Fußball.	_____	_____
4. In Deutschland dauert es manchmal eine Weile, bis man Freunde hat.	_____	_____
5. David hat viele Fotos von stereotypen Deutschen, die Lederhosen tragen.	_____	_____

Impersonal passive construction

Samstags **wird** schwer **gearbeitet**.
Sonntags **wird** nicht **gearbeitet**.

*On Saturdays people **work** hard.*
*No one **works** on Sundays.*

In German it is possible to use passive without having a subject or an agent. Such a construction is called an impersonal passive construction.

Es wird jetzt gearbeitet. $\Big\{$ *There is work going on now.*
People are working now.

The pronoun **es** begins an impersonal passive construction if no other words precede the verb. **Es** is a dummy subject. An English equivalent of the impersonal passive often uses an introductory phrase, such as *there is* or *there are*.

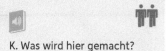

K. Was wird hier gemacht?

29 Was wird hier gemacht? In diesem Wohnhaus ist viel los. Sprechen Sie mit Ihrer Partnerin/Ihrem Partner darüber, was in jeder Wohnung gemacht wird.

S1:
Was wird in Wohnung Nummer 2 gemacht?

S2:
In Wohnung Nummer 2 wird gespielt. *or*
Es wird gespielt.

Summary of the uses of *werden*

Active voice: main verb

Herr Heller **wird** alt.	Mr. Heller **is growing** old.
Die Kinder **wurden** müde.	The children **were getting** tired.
Frau Ullmann **ist** Chefin der Firma **geworden**.	Ms. Ullmann **has become** head of the company.

Werden as a main verb is equivalent to English *to grow, get,* or *become*.

Auxiliary verb in future tense

Matthias **wird** hoffentlich mehr **arbeiten**.	I hope Matthias **will work** more.
Du **wirst** das wohl **wissen**.	You **probably know** that.

Werden is used with a dependent infinitive to form the future tense.

H. In zwanzig Jahren

Passive voice: auxiliary verb

Viele Geschäfte **wurden** von Ausländern **aufgemacht**.	Many businesses **were opened** by foreigners.
Die Gäste **werden** oft von ethnischen Musikgruppen **unterhalten**.	The guests **are** often **entertained** by ethnic music groups.

Werden is used with a past participle to form the passive voice. The passive voice can occur in any tense.

---

30 **Die wirtschaftliche Situation in Deutschland** Eine deutsche Geschäftsfrau spricht mit ausländischen Journalisten über die wirtschaftliche Situation in Deutschland. Stellen Sie fest *(determine)*, wie **werden** benutzt wird. Dann geben Sie die Sätze auf Englisch wieder. Sagen Sie, ob **werden** (a) Hauptverb im Aktiv ist [geben Sie die Zeit *(tense)* an], (b) als Futur benutzt wird oder (c) als Passiv-Konstruktion benutzt wird (geben Sie die Zeit an).

BEISPIEL Viele alte Fabriken werden modernisiert.
   ***werden modernisiert* / present passive**
   Many old factories are being modernized.

1. Hier wird noch viel gemacht.
2. Die Situation wird im nächsten Jahr sicher besser.
3. Der Export wird langsam weniger.
4. Wer wird dem Land helfen?
5. Werden die Waren auf dem Weltmarkt eine Zukunft haben?
6. Man meint, dass das Land immer weniger Rohstoffe haben wird.
7. Das Leben wurde in letzter Zeit teurer.
8. Von der Industrie werden neue Märkte gesucht.
9. Die Situation wird hoffentlich in den nächsten Jahren besser.

2-41

Leserunde

S abri Cakir was born in 1955 in Denizli, Turkey, and came to West Germany in 1978, when he joined family members who had preceded him. He is a teacher of Turkish children in Gelsenkirchen as well as a poet and author of short stories. Cakir's poems have been published in both Turkish and German magazines and, in 1984, a collection of his poetry was published in Turkey. His book *We Wanted to Live* (2004) consists of fictitious short stories based on the terrorist attacks of September 11, 2001, in the United States.

In the story that follows, Cakir transforms a seemingly humorous conversation about German grammar into a commentary on the position of foreigners in Germany.

Deutsch ist sehr leicht

Tan besucht die fünfte Klasse der Hauptschule. Heute kommt er traurig von der Schule. Sein Opa redet mit ihm.

OPA: Was ist los, Tan? Warum bist du traurig?

TAN: Ich habe eine schlechte Note in der Deutscharbeit, Opa.

5 OPA: Warum denn? Du kannst besser Deutsch als ich!

mix up   TAN: Ja, Opa. Aber ich vertausche° die Artikel.

OPA: Was bedeutet „Artikel"?

TAN: Die Türken sagen „Frau". Die Deutschen sagen „die Frau". Das „die" ist der Artikel.

pretty   10 OPA: Ich sage nicht „Frau", sondern „hübsche° Frau".

TAN: Ja, Opa. Das stimmt. Aber das ist etwas anderes. Zum Beispiel: Der Artikel von „Tür" ist „die".

OPA: Warum?

TAN: Ich weiß nicht.

feminine   15 OPA: Ich glaube, ich weiß warum. Die Deutschen denken eine Tür sieht weiblich° aus, wie eine Frau.

TAN: Bringe mich nicht zum Lachen, Opa! Das ist Quatsch! Der Artikel von

curtain   „Gardine°" ist auch „die".

wedding dresses   OPA: Das ist logisch. Denn Brautkleider° sehen aus wie Gardinen.

sewing machine   20 TAN: Der Artikel von „Nähmaschine°" ist auch „die".

OPA: Logisch! Nähmaschinen werden von Frauen benutzt.

TAN: Nein, Opa! Nähmaschinen werden auch von Männern benutzt.

OPA: Was ist der Artikel von „Mann"?

TAN: Der Artikel von „Mann" ist „der".

25 OPA: Ich sage nicht „Mann", sondern „junger Mann".

TAN: Der Artikel von „Tisch" ist auch „der". Gefällt es dir?

masculine   OPA: Sehr komisch! Ein Tisch kann nicht männlich° sein!

mirror   TAN: Der Artikel von „Stuhl" ist auch „der". Genauso wie von „Spiegel°".

OPA: Ein Stuhl kann doch nicht männlich sein! Ein Spiegel kann doch nicht

30   männlich sein! Ein Kind kann männlich oder weiblich sein. Was heißt denn „männliches Kind"?

TAN: „Der Sohn".

OPA: Und „weibliches Kind"?

TAN: „Die Tochter".

35 OPA: Siehst du. Diese Artikel sind logisch.

TAN: Warte, Opa. Das ist noch nicht alles. Es gibt noch einen Artikel.

OPA: Welcher?

TAN: Zum Beispiel: Der Artikel von „Fenster" ist „das". Genauso wie bei „Fernsehen, Radio, Sofa, Buch, Heft, Bild".

40 OPA: Jetzt bin ich überrascht°. Denken sie, dass diese Gegenstände geschlechtslos° sind? *surprised* *without gender*

TAN: Ich weiß nicht, Opa. Aber ich weiß genau, in deutscher Sprache bei Nomen gibt es drei Artikel: „der", „die" und „das".

OPA: Zu meiner Zeit war Deutsch nicht so schwer. Es war sehr leicht.

45 TAN: Wirklich?

OPA: Ja, wirklich: „Guten Morgen, Chef! Alles klar, Meister! Ja, Herr Kollege! Nein, Herr Kollege! Bitte schön! Danke schön!"

TAN: Das ist alles?

OPA: Ja, das ist alles. Ach, noch einen Satz kenne ich: „Auf Wiedersehen!"

Fragen

1. Warum ist Tan traurig?
2. Der Opa sagt, dass die Artikel „der" und „die" logisch sind. Warum sagt er das? Welche Beispiele gibt er?
3. Können Sie sich mit Tan und seinen Schwierigkeiten mit der deutschen Sprache identifizieren?
4. Der Opa sagt, zu seiner Zeit war Deutsch nicht so schwer. Interpretieren Sie die folgenden Sätze.
   a. Mit wem hat Opa gesprochen?
   b. Wo hat er gesprochen?
   c. Was für ein Verhältnis° hat Tans Opa zu den Deutschen? *relationship*
5. Die Diskussion zwischen Opa und Tan ist nicht nur über Sprache und wie sich Sprache mit der Zeit „verändert." Sie thematisiert vor allem *soziale* Dinge, die sich verändert haben. Welche?
6. Welche Probleme sehen Sie für verschiedene Generationen von Immigranten, in Deutschland zu leben? Wie sieht der Opa Deutschland, wie sieht Tan Deutschland?

Ianych/Shutterstock.com

Aus einem Buch des Autoren, was bis dato nicht veröffentlicht wurde *(unpublished)*. Sabri Cakir. Reprinted by permission.

Video-Ecke

▲ Er wohnt sehr gerne in Berlin, weil es sehr multikulturell ist.

▲ Er weiss nicht, ob Berlin repräsentativ für Deutschland sein kann.

▲ Sie denkt, dass Deutschland eine multikulturelle Gesellschaft hat.

1 Multikulti

Vor den Videos

31 **Nachgedacht** Was wissen Sie noch vom Kapitel? Denken Sie nach.

1. Welche ethnischen Gruppen gibt es in Deutschland?
2. Welche Probleme gibt es in der deutschen mulitkulturellen Gesellschaft?
3. Was wissen Sie über die deutsche Staatsbürgerschaft?

Nach den Videos

32 **Alles klar?** Sehen Sie sich die Interviews an und machen Sie sich Notizen. Beantworten Sie dann die Fragen.

1. Welche ethnische Gruppe ist besonders präsent in Berlin?
2. Wer meint, dass Deutschland ein Einwanderungsland ist?
3. Wer findet die vielen Sprachen gut?
4. Finden die Personen „Multikulti" insgesamt gut oder schlecht?

2 Alles Gute zum Geburtstag

▲ Paul gibt Hülya ein Geschenk zum Geburtstag.

▲ Hülya spricht über ihre Familie und ihre Staatsbürgerschaft.

▲ Alle essen eine „multikulturelle" Currywurst.

In diesem Kapitel hat Hülya Geburtstag. Die Freunde singen für sie und haben auch eine Kerze und ein Geschenk. Hülya spricht über sich, ihre Familie, und wie es ist, zwischen den Kulturen zu leben ...

Nützliches	
das Geburtstagslied	*birthday song*
die Glückwünsche	*good wishes, congratulations*
die Kerze	*candle*
sich entscheiden	*to decide, make up one's mind*
auspacken	*to unwrap*
auspusten	*to blow out*

Nach dem Video

Sehen Sie sich das Video an und machen Sie sich Notizen. Beantworten Sie dann die Fragen.

A. Was haben Sie gesehen?
B. Hülyas Geburtstagsfeier
C. Hülyas Familie
D. Was passiert wann?
E. Wer hat das gesagt?
F. Die vier Freunde

33 Was passiert wann? Bringen Sie die folgenden Sätze in die richtige Reihenfolge.

_____ Alle singen „Hoch soll sie leben."
_____ Hülya packt ihr Geschenk aus.
_____ Anton und Paul haben eine Kerze für Hülya.
_____ Hüly spricht über ihre Eltern und Grosseltern.
_____ Alle sagen: „Hmmmm, lecker!"
_____ Paul sagt: „Das ist alles so bunt hier."
_____ Hülya pustet die Kerze aus.

34 Richtig oder falsch? Arbeiten Sie mit einer Partnerin/einem Partner. Fragen Sie ihn/sie: Was ist richtig, was ist falsch?

S1:
Hülya hat Geburtstag. Ist das richtig?

S2:
Ja, das ist richtig. / Nein. ...

	Richtig	Falsch
Hülya wird 22.	_____	_____
Alle singen „Happy birthday to you."	_____	_____
Hülya muss sich entscheiden: die deutsche oder die türkische Staatsbürgerschaft.	_____	_____
Hülyas Eltern sprechen nur Deutsch.	_____	_____
Hülyas Grosseltern sind nach Deutschland gekommen.	_____	_____
Für Hülya ist das der erste Geburtstag ohne ihre Familie.	_____	_____

35 Was meinen Sie? Beantworten Sie die Fragen.

1. Im Zug feiern die Freunde den Geburtstag von Hülya. Wie reagiert Hülya?
2. Wie sind die Generationen in Hülyas Familie aufgewachsen? Wer spricht welche Sprache?
3. Was meinen Sie: Welche Generation in Hülyas Familie hatte welche Perspektiven und welche Probleme? Sind es die gleichen gewesen oder vielleicht nicht?

Wiederholung

1 **Rollenspiel** Sie machen Urlaub in Deutschland und wollen ein Auto mieten *(rent)*. Ihre Partnerin/Ihr Partner arbeitet bei der Autovermietung *(car rental)* und kann nur Deutsch. Da sie/er sehr schnell spricht, fragen Sie nach mit Ausdrücken *(expressions)*, die signalisieren, dass Sie es nicht verstehen. (Ihre Partnerin/Ihr Partner soll ihre/seine Sätze möglichst schnell und undeutlich [*unclearly*] sprechen.)

Sätze für Ihre Partnerin/Ihren Partner:

1. Wenn Sie das Auto für eine ganze Woche mieten, ist es billiger.
2. Wenn Sie einen Porsche oder einen Mercedes mieten wollen, müssen Sie aber über 25 Jahre alt sein.
3. Möchte noch eine zweite Person den Wagen fahren?
4. Die Haftpflichtversicherung *(personal liability insurance)* beträgt *(amounts to)* 12 Euro pro Tag.
5. Sie müssen das Auto wieder mit vollem Tank abgeben *(return)*.
6. Der Wagen braucht übrigens *(by the way)* Super.

Redemittel
Ausdrücke, die Nichtverstehen signalisieren *(indicating that you don't understand something)*
- Bitte?• Wie bitte?
- Entschuldigung, was haben Sie gesagt?
- Ich verstehe Sie leider nicht.
- Ich habe Sie leider nicht verstanden.
- Könnten Sie das bitte wiederholen *(repeat)*?
- Würden Sie bitte langsamer sprechen?
- Sie sprechen sehr / zu schnell.
- Ich kenne das Wort ... nicht.
- Was bedeutet denn das Wort ...?
- Wissen Sie, was ... auf Englisch heißt?

2 **Über Politik** Anna erzählt von Professor Lange. Ergänzen Sie ihre Sätze im Passiv mit dem passenden Verb.

| besuchen   diskutieren   halten   lesen   schreiben   sprechen |

BEISPIEL An der Universität oft über Politik.
*An der Universität **wird** oft über Politik **gesprochen**.*

1. Die interessantesten Vorlesungen _____ von Professor Lange _____.
2. Diese Vorlesungen _____ von den Studenten gut _____.
3. Sein Buch *Die neue Politik* _____ nicht nur von Studenten _____.
4. Im Fernsehen _____ auch über Politik _____.
5. In der Zeitung _____ darüber _____.

3 **Ein Student an der Uni** Jakob möchte wissen, wie es Phillip an der Universität geht. Ergänzen Sie die Sätze mit den passenden Adjektivendungen und beantworten Sie dann die Fragen negativ mit Adjektiven aus der Liste.

| alt   dumm   faul   groß   leicht   lustig   schlecht   teuer |

BEISPIEL Studiert Peter an einer klein_____ Universität?
*Studiert Peter an einer **kleinen** Universität?* *Nein, an einer großen.*

1. Ist er ein fleißig_____ Student?
2. Ist er intelligent_____?
3. Liest er gern ernst_____ Geschichten?
4. Wohnt er in einer modern_____ Wohnung?
5. Hat er ein klein_____ Schlafzimmer?
6. Hat er ein schwer_____ Leben?
7. Hat er einen gut_____ Studentenjob?
8. Findet er Wohnen und Essen billig_____?

4 **Michael und sein Freund Hakan** Ergänzen Sie die Sätze über Michael und Hakan mit den passenden Relativpronomen.

1. Hakan lädt Michael, _____ er in der Politikvorlesung kennengelernt hat, zum Essen ein.
2. Das Lokal, in _____ sie gehen, gehört Hakans Eltern.
3. Michael isst den Kebabteller, _____ Hakan empfohlen hat.
4. Hakans Mutter bringt den beiden auch einen Käse, _____ aus der Türkei ist.
5. In den Jahren, in _____ es häufig Gewalttaten gegen Ausländer gab, war Hakan ein kleiner Junge.
6. Hakans Bruder Ediz, _____ Jura studiert hat, sucht einen Job in der Türkei.
7. Hakans Schwester Aysin, _____ gesagt wurde, dass sie ohne Kopftuch zur Arbeit kommen sollte, ist bei ihrer Arbeit unglücklich.

5 **Ihre Meinung** Beantworten Sie die folgenden Fragen und fragen Sie dann Ihre Partnerin/Ihren Partner, was ihre/seine Meinung ist.

1. Möchten Sie in einem anderen Land studieren? Warum (nicht)?
2. Möchten Sie während des Sommers in einem anderen Land arbeiten? Warum (nicht)?
3. Möchten Sie in einem anderen Land leben? In welchem Land? Warum?
4. Möchten Sie in einem Land leben, dessen Sprache Sie nicht können? Warum (nicht)?
5. Würden Sie in einem anderen Land für weniger Geld als in Ihrem Land arbeiten? Warum (nicht)?

6 **Erzählen Sie mal** Diskutieren Sie in kleinen Gruppen über die folgenden Themen. Erzählen Sie mal von

1. ... einem Buch, das Sie gern kaufen würden.
2. ... einer Reise, die Sie gern machen würden.
3. ... Ferien, die Sie gern machen würden.
4. ... Politikern, die Sie gern reden hören würden.
5. ... einem Film, den Sie gern sehen würden.
6. ... einer Rockband, die Sie gern hören würden.

7 **Zum Schreiben**

1. Beschreiben Sie was für eine Familie Sie gern hätten oder in was für einer Welt Sie gern leben würden. Benutzen Sie mindestens *(at least)* zwei Relativpronomen in Ihrem Absatz *(paragraph)*.
2. Machen Sie eine Liste mit Problemen, die ausländische Arbeitnehmer oder Minderheiten *(minorities)* in einem Land haben können. Diskutieren Sie über Ihre Listen in kleinen Gruppen. Stellen Sie dann eine Liste zusammen, mit der alle übereinstimmen *(agree with)*, und nummerieren Sie die Probleme. Beginnen Sie mit „1" für das wichtigste Problem. Stellen Sie Ihre Liste dann den anderen Kursteilnehmern vor *(stellen vor: present)*.
3. Was meinen Sie zu der folgenden Aussage: „Kinder, die in zwei Sprachen und zwei Kulturen aufwachsen, haben viele Vorteile *(advantages)*"? Schreiben Sie einen kurzen Absatz, in dem Sie der Aussage zustimmen *(agree with)* oder dagegen argumentieren.

Schreibtipp

In einem Relativsatz steht das Verb am Ende des Satzes. Der Genus *(gender)* des Relativpronomens wird durch den Genus des Substantivs bestimmt *(determined)*, auf das es sich bezieht *(refers to)*. Die Funktion des Pronomens im Satz bestimmt, ob es im Nominativ, Akkusativ, Dativ oder Genitiv steht.

Grammatik: Zusammenfassung

Relative clauses

Wie teuer ist **der Fernseher, den** du kaufen willst?

*How expensive is **the television (that)** you want to buy?*

Wie alt ist **das Auto, das** du verkaufen möchtest?

*How old is **the car (that)** you want to sell?*

Ist das **die CD, die** du gestern gekauft hast?

*Is that **the CD (that)** you bought yesterday?*

A relative clause provides additional information about a previously mentioned noun or pronoun. The clause is introduced by a relative pronoun, which refers back to the noun or pronoun (called an *antecedent*). A relative clause is a dependent clause, and thus the verb is in final position. In written German, relative clauses are set off from main clauses by commas.

Relative pronouns

	Masculine	Neuter	Feminine	Plural
Nominative	der	das	die	die
Accusative	den	das	die	die
Dative	dem	dem	der	**denen**
Genitive	**dessen**	**dessen**	**deren**	**deren**

The forms of the relative pronouns are the same as the forms of the definite article except for the dative plural and all genitive forms.

Masculine	Das ist der Mann, **der** uns gefragt hat.
Neuter	Das ist das Kind, **das** uns gefragt hat.
Feminine	Das ist die Frau, **die** uns gefragt hat.
Plural	Das sind die Leute, **die** uns gefragt haben.

The gender (masculine, neuter, or feminine) of the relative pronoun depends on the gender of the noun to which it refers. Whether a noun is singular or plural also depends on the noun to which it refers.

Nominative	Ist das der Mann, **der** immer so viel fragt?
Accusative	Ist das der Mann, **den** Sie meinen?
	für den Sie arbeiten?
Dative	Ist das der Mann, **dem** Sie oft helfen?
	von dem Sie erzählt haben?
Genitive	Ist das der Mann, **dessen** Auto Sie gekauft haben?

The *gender* (masculine, neuter, or feminine) and *number* (singular or plural) of the relative pronoun are determined by its antecedent, i.e., the noun to which it refers. The *case* (nominative, accusative, dative, or genitive) of the relative pronoun is determined by its function within its clause (subject, direct object, object of a preposition, and so on).

Passive voice: present tense and simple past tense

| Present | Ich **werde gefragt**. | *I am asked.* |
| Simple past | Ich **wurde gefragt**. | *I was asked.* |

- In English, a passive verb phrase consists of a form of the auxiliary verb *to be* and the past participle of the verb (e.g., *asked*).
- In German, the passive verb phrase consists of a form of the auxiliary **werden** and the past participle of the main verb (e.g., **gefragt**).
- The tenses you will encounter most frequently in passive voice are the present and simple past.

Present and simple past tenses in the passive voice

| Present | Der Bericht **wird geschrieben**. | *The report is being written.* |
| Simple past | Der Bericht **wurde geschrieben**. | *The report was being written.* |

Von + agent

| Das Geld wurde **von den Arbeitern** verdient. | *The money was earned by the workers.* |

In passive voice the agent is the object of the preposition **von** and thus in the dative case. The agent may be omitted. (**Viel Geld wurde verdient.**)

Summary of the uses of *werden*

Active voice: main verb

Herr Heller **wird** alt.	*Mr. Heller is growing old.*
Die Kinder **wurden** müde.	*The children were getting tired.*
Frau Ullmann **ist** Chefin der Firma **geworden**.	*Ms. Ullmann has become head of the company.*

Werden as a main verb is equivalent to English *to grow, get,* or *become.*

Auxiliary verb in future tense

| Matthias **wird** hoffentlich mehr **arbeiten**. | *I hope Matthias will work more.* |
| Du **wirst** das wohl **wissen**. | *You probably know that.* |

Werden is used with a dependent infinitive to form the future tense.

Passive voice: auxiliary verb

| Viele Geschäfte **wurden** von Ausländern **aufgemacht**. | *Many businesses were opened by foreigners.* |
| Die Gäste **werden** oft von ethnischen Musikgruppen **unterhalten**. | *The guests are often entertained by ethnic music groups.* |

Werden is used with a past participle to form the passive voice. The passive voice can occur in any tense.

Reference Section

Appendix A

Bausteine: English Equivalents

Note that the English versions of the dialogues are equivalents rather than literal translations.

Einführung

What's your name?

DANIEL: Hi. My name is Daniel. What's yours?

ANNA: Hi, Daniel! I'm Anna. Do you want to go to Florence too?

DANIEL: Yes, yes.

ANNA: Great . . . oh I'm next. Well then, see you soon.

DANIEL: So long, Anna.

What is your name?

MS. KLUGE: Can I help you? What is your name?

ANNA: Anna Riedholt.

MS. KLUGE: How do you spell that?

ANNA: R-i-e-d-h-o-l-t.

MS. KLUGE: And your address?

ANNA: My address is 72070 Tübingen, Pfleghofstraße 5, room 8.

MS. KLUGE: Do you also have an e-mail address?

ANNA: Yes. The address is ariedholt@gmx.de.

MS. KLUGE: And your telephone number, please.

ANNA: My cell phone number is 0178 550 77187.

MS. KLUGE: Good. Thank you, Ms. Riedholt.

ANNA: You're welcome.

Kapitel 1

What are you doing tonight?

LEON: Hi, what are you doing tonight?

ANNA: Nothing special. Listening to music or something like that.

LEON: I believe you like to play chess, don't you?

ANNA: Chess? Yes, sure. But not especially well.

LEON: Oh come on, we'll play together, OK?

ANNA: Well, all right. And when?

LEON: I don't know . . . some time around seven? Or at seven-thirty?

ANNA: Seven-thirty is fine. OK. See you then.

On the cell phone

ANNA: Yes?

DANIEL: Hi, Anna. This is Daniel.

ANNA: Oh, that is really nice. Hi, Daniel. How are you?

DANIEL: Pretty good. Hey, I'm going swimming on Thursday. Do you have time?

ANNA: No, I have volleyball then.

DANIEL: Too bad!

ANNA: Yes, I really like swimming, you know. So how about Saturday?

DANIEL: I'm working on Saturday. But only until quarter after two. In the afternoon I have time.

ANNA: That's good.

DANIEL: Great. Then we'll talk on the phone once more on Friday. So long, Anna.

ANNA: So long, Daniel.

Kapitel 2

A trip to Berlin

DAVID: Well Anna, how was Berlin?

ANNA: Great. Berlin is first-rate. And at Franziska's and Sebastian's it was also really nice. But I'm still totally tired. The trip was exhausting.

DAVID: I believe that. And in August there are certainly lots of traffic jams.

ANNA: Yes, and it was terribly humid. But Franziska's birthday party was really nice. Almost all our friends from Mainz were there.

Awful weather, isn't it?

SARAH: What weather! The wind is awfully cold. And just yesterday it was so nice. Today everything is so gray. I think it's still going to rain today.

LEON: It is after all almost the end of November. It's almost too cold for rain. It's only one degree. I think maybe it'll snow. On the weekend I'm going hiking. I hope it's dry and not so cold then. And maybe the sun will shine after all.

SARAH: Yes, for sure. Who's going along?

LEON: My friend Dominik from Hamburg.

SARAH: How nice! Unfortunately I'm staying here and working for the university.

Kapitel 3

Are you going shopping today?

FRANZISKA: Sebastian, aren't you going shopping today?

SEBASTIAN: Yes, I am. What would you like?

FRANZISKA: We don't have any more coffee. (We're out of coffee.)

SEBASTIAN: One pound is enough, right? Do we need anything else?

FRANZISKA: Yes, we don't have any more bread. But buy it at Reinhardt's, please. It's much better there.

SEBASTIAN: We still have the whole grain bread you know. And after all, this weekend we'll be at Anna's in Tübingen.

FRANZISKA: Oh yes, that's right!

Where is there a pharmacy?

DAVID: Tell me Anna, where's there a pharmacy (around) here?

ANNA: Why? What do you need?

DAVID: I need something for my headache. It's terrible.

ANNA: I always have aspirin in my backpack. Here, take one.

Kapitel 4

Notes for the test

ANNA: Hi, Leon. Oh good, you're not gone yet. Hey, can you maybe lend me your English notes for three hours?

LEON: Yes, I had a test this morning. I really don't need the notes at the moment.

ANNA: That's great. I have to still study a lot for the test tomorrow, you know.

LEON: Of course, here they are. By the way I'm at volleyball tonight. Can you maybe bring the notes along there?

Is that your major?

LEON: Hi, Sarah. What are you doing here? Since when have you been taking a literature course?

SARAH: Oh, I'd just like to audit. Sometimes I'm not so satisfied with history at all. And maybe I do prefer studying German.

LEON: Oh yes? As a minor?

SARAH: No, as a major.

LEON: Oh really? Hey, should we go have a coffee later?

SARAH: Unfortunately I can't today. I still have to prepare something for my report tomorrow.

Kapitel 5

Are you driving to the university tomorrow?

FELIX: Are you going by car to the university tomorrow?

MARIE: Yes. Why? Do you want to come along?

FELIX: Is that OK? I've got so many library books. Can you pick me up maybe?

MARIE: Of course, no problem. I'll come by your place at eight-thirty. Is that OK?

FELIX: Yes, eight-thirty is good. I'll be waiting downstairs then.

On vacation

LEON: What are you doing on vacation, Sarah?

SARAH: I'm going to Austria.

LEON: Are you going alone?

SARAH: No, I'm going with my friend, Carolin. She knows Austria rather well.

LEON: Are you going by car?

SARAH: No, by train. We're staying in Vienna for three days and then we're going to Salzburg.

LEON: And where are you staying?

SARAH: In Vienna we're sleeping at our friends' house and in Salzburg we're going to a friend of Anna's—his name is Anton. His parents have a big yard and we can pitch a tent there.

Kapitel 6

What are your plans?

FELIX: Say, what are you doing on the weekend?

SARAH: No idea.

LEON: I've got a rehearsal with the band on Friday. On Saturday we're playing at the Musikfabrik.

FELIX: Hey, you know, Sarah, we can go there together, right?

SARAH: Good idea. That's great. Maybe Alex will go along too?

LEON: He can't. He has to study for his comprehensives.

FELIX: All right then, Sarah, I'll pick you up at eight. Is that all right?

I was surfing the Internet.

ANNA: Tell me, Daniel, why didn't you have your cell phone on last night? I tried to call you.

DANIEL: Yeah, I had set it on "silent." I surfed a little on the Internet, you know, and all at once it was twelve o'clock.

ANNA: What were you doing so long on the Internet?

DANIEL: I was looking for cheap flights to the U.S. Besides, I needed a few more bits of information for my homework. And I wrote you an e-mail. Didn't you get it?

ANNA: Don't know. Because I didn't reach you I went to the movies alone. And then right to bed.

Kapitel 7

Munich in the summer

Michael is visiting his friend Christine in Munich.

MICHAEL: What are you doing after the lecture? Do you have to go to the library?

CHRISTINE: No, I have time. Shouldn't we go to a typical Bavarian beer garden today? In this weather, we can sit comfortably outside.

MICHAEL: Oh yes, gladly. In the English Garden?

CHRISTINE: Hmmmm. Naturally there are some beer gardens there, but there are always so many tourists there. Besides it's rather expensive there. I'm somewhat broke at the moment.

MICHAEL: Doesn't matter. I'll treat. As long as I'm in Munich, I would really like to go to the English Garden.

Preparations for a party

FRANZISKA: Say, don't you finally want to straighten up the living room? Your books are lying around everywhere.

SEBASTIAN: Do I have to?

FRANZISKA: Of course, we have to prepare the food and set the table. People are coming in an hour.

SEBASTIAN: What? In an hour? Geez! And we still have to vacuum, dust, do the dishes, dry them, the kitchen looks like . . .

FRANZISKA: Now stop talking so much and hurry up. You know I'm going to help you.

Kapitel 8

Future plans

DANIEL: Say, are you just having a chat? Are you wanting to meet someone?

FELIX: Nonsense! I've been surfing around awhile and have just found a blog of German students who are studying and working in Canada. You know, they have these work-study programs and the people report here on their experiences.

DANIEL: Ah yes. So, you'll not only study in Montreal but work, too.

FELIX: Yes, I'll study for a semester and after that work for six months. But the position in a company I have to find on my own. However, the university in Montreal will help me with it.

DANIEL: Interesting. Tell me, what does Marie have to say about your being gone for a whole year? You're going out, right?

FELIX: Yes. Well, we're both a little sad of course. But she'll visit me there, too. Probably on the winter break. And then maybe we'll go snowboarding.

DANIEL: Nice! Somehow you two just really fit well together.

Kapitel 9

Have you caught a cold?

MARIE: Hi, Felix! What's wrong? You're coughing terribly.

FELIX: Yes, I've caught a cold. My throat is really sore.

MARIE: Do you have a fever, too?

FELIX: Yes, a little—38 [100.4°F].

MARIE: You poor guy! You look pretty pale, too!

FELIX: I do feel really sick. Perhaps I'd better go to the doctor.

MARIE: Well, I would certainly say that, too. Don't forget that beginning Saturday we want to go skiing with Anna and Daniel in Zermatt for a week.

How do you feel today?

Three days later

MARIE: How do you feel today? Did you go to the doctor yesterday?

FELIX: Yes, I was at the university clinic. The doctor prescribed something and I already feel significantly better. The fever is gone.

MARIE: Do you still want to go to Switzerland on Saturday?

FELIX: Of course. After all, we've planned this vacation for months.

MARIE: The weather is supposed to be great next week. Don't forget to bring your sunglasses along.

Kapitel 10

How was it?

Anna and Daniel are at Anna's friends Franziska and Sebastian's in Berlin for a few days. In the morning at breakfast, they talk over their activities.

SEBASTIAN: Well, what do you think of Berlin nightlife? Where were you last night?

ANNA: Franziska went to her volleyball game, of course, but Daniel and I were at the *Berliner Ensemble*.

SEBASTIAN: Oh, what were they playing?

ANNA: *The Threepenny Opera* by Bertolt Brecht. And in fact in a completely modern production.

SEBASTIAN: Oh yes, there was a good review of it in the newspaper. Did you have good seats?

DANIEL: Yes, as a matter of fact we had excellent seats, even though we had student tickets. They cost only 8 euros.

SEBASTIAN: I'd love to go to the theater again sometime. Would you recommend the play?

ANNA: Yes, by all means. At first I didn't want to see it, but then I found it absolutely great.

SEBASTIAN: And what did you do afterwards? You didn't come home until really late.

DANIEL: We were at the Wunder-Bar, drank something, and talked for a long time about the play.

SEBASTIAN: Oh, you lucky guys! I'd love to have been there too! I was awake until two o'clock too, you know, but I had to study for my test!

Kapitel 11

An appointment

FELIX: Hello. Ohrdorf is my name, Felix Ohrdorf. I would like to speak to Dr. Ziegler. I have an appointment with her.

SECRETARY: Hello, Mr. Ohrdorf. Yes, please go right in. She's expecting you.

A summer job

PERSONNEL DIRECTOR: Mr. Ohrdorf, you're now in your eighth semester of computer science and want to work here for two months.

FELIX: Yes, that's right.

PERSONNEL DIRECTOR: From what I can see, you have already worked as a computer specialist.

FELIX: Yes, I also had a summer job last year and I got some good practical experience there.

PERSONNEL DIRECTOR: And what do you want to do with it later on?

FELIX: I would like a position with a bank, an assignment with lots of responsibility, I hope.

Kapitel 12

A German-Turkish concert

FRANZISKA: Michael, do you feel like going to an outdoor concert in the Tiergarten this weekend?

MICHAEL: Hmmm. I don't know. I actually wanted to take a look at Freiburg this weekend. In two weeks I'm flying back to America, of course.

FRANZISKA: Oh, come on. You can go to Freiburg next weekend, too.

MICHAEL: But I know only a few of the rock musicians who are playing there.

FRANZISKA: Well, some are already well-known. For example, Sebastian knows the singer—I think his name is Erkan. And I think the idea is great. It's a concert of German and Turkish musicians and they're singing in German and in Turkish.

MICHAEL: Oh, I didn't know that. Sounds interesting. Do you think that many people will come?

FRANZISKA: I think so, somewhere around 2,000–3,000 people.

MICHAEL: Okay, fine, let's go. I'll pick you up, okay? It's best if we go by bike.

Appendix B

Frage-Ecken, S2 Information

The **Frage-Ecke** charts with the information for *S2* appear here. The charts for *S1* are found in the chapters themselves on the pages indicated.

Einführung (p. 11)

14 The charts in this **Frage-Ecke** activity show the postal codes of particular sections of cities in Germany, Austria, and Switzerland. Take turns with a partner and find out the postal codes that are missing in your chart.

S1:
Wie ist eine Postleitzahl von Zürich?

S2:
Eine Postleitzahl von Zürich ist 8000. Wie ist eine Postleitzahl von Berlin?

S2:

_____	Berlin
80000	Zürich
_____	Hamburg
80331	München
_____	Frankfurt
1010	Wien
_____	Salzburg

Kapitel 1 (p. 29)

3 You and a partner are talking about Emily, Matthew, Sarah, and Andrew. Take turns finding out which subjects they study on which days. Note that Germans use the word **am** with days of the week: **am Montag.**

S1:
Was hat Matthew am Dienstag und Donnerstag?

Deutsch. Was hat ...

S2:
Mathe. Was hat Matthew am Montag, Mittwoch und Freitag?

S2:

	Montag	Dienstag	Mittwoch	Donnerstag	Freitag
Matthew		Mathe		Mathe	
Emily	Englisch		Englisch		Englisch
Sarah	Physik		Physik		Physik
Andrew		Philosophie		Philosophie	

Kapitel 1 (p. 33)

8 Some of the clocks in this activity show particular times. Others are blank. Take turns with a partner and find out the times that are missing on your clocks.

S1:
Nummer 1. Wie viel Uhr ist es?
Es ist ...

S2:
Es ist Viertel nach neun. (Es ist neun Uhr fünfzehn.) Und Nummer 2? Wie spät ist es?

S2:

| 1 | 2 | 3 | 4 | 5 | 6 |

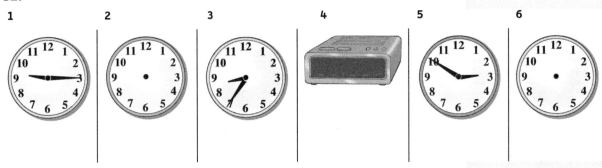

Kapitel 1 (p. 43)

22 You and your partner are talking about the characteristics of certain people. Take turns finding out the information that is missing in your own chart.

S1:
Was für ein Mensch ist Daniel?

S2:
Er ist lebhaft und freundlich.
Was für ein Mensch ist Anna?

S2:

Anna		
Daniel	lebhaft	freundlich
Sarah		
Marie	praktisch	ruhig
Leon		
Sebastian	intelligent	sportlich

Kapitel 1 (p. 59)

7 You and your partner are talking about the activities of certain people. Ask each other questions to find out who does what and at what times. Then fill in the **ich** row of your schedule with your own information and ask your partner about her/his activities.

S1:
Was macht David heute Abend?

Sie gehen am Sonntag wandern.

S2:
Er macht heute Abend Fitnesstraining.
Was machen Leon und Anna am Sonntag?

S2:

	heute Abend	morgen Nachmittag	morgen Abend	am Sonntag
Franziska		arbeiten		Karten spielen
David	Fitnesstraining machen			Computerspiele spielen
Leon und Anna	Sport treiben		Schach spielen	
ich				
Partnerin/Partner				

Kapitel 2 (p. 76)

20 Find out where the following people are from and where they live now. Obtain the missing information by asking your partner.

S1:
Woher kommt Leon?
Er ist Deutscher.
Wo wohnt Leon?

S2:
Er kommt aus Deutschland.
Was ist Leon?
Er wohnt in Hamburg.

S2:

	Woher kommt … ?	Was ist … ?	Wo wohnt … ?
Leon	Deutschland		Hamburg
Charlotte	Liechtenstein		
Marie		Deutsche	Leipzig
Anton		Österreicher	Salzburg

31 Find out how old the following people are, when their birthdays are, and what the typical weather in that month is. Obtain the missing information from your partner.

S1: Wie alt ist Nils?
S2: Nils ist 21 Jahre alt. Wann hat er Geburtstag?
S1: Im Januar. Wie ist das Wetter im Januar?
S2: Es ist kalt.

S2:

	Wie alt?	Geburtstag	das Wetter
Nils	21		kalt
Laura		Oktober	
Herr Hofer	45		
Frau Vogel		April	nass und kühl
ich			
Partnerin/Partner			

Kapitel 3 (p. 101)

5 Fragen Sie, was die folgenden Personen und Ihre Partnerin/Ihr Partner in den Geschäften kaufen. *(Ask what the following people and your partner are going to buy in certain places of business.)*

S1:
Warum geht Herr Sommer
   ins Kaufhaus?
Ich brauche ein Heft. / Ich gehe
   doch nicht ins Kaufhaus.
Ich brauche nichts.

S2:
Er braucht ein Radio. Warum gehst
   du ins Kaufhaus?

S2:

	ins Kaufhaus	in die Drogerie	in die Metzgerei	in die Bäckerei	in den Supermarkt
Tim		Bleistifte		sechs Brötchen	
Franziska und Sebastian	zwei Kulis		250 Gramm Wurst	Brot	Kaffee
Herr Sommer	ein Radio		Salami		
Partnerin/Partner					

Kapitel 3 (p. 130)

46 Was haben Sie im Zimmer? Was hat Ihre Partnerin/Ihr Partner im Zimmer? Schauen Sie sich die Bilder an und vergleichen Sie sie miteinander. (*What do you have in your room? What does your partner have in her/his room? Look at the pictures and compare them.*)

S1:
Mein Zimmer hat [eine Pflanze]. Hast du auch [eine Pflanze]?

S2:
Ja, ich habe auch [eine Pflanze]. / Nein, aber ich habe Blumen.

S2:

Kapitel 4 (p. 152)

21 Ergänzen Sie die fehlenden (*missing*) Informationen. Fragen Sie Ihre Partnerin/Ihren Partner.

S1: Wie heißt die Mutter von Alina?
S2: Sie heißt Nora Gerber.
S1: Wie alt ist Alinas Mutter?
S2: Sie ist 36 Jahre alt.

S2:

	Alina	Marcel	ich	Partnerin/ Partner
Vater		Niklas Gerber, 42		
Mutter	Nora Gerber, 36			
Tante		Nora Gerber, 36		
Onkel	Niklas Gerber, 42			
Großvater		Peter Gerber, 66		
Großmutter		Leah Gerber, 65		

Kapitel 4 (p. 165)

43 Ergänzen Sie die fehlenden Informationen. Fragen Sie Ihre Partnerin/ Ihren Partner.

S1: Was muss Lea machen?
S2: Sie muss jobben.

S2:

	Lea	Jan und Laura	Dominik	Sebastians Schwester
müssen	jobben		in die Vorlesung gehen	
dürfen		dürfen Kuchen essen		Milch trinken
wollen		ins Kino gehen	viel Geld verdienen	das Essen bezahlen
sollen			sein Referat vorbereiten	lesen
können	gut tanzen	das Essen bezahlen		

Kapitel 5 (p. 202)

34 Sie haben viel Geld und schenken Ihren Freunden und ihrer Familie viele Sachen.

S1: Was schenkt Ralf seinen Eltern?
S2: Er schenkt ihnen zwei Wochen in Wien.

S2:

	Eltern	Schwester	Bruder	Melanie
Karsten			neue Skier	einen schönen Ring
Stefanie		ein Smartphone	einen MP3-Player	
Ralf	zwei Wochen in Wien			eine Uhr
ich				
Partnerin/Partner				

Kapitel 6 (p. 235)

29 Was haben Sarah, Leon und Felix gestern Abend, letztes Wochenende und letzte Woche gemacht?

S1:
Was hat Sarah letztes Wochenende gemacht? |

S2:
Sie hat gefaulenzt.

S2:

	Sarah	Leon	Felix
gestern Abend		englische Vokabeln gelernt	
letztes Wochenende	gefaulenzt		nichts gemacht
letzte Woche		ein neues Hemd gekauft	gejobbt

Kapitel 6   (p. 241)

41 Wer hat am Wochenende was gemacht?

S1:

Was hat Alina gemacht?

S2:

Alina ist spazieren gegangen und hat einen Roman gelesen.

S2:

	Alina	Nils	Stefan	Chiara	ich	Partnerin/ Partner
im Restaurant essen						
spazieren gehen	X					
fernsehen			X			
Rad fahren						
faulenzen						
in die Kneipe gehen			X			
einen Roman lesen	X					
mit Freunden telefonieren			X			

Kapitel 7   (p. 255)

7 Sie und Ihre Partnerin/Ihr Partner planen die Hausarbeit für das Wochenende. Sagen Sie, was Julia, Lukas, Alex, Lena, Sie und Ihre Partnerin/Ihr Partner am Freitag und Samstag machen.

S1:

Was macht Julia am Freitag?

S2:

Sie kocht das Abendessen.

S2:

	Freitag	Samstag
Julia	das Abendessen kochen	
Lukas		Staub saugen
Alex	das Bad putzen	
Lena		Geschirr spülen
ich		
Partnerin/ Partner		

17 Ihre Partnerin/Ihr Partner und verschiedene andere Leute haben einige neue Möbel und andere neue Sachen in ihren Wohnungen. Finden Sie heraus, was sie haben und in welchen Zimmern die Sachen sind.

S1:
Was ist im Wohnzimmer und im Schlafzimmer von Herrn Becker neu?

S2:
Im Wohnzimmer ist die Pflanze und im Schlafzimmer ist der Schrank neu.

S2:

	in der Küche	im Wohnzimmer	im Esszimmer	im Schlafzimmer
Herr Becker		Pflanze		Schrank
Frau Hauff	Kühlschrank			Nachttisch
Andrea		Sessel	Teppich	
Jens	Spülmaschine		Bild von den Großeltern	
ich				
Partnerin/ Partner	Spülmaschine	zwei Sofas.		

35 Sprechen sie mit Ihrer Partnerin/Ihrem Partner über Geburtstagsgeschenke. Finden Sie erst heraus, was Anton, Lily, und Franziska ihrer Familie und ihren Freunden schenken. Fragen Sie dann Ihre Partnerin/Ihren Partner, was sie/er verschenken möchte.

S1:
Was möchte Lily ihren Eltern schenken?

S2:
Sie möchte ihren Eltern einen neuen Computer schenken.

S2:

	Eltern	Schwester	Bruder	Freundin/Freund
Anton			ein neuer Krimi	ein schönes Bild
Lily	ein neuer Computer	ein roter Mantel		
Franziska	ein guter CD-Player			ein gutes Buch
ich				
Partnerin/Partner				

Kapitel 10 (p. 380)

19 Letzte Woche hatten Sie, Ihre Partnerin/Ihr Partner und einige andere Leute viel zu tun. Finden Sie heraus, wer was tun konnte, wollte, sollte und musste.

S1:
Was wollte Nils tun?

S2:
Er wollte mehr Sport treiben.

S2:

	konnte	wollte	sollte	musste
Jana	jeden Tag genug schlafen			die Fenster putzen
Nils		mehr Sport treiben	seine Großeltern besuchen	
Frau Müller			mit ihren Freunden Golf spielen	
Herr Meier	jeden Tag spazieren gehen	einen neuen Krimi lesen		
ich				
Partnerin/Partner				

Kapitel 11 (p. 421)

26 Sprechen Sie mit Ihrer Partnerin/Ihrem Partner und finden Sie heraus, was die folgenden Leute tun würden, wenn sie arbeitslos oder krank wären oder wenn sie mehr Zeit und viel Geld hätten.

S1:
Was würde Herr Schäfer machen, wenn er mehr Zeit hätte?

S2:
Wenn er mehr Zeit hätte, (dann) würde er seine Freunde besuchen.

S2:

	arbeitslos wäre	krank wäre	mehr Zeit hätte	viel Geld hätte
Frau Müller		zum Arzt gehen		
Herr Schäfer	eine neue Stelle suchen		seine Freunde besuchen	ein neues Auto kaufen
Susanne und Moritz		nichts essen		ihr Haus renovieren
ich				
Partnerin/Partner				

Appendix C

Pronunciation and Writing Guide

The best way to learn to pronounce German is to imitate speakers of German, as completely and accurately as you can. Some of the sounds of German are just like those of English and will cause you no trouble. Others may sound strange to you at first and be more difficult for you to pronounce. With practice, you will be able to master the unfamiliar sounds as well as the familiar ones.

Though imitation is the one indispensable way of learning to pronounce any language, there are two things that should help you in your practice. First, you should learn how to manipulate your vocal organs so as to produce distinctly different sounds. Second, you should learn to distinguish German sounds from the English sounds that you might be tempted to substitute for them.

As you learn to pronounce German, you will also start to read and write it. Here a word of caution is in order. The writing system of German (or any language) was designed for people who already know the language. No ordinary writing system was ever designed to meet the needs of people who are learning a language. Writing is a method of reminding us on paper of things that we already know how to say; it is not a set of directions telling us how a language should be pronounced.

This Pronunciation and Writing Guide will give you some help with the German sound system. Further practice with specific sounds will be given in the Lab Manual section of the *Student Activities Manual*.

Stress

Nearly all native German words are stressed on the "stem syllable," that is, the first syllable of the word, or the first syllable that follows an unstressed prefix.

Without prefix		*With unstressed prefix*	
den'ken	to think	**beden'ken**	to think over
kom'men	to come	**entkom'men**	to escape

In the end vocabulary of this book, words that are not stressed on the first syllable are marked. A stress mark follows the stressed syllable.

German Vowels

German has short vowels, long vowels, and diphthongs. The short vowels are clipped, and are never "drawled" as they often are in English. The long vowels are monophthongs ("steady-state" vowels) and not diphthongs (vowels that "glide" from one vowel sound toward another). The diphthongs are similar to English diphthongs except that they, like short vowels, are never drawled. Compare the English and German vowels in the words below.

English (with off-glide)	*German (no off-glide)*
bait	**Beet**
vein	**wen**
tone	**Ton**
boat	**Boot**

Spelling as a reminder of vowel length

By and large, the German spelling system clearly indicates the difference between long and short vowels. German uses the following types of signals:

1. A vowel is long if it is followed by an **h** (unpronounced): **ihn, stahlen, Wahn.**
2. A vowel is long if it is double: **Beet, Saat, Boot.**
3. A vowel is generally long if it is followed by one consonant: **den, kam, Ofen, Hut.**
4. A vowel is generally short if it is followed by two or more consonants: **denn, Sack, offen, Busch, dick.**

Pronunciation of vowels

Long and short a

Long [$\bar{a}$] = aa, ah, a (**Saat, Bahn, kam, Haken**): like English *a* in *spa,* but with wide-open mouth and no off-glide.

Short [a] = a (**satt, Bann, Kamm, Hacken**): between English *o* in *hot* and *u* in *hut.*

Long and short e

Long [$\bar{\varepsilon}$] = e, ee, eh, ä, äh (**wen, Beet, fehlen, gähnt**): like *ay* in English *say,* but with exaggeratedly spread lips and no off-glide.

Short [e] = e, ä (**wenn, Bett, fällen, Gent**): like *e* in English *bet,* but more clipped.

Unstressed [ə] and [ər]

Unstressed [ə] = e (bitte, endet, gegessen): like English e in *begin, pocket*.

Unstressed [ər] = er (bitter, ändert, vergessen): When the sequence [ər] stands at the end of a word, before a consonant, or in an unstressed prefix, it sounds much like the final -a in English *sofa*; the -r is not pronounced.

Long and short i

Long [ī] = ih, ie (ihn, Miete, liest): like ee in *see*, but with exaggeratedly spread lips and no off-glide.

Short [i] = (in, Mitte, List): like i in *mitt*, but more clipped.

Long and short o

Long [ō] = oh, o, oo (Sohne, Ofen, Tone, Moos): like English o in *so*, but with exaggeratedly rounded lips and no off-glide.

Short [o] = o (Most, Tonne, offen, Sonne): like English o often heard in the word *gonna*.

Long and short u

Long [ū] = uh, u (Huhne, schuf, Buße, Mus): like English oo in *too*, but with more lip rounding and no off-glide.

Short [u] = u (Hunne, Schuft, Busse, muss): like English u in *bush*, but more clipped.

Diphthongs

[ai] = ei, ai, ay (nein, Kaiser, Meyer, Bayern): like English ai in *aisle*, but clipped and not drawled.

[oi] = eu, äu (neun, Häuser): like English oi in *coin*, but clipped and not drawled.

[au] = au (laut, Bauer): like English ou in *house*, but clipped and not drawled.

Long and short ü

Long [ǖ] = üh, ü (Bühne, kühl, lügen): To pronounce long [ǖ], keep your tongue in the same position as for long [ī], but round your lips as for long [ū].

Short [ü] = ü (Küste, müssen, Bünde): To pronounce short [ü], keep your tongue in the same position as for short [i], but round your lips as for short [u].

Long and short ö

Long [ȫ] = ö, öh (Höfe, Löhne, Flöhe): To pronounce long ȫ, keep your tongue in the same position as for long [ē], but round your lips as for long [ö].

Short [ö] = ö (gönnt, Hölle, Knöpfe): To pronounce short [ö], keep your tongue in the same position as for short [e], but round your lips as for short [o].

Consonants

Most of the German consonant sounds are similar to English consonant sounds. There are four major differences.

1. German has two consonant sounds without an English equivalent: [x] and [ç]. Both are spelled **ch**.
2. The German pronunciation of [l] and [r] differs from the English pronunciation.
3. German uses sounds familiar to English speakers in unfamiliar combinations, such as [ts] in an initial position: **zu.**
4. German uses unfamiliar spellings of familiar sounds.

The letters b, d, and g

The letters **b, d,** and **g** generally represent the same consonant sounds as in English. German **g** is usually pronounced like English g in *go*. When the letters **b, d,** and **g** occur at the end of a syllable, or before an **s** or **t**, they are pronounced like [p], [t], and [k] respectively.

b = [b] (Diebe, gaben)
b = [p] (Dieb, Diebs, gab, gabt)

d = [d] (Lieder, laden)
d = [t] (Lied, Lieds, lud, lädt)

g = [g] (Tage, sagen)
g = [k] (Tag, Tags, sag, sagt)

The letter j

The letter **j** (**ja, jung**) represents the sound *y* as in English *yes*.

The letter l

English [l] typically has a "hollow" sound to it. When an American pronounces [l], the tongue is usually "spoon-shaped": It is high at the front (with the tongue tip pressed against the gum ridge above the upper teeth), hollowed out in the middle, and high again at the back. German [l] (**viel, Bild, laut**) never has the "hollow" quality. It is pronounced with the tongue tip against the gum ridge, as in English, but with the tongue kept flat from front to back. Many Americans use this "flat" [l] in such words as *million, billion,* and *William*.

The letter r

German [r] can be pronounced in two different ways. Some German speakers use a "tongue-trilled [r]," in which the tip of the tongue vibrates against the gum ridge above the upper teeth—like the *rrr* that children often use in imitation of a telephone bell or police whistle. Most German speakers, however, use a "uvular [r]," in which the back of the tongue is raised toward the uvula, the little droplet of skin hanging down in the back of the mouth.

You will probably find it easiest to pronounce the uvular [r] if you make a gargling sound before the sound [a]: ra. Keep the tip of your tongue down and out of the way; the tip of the tongue plays no role in the pronunciation of the gargled German [r].

r = [r] + vowel **(Preis, Jahre, Rose):** When German [r] is followed by a vowel, it has the full "gargled" sound.

r = vocalized [r] **(Tier, Uhr, Tür):** When German [r] follows a vowel, it tends to become "vocalized," that is, pronounced like the vowel-like glide found in the final syllable of British English *hee-uh* (here), *thay-uh* (there).

The letters s, ss, ß

s = [ş] **(sehen, lesen, Gänse):** Before a vowel, the letter s represents the sound [ş], like English *z* in *zoo*.

s = [s] **(das, Hals, fast):** In most other positions, the letter s represents the sound [s], like English [s] in *so*.

[s] = ss, ß **(wissen, Flüsse, weiß, beißen, Füße):** The letters ss and ß (called **ess-tsett**) are both pronounced [s]. The double letters ss signal the fact that the preceding vowel is short, and the single letter ß signals the fact that the preceding vowel is long (or a diphthong).

The letter v

v = [f] **(Vater, viel):** The letter v is generally pronounced like English [f] as in *father*.

v = [v] **(Vase, November):** In words of foreign origin, the letter v is pronounced [v].

The letter w

w = [v] **(Wein, Wagen, wann):** Many centuries ago, German w (as in **Wein**) represented the sound [w], like English *w* in *wine*. Over the centuries, German w gradually changed from [w] to [v], so that today the **w** of German **Wein** represents the sound [v], like the *v* of English *vine*. German no longer has the sound [w]. The letter **w** always represents the sound [v].

The letter z

z = final and initial [ts] **(Kranz, Salz, Zahn, zu):** The letter z is pronounced [ts], as in English *rats*. In English, the [ts] sound occurs only at the end of a syllable; in German, [ts] occurs at the beginning as well as at the end of a syllable.

The consonant clusters gn, kn, pf, qu

To pronounce the consonant clusters **gn, kn, pf, qu** correctly, you need to use familiar sounds in unfamiliar ways.

gn: pronunciation is [gn]
kn: pronunciation is [kn]

pf: pronunciation is [pf]
qu: pronunciation is [kv]

gn = [gn-] **(Gnade, Gnom)**
kn = [kn-] **(Knie, Knoten)**
pf = [pf-] **(Pfanne, Pflanze)**
qu = [kv-] **(quälen, Quarz, quitt)**

The combination ng

ng = [ŋ] **(Finger, Sänger, Ding):** The combination **ng** is pronounced [ŋ], as in English *singer*. It does not contain the sound [g] that is used in English *finger*.

The combinations sch, sp, *and* st

sch = [š] **(Schiff, waschen, Fisch)**
sp = [šp] **(Spaten, spinnen, Sport)**
st = [št] **(Stein, Start, stehlen)**

Many centuries ago, both German and English had the combinations **sp, st, sk,** pronounced [sp], [st], [sk]. Then two changes took place. First, in both languages, [sk] changed to [š], as in English *ship, fish,* and German **Schiff, Fisch.**

Second, in German only, word-initial [sp-] and [st-] changed to [šp-] and [št-]. The *sp* in English *spin* is pronounced [sp-], but in German **spinnen** it is pronounced [šp-]. The *st* in English *still* is pronounced [st-], but in German *still* it is pronounced [št-]. Today, German **sch** always represents [š] (like English *sh*, but with more rounded lips); **sp-** and **st-** at the beginning of German words or word stems represent [šp-] and [št-].

The letters ch

The letters **ch** are usually pronounced either [x] or [ç]. The [x] sound is made in the back of the mouth where [k] is produced.

If you have ever heard a Scotsman talk about "Lo*ch* Lomond," you have heard the sound [x]. The sound [x] is produced by forcing air through a narrow opening between the back of the tongue and the back of the roof of the mouth (the soft palate). Notice the difference between [k], where the breath stream is stopped in this position and [x], where the breath stream is forced through a narrow opening in this position.

To practice the [x] sound, keep the tongue below the lower front teeth and produce a gentle gargling sound, without moving the tongue or lips. Be careful not to substitute the [k] sound for the [x] sound.

> ck, k = [k] (Sack, pauken, Pocken, buk)
> ch = [x] (Sache, hauchen, pochen, Buch)

The [ç] sound is similar to that used by many Americans for the *h* in such words as *hue, huge, human*. It is produced by forcing air through a narrow opening between the front of the tongue and the front of the roof of the mouth (the hard palate). Notice the difference between [š], where the breath stream is forced through a wide opening in this position and the lips are rounded, and [ç], where the breath stream is forced through a narrow opening in this position and the lips are spread.

To practice the [ç] sound, round your lips for [š], then use a slit-shaped opening and spread your lips. Be careful not to substitute the [š] sound for [ç].

> sch = [š] (misch, fischt, Kirsche, Welsch, Menschen)
> ch = [ç] (mich, ficht, Kirche, welch, München)

Note two additional points about the pronunciation of **ch**:

1. ch = [x] occurs only after the vowels **a, o, u, au.**
2. ch = [ç] occurs only after the other vowels and **n, l,** and **r.**

The combination chs

> chs = [ks] (sechs, Fuchs, Weichsel)
> chs = [xs] or [çs] (des Brauchs, du rauchst, des Teichs)

The fixed combination **chs** is pronounced [ks] in words such as **sechs, Fuchs,** and **Ochse.** Today, **chs** is pronounced [xs] or [çs] only when the **s** is an ending or part of an ending (**ich rauche, du rauchst; der Teich, des Teichs**).

The suffix -ig

-ig = [iç] (Pfennig, König, schuldig): In final position, the suffix **-ig** is pronounced [iç] as in German **ich.**

-ig = [ig] (Pfennige, Könige, schuldige): In all other positions, the **g** in **-ig** has the sound [g] as in English *go.*

The glottal stop

English uses the glottal stop as a device to avoid running together words and parts of words; it occurs only before vowels. Compare the pairs of words below. The glottal stop is indicated with an *.

an *ice man	a nice man
not *at *all	not a tall
an *ape	a nape

German also uses the glottal stop before vowels to avoid running together words and parts of words.

> Wie *alt *ist *er?
> be*antworten

The glottal stop is produced by closing the glottis (the space between the vocal cords), letting air pressure build up from below, and then suddenly opening the glottis, resulting in a slight explosion of air. Say the word *uh-uh,* and you will notice a glottal stop between the first and second *uh.*

The Writing System

German punctuation

Punctuation marks in German are generally used as in English. Note the following major differences.

1. In German, dependent clauses are set off by commas.
   German   Der Mann, der hier wohnt, ist alt.
   English   The man who lives here is old.

2. In German, independent clauses, with two exceptions, are set off by commas. Clauses joined by **und** (*and*) or **oder** (*or*) need not be set off by commas, unless the writer so chooses for the sake of clarity.
   German   Robert singt und Karin tanzt. *or*
              Robert singt, und Karin tanzt.
   English   Robert is singing and Karin is dancing.

3. In German, a comma is not used in front of **und** in a series as is often done in English.
   German   Robert, Ilse und Karin singen.
   English   Robert, Ilse, and Karin are singing.

4. In German, opening quotation marks are placed below the line.
   German   Er fragte: „Wie heißt du?"
   English   He asked, "What is your name?"

Note that a colon is used in German before a direct quotation.

5. In German, commas stand outside of quotation marks.
   German   „Meyer", antwortete sie.
   English   "Meyer," she answered.

German capitalization

1. In German, all nouns are capitalized.
   German   Wie alt ist der Mann?
   English   How old is the man?

2. Adjectives are not capitalized, even if they denote nationality.
   German   Ist das ein amerikanisches Auto?
   English   Is that an American car?

3. The pronoun **ich** is not capitalized, unlike its English counterpart *I*.
   German   Morgen spiele ich um zwei Uhr Tennis.
   English   Tomorrow I am playing tennis at two o'clock.

Appendix D
Grammatical Tables

1. Personal pronouns

Nominative	ich	Sie	du	er	es	sie	wir	Sie	ihr	sie
Accusative	mich	Sie	dich	ihn	es	sie	uns	Sie	euch	sie
Dative	mir	Ihnen	dir	ihm	ihm	ihr	uns	Ihnen	euch	ihnen

2. Reflexive pronouns

	ich	Sie	du	er/es/sie	wir	Sie	ihr	sie
Accusative	mich	sich	dich	sich	uns	sich	euch	sich
Dative	mir	sich	dir	sich	uns	sich	euch	sich

3. Interrogative pronouns

Nominative	wer	was
Accusative	wen	was
Dative	wem	
Genitive	wessen	

4. Relative pronouns

	Masculine	Neuter	Feminine	Plural
Nominative	der	das	die	die
Accusative	den	das	die	die
Dative	dem	dem	der	denen
Genitive	dessen	dessen	deren	deren

5. Definite articles

	Masculine	Neuter	Feminine	Plural
Nominative	der	das	die	die
Accusative	den	das	die	die
Dative	dem	dem	der	den
Genitive	des	des	der	der

6. *Der*-words

	Masculine	Neuter	Feminine	Plural
Nominative	dieser	dieses	diese	diese
Accusative	diesen	dieses	diese	diese
Dative	diesem	diesem	dieser	diesen
Genitive	dieses	dieses	dieser	dieser

Common **der-words** are **dieser, jeder, mancher, solcher,** and **welcher.**

7. Indefinite articles and *ein*-words

	Masculine	Neuter	Feminine	Plural
Nominative	ein	ein	eine	keine
Accusative	einen	ein	eine	keine
Dative	einem	einem	einer	keinen
Genitive	eines	eines	einer	keiner

The **ein**-words include **kein** and the possessive adjectives: **mein, Ihr, dein, sein, ihr, unser, Ihr, euer,** and **ihr.**

8. Plural of nouns

Type	Plural signal	Singular	Plural	Notes
1	ø (no change)	das Zimmer	**die Zimmer**	Masculine and neuter nouns ending in **-el, -en, -er**
	⸚ (umlaut)	der Garten	**die Gärten**	
2	-e	der Tisch	**die Tische**	
	⸚e	der Stuhl	**die Stühle**	
3	-er	das Bild	**die Bilder**	Stem vowel **e** or **i** cannot take umlaut
	⸚er	das Buch	**die Bücher**	Stem vowel **a, o, u,** takes umlaut
4	-en	die Uhr	**die Uhren**	
	-n	die Lampe	**die Lampen**	
	-nen	die Freundin	**die Freundinnen**	
5	-s	das Radio	**die Radios**	Mostly foreign words

9. Masculine *N*-nouns

	Singular	Plural
Nominative	der Herr	die Herren
Accusative	den Herrn	die Herren
Dative	dem Herrn	den Herren
Genitive	des Herrn	der Herren

Some other masculine N-nouns are **der Architekt, der Journalist, der Junge, der Komponist, der Kollege, der Mensch, der Nachbar, der Pilot, der Präsident, der Soldat, der Student, der Tourist.** A few masculine N-nouns add **-ns** in the genitive; **der Name > des Namens.**

10. Preceded adjectives

	Masculine	Neuter	Feminine	Plural
Nom.	der neue Pulli	das neue Sweatshirt	die neue Hose	die neuen Schuhe
	ein **neuer** Pulli	ein **neues** Sweatshirt	eine **neue** Hose	keine **neuen** Schuhe
Acc.	den **neuen** Pulli	das **neue** Sweatshirt	die **neue** Hose	die **neuen** Schuhe
	einen **neuen** Pulli	ein **neues** Sweatshirt	eine **neue** Hose	keine **neuen** Schuhe
Dat.	dem **neuen** Pulli	dem **neuen** Sweatshirt	der **neuen** Hose	den **neuen** Schuhen
	einem **neuen** Pulli	einem **neuen** Sweatshirt	einer **neuen** Hose	keinen **neuen** Schuhen
Gen.	des **neuen** Pullis	des **neuen** Sweatshirts	der **neuen** Hose	der **neuen** Schuhe
	eines **neuen** Pullis	eines **neuen** Sweatshirts	einer **neuen** Hose	keiner **neuen** Schuhe

11. Unpreceded adjectives

	Masculine	Neuter	Feminine	Plural
Nominative	frischer Kaffee	frisches Brot	frische Wurst	frische Eier
Accusative	frischen Kaffee	frisches Brot	frische Wurst	frische Eier
Dative	frischem Kaffee	frischem Brot	frischer Wurst	frischen Eiern
Genitive	frischen Kaffees	frischen Brotes	frischer Wurst	frischer Eier

12. Nouns declined like adjectives

Nouns preceded by definite articles or **der**-*words*

	Masculine	Neuter	Feminine	Plural
Nominative	der Deutsche	das Gute	die Deutsche	die Deutschen
Accusative	den Deutschen	das Gute	die Deutsche	die Deutschen
Dative	dem Deutschen	dem Guten	der Deutschen	den Deutschen
Genitive	des Deutschen	des Guten	der Deutschen	der Deutschen

Nouns preceded by indefinite articles or **ein**-*words*

	Masculine	Neuter	Feminine	Plural
Nominative	ein Deutscher	ein Gutes	eine Deutsche	keine Deutschen
Accusative	einen Deutschen	ein Gutes	eine Deutsche	keine Deutschen
Dative	einem Deutschen	einem Guten	einer Deutschen	keinen Deutschen
Genitive	eines Deutschen	—	einer Deutschen	keiner Deutschen

Other nouns declined like adjectives are **der/die Bekannte, Erwachsene, Fremde, Jugendliche, Verwandte.**

13. Irregular comparatives and superlatives

Base form	bald	gern	gut	hoch	nah	viel
Comparative	eher	lieber	besser	höher	näher	mehr
Superlative	ehest-	liebst-	best-	höchst-	nächst-	meist-

14. Adjectives and adverbs taking umlaut in the comparative and superlative

alt–älter

arm–ärmer

blass–blasser *or* blässer

dumm–dümmer

gesund–gesünder *or* gesunder

groß–größer

jung–jünger

kalt–kälter

krank–kränker

kurz–kürzer

lang–länger

nass–nässer *or* nasser

oft–öfter

rot–röter

schwach–schwächer

schwarz–schwärzer

stark–stärker

warm–wärmer

15. Prepositions

With accusative	With dative	With either accusative or dative	With genitive
bis	aus	an	(an)statt
durch	außer	auf	trotz
für	bei	hinter	während
gegen	mit	in	wegen
ohne	nach	neben	
um	seit	über	
	von	unter	
	zu	vor	
		zwischen	

16. Verb and preposition combinations

anfangen mit
anrufen bei
antworten auf (+ *acc.*)
arbeiten bei (*at a company*)
aufhören mit
beginnen mit
sich beschäftigen mit
danken für
denken an (+ *acc.*)
sich erinnern an (+ *acc.*)
erzählen von
fahren mit (*by a vehicle*)
fragen nach
sich freuen auf (+ *acc.*)
sich freuen über (+ *acc.*)
sich fürchten vor (+ *dat.*)
halten von
hoffen auf (+ *acc.*)
sich interessieren für
lächeln über (+ *acc.*)

nachdenken über (+ *acc.*)
reden über (+ *acc.*) *or* von
riechen nach
schreiben an (+ *acc.*)
schreiben über (+ *acc.*)
sprechen über (+ *acc.*), von, *or* mit
sterben an (+ *dat.*)
studieren an *or* auf (+ *dat.*)
suchen nach
teilen durch
telefonieren mit
sich unterhalten über (+ *acc.*)
sich vorbereiten auf (+ *acc.*)
warten auf (+ *acc.*)
wissen über (+ *acc.*) *or* von
wohnen bei
zeigen auf (+ *acc.*)

17. Dative verbs

antworten
danken
fehlen
folgen
gefallen
gehören
glauben (*dat.* of person)
gratulieren

helfen
leid·tun
passen
passieren
schaden
schmecken
weh·tun

The verb **glauben** may take an impersonal accusative object: **ich glaube es.**

18. Guidelines for the position of *nicht*

1. **Nicht** always *follows* the finite verb.

   Kevin **arbeitet nicht.**

   Anne **kann nicht** gehen.

2. **Nicht** always *follows:*

   a. noun objects

   Ich glaube **Kevin nicht.**

   b. pronouns used as objects

   Ich glaube **es nicht.**

   c. specific adverbs of time

   Anne geht **heute nicht** mit.

3. **Nicht** *precedes* most other elements:

   a. predicate adjectives

   Dieter ist **nicht freundlich.**

   b. predicate nouns

   Jan ist **nicht mein Freund.**

   c. adverbs

   Lena spielt **nicht gern** Tennis.

   d. adverbs of general time

   Lena spielt **nicht oft** Tennis.

   e. prepositional phrases

   Marcel geht **nicht ins Kino.**

   f. dependent infinitives

   Ich kann es **nicht machen.**

   g. past participles

   Ich habe es **nicht gemacht.**

   h. separable prefixes.

   Warum kommst du heute **nicht mit?**

4. If several of the elements that are preceded by **nicht** occur in a sentence, **nicht** usually *precedes* the first one.

   Ich gehe **nicht oft** ins Kino.

19. Present tense

	lernen[1]	arbeiten[2]	tanzen[3]	geben[4]	lesen[5]	fahren[6]	laufen[7]	auf•stehen[8]
ich	lerne	arbeite	tanze	gebe	lese	fahre	laufe	stehe ... auf
Sie	lernen	arbeiten	tanzen	geben	lesen	fahren	laufen	stehen ... auf
du	lernst	arbeitest	tanzt	gibst	liest	fährst	läufst	stehst ... auf
er/es/sie	lernt	arbeitet	tanzt	gibt	liest	fährt	läuft	steht ... auf
wir	lernen	arbeiten	tanzen	geben	lesen	fahren	laufen	stehen ... auf
Sie	lernen	arbeiten	tanzen	geben	lesen	fahren	laufen	stehen ... auf
ihr	lernt	arbeitet	tanzt	gebt	lest	fahrt	lauft	steht ... auf
sie	lernen	arbeiten	tanzen	geben	lesen	fahren	laufen	stehen ... auf
Imper. sg.	lern(e)	arbeite	tanz(e)	gib	lies	fahr(e)	lauf(e)	steh(e) ... auf

1. The endings are used for all verbs except the modals, **wissen, werden,** and **sein.**

2. A verb with a stem ending in **-d** or **-t** has an **e** before the **-st** and **-t** endings. A verb with a stem ending in **-m** or **-n** preceded by another consonant has an **e** before the **-st** and **-t** endings, e.g., **atmen > du atmest, er/es/sie atmet; regnen > es regnet.** Exception: If the stem of the verb ends in **-m** or **-n** preceded by **-l** or **-r,** the **-st** and **-t** do not expand, e.g., **lernen > du lernst, er/es/sie lernt.**

3. The **-st** ending of the **du**-form contracts to **-t** when the verb stem ends in a sibilant (**-s, -ss, -ß, -z,** or **-tz).** Thus the **du-** and **er/es/sie**-forms are identical.

4. Some strong verbs have a stem-vowel change **e > i** in the **du-** and **er/es/sie**-forms and the imperative singular.

5. Some strong verbs have a stem-vowel change **e > ie** in the **du-** and **er/es/sie**-forms and the imperative singular. The strong verbs **gehen** and **stehen** do not change their stem vowel.

6. Some strong verbs have a stem-vowel change **a > ä** in the **du-** and **er/es/sie**-forms.

7. Some strong verbs have a stem-vowel change **au > äu** in the **du-** and **er/es/sie**-forms.

8. In the present tense, separable prefixes are separated from the verbs and are in last position.

20. Simple past tense

	Weak verbs		Strong verbs
	lernen[1]	*arbeiten*[2]	*geben*[3]
ich	lernte	arbeitete	gab
Sie	lernten	arbeiteten	gaben
du	lerntest	arbeitetest	gabst
er/es/sie	lernte	arbeitete	gab
wir	lernten	arbeiteten	gaben
Sie	lernten	arbeiteten	gaben
ihr	lerntet	arbeitetet	gabt
sie	lernten	arbeiteten	gaben

1. Weak verbs have a past-tense marker **-te** + endings.

2. A weak verb with a stem ending in **-d** or **-t** has a past-tense marker **-ete** + endings. A weak verb with a stem ending in **-m** or **-n** preceded by another consonant has a past-stem marker **-ete** plus endings, e.g., **er/es/sie atmete; es regnete.** Exception: If the stem of the verb ends in **-m** or **-n** preceded by **-l** or **-r,** the **-te** past-tense marker does not expand, e.g., **lernte.**

3. Strong verbs have a stem-vowel change + endings.

21. Auxiliaries *haben, sein, werden:* present, simple past, past participles, and subjunctive

ich	habe	bin	werde
Sie	haben	sind	werden
du	hast	bist	wirst
er/es/sie	hat	ist	wird
wir	haben	sind	werden
Sie	haben	sind	werden
ihr	habt	seid	werdet
sie	haben	sind	werden
Simple past (3ps):	hatte	war	wurde
Past participle:	gehabt	gewesen	geworden
Subjunctive (3ps):	hätte	wäre	würde

22. Modal auxiliaries: present, simple past, past participle, and subjunctive

	dürfen	können	müssen	sollen	wollen	mögen	(möchte)
ich	darf	kann	muss	soll	will	mag	(möchte)
Sie	dürfen	können	müssen	sollen	wollen	mögen	(möchten)
du	darfst	kannst	musst	sollst	willst	magst	(möchtest)
er/es/sie	darf	kann	muss	soll	will	mag	(möchte)
wir	dürfen	können	müssen	sollen	wollen	mögen	(möchten)
Sie	dürfen	können	müssen	sollen	wollen	mögen	(möchten)
ihr	dürft	könnt	müsst	sollt	wollt	mögt	(möchtet)
sie	dürfen	können	müssen	sollen	wollen	mögen	(möchten)
Simple past (3ps):	durfte	konnte	musste	sollte	wollte	mochte	
Past participle (3ps):	gedurft	gekonnt	gemusst	gesollt	gewollt	gemocht	
Subjunctive (3ps):	dürfte	könnte	müsste	sollte	wollte	möchte	

23. Present and past perfect tenses

	Present perfect				Past perfect			
ich	habe	}	bin	}	hatte	}	war	}
Sie	haben		sind		hatten		waren	
du	hast		bist		hattest		warst	
er/es/sie	hat	gesehen	ist	gegangen	hatte	gesehen	war	gegangen
wir	haben		sind		hatten		waren	
Sie	haben		sind		hatten		waren	
ihr	habt		seid		hattet		wart	
sie	haben		sind		hatten		waren	

24. Future tense

ich	werde	}
Sie	werden	
du	wirst	
er/es/sie	wird	gehen
wir	werden	
Sie	werden	
ihr	werdet	
sie	werde	

25. Passive voice

	Present passive		Past passive	
ich	werde	}	wurde	}
Sie	werden		wurden	
du	wirst		wurdest	
er/es/sie	wird	gesehen	wurde	gesehen
wir	werden		wurden	
Sie	werden		wurden	
ihr	werdet		wurdet	
sie	werden		wurden	

26. Subjunctive mood

	Present-time subjunctive	
ich	würde	
Sie	würden	
du	würdest	
er/es/sie	würde	sehen
wir	würden	
Sie	würden	
ihr	würdet	
sie	würden	

	Past-time subjunctive			
ich	hätte		wäre	
Sie	hätten		wären	
du	hättest		wärest	
er/es/sie	hätte	gesehen	wäre	gegangen
wir	hätten		wären	
Sie	hätten		wären	
ihr	hättet		wäret	
sie	hätten		wären	

27. Principal parts of strong and irregular weak verbs

The following list includes all the strong and irregular verbs from the **Vokabeln** lists. Compound verbs like **herumliegen** and **hinausgehen** are not included, since the principal parts of compound verbs are identical to the basic forms: **liegen** and **gehen.** Separable-prefix verbs like **einladen** are included only when the basic verb (**laden**) is not listed elsewhere in the table. Basic English meanings are given for all verbs in this list. For additional meanings, consult the German-English vocabulary on pages R-30 to R-50. The number indicates the chapter in which the verb was introduced.

Infinitive	Present-tense vowel change	Simple past	Past participle	Meaning
anfangen	fängt an	fing an	angefangen	*to begin 4*
anrufen		rief an	angerufen	*to telephone 6*
sich anziehen		zog an	angezogen	*to get dressed 9*
sich ausziehen		zog aus	ausgezogen	*to get undressed 9*
beginnen		begann	begonnen	*to begin 4*
bekommen		bekam	bekommen	*to get 4*
bleiben		blieb	ist geblieben	*to stay; to remain 2*
bringen		brachte	gebracht	*to bring 4*
denken		dachte	gedacht	*to think 6*
einladen	lädt ein	lud ein	eingeladen	*to invite; to treat 6*
empfehlen	empfiehlt	empfahl	empfohlen	*to recommend 10*
entscheiden		entschied	entschieden	*to decide 12*
erziehen		erzog	erzogen	*to rear; to educate 8*
essen	isst	aß	gegessen	*to eat 3*

Infinitive	Present-tense vowel change	Simple past	Past participle	Meaning
fahren	fährt	fuhr	ist gefahren	*to drive, travel, ride 4*
fallen	fällt	fiel	ist gefallen	*to fall 10*
finden		fand	gefunden	*to find; to think 3*
fliegen		flog	ist geflogen	*to fly 5*
geben	gibt	gab	gegeben	*to give 3*
gefallen	gefällt	gefiel	gefallen	*to please 6*
gehen		ging	ist gegangen	*to go 1*
gewinnen		gewann	gewonnen	*to win 8*
haben	hat	hatte	gehabt	*to have E*
halten	hält	hielt	gehalten	*to hold; to stop 4*
hängen		hing	gehangen	*to be hanging 7*
heben		hob	gehoben	*to lift 1*
heißen		hieß	geheißen	*to be called, named E*
helfen	hilft	half	geholfen	*to help 4*
kennen		kannte	gekannt	*to know; to be aquainted with 3*
klingen		klang	geklungen	*to sound 12*
kommen		kam	ist gekommen	*to come 1*
lassen	lässt	ließ	gelassen	*to let, allow 12*
laufen	läuft	lief	ist gelaufen	*to run; to walk 5*
leiden		litt	gelitten	*to suffer; to endure 8*
leihen		lieh	geliehen	*to lend 4*
lesen	liest	las	gelesen	*to read 4*
liegen		lag	gelegen	*to lie; to be located 2*
nehmen	nimmt	nahm	genommen	*to take 3*
nennen		nannte	genannt	*to name 10*

English-German Vocabulary

The English-German end vocabulary contains the words included in the active vocabulary lists and the *Erweiterung des Wortschatzes* section of the chapters. Not included from the active lists are numbers, articles, and pronouns. The plural forms of nouns are given. Strong and irregular weak verbs are indicated with a raised degree mark (°). Their principal parts can be found in Appendix D. Separable-prefix verbs are indicated with a raised dot: **mit·bringen**.

The following abbreviations are used:

acc.	accusative	*n.*	noun	*prep.*	preposition
adj.	adjective	*pl.*	plural	*v.*	verb
conj.	conjunction				

A

abandon verlassen°
abdomen der Bauch, ⸚e
able: to be ~ to können°
about über *(prep.)*; etwa *(adv.)*
above all vor allem
abroad im Ausland
absolute(ly) absolut; unbedingt;
~ **great** ganz/wirklich toll
accept an·nehmen°
account: on ~ of wegen
acquaintance der/die Bekannte
(noun decl. like adj.); die
Bekanntschaft, -en; **to make
the ~ of/to become acquainted**
kennen·lernen
activity die Aktivität, -en
actually eigentlich; überhaupt
ad die Anzeige, -n
addition: in ~ to noch, dazu;
außerdem
address die Adresse, -n; **home ~**
die Heimatadresse; **school ~** die
Semesteradresse; **What is your ~?**
Wie ist deine/Ihre Adresse?
advertisement die Anzeige, -n
afraid: to be ~ (of) Angst haben (vor
+ *dat.*), (sich) fürchten (vor + *dat.*)
after nach *(prep.)*; nachdem *(conj.)*;
~ **all** schließlich; nämlich; doch;
~ **it** danach
afternoon der Nachmittag, -e;
this ~ heute Nachmittag
afternoons nachmittags
afterwards nachher; danach
again wieder; noch einmal;
~ **and** ~ immer wieder
against gegen
ago: [two weeks] ~ vor [zwei
Wochen]

agree: Or don't you ~? Oder?; **Don't
you ~?** Nicht wahr?
agreeable sympathisch
air die Luft, ⸚e
airplane das Flugzeug, -e
airport der Flughafen, ⸚
all alle; alles; **above ~** vor allem;
at ~ überhaupt; ~ **day** den
ganzen Tag
allowed: to be ~ to dürfen°
all right in Ordnung; Na gut!; **It's ~.**
Es geht.
almost fast
alone allein
Alps die Alpen *(pl.)*
already schon
also auch
although obwohl
always immer
amazing erstaunlich
America (das) Amerika
American *(adj.)* amerikanisch;
~ **(person)** der Amerikaner, -/
die Amerikanerin, -nen
among unter
and und; ~ **so on** und so weiter
angry böse; ~ **at** böse auf; **Don't be
~ with me.** Sei mir nicht böse.; **to
feel ~** sich ärgern
announcement die Anzeige, -n
another noch ein(e); **one ~** einander
answer die Antwort, -en; **to ~ [the
woman]** [der Frau] antworten; **to
~ the question** auf die Frage antworten, die Frage beantworten
any einige; etwas; **I don't have any . . .**
Ich habe kein(e) ...
anyone jemand
anything: ~ else? Sonst noch etwas?
apart auseinander
apartment die Wohnung, -en

appear scheinen°; erscheinen°
apple der Apfel, ⸚; ~ **juice** der
Apfelsaft
appliance das Gerät, -e
appointment der Termin, -e; **to have
an ~ with someone** einen Termin
bei/mit jemandem haben
appropriate: to be ~ passen
approximately ungefähr; etwa
April der April
architect der Architekt, -en, -en/die
Architektin, -nen
area das Gebiet, -e
arm der Arm, -e
around herum
arrive an·kommen°; **to ~ at** erreichen
art die Kunst, ⸚e; ~ **history** die
Kunstgeschichte
article der Artikel, -
artist der Künstler, -/die Künstlerin,
-nen
as als; wie; ~ **. . .** ~ so ... wie; ~ **always**
wie immer
ask fragen; ~ **for** bitten° um; **to
~ him a question** ihm/an ihn eine
Frage stellen
aspirin das Aspirin
assignment die Aufgabe, -n
at an; auf; ~ **(a place)** bei; ~ **[seven]**
um [sieben]; ~ **once** gleich
athlete der Sportler, -/die Sportlerin,
-nen
athletic sportlich
attend (a lecture, school) besuchen;
~ **college** studieren
attorney der Rechtsanwalt,
pl. Rechtsanwälte/die
Rechtsanwältin, -nen
attraction die Attraktion, -en
August der August
aunt die Tante, -n

Austria (das) Österreich
Austrian österreichisch *(adj)*;
   ~ (person) der Österreicher, -/die
   Österrei-cherin, -nen
automobile das Auto, -s
autumn der Herbst
awake wach
away weg

B

back *(adv.)* zurück; **to get ~ zurück·**
   bekommen; *(n.)* der Rücken, -;
   ~ ache die Rückenschmerzen *(pl.)*
backpack der Rucksack,
   pl. Rucksäcke
bad schlecht; schlimm; böse;
   not ~ ganz gut; **too ~** schade
badly schlecht
bag die Tasche, -n
bake backen°
baker der Bäcker, -/die Bäckerin,
   -nen
bakery die Bäckerei, -en; **at the**
   ~ beim Bäcker; **to the ~** zum
   Bäcker
balcony der Balkon, -s
ballpoint pen der Kugelschreiber, -
   [der Kuli, -s *(colloq.)*]
banana die Banane, -n
band (musical) die Band, -s;
   blues ~ die Bluesband, -s
bank die Bank, -en
bar die Bar, -s; die Kneipe, -n; das
   Lokal, -e
basketball der Basketball
bath das Bad, ·:er
bathe baden
bathing: ~ suit der Badeanzug, ·:e;
   ~ trunks die Badehose, -n
bathroom das Bad, ·:er;
   die Toilette, -n
Bavarian bay(e)risch
be sein°; **~ so kind.** Sei/Seien Sie so
   gut.; **~ there** dabei sein
beautiful schön; **very ~** wunderschön
because weil; denn; da; **~ of** wegen
become werden°
bed das Bett, -en; **~ covering** die
   Bettdecke, -n; **to make the ~** das
   Bett machen
bedroom das Schlafzimmer, -
beef roast der Rinderbraten
beer das Bier, -e; **~ garden** der
   Biergarten, ·:
before vor; vorher; bevor
begin an·fangen°; beginnen°; **~ the**
   work mit der Arbeit anfangen
beginning der Anfang, ·:e;
   in the ~ am Anfang
behind hinter
believe glauben; **I ~ so.** Ich glaube
   schon/ja.

belong to gehören (+ *dat.*)
below unten
bench die Bank, ·:e
beside bei; neben; außer; **~ each**
   other nebeneinander
besides außerdem; außer
best best; **~ of all** am besten
better besser
between zwischen
beverage das Getränk, -e
bicycle das Fahrrad, *pl.* Fahrräder;
   to ride a ~ mit dem Fahrrad
   fahren°; Rad fahren°; **~ trip** die
   Radtour, -en
big groß
bike das Rad, ·:er *(short for* Fahrrad*)*;
   ~ trip die Radtour, -en
biology die Biologie
bird der Vogel, ·:
birth die Geburt, -en
birthday der Geburtstag, -e;
   When is your ~? Wann hast du
   Geburtstag?; **for one's ~** zum
   Geburtstag
black schwarz
blanket die Bettdecke, -n
blog das Blog, -s
blond blond
blouse die Bluse, -n
blue blau
body der Körper, -
book das Buch, ·:er
bookcase das Bücherregal, -e
bookstore die Buchhandlung, -en
boot der Stiefel, -
border die Grenze, -n
bored gelangweilt
boring langweilig
born geboren; **I was born in 1987.**
   Ich bin 1987 geboren.
borrow leihen°
boss der Chef, -s/die Chefin, -nen
both beide; beides
bottle die Flasche, -n
boundary die Grenze, -n
boy der Junge, -n, -n; **~friend** der
   Freund, -e
bread das Brot, -e
bread roll das Brötchen, -
break die Pause, -n
breakfast das Frühstück; **for ~** zum
   Frühstück; **to eat ~** frühstücken
bridge die Brücke, -n
briefly kurz
bright hell
bring bringen°; **to ~ along**
   mit·bringen°; **to ~ up** erziehen°
broke (out of money) pleite
broken: ~ down kaputt
brother der Bruder, ·:; **brothers and**
   sisters die Geschwister *(pl.)*
brown braun

brush: to ~ [my] teeth [mir] die
   Zähne putzen
build bauen
bus der Bus, -se
business das Geschäft, -e
businessman der Geschäftsmann,
   pl. Geschäftsleute
businesspeople die Geschäftsleute
businesswoman die Geschäftsfrau, -en
busy: to be ~ beschäftigt sein; **to**
   keep ~ (sich) beschäftigen;
   (line is) ~ besetzt
but aber; sondern
butcher der Metzger, -/die
   Metzgerin, -nen
butcher shop die Metzgerei, -en; **at**
   the ~ beim Metzger; **to the ~** zum
   Metzger
butter die Butter
buy kaufen; **to ~ on the Internet**
   übers Internet kaufen
by (close to) bei, an (+ *dat.*), neben
   (+ *dat.*); **~ [car]** mit [dem Auto]

C

café das Café, -s
cafeteria (university) die Mensa, -s
   or Mensen
cake der Kuchen, -; die Torte, -n
call nennen°; rufen°; an·rufen°; **to**
   ~ [your] home bei [dir] anrufen
called: it's ~ es heißt
calm ruhig
camera der Fotoapparat, -e; die
   Kamera, -s
camp campen; **to ~ in a tent** zelten
can *(v.)* können°
can *(n.)* die Dose, -n
Canada (das) Kanada
Canadian *(adj.)* kanadisch;
   ~ (person) der Kanadier, -/die
   Kanadierin, -nen
cap die Mütze, -n; die Kappe, -n
capital die Hauptstadt,
   pl. Hauptstädte
car das Auto, -s; der Wagen, -
card die Karte, -n; **(playing) cards**
   die Karten *(pl.)*; **to play ~** Karten
   spielen
care die Sorge, -n; **to ~ for**
   sorgen für
career die Karriere, -n; **~ related**
   beruflich
carpet der Teppich, -e
carrot die Karotte, -n; die
   Möhre, -n
carry tragen°
case der Fall, ·:e; **in any ~** auf jeden
   Fall; sowieso
castle das Schloss, ·:er
cat die Katze, -n
catch: to ~ erreichen

CD die CD, -s
CD player der CD-Player, -; der CD-Spieler, -
celebrate feiern
celebration die Feier, -n; das Fest, -e
cell phone das Handy, -s
center das Zentrum, *pl.* Zentren
century das Jahrhundert, -e
certain(ly) bestimmt; sicher
chair der Stuhl, ⸚e; **easy ~** der Sessel, -
change wechseln; sich verändern
chaotic chaotisch
chat (on the Internet) chatten
chat room der Chatroom, -s (*also* Chat-Room, -s)
cheap billig
check out (book from library) aus·leihen°
cheerful lustig
cheese der Käse
chemistry die Chemie
chess das Schach; **~ game** das Schachspiel
chest of drawers die Kommode, -n
chicken das Hähnchen, -
child das Kind, -er
chin das Kinn
chocolate die Schokolade, -n; **~ ice cream** das Schokoladeneis
chore: household chores die Hausarbeit; **to do the chores** den Haushalt machen
Christmas das Weihnachten; **Merry ~!** Frohe *or* Fröhliche Weihnachten!
church die Kirche, -n
city die Stadt, ⸚e; die Großstadt, ⸚e; **~ hall** das Rathaus, *pl.* Rathäuser
class die Klasse, -n; **German ~** die Deutschstunde
clean sauber; **to ~** putzen; auf·räumen; sauber machen
clear klar
cliché das Klischee, -s
client der Kunde, -n, -n/die Kundin, -nen
climate das Klima
clinic die Klinik, -en
clock die Uhr, -en
close nahe; **~ to me** mir nahe; **to ~** schließen°; zu·machen
cloth das Tuch, ⸚er
clothes die Sachen (*pl.*)
clothing die Kleidung, die Sachen (*pl.*); **article of ~** das Kleidungsstück, -e
cloudy wolkig
club der Club, -s
coat der Mantel, ⸚; **sport ~** das Jackett, -s; der Sakko, -s

coffee der Kaffee; **for (afternoon) ~** zum Kaffee; **to go for ~** Kaffee trinken gehen; **~house** das Kaffeehaus, *pl.* Kaffeehäuser; **~ table** der Couchtisch, -e
cola drink die Cola, -s
cold kalt; **ice ~** eiskalt; die Erkältung, -en; **to catch a ~** sich erkälten
colleague der Kollege, -n, -n/die Kollegin, -nen
collect sammeln
college: to go to ~ studieren; auf/an die Universität gehen
color die Farbe, -n; **What ~ is ...?** Welche Farbe hat ...?
comb der Kamm, ⸚e; **to ~ (one's hair)** (sich) kämmen
come kommen°; **to ~ along** mit·kommen°; **to ~ by** vorbei·kommen°
comfortable gemütlich
comfortableness die Gemütlichkeit
comics der Comic, -s
company die Gesellschaft, -en; die Firma, *pl.* Firmen; **to have ~** Besuch haben
compel zwingen°
compete konkurrieren
complain klagen
complete(ly) ganz; voll; absolut; total (*slang*)
composer der Komponist, -en, -en/die Komponistin, -nen
computer der Computer, -; **~ game** das Computerspiel, -e; **~ science** die Informatik; **~ specialist** der Informatiker, -/die Informatikerin, -nen; **to work at the ~** mit dem/am Computer arbeiten
concept die Vorstellung, -en
concert das Konzert, -e; **to go to a ~** ins Konzert gehen
connect verbinden°
contact der Kontakt, -e
content zufrieden
contrary: on the ~ sondern; doch
conversation das Gespräch, -e; die Unterhaltung, -en; **to conduct/carry on a ~** ein Gespräch führen
converse (about) (sich) unterhalten°
convince überzeugen
cook kochen
cool kühl
corner die Ecke, -n
correct richtig; **to be ~** stimmen; **That's ~.** Das stimmt.
cost kosten
cough husten
could könnte
country das Land, ⸚er; der Staat; **in our ~** bei uns; **in the ~** auf dem Land(e); **out into the ~** ins Grüne; **to the ~** aufs Land

couple das Paar, -e
course der Kurs, -e; die Vorlesung, -en
course: of ~ bestimmt; natürlich; klar; sicher; allerdings; doch
cousin (*female*) die Kusine, -n/Cousine, -n; **~ (*male*)** der Cousin, -s
cover decken
cozy gemütlich
cozyness die Gemütlichkeit
cramped eng
creative kreativ
credit card die Kreditkarte, -n
critical kritisch
criticism die Kritik, -en
cucumber die Gurke, -n
cultural(ly) kulturell
culture die Kultur, -en
cup die Tasse, -n
customer der Kunde, -n, -n/die Kundin, -nen
cyber café das Internetcafé, -s

D

dad der Vati, -s; der Papa, -s
dance (*v.*) tanzen
dance club der Club, -s; die Disco, -s (*also* Disko)
dancing: I'm going ~. Ich gehe tanzen.
dark dunkel; **~haired** dunkelhaarig
date das Datum; **What's the ~ today?** Den Wievielten haben wir heute?; Der Wievielte ist heute?
daughter die Tochter, ⸚
day der Tag, -e; **one/some ~** eines Tages; **all ~** den ganzen Tag; **days of the week** die Wochentage (*pl.*); **every ~** jeden Tag; **What ~ is today?** Welcher Tag ist heute?
dear lieb (-er, -e, -es); **oh ~** oh je
December der Dezember
decide (sich) entscheiden°; **to ~ on** beschließen°
deed die Tat, -en
degree der Grad (*temperature*)
delicious lecker
democratic(ally) demokratisch
demonstrate demonstrieren
demonstration die Demonstration, -en
dentist der Zahnarzt, *pl.* Zahnärzte/die *pl.* Zahnärztin, -nen
depart ab·fahren°
department store das Kaufhaus, *pl.* Kaufhäuser
describe beschreiben°
desire die Lust
desk der Schreibtisch, -e
dessert der Nachtisch, -e
dialect der Dialekt, -e

die sterben°
difference der Unterschied, -e
different(ly) verschieden; anders; **something ~** (et)was anderes
difficult schwer; schwierig
digital camera die Digitalkamera, -s
dining room das Esszimmer, -
dinner das Abendessen, -; **for ~** zum Abendessen/Essen; **to eat ~** zu Abend essen
diploma (from high school) das Abitur
dish (for food) der Teller, -
dishes das Geschirr; **to do/wash the ~** abwaschen°; Geschirr spülen
dishwasher die Spülmaschine, -n; der Geschirrspüler, -; **to empty the ~** die Spülmaschine aus·räumen; **to load the ~** die Spülmaschine ein·räumen
divide teilen; auf·teilen (in + acc.)
divided by (in mathematics) geteilt durch
do machen; tun°; **to ~ [German] homework** [Deutsch] machen
doctor der Arzt, ⸚e/die Ärztin, -nen; **to go to the ~** zum Arzt gehen
doesn't he (she) nicht? nicht wahr?
dog der Hund, -e
done fertig
door die Tür, -en
dormitory das Studentenheim, -e; das Studentenwohnheim, -e
downstairs unten
dress das Kleid, -er; **to ~** (sich) an·ziehen°; **I get dressed.** Ich ziehe mich an.
dresser die Kommode, -n
drink das Getränk, -e; **to ~** trinken°
drive fahren°; **to ~ along** mit·fahren°; **to ~ away** weg·fahren°; **to go for a ~** spazieren fahren°
driver der Fahrer, -/die Fahrerin, -nen
driver's license der Führerschein, -e
drugstore die Drogerie, -n, die Apotheke, -n
dry trocken; **to ~ (dishes)** ab·trocknen
dumb dumm
during während
dust der Staub; **to ~** Staub wischen
DVD die DVD, -s
dwelling die Wohnung, -en

E

each jed- (-er, -es, -e)
each other einander; **with ~** miteinander
ear das Ohr, -en
early früh

earn verdienen; **to ~ money** Geld verdienen
east der Osten; **to the ~** östlich
easy leicht; **Take it ~.** Mach's gut.
easygoing ruhig
eat essen°
economic(al) wirtschaftlich
economy die Wirtschaft
educate aus·bilden; erziehen°
education die Erziehung; die Ausbildung
egg das Ei, -er
egocentric egoistisch
else: what ~? was noch?; **something ~?** sonst noch etwas?
emigrate aus·wandern
employ beschäftigen
employed berufstätig
employee der Arbeitnehmer, -/ die Arbeitnehmerin, -nen; der Mitarbeiter, -/die Mitarbeiterin, -nen; der/die Angestellte (noun. decl. like adj.)
employer der Arbeitgeber, -/die Arbeitgeberin, -nen
empty leer
end das Ende, -n; **in/at the ~** am Ende; **at the ~ of [August]** Ende [August]
endure leiden°
engage: to ~ in sports Sport treiben°
engineer der Ingenieur, -e/die Ingenieurin, -nen
engineering das Ingenieurwesen
England (das) England
English (adj.) englisch; **~ (language)** (das) Englisch; **~ studies** die Anglistik
English (person) der Engländer, -/ die Engländerin, -nen
enjoy: to ~ something Spaß an einer Sache haben
enjoyment die Lust; der Spaß
enough genug
entertain unterhalten°
entertainment die Unterhaltung
environment die Umwelt
especially besonders
essential wesentlich
etc. usw.
eternal(ly) ewig
euro der Euro, -
Europe das Europa
even sogar; **~ if** auch wenn
evening der Abend, -e; **Good ~.** Guten Abend.; **this ~** heute Abend
evenings abends
every jed- (-er, -es, -e); **~ day** jeden Tag
everyone jeder
everything alles
everywhere überall

exactly genau; **~ the same** genauso
exam die Klausur, -en
examination die Klausur, -en; die Prüfung, -en; **comprehensive ~** das Examen, -; **to take an ~** eine Klausur schreiben°
examine durch·sehen°; prüfen
example das Beispiel, -e; **for ~** zum Beispiel (z. B.)
except außer
exchange student der Austauschstudent, -en, -en/die Austauschstudentin, -nen
excuse die Entschuldigung, -en; **~ me!** Entschuldigung!
exhausted (slang) kaputt
exhausting anstrengend
exist existieren
expect erwarten
expense die Kosten (pl.)
expensive teuer
experience die Erfahrung, -en
explain erklären
export der Export, -e; **to ~** exportieren
expressway die Autobahn, -en
eye das Auge, -n

face das Gesicht, -er
factory die Fabrik, -en
fairly ganz; ziemlich
fall der Herbst; **to ~** fallen°
false falsch
familiar bekannt
family die Familie, -n
famous bekannt; berühmt; **world ~** weltbekannt
fan (team supporter) der Fan, -s
fantastic fantastisch; toll; prima
far weit
farther weiter
fast schnell
fat dick
father der Vater, ⸚
favorite Lieblings-; **~ (program)** (die) Lieblings(sendung)
fear die Angst, ⸚e, **to ~** sich fürchten (vor + dat.); **to ~ for** Angst haben um
feast das Fest, -e
February der Februar
Federal Republic of Germany die Bundesrepublik Deutschland (BRD)
feel sich fühlen; **to ~ like** Lust haben; **I don't ~ like working.** Ich habe keine Lust zu arbeiten.; **I don't ~ like it.** Dazu habe ich keine Lust.
feeling das Gefühl, -e
festival das Fest, -e

fever das Fieber
few wenig(e); **a ~** ein paar
film der Film, -e
finally endlich, schließlich
finals das Examen, -
find finden°
fine fein; gut; **I'm ~.** Es geht mir gut.
finger der Finger, -
finished fertig; zu Ende
firm die Firma, *pl.* Firmen
first erst; **at ~** zuerst; **~ of all** erst
   einmal, erstens
first name der Vorname, -ns, -n
fish der Fisch, -e
fit passen
fitness training das Fitnesstraining
flexible flexibel
flight der Flug, ⸚e
floor der Boden, ⸚
flower die Blume, -n; **~ stand** der
   Blumenstand, ⸚e
fly fliegen°; **to ~ back** zurück·fliegen°
food das Essen; die Lebensmittel *(pl.)*
foot der Fuß, ⸚e; **to go on ~** zu Fuß
   gehen°; laufen°
for für *(prep.)*; denn *(conj.)*; **(time)**
   seit; **~ a year** seit einem Jahr
force zwingen°
foreign fremd; **~ country**
   das Ausland; **~ trade** der
   Außenhandel
foreigner der Ausländer, -/die
   Ausländerin, -nen
forest der Wald, ⸚er
forever ewig
forget vergessen°
fork die Gabel, -n
formerly früher
fortunate person der/die Glückliche
   (noun decl. like adj.)
fortunately zum Glück
fourth das Viertel, -
France (das) Frankreich
frank(ly) offen
free frei; **~ time** die Freizeit; **for**
   ~ umsonst, gratis
freedom die Freiheit, -en
freeway die Autobahn, -en
freezer der Gefrierschrank, ⸚e
French *(adj.)* französisch;
   ~ (language) (das) Französisch
French fries die Pommes frites *(pl.)*
frequent(ly) häufig
fresh frisch
Friday der Freitag
friend der Freund, -e/die Freundin,
   -nen
friendly freundlich
from von; **~ (native of)** aus;
   ~ a certain point on ab; **Where do**
   you come ~? Woher kommst du/
   kommen Sie?

fruit das Obst
full voll
fun der Spaß; **It's/That's ~.** Es macht
   Spaß.; **to have lots of ~** viel Spaß
   haben
funny lustig; komisch
furnished möbliert
furniture die Möbel *(pl.)*; **piece of**
   ~ das Möbelstück, -e
further weiter
future die Zukunft

G

game das Spiel, -e
garage die Garage, -n
garden der Garten, ⸚
gasoline das Benzin
general: in ~ überhaupt; im
   Allgemeinen
gentleman der Herr, -n, -en
genuine(ly) echt
German *(adj.)* deutsch; **~ (person)**
   der/die Deutsche *(noun decl. like*
   adj.); **~ (language)** (das) Deutsch;
   to do ~ (homework) Deutsch
   machen; **I'm doing ~.** Ich mache
   Deutsch.; **~ studies (language and**
   literature) die Germanistik
German Democratic Republic die
   Deutsche Demokratische Republik
   (DDR)
Germany (das) Deutschland
get bekommen°; kriegen; holen;
   to ~ back zurück·bekommen°;
   to ~ up auf·stehen°; **to ~ together**
   sich treffen°
girl das Mädchen, -; **~friend** die
   Freundin, -nen
give geben°; **to ~ (as a gift)**
   schenken; **to ~ up** auf·geben°
glad froh; **~ to** gern
gladly gern
glass das Glas, ⸚er
glove der Handschuh, -e
go gehen°; **to ~ along** mit·gehen°;
   to ~ [by car] mit [dem Auto]
   fahren°; **to ~ for coffee** Kaffee trink-
   en gehen°; **to ~ in** hinein·gehen°;
   to ~ out aus·gehen°; **to ~ out**
   with someone zusammen sein; **to**
   ~ there hin·gehen°
goal das Ziel, -e
going on: What's ~? Was ist los?;
   There's not much ~ Es ist nicht
   viel los.
gold das Gold
golf das Golf
gone weg; vorbei
good gut; **~ Heavens!** Du meine
   Güte!
good-bye Auf Wiedersehen.; Tschüss.
   (colloq.)

goods die Ware, -n
government die Regierung, -en
grade die Note, -n; **[seventh] ~** [die
   siebte] Klasse
graduate (from the university) *(v.)*
   Examen machen
gram das Gramm, -
grandfather der Großvater, *pl.*
   Großväter
grandma die Oma, -s
grandmother die Großmutter, ⸚
grandpa der Opa, -s
grandparents die Großeltern *(pl.)*
grape die Traube, -n
gray grau
great toll, super, prima; Klasse!;
   absolutely ~ ganz/wirklich toll
green grün
greeting der Gruß, ⸚e
groceries die Lebensmittel *(pl.)*
grocery store das
   Lebensmittelgeschäft, -e
group die Gruppe, -n
grow wachsen°; **to ~ up**
   auf·wachsen°; **to ~ together**
   zusammenwachsen°
guest der Gast, ⸚e; **to have a ~** Besuch
   haben
guitar die Gitarre, -n

H

hair das Haar, -e
half die Hälfte, -n; halb
ham der Schinken, -
hand die Hand, ⸚e
handbag die (Hand)tasche, -n
hang hängen°
happen passieren° *(+ dat.);* **What**
   happened to you? Was ist dir
   passiert?
happy froh, glücklich
hard hart; schwer
hardly kaum
hardworking fleißig
has hat
hat der Hut, ⸚e
hatred der Hass; **~ of foreigners** der
   Ausländerhass
have haben°; **to ~ to** müssen°; **to**
   ~ in mind vor·haben°; **~ some**
   cake. Nehmen Sie etwas Kuchen.
head der Kopf, ⸚e
headache die Kopfschmerzen *(pl.)*
headscarf das Kopftuch, *pl.*
   Kopftücher
healthy gesund
hear hören
heavy schwer
hello Guten Tag.; Grüß dich.; Hallo.
   (informal)
help die Hilfe; helfen°, **to ~ with**
   [work] bei [der Arbeit] helfen

here hier, da; **~ [toward the speaker]**
    her; **~ you are** bitte sehr
Hey! Du!; He!
Hi! Tag! Hallo! Grüß dich! Hi!
high hoch
high school (college track) das
    Gymnasium, *pl.* Gymnasien
hike die Wanderung, -en; **to ~**
    wandern
history die Geschichte
hobby das Hobby, -s
hold halten°
holiday der Feiertag, -e
home das Zuhause; **at ~** zu Hause;
    (to go) ~ nach Hause (gehen°);
    at the ~ of bei; **homeland** die
    Heimat
homework die Hausaufgaben *(pl.)*;
    to do ~ die Hausaufgaben machen
honest ehrlich
hope die Hoffnung, -en; **to ~** hoffen;
    to ~ for hoffen auf *(+ acc.)*; **I ~**
    hoffentlich
horrible furchtbar; fürchterlich;
    schrecklich
horribly furchtbar; fürchterlich
hospital das Krankenhaus,
    pl. Krankenhäuser
hostility toward foreigners die
    Ausländerfeindlichkeit
hot heiß
hot dog das Würstchen, -
hour die Stunde, -n
house das Haus, ⸚er
household chore die Hausarbeit; **to
    do ~** die Hausarbeit machen
househusband der Hausmann,
    pl. Hausmänner
housekeeping der Haushalt
housework die Hausarbeit
how wie; **for ~ long?** seit wann;
    ~ are you? Wie geht es Ihnen?/
    Wie geht's?; **~ do you know that?**
    Woher weißt du/wissen Sie das?
however aber; doch; jedoch
huge riesengroß
human being der Mensch, -en, -en
**human resources department:
    head of ~ (personnel)**
    der Personalchef, -s/die
    Personalchefin, -nen
humid schwül
hunch die Ahnung
hunger der Hunger
hungry hungrig; **to be ~** Hunger
    haben; **to be very ~** Riesenhunger
    haben; **to get ~** Hunger
    bekommen°/kriegen
Hurry up! Mach schnell!
hurt weh·tun°, verletzen; **I ~ myself.**
    Ich habe mich verletzt.
husband der (Ehe)mann, ⸚er

ice das Eis
ice cream das Eis
idea die Idee, -n; der Gedanke, -n, -n;
    die Ahnung; **No ~!** Keine Ahnung!
ideal ideal
idle: to be ~ faulenzen
if wenn; ob; **even ~** wenn auch
ill krank
illness die Krankheit, -en
image das Bild, -er
imagine sich *(dat.)* vor·stellen;
    ~ that! Stell dir das vor!; **I can
    ~ it.** Ich kann es mir vorstellen.
immediately gleich; sofort
immigrate ein·wandern
impersonal unpersönlich
important wichtig; **to be ~** eine Rolle
    spielen
in(to) in; hinein
income das Einkommen, -
indeed zwar; doch; ja
independent unabhängig
individual(ly) einzeln; individuell
industrious fleißig
influence beeinflussen
information die Information, -en
information technologist
    der Informatiker, -/die
    Informatikerin, -nen
inhabitant der Einwohner, -/die
    Einwohnerin, -nen; der Bewohner,
    -/die Bewohnerin, -nen
injure verletzen
in-line skating das Inlineskating;
    inline- skaten;
    to go ~ inlineskaten gehen°
in order to um ... zu
insecure unsicher
insert stecken
in spite of trotz
instead of (an)statt
instrument das Instrument, -e
intelligent intelligent
intend to vor·haben°; wollen
interest interessieren
interested: to be ~ (in) (sich)
    interessieren (für); interessiert
    sein an *(+ dat.)*
interesting interessant
intermission die Pause, -n
Internet das Internet; **to surf the ~**
    im Internet surfen; **to buy on the ~**
    übers Internet kaufen; **~ café** das
    Internetcafé, -s
interview das Interview, -s
invite ein·laden°
is ist; **isn't it?** nicht?; nicht wahr?
    (tag question); **Your name is
    [Sandra], isn't it?** Du heißt
    [Sandra], nicht?

jacket die Jacke, -n
jam die Marmelade
January der Januar
jeans die Jeans *(sg. and pl.)*
job der Job, -s; die Stelle, -n; **to have
    a ~** arbeiten; **to have a temporary ~**
    jobben
jog joggen
jogging das Jogging
join in mit·machen
journalist der Journalist, -en, -en/die
    Journalistin, -nen
journey die Reise, -n
juice der Saft, ⸚e
July der Juli
June der Juni
just eben; erst; gerade

K

keep halten°
kilogram das Kilo(gramm)
kilometer der Kilometer, -
kind gut, nett; **be so ~** Sei/Seien Sie
    so gut/nett.; **what ~ of person**
    was für ein Mensch
kindergarten der Kindergarten, ⸚
kitchen die Küche, -n; **~ appliance**
    das Küchengerät, -e; **~ range** der
    Herd, -e
knee das Knie, -
knife das Messer, -
know (a fact) wissen°; **to ~ (be
    acquainted)** kennen°; **to get to ~**
    kennen·lernen; **to ~ [German]**
    [Deutsch] können
known bekannt

L

lack fehlen
lady die Dame, -n; die Frau, -en
lake der See, -n
lamp die Lampe, -n
land das Land, ⸚er
language die Sprache, -n
large groß; **largest** größt-
last letzt- (-er, -es, -e-) *(adj.)* **~ night**
    gestern Abend; **to ~** dauern
late spät
later später; **until ~/see you ~** bis
    später, tschüss, bis dann, bis bald
laugh lachen
laughable zum Lachen
laundry die Wäsche
law das Gesetz, -e; das Recht; **~ (field
    of study)** Jura *(no article)*
lawyer der Rechtsanwalt,
    pl. Rechtsanwälte/die
    Rechtsanwältin, -nen
lay legen
lazy faul

lead führen
learn lernen
least: at ~ wenigstens
leave lassen°; weg·fahren°;
    ab·fahren°; verlassen°; **I have
    to ~.** Ich muss los.
lecture die Vorlesung, -en
left: on/to the ~ links
leg das Bein, -e
leisure time die Freizeit
lemonade die Limonade, -n
lend leihen°; **to ~ out** aus·leihen°
lesson die Stunde, -n; **piano ~** die
    Klavierstunde, -n
let lassen°
letter der Brief, -e
lettuce der (Kopf)salat, -e
library die Bibliothek, -en
lie liegen°; **to ~ around** herum·
    liegen°
life das Leben, -
lift heben°; **to ~ weights** Gewichte
    heben°
light *(adj.)* leicht; **~ (in color)** hell;
    ~ brown hellbraun
like: would ~ to möchte; **to ~** gern
    haben; mögen; gefallen°; **What
    do you ~ to do?** Was machst du
    gern?; **I ~ to swim.** Ich schwimme
    gern.; **How do you ~ the cheese?**
    Wie findest du den Käse?; **would
    you ~ to** hättest du Lust
likeable sympathisch
likewise ebenso; auch
limit die Grenze, -n
lip die Lippe, -n
listen: to ~ to zu·hören; **to ~ to
    music** Musik hören
liter der Liter, -
literature die Literatur
little klein; wenig; **a ~** ein bisschen,
    ein wenig
live leben; wohnen
lively lebhaft
living room das Wohnzimmer, -
load ein·räumen; **to ~ the dishwasher**
    die Spülmaschine einräumen
located: to be ~ liegen°, stehen°
location die Lage, -n
long lang; lange; **a ~ time** lange;
    how ~ seit wann
longer: no ~ nicht mehr
look: to ~ at an·sehen°, an·schauen;
    to ~ after schauen nach; **to ~ like**
    ... wie ... aus·sehen°; **to ~ for**
    suchen; **to ~ forward to** sich
    freuen auf (+ *acc.*); **to ~ through**
    durch·sehen°
lose verlieren°
lot: a ~ viel
lots of viel
loud laut

lounge around faulenzen
love die Liebe; **to ~** lieben
low niedrig
luck das Glück; **Good ~!** Viel Glück!;
    to be lucky Glück haben
lucky person der/die Glückliche
    (noun decl. like adj.)
lunch das Mittagessen; **for ~** zum
    Mittagessen; **to have ~** zu Mittag
    essen°
lunch meat die Wurst, ̈e
lying around: to be ~ herum·liegen°

M

machine die Maschine, -n
magazine die Zeitschrift, -en
major *(v.)* **in [chemistry]** [Chemie]
    studieren
major subject das Hauptfach, *pl.*
    Hauptfächer
mail die Post
main Haupt-; **~ train station** der
    Hauptbahnhof
make machen
makeup: to put on ~ (sich)
    schminken
mama die Mama
man der Mann, ̈er; **~!** Mensch!
manager der Manager, -/die
    Managerin, -nen
manufacture her·stellen
many viele; **how ~** wie viele; **too ~** zu
    viele; **~ a** manch (-er, -es, -e)
map die Landkarte, -n
March der März
margarine die Margarine
market der Markt, ̈e
marmalade die Marmelade
marriage die Heirat; die Ehe, -n
married verheiratet; **~ couple** das
    Ehepaar, -e
marry heiraten
marvel das Wunder, -
math die Mathe
mathematics die Mathematik
matter die Sache, -n; **to
    ~ aus·machen; **it doesn't ~** (es)
    macht nichts; **it doesn't ~ [to
    me]** es macht [mir] nichts aus;
    What's the ~? Was ist los?; Was
    hast du denn?
May der Mai
may dürfen°; **that ~ well be** das mag
    wohl sein; **~ I help you?** Bitte?
maybe vielleicht
meal das Essen; **evening ~** das
    Abendessen
mean meinen; bedeuten; **What does
    that ~?** Was bedeutet das?; **that
    means** das heißt
meantime: in the ~ inzwischen
meanwhile inzwischen

meat das Fleisch
meat market die Metzgerei, -en
meet (sich) treffen°; kennen·lernen;
    I'm meeting friends. Ich treffe
    mich mit Freunden.
member das Mitglied, -er
merchandise die Ware, -n
merry lustig
messy chaotisch
microwave oven der Mikrowellenherd,
    -e
midday meal das Mittagessen, -
middle die Mitte
mild mild
milk die Milch
million die Million, -en
mind: to have in ~ vor·haben°
mineral water das Mineralwasser
minor subject das Nebenfach, ̈er
minus (in subtraction) minus
minute die Minute, -n; **five minutes
    after two** fünf Minuten nach zwei;
    Just a ~, please! Einen Moment,
    bitte!; Moment mal.
miracle das Wunder, -
mirror der Spiegel, -
miss: to ~ something or someone
    vermissen
missing: to be ~ fehlen
modern modern
mom die Mutti, -s; die Mama
moment der Moment, -e; **at the ~** im
    Moment, zurzeit
Monday der Montag
money das Geld; **out of ~** pleite
month der Monat, -e; **a ~ ago** vor
    einem Monat; **every ~** jeden
    Monat
mood: to be in the ~ Lust haben
more mehr; **no ~ . . .** kein ... mehr;
    ~ and ~ immer mehr; **~ or less**
    mehr oder weniger; **not any ~**
    nicht mehr
morning der Morgen; **Good ~.** Guten
    Morgen.; **this ~** heute Morgen
mornings morgens
most meist; **~ of the people** die
    meisten Leute; **~ of the time**
    meistens
mostly meistens
mother die Mutter, ̈
motorcycle das Motorrad,
    pl. Motorräder
motto das Motto, -s
mountain der Berg, -e
mouth der Mund, ̈er
movie der Film, -e; **~ theater** das
    Kino, -s
movies das Kino, -s; **to go
    to the ~** ins Kino gehen°
Mr. Herr
Mrs. Frau

Ms. Frau

much viel, **how ~** wie viel; **too ~** zu viel

multicultural(ly) multikulturell

museum das Museum, *pl.* Museen

music die Musik

musical das Musical, -s; *(adj.)* musikalisch

musician der Musiker, -/die Musikerin, -nen

must müssen°

mystery (novel or film) der Krimi, -s

N

name der Name, -ns, -n; **first ~** der Vorname, -ns, -n; **last ~** der Nachname, -ns, -n; **What is your ~?** Wie heißt du/heißen Sie?; **to ~** nennen°; **Your ~ is [Mark], isn't it?** Du heißt [Mark], nicht?

named: to be ~ heißen°

narrate erzählen

narrow eng

native country die Heimat

natural(ly) klar; natürlich

nature die Natur

nauseated: I feel ~. Mir ist schlecht.

near bei; **~ by** in der Nähe, nah(e)

nearness die Nähe

neck der Hals, ⁓e

need brauchen

neighbor der Nachbar, -n, -n/die Nachbarin, -nen

neighboring country das Nachbarland, *pl.* Nachbarländer

nephew der Neffe, -n, -n

nervous nervös

neutral neutral

never nie

nevertheless trotzdem; doch

new neu; **What's ~?** Was gibt's Neues?

newspaper die Zeitung, -en

next nächst

nice nett; schön; **~ and warm** schön warm

niece die Nichte, -n

night die Nacht, ⁓e, **last ~** gestern Abend/Nacht; **Good ~.** Gute Nacht.

nightclub das Nachtlokal, -e; die Bar, -s

nightstand der Nachttisch, -e

nighttable der Nachttisch, -e

no nein; kein; nicht; **~ longer** nicht mehr; **~ more . . .** kein ... mehr

noisy laut

nonetheless jedoch

nonsense der Quatsch; **Nonsense!** Quatsch!

noodles die Nudeln *(pl.)*

noon der Mittag, -e

no one niemand

north der Norden; **to the ~** nördlich

North Sea die Nordsee

nose die Nase, -n

not nicht; **isn't that so?** nicht?; **~ at all** gar nicht; **~ a, any** kein; **~ bad** ganz gut; Es geht.; **~ only . . . but also . . .** nicht nur ... sondern auch ...; **~ yet** noch nicht

note die Notiz, -en; die Note, -n

notebook das Heft, -e

nothing nichts; **~ at all** gar nichts; **~ special** nichts Besonderes

notice bemerken, merken

novel der Roman, -e

November der November

now jetzt; nun; **~ and then** ab und zu

number die Zahl, -en; die Nummer, -n; **phone ~** die Telefonnummer

numeral die Zahl, -en

numerous zahlreich

nurse der Krankenpfleger, -/die Krankenpflegerin, -nen; **~ (female only)** die Krankenschwester, -n

nursery school der Kindergarten, ⁓

O

obtain bekommen°; kriegen

observe beobachten

occupation der Beruf, -e

occupied: to be ~ (with) beschäftigt sein (mit)

occupy beschäftigen

ocean der Ozean, -e

o'clock: one ~ ein Uhr

October der Oktober

of von

off weg; **to be ~ work** frei haben

offer: What was offered? Was gab es?

office das Büro, -s

often oft

oh ach, ah; **~ I see** ach so; **~ my** o je; **~ well** na ja

OK okay (O.K.); ganz gut; **It's (not) ~.** Es geht (nicht).

old alt; **I'm [19] years ~.** Ich bin [19] Jahre alt. **How ~ are you?** Wie alt bist du?

on an; auf; **~ account of** wegen; **~ [Thursday]** am [Donnerstag]

once einmal; mal; **all at ~** auf einmal; **~ more** noch einmal; **~ a week** einmal in der Woche/einmal die Woche

one *(pronoun)* man; **~ another** einander; **~ time** einmal

oneself selbst, selber

only nur; erst; einzig

open offen, geöffnet; **to ~** auf·machen; öffnen

opera die Oper, -n

opinion die Meinung, -en; **What's your ~?** Was hältst du davon?; Was meinst du?

or oder

orange die Orange, -n; **~ juice** der Orangensaft

order die Ordnung; **in ~** in Ordnung; **to ~** bestellen

organize organisieren

other ander- (-er, -es, -e); **each ~** einander; **with each ~** miteinander

otherwise sonst; anders

out of aus

outdoor concert Open-Air-Konzert, -e

outside draußen; **~ of** außerhalb *(+ gen.)*

over (time) vorbei; zu Ende; **~ (task)** fertig; **~ (position)** über

own *(adj.)* eigen

P

page die Seite, -n

pain der Schmerz, -en

pair das Paar, -e

pale blass

pants die Hose, -n

pantyhose die Strumpfhose, -n

papa der Papa

paper das Papier; **~ (theme, essay)** die Arbeit, -en

paperback das Taschenbuch, *pl.* Taschenbücher

pardon: I beg your ~? Wie bitte?

parents die Eltern *(pl.)*

park der Park, -s

part der Teil, -e; **to play a ~** eine Rolle spielen

particular besonder-

particularly besonders

part-time work die Teilzeitarbeit

party die Party, -s; die Feier, -n; das Fest, -e; die Fete, -n; **at a ~** auf einer Party; **to give a ~** eine Party geben°; **to go to a ~** auf eine Party gehen°

passive passiv

pay: to ~ for bezahlen; zahlen; **to ~ back** zurück·zahlen

peace der Frieden

peaceful(ly) friedlich

pedestrian der Fußgänger, -/die Fußgängerin, -nen; **~ zone** die Fußgängerzone, -n

pen der Kugelschreiber, - [der Kuli, -s *(colloq.)*]

pencil der Bleistift, -e

pen pal der Brieffreund, -e/die Brieffreundin, -nen

people die Leute *(pl.)*; die Menschen *(pl.)*; man

per pro

percent das Prozent
perhaps vielleicht
period der Punkt, -e
permit lassen°
permitted: to be ~ dürfen°
person der Mensch, -en, -en; die Person, -en
personal persönlich
persuade überzeugen
pharmacy die Apotheke, -n; **to the ~** in die/zur Apotheke
philosophy die Philosophie
phone das Telefon, -e; **~ number** die Telefonnummer, -n; **to ~** an·rufen°
photo das Bild, -er; das Foto, -s
photograph das Bild, -er; das Foto, -s; **to ~** fotografieren
physician der Arzt, ⸚e/die Ärztin, -nen
physics die Physik
piano das Klavier, -e; **~ lesson** die Klavierstunde, -n; **~ concerto** das Klavierkonzert, -e
pickle die saure Gurke, -n
pick up ab·holen
picnic das Picknick, -s
picture das Bild, -er
piece das Stück, -e
pill die Tablette, -n; die Pille, -n
pillow das Kissen, -
Ping-Pong das Tischtennis
pity: what a ~ schade
place der Platz, ⸚e; die Stelle, -n; der Ort, -e; **to my ~** zu mir; **at my ~** bei mir
place: to ~ stellen, legen, setzen
plan der Plan, ⸚e; **to ~** vor·haben°; planen
plant die Pflanze, -n
plate der Teller, -
play Stück, -e; das Theaterstück, -e; **to ~** spielen
please bitte; **to ~** gefallen°
pleased: to be ~ (about) sich freuen (über + acc.)
pleasure die Freude, -n; die Lust; **~ in** Freude an (+ dat.); **to give ~** Freude machen
plus (in addition) und
pocket die Tasche, -n
point der Punkt, -e
political(ly) politisch
political science die Politik(wissenschaft)
politician der Politiker, -/die Politikerin, -nen
politics die Politik
polo shirt das Polohemd, -en
poor arm; **You ~ thing!** Du Armer!/Du Arme!
pop concert das Popkonzert, -e

portion der Teil -e
portrait das Porträt, -s
position die Stelle, -n; der Arbeitsplatz, pl. Arbeitsplätze
possible möglich; **It's (not) ~.** Es geht (nicht); **That would (not) be ~.** Das ginge (nicht).
postal code die Postleitzahl, -en
postcard die Postkarte, -n
poster das/der Poster, -
post office die Post; **to go to the ~** auf die/zur Post gehen°
potato die Kartoffel, -n
pound das Pfund, -e
practical(ly) praktisch
prefer: I ~ to work. Ich arbeite lieber.
preparation die Vorbereitung, -en
prepare (for) (sich) vór·bereiten (auf + acc.)
prepared bereit; vorbereitet
prescribe verschreiben°
present das Geschenk, -e
present: at ~ nun; **to be ~** dabei sein
pretty schön; **~ pale** ganz schön blass
price der Preis, -e
private(ly) privat
probably wahrscheinlich
problem das Problem, -e
problematical problematisch
produce her·stellen, produzieren
product das Produkt, -e
profession der Beruf, -e
professional beruflich
professor der Professor, -en/die Professorin, -nen
program das Programm, -e; **TV or radio ~** die Sendung, -en
proper richtig
proud(ly) stolz
proximity die Nähe
psychology die Psychologie
pub die Bar, -s; die Kneipe, -n; die Gaststätte, -n; das Lokal, -e; die Wirtschaft, -en
public öffentlich; staatlich
pullover der Pulli, -s; der Pullover, -
punctual(ly) pünktlich
purse die Handtasche, -n
put legen; stellen; stecken; setzen; hängen

Q

quarter das Viertel, -; **~ after one** Viertel nach eins; **~ to two** Viertel vor zwei
question die Frage, -n
quick schnell
quiet ruhig; still; **Be ~!** Sei ruhig!
quite ziemlich; ganz

R

racism der Rassismus
radio das Radio, -s; **~ program** die Radiosendung, -en
railroad die Bahn, -en
rain der Regen; **to ~** regnen
raincoat der Regenmantel, ⸚
range (kitchen) der Herd, -e
rare(ly) selten
rather ziemlich; **~ than** lieber ... als
raw material der Rohstoff, -e
reach: to ~ erreichen
read lesen°
ready fertig; bereit
reality die Wirklichkeit
realize merken
really wirklich; richtig; eigentlich; echt (slang)
rear (v.) erziehen°
rearing die Erziehung
reason der Grund, ⸚e; **for that ~** daher; darum; deshalb; deswegen; aus diesem Grund
receive bekommen°
recommend empfehlen°
red rot
refrigerator der Kühlschrank, ⸚e
regards (closing in an e-mail or a letter) Herzliche Grüße; Viele Grüße
region das Gebiet, -e
regret vermissen
relationship die Beziehung, -en
rehearsal die Probe, -n
rehearse: to ~ [a play] [ein Theaterstück] proben
relative der/die Verwandte (noun decl. like adj.)
remain bleiben°
remark bemerken
remember (someone/something) sich erinnern (an + jemand/etwas)
rent die Miete, -n; **to ~** mieten; vermieten; aus·leihen°
repair reparieren
report der Bericht, -e; das Referat, -e; **to ~** berichten
reporter der Reporter, -/die Reporterin, -nen
reservation: without ~ unbedingt
reside wohnen
responsibility die Verantwortung, -en
responsible (for) verantwortlich (für)
rest die Pause, -en
restaurant das Restaurant, -s; die Gaststätte, -n; das Lokal, -e
return zurück·fahren°; zurück·gehen°; zurück·kommen°; **to ~ (something)** (etwas) zurück·geben°

reunification die Wiedervereinigung
review die Kritik; **to ~ (schoolwork, etc.)** wiederholen
rich reich
ride: to ~ a bike mit dem Fahrrad fahren°, Rad fahren°
right das Recht, -e; **Is it all ~ with you?** Ist es dir recht?; **to be ~** recht haben; **you're ~** du hast recht; **All ~!** Na, gut!; **That's ~!** Genau!; Richtig! Stimmt!; **~ to** Recht (auf + *acc.*); **on/to the ~** rechts
ring klingeln
rinse spülen
river der Fluss, ¨e
roast beef der Rinderbraten
rock: ~ band die Rockband, -s; **~ music** die Rockmusik; **~ musician** der Rockmusiker, -/ die Rockmusikerin, -nen
role die Rolle, -n
roll das Brötchen, -
Rollerblading das Rollerblading; **to go ~ Rollerblading** gehen
romance (novel) der Liebesroman, -e
room das Zimmer, -
rose die Rose, -n
rug der Teppich, -e
run laufen°
running das Jogging

S

sad traurig
safe sicher
safety die Sicherheit
salad der Salat
salary das Gehalt, ¨er
salt das Salz
same gleich; **It's all the ~ to me.** Das ist mir egal.
sandwich das [Wurst]Brot, -e
satisfied zufrieden
Saturday der Samstag; der Sonnabend; **on ~** am Samstag
Saturdays samstags
sausage die Wurst, ¨e
save (time, money, etc.) sparen
say sagen
scarf (for neck) das Halstuch, *pl.* Halstücher
scholarship das Stipendium, *pl.* Stipendien
school die Schule, -n
science die Wissenschaft, -en; die Naturwissenschaft, -en
science fiction film der Science-Fiction-Film, -e
scientist der Wissenschaftler, -/die Wissenschaftlerin, -nen
sea die See
season die Jahreszeit, -en

seat der Platz, ¨e; **to ~ oneself** sich setzen
secretary der Sekretär, -e/die Sekretärin, -nen
secure sicher
security die Sicherheit
see sehen°; **~ you then/soon.** Bis dann/bald.
seem scheinen°
seldom selten
self: oneself, myself, itself, etc. selbst, selber
sell verkaufen
semester das Semester, -; **~ break** die Semesterferien *(pl.)*
seminar das Seminar, -e; **~ room** das Seminar, -e; **~ report/paper** die Seminararbeit, -en
send schicken
sentence der Satz, ¨e
September der September
serious ernst; schlimm; **Are you ~?** Ist das dein Ernst?
set setzen; **to ~ the table** den Tisch decken
several einige; mehrere; **for ~ years** seit einigen Jahren
severe schlimm
shave (sich) rasieren
shawl das Tuch, ¨er
shine scheinen°
ship das Schiff, -e
shirt das Hemd, -en
shoe der Schuh, -e
shop das Geschäft, -e; der Laden, ¨; **to ~** ein·kaufen
shopping: to go ~ ein·kaufen gehen°
shopping bag die Einkaufstasche, -n
short kurz; **~ (people)** klein
shorts die Shorts *(pl.)*, die kurzen Hosen
show zeigen
shower die Dusche, -n; **to ~ (sich)** duschen
siblings die Geschwister *(pl.)*
sick krank
side die Seite, -n; **~ by ~** nebeneinander
silent lautlos
similar ähnlich; gleich
simple einfach
simply einfach; eben
simultaneous(ly) gleich; gleichzeitig
since seit *(prep.)*; da *(conj. = because)*; **~ when** seit wann; **~ then** seitdem
sing singen°
singer der Sänger, -/die Sängerin, -nen
single einzeln
sink sinken°
sister die Schwester, -n

sit sitzen°; **to ~ down** sich setzen
situated: to be ~ liegen°
situation die Situation, -en; die Lage, -n; der Fall, ¨e
skeptical skeptisch
ski der Ski, -er; **to ~** Ski laufen°, Ski fahren°
skier der Skiläufer, -/die Skiläuferin, -nen
skirt der Rock, ¨e
sleep schlafen°; **to ~ at [a friend's] house** bei [einem Freund] schlafen°
slender schlank
slow(ly) langsam
small klein
smart intelligent
smell riechen°
smile (about) lächeln (über + *acc.*)
smoke der Rauch; **to ~** rauchen
snow der Schnee; **to ~** schneien
snowboard das Snowboard, -s; **to ~** snowboarden
so so; also; **Isn't that ~?** Nicht?; **~ that** damit; **~ long.** Tschüss (*also* Tschüs.); **I believe ~.** Ich glaube schon/ja.
soccer der Fußball
society die Gesellschaft, -en
sock die Socke, -n
sofa das Sofa, -s
soft drink die Limonade, -n
soldier der Soldat, -en, -en/die Soldatin, -nen
sole einzig
some etwas; einige; manch (-er, -es, -e)
somehow irgendwie
someone jemand
something etwas/was; **~ else** noch etwas; **~ like that** so was; **~ different/ else** etwas anderes
sometimes manchmal
somewhat etwas
son der Sohn, ¨e
soon bald; **as ~ as** sobald; wie
sorry: I'm ~ (es) tut mir leid
sound: to ~ klingen°
south der Süden; **to the ~** südlich
space der Platz, ¨e
spaghetti die Spaghetti *(pl.)*
speak sprechen°; reden
special besonders; **nothing ~** nichts Besonderes
spell buchstabieren; **How do you ~ that?** Wie schreibt man das?
spend (money) aus·geben°; **to ~ (time)** verbringen°; **to ~ the night** übernachten
spite: in ~ of trotz
split up auf·teilen
spoon der Löffel, -

sport der Sport; **to engage in sports** Sport treiben°

spot die Stelle, -n; der Punkt, -e

spring der Frühling

stand stehen°; **to ~ up** auf·stehen°; **to ~/put upright** stellen

standard German (das) Hochdeutsch

standard of living der Lebensstandard

state (in Germany) das Land, ¨er; **~ (in the U.S.A.)** der Staat, -en

state-owned staatlich

stay bleiben°; **to ~ at a hotel** im Hotel übernachten

steak das Steak, -s

step der Schritt, -e; die Stufe, -n

stepfather der Stiefvater, ¨

stepmother die Stiefmutter, ¨

stick (v.) stecken

still noch; immer noch; noch immer; doch

stomach der Magen

stomachache die Magenschmerzen (pl.)

store das Geschäft, -e; der Laden, ¨

story die Geschichte, -n

stove (kitchen) der Herd, -e

straight gerade

straighten up auf·räumen

strange komisch; fremd

street die Straße, -n; **~car** die Straßenbahn, -en

stress der Stress

stressed gestresst

strenuous anstrengend

strike der Streik, -s; **to ~** streiken

stroll spazieren gehen°

strong stark

student der Student, -en, -en/die Studentin, -nen

studies das Studium, pl. Studien

study studieren; lernen; arbeiten; durch·arbeiten; **to ~ for a test** für eine Klausur lernen

stupid dumm

subject (academic) das Fach, ¨er

substantial wesentlich

subway die U-Bahn, -en

such solch (-er, -es, -e); **~ a** so ein

suddenly plötzlich

suffer leiden°

suit (man's) der Anzug, pl. Anzüge; **(woman's) ~** das Kostüm, -e; **to ~** passen

suitable: to be ~ for each other zusammen·passen

summer der Sommer

sun die Sonne, -n

sunglasses die Sonnenbrille, -n

Sunday der Sonntag

sunny sonnig

super super

superficial oberflächlich

supermarket der Supermarkt, pl. Supermärkte; **to the ~** in den Supermarkt; **at the ~** im Supermarkt

supper das Abendessen; **for ~** zum Abendessen; **to have ~** zu Abend essen

support unterstützen

supporter (of a team) der Fan, -s

supposed: to be ~ to sollen°

sure sicher; bestimmt; (agreement) ~! Natürlich!

surf surfen; **to ~ around** rum·surfen (colloq.)

surprise wundern; **I'm surprised.** Es wundert mich.

sweater der Pulli, -s; der Pullover, -

swim schwimmen°; **~ suit** der Badeanzug, pl. Badeanzüge; **~ trunks** die Badehose, -n

swimming: to go ~ schwimmen gehen°

Swiss (adj.) Schweizer; **~ (person)** der Schweizer, -/die Schweizerin, -nen

Switzerland die Schweiz

symbol das Symbol, -e

T

table der Tisch, -e; **bedside ~** der Nachttisch, -e

tablet die Tablette, -n

table tennis das Tischtennis

take nehmen°; **~ along** mit·nehmen°; **~ place** statt·finden°

take off sich (dat.) [etwas] aus·ziehen°; **I take off my shoes.** Ich ziehe mir die Schuhe aus.

talk sich unterhalten°; **to ~ (about)** reden (über); sprechen° (über + acc./von)

tall (people) groß

task die Aufgabe, -n

taste schmecken; probieren

tasty lecker

tea der Tee

team das Team, -s

teacher der Lehrer, -/die Lehrerin, -nen

telephone das Telefon, -e; **to ~** telefonieren; an·rufen°

telephone number die Telefonnummer, -n; **What is your ~?** Wie ist deine/ Ihre Telefonnummer?

television das Fernsehen; **~ set** der Fernseher, -; **color ~** der Farbfernseher; **~ program** die Fernsehsendung, -en; **to watch ~** fern·sehen°

tell sagen; erzählen; **to ~ (about)** erzählen (über + acc./von)

temperature die Temperatur, -en; **What's the ~?** Wie viel Grad sind es?

tennis das Tennis

terrible schlimm; furchtbar; schrecklich

terrific toll; prima

test die Klausur, -en; die Prüfung, -en; **to take a ~** eine Klausur schreiben°; **to study for a ~** für eine Klausur lernen

than als (after a comparison)

thank danken; **Thank you very much.** Danke sehr/schön.

thanks danke; der Dank; **~ a lot, many ~** vielen Dank

that dass (conj.); jen- (er, -es, -e) (adj.)

theater das Theater, -; **to go to the ~** ins Theater gehen°; **~ play** das Theaterstück, -e; **movie ~** das Kino, -s

theme das Thema, pl. Themen

then dann; da; damals

there da; dort; dahin; **~ is/are** es gibt; **to be ~** dabei sein; **therefore** also; deshalb; daher; darum; deswegen

these diese

thin dünn, schlank

thing das Ding, -e; die Sache, -n

think denken°; meinen; **What do you ~?** Was meinst du? **What do you ~ of the cake?** Was hältst du von dem Kuchen?; **I don't ~ so.** Ich glaube nicht.

third das Drittel, -

thirst der Durst

thirsty: to be ~ Durst haben°

this dies (-er, -es, -e); **~ afternoon** heute Nachmittag

thought der Gedanke, -n

throat der Hals, ¨e

Thursday der Donnerstag

thus also

ticket die Karte -n; **entrance ~** die Eintrittskarte, -n; **train/bus ~** die Fahrkarte, -n

tie: neck~ die Krawatte, -n

tight eng

till bis

time die Zeit, -en; das Mal, -e; mal; **at that ~** damals; **this ~** diesmal; **at the same ~** zur gleichen Zeit; **for a long ~** lange; eine ganze Weile; längst; **a short ~ ago** vor kurzem, neulich; **free ~** die Freizeit; **this ~** diesmal; **What ~ is it?** Wie viel Uhr ist es?/Wie spät ist es?; **At what ~?** Um wie viel Uhr?; **Have a good ~!** Viel Spaß!

times mal; **[three] ~** [drei]mal

tired müde; kaputt *(colloq.)*
to an; auf, in; nach; zu
today heute; **from ~ on** ab heute;
    What day is it ~? Welcher Tag
    ist heute?
together zusammen
tolerant tolerant
tolerate leiden°
tomato die Tomate, -n
tomorrow morgen
tonight heute Abend
too zu; **me ~** ich auch; **~ little** zu
    wenig; **~ much** zu viel
tooth der Zahn, ˙˙e; **to brush [my]**
    teeth [mir] die Zähne putzen
toothache die Zahnschmerzen *(pl.)*
topic das Thema, *pl.* Themen
totally total
tourist der Tourist, -en, -en/die
    Touristin, -nen
trade der Handel; **foreign ~** der
    Außenhandel
traffic der Verkehr; **~ jam** der Stau, -s
train der Zug, ˙˙e; die Bahn, -en;
    ~ station der Bahnhof, *pl.*
    Bahnhöfe; **to go by ~** mit dem
    Zug/der Bahn fahren°
transportation: means of ~ das
    Verkehrsmittel, -
travel fahren°; reisen; **to ~ by train**
    mit dem Zug fahren°
tree der Baum, ˙˙e
treat (to pay for someone) ein·
    laden°
trip die Reise, -n, die Fahrt, -en; die
    Tour, -en; **bike ~** die Radtour, -en
trousers die Hose, -n
true wahr
try versuchen; probieren
T-shirt das T-Shirt, -s
Tuesday der Dienstag
Tuesdays dienstags
tuition die Studiengebühr, -en
Turkish türkisch
turn: to have one's ~ dran sein; **it's**
    your ~ du bist dran
TV das Fernsehen; **~ channel** das
    Fernsehprogramm, -e; **~ set** der
    Fernseher, -; **~ program** die
    Fernsehsendung, -en; **to watch ~**
    fern·sehen°
twice zweimal; **~ a month** zweimal
    im Monat
type: to ~ tippen
typical typisch

umbrella der Regenschirm, -e; der
    Schirm, -e
unappealing unsympathisch
unbelievable unglaublich
uncle der Onkel, -

under unter
understand verstehen°
undress (sich) aus·ziehen°; **I get**
    undressed. Ich ziehe mich aus.
unemployed arbeitslos
unfortunately leider
unfriendly unfreundlich
unhappy unglücklich
unification die Vereinigung
unintelligent unintelligent
union die Gewerkschaft, -en
university die Universität, -en; die
    Uni, -s; **to attend a ~** an/auf die
    Universität gehen°; **at the ~** an der
    Universität
unload aus·räumen; **to ~ the**
    dishwasher die Spülmaschine
    ausräumen
unmusical unmusikalisch
unoccupied frei sein
unpleasant unsympathisch
unsafe unsicher
until bis; **~ now** bisher; **~ later** bis
    später; tschüss; bis dann; bis bald
unwilling(ly) ungern
up: What's ~? Was ist los?
U.S.A. die USA *(pl.)*; **to the ~** in die
    USA
use benutzen; gebrauchen
utterly total

vacation der Urlaub; die Ferien *(pl.)*;
    ~ trip die Ferienreise, -n; **on/**
    during ~ in Urlaub/in den Ferien;
    to go on ~ in Urlaub/in die Ferien
    fahren°; Urlaub machen; **to be**
    on ~ in/im/auf Urlaub/in den
    Ferien sein°
vacuum der Staubsauger, -;
    to ~ Staub saugen
various mehrere; verschiedene
vase die Vase, -n
VCR der Videorecorder, -
vegetable das Gemüse, -
versatile vielseitig
very sehr; ganz
vicinity die Nähe
video das Video, -s
video game das Videospiel, -e
visit der Besuch, -e; **on/for a ~** zu
    Besuch; **to ~** besuchen
vocabulary word die Vokabel, -n
volleyball der Volleyball, *pl.*
    Volleybälle

wait (for) warten (auf)
walk der Spaziergang, *pl.*
    Spaziergänge; **to take a ~** einen
    Spaziergang machen; **to go**
    for a ~ spazieren gehen°

walking: to go ~ wandern/spazieren
    gehen°
wall die Wand, ˙˙e; die Mauer, -n
want (to) wollen°
war der Krieg, -e; **world ~** der
    Weltkrieg, -e
wardrobe (closet) der Schrank, ˙˙e
ware die Ware, -n
warm warm
was war
wash die Wäsche; **to ~** (sich)
    waschen°; **to ~ dishes**
    ab·waschen°; Geschirr spülen
wastepaper basket der
    Papierkorb
watch die (Armband)uhr, -en; **to ~**
    an·sehen°/an·schauen; **to ~ TV**
    fern·sehen°
water das Wasser
water ski der Wasserki, -er; **to ~**
    Wasserski laufen/fahren°
way der Weg, -e; **on the ~** auf dem
    Weg; die Art
weak schwach
wear tragen°
weather das Wetter; **~ report** der
    Wetterbericht, -e; **What ~!** Was für
    ein Wetter!
Wednesday der Mittwoch
week die Woche, -n; **a ~ from**
    [Monday] [Montag] in acht
    Tagen; **a ~ ago** vor einer Woche
weekend das Wochenende; **on the ~**
    am Wochenende; **over the ~** übers
    Wochenende
weightlifting das Gewichtheben
weights die Gewichte *(pl.)*; **to lift ~**
    Gewichte heben°
welcome: you're ~ bitte (sehr)
well also; gut; wohl; **I'm not ~.** Mir
    geht's schlecht; **~.** *(interjection)*
    na!, nun!; **~ now, oh ~** na ja
well-known bekannt
west der Westen; **to the ~** westlich
western westlich
wet nass
what was; **~ kind (of), ~ a** was für
    (ein); **What else?** Was noch?
when wann; wenn; als
whenever wenn
where wo; **~ (to)** wohin; **~ do**
    you come from? Woher
    kommst du?
whether ob
which welch (-er, -es, -e)
while während; die Weile; **~ chatting**
    beim Chatten
white weiß
white-collar worker der/die
    Angestellte *(noun decl. like adj.)*
who wer
whole ganz

whom wen (*acc. of* wer); wem (*dat. of* wer)

whose wessen

why warum

willingly gern

win gewinnen°

wind der Wind

window das Fenster, -

windsurfing: to go ~ windsurfen gehen°

windy windig

wine der Wein, -e; **red ~** der Rotwein; **white ~** der Weißwein

winter der Winter

wipe dry ab·trocknen

wish der Wunsch, ⁈e; **to ~** wünschen; **I ~ I had . . .** Ich wollte, ich hätte . . .

with mit; **~ it** damit; dabei; **~ me** mit mir; **to live ~ a family** bei einer Familie wohnen

woman die Frau, -en

wonder das Wunder, -; **no ~** kein Wunder

woods der Wald, ⁈er

word das Wort, ⁈er (*lexical items*); **words** Worte (*in a context*)

word processing die Textverarbeitung; **~ program** das Textverarbeitungsprogramm, -e; **to do ~** mit Textverarbeitungsprogrammen arbeiten

work die Arbeit; **out of ~**arbeitslos; **to ~ for a company** bei einer Firma arbeiten; **to do the ~** die Arbeit machen; arbeiten; **to ~ through** durch·arbeiten; **It doesn't ~.** Es geht nicht.; **to be off from ~** frei haben; **It works.** Es geht.

worker der Arbeiter, -/die Arbeiterin, -nen; der Arbeitnehmer, -/die Arbeitnehmerin, -nen

working (gainfully employed) berufstätig

working hours die Arbeitszeit, -en

workout das Fitnesstraining; **to work out** Fitnesstraining machen

workplace der Arbeitsplatz, *pl.* Arbeitsplätze

world die Welt, -en; **~ war** der Weltkrieg, -e

worry die Sorge, -n; **to ~ about** sich Sorgen machen (um)

would würde; **~ like** möchte; **How ~ it be?** Wie wär's?; **~ you like to** hättest du Lust; **~ have** hätte; **~ be able to** könnte

write schreiben°; **to ~ to someone** jemandem/an jemanden schreiben; **to ~ down** auf·schreiben°

writer der Schriftsteller, -/die Schriftstellerin, -nen

wrong falsch; **What's ~?** Was ist los?; **What is ~ with you?** Was hast du?

X

xenophobia der Ausländerhass

Y

year das Jahr, -e; **a ~ ago** vor einem Jahr

yearly jährlich

yellow gelb

yes ja

yesterday gestern

yet noch; schon; **not ~** noch nicht

young jung

Z

Zip code die Postleitzahl, -en

German-English Vocabulary

This vocabulary includes all the words used in *Deutsch heute* except numbers. The definitions given are generally limited to the context in which the words are used in this book. Chapter numbers are given for all words and expressions occurring in the chapter vocabularies and in the *Erweiterung des Wortschatzes* sections to indicate where a word or expression is first used. Recognition vocabulary does not have a chapter reference. The symbol ~ indicates repetition of the key word (minus the definite article, if any).

Nouns are listed with their plural forms: **der Abend, -e.** No plural entry is given if the plural is rarely used or nonexistent. If two entries follow a noun, the first one indicates the genitive and the second one indicates the plural: **der Herr, -n, -en.**

Strong and irregular weak verbs are listed with their principal parts. Vowel changes in the present tense are noted in parentheses, followed by simple-past and past-participle forms. All verbs take **haben** in the past participle unless indicated with **sein.** For example: **fahren (ä), fuhr, ist gefahren.** Separable-prefix verbs are indicated with a raised dot: **auf·stehen.**

Adjectives and adverbs that require an umlaut in the comparative and superlative forms are noted as follows: **warm (ä).** Stress marks are given for all words that are not accented on the first syllable. The stress mark follows the accented syllable: **Amerika′ner.** In some words, either of the two syllables may be stressed.

The following abbreviations are used:

abbr.	*abbreviation*	*decl.*	*declined*	*p.p.*	*past participle*
acc.	*accusative*	*f.*	*feminine*	*part.*	*participle*
adj.	*adjective*	*fam.*	*familiar*	*pl.*	*plural*
adv.	*adverb*	*gen.*	*genitive*	*sg.*	*singular*
colloq.	*colloquial*	*interj.*	*interjection*	*sub.*	*subordinate*
comp.	*comparative*	*m.*	*masculine*	*subj.*	*subjunctive*
conj.	*conjunction*	*n.*	*neuter*	*sup.*	*superlative*
dat.	*dative*				

A

ab *(prep. + dat.)* after, from a certain point on; away from 9; ~ **heute** from today on 9; ~ **und zu** now and then

der **Abend, -e** evening E; **gestern** ~ last night; **Guten ~!** Good evening. E; **heute** ~ tonight, this evening; **zu** ~ **essen** to have (eat) dinner/supper

das **Abendessen, -** dinner, supper 3; **zum** ~ for dinner 3; **Was gibt's zum ~?** What's for dinner? 3

abends evenings, in the evening 7

aber *(conj.)* but; however 1

ab·fahren (fährt ab), fuhr ab, ist abgefahren to depart (by vehicle) 7

ab·holen to pick up 5

das **Abitur′** diploma from college-track high school **(Gymnasium)**

der **Absatz, ⸚e** paragraph

absolut′ absolutely, completely 10

ab·trocknen to dry dishes; to wipe dry 7

ab·waschen (wäscht ab), wusch ab, abgewaschen to do dishes 7

ach oh E

achten to pay attention

Achtung! *(exclamation)* Pay attention! Look out!

die **Adres′se, -n** address E; **Wie ist deine/Ihre ~?** What is your address? E

ah oh 4

ähnlich similar

die **Ahnung** hunch, idea 6; **Keine ~!** No idea! 6

die **Aktivität′, -en** activity 4

aktuell′ current, up to date

akzeptie′ren to accept

alle all 1

allein′ alone 5

allein′stehend single

allem: vor ~ above all 5

allerdings of course 12

alles everything 2; all; **Alles Gute.** Best wishes.

allgemein′ general; **im Allgemeinen** in general

die **Alliier′ten** *(pl.)* Allies (WW II)

der **Alltag** everyday life

die **Alpen** *(pl.)* Alps 5

als *(after a comp.)* than 2; as; *(sub. conj.)* when 8

also well, well then E; therefore, so 3

alt (ä) old E; **Wie ~ bist du/sind Sie?** How old are you? E; **Ich bin [19] Jahre ~.** I'm [19] years old. E

das **Alter** age

am: ~ Freitag/Montag on Friday/Monday E

(das) **Ame′rika** America 1

der **Amerika′ner, -/die Amerika′nerin, -nen** American person 2

amerika′nisch American (adj.) 4

an (+ acc./dat.) at 2; to 7; on 7

andere other 4

andererseits on the other hand

(sich) ändern to change; to alter

anders different(ly) 2

der Anfang, ⸚e beginning 8; **am ~** in the beginning 8

an·fangen (fängt an), fing an, angefangen to begin 4; **mit [der Arbeit] ~** to begin [the work]

an·geben (gibt an), gab an, angeben to give; name, cite

der/die Angestellte (noun decl. like adj.) salaried employee, white-collar worker 11

die Anglis′tik English studies (language and literature) 4

die Angst, ⸚e fear 7; **~ haben (vor** + dat.) to be afraid (of) 7

an·haben (hat an), hatte an, angehabt to have turned on, to wear 6

der Anhang, pl. **Anhänge** appendix, reference section; attachment

an·kommen, kam an, ist angekommen (in + dat.) to arrive (in) 7

an·kreuzen to check off

an·nehmen (nimmt an), nahm an, angenommen to accept; to assume 8

an·rufen, rief an, angerufen to phone 6; **bei [dir] ~** to call [you] at home 6

an·schauen to look at; to watch 7

(sich) (dat.) **an·sehen (sieht an), sah an, angesehen** to look at 6; **Ich sehe es mir an.** I'll have a look at it. 12

(an)statt′ (+ gen.) instead of 8; **~ zu** (+ inf.) instead of

anstrengend exhausting, strenuous 2

die Antwort, -en answer 6

antworten (+ dat.) to answer (as in **Ich antworte der Frau.** I answer the woman.) 11; **~ auf** (+ acc.) to answer (as in **Ich antworte auf die Frage.** I answer the question.) 11

die Anzeige, -n announcement; ad 8

sich (acc.) **an·ziehen, zog an, angezogen** to get dressed 9; **Ich ziehe mich an.** I get dressed 9; **sich** (dat.) **an·ziehen** to put on 9; **Ich ziehe [mir die Schuhe] an.** I put on [my shoes].

der Anzug, ⸚e man's suit 6

der Apfel, ⸚ apple 3

der Apfelsaft apple juice 3

die Apothe′ke, -n pharmacy 3; **in die/zur ~** to the pharmacy 3

der Apothe′ker, -/die Apothe′kerin, -nen pharmacist

der Apparat′, -e apparatus, appliance

der Appetit′ appetite; **Guten ~!** Enjoy your meal.

der April′ April 2

das Äquivalent′, -e equivalent

die Arbeit work; **die Arbeit, -en** (school or academic) paper; piece of work 4

arbeiten to work; to study 1; **am Computer ~** to work at the computer 6; **bei einer [Firma] ~** to work at a [company] 11; **mit dem Computer ~** to do work on a computer 11; **mit Textverarbeitungsprogrammen ~** to do word processing 11

der Arbeiter, -/die Arbeiterin, -nen worker 9

der Arbeitgeber, -/die Arbeitgeberin, -nen employer

der Arbeitnehmer, -/die Arbeitnehmerin, -nen employee, worker

die Arbeitskraft, ⸚e employee

arbeitslos unemployed, out of work 11

die Arbeitslosigkeit unemployment

der Arbeitsplatz, ⸚e job, position; workplace 8

die Arbeitssuche job search

die Arbeitszeit, -en working hours 8

der Architekt′, -en, -en/die Architek′tin, -nen architect 8

die Architektur′ architecture

ärgerlich angry, annoyed, irritated

(sich) ärgern to be or feel angry (or annoyed)

argumentie′ren to argue

arm (ä) poor 9; **Du Armer.** Poor fellow/guy/thing. 9

der Arm, -e arm 9

die Art, -en type, kind; manner; **auf diese ~ und Weise** in this way

der Arti′kel, - article 4

der Arzt, ⸚e/die Ärztin, -nen (medical) doctor, physician 6

(das) Asien Asia

das Aspirin′ aspirin 3

der Assistent′, -en, -en/die Assisten′tin, -nen assistant, aid

assoziie′ren to associate

die Attraktion′, -en attraction 9

auch also E

auf (+ acc./dat.) on top of; to; on 7; up; open; **~ dem Weg** on the way, **~ den Markt** to the market 3; **~ [Deutsch]** in [German] 9; **~ einmal** all at once 6; **~ Wiedersehen.** Good-bye. E

die Aufgabe, -n assignment; task, set of duties 4; **die Hausaufgabe, -n** homework; **Hausaufgaben machen** to do homework

auf·geben (gibt auf), gab auf, aufgegeben to give up 8

auf·hören to stop (an activity); **mit der Arbeit ~** to stop work

auf·listen to list

auf·machen to open

auf·nehmen (nimmt auf), nahm auf, aufgenommen to accept

auf·passen to watch out; **~ auf** (+ acc.) to take care of

auf·räumen to straighten up (a room) 7

auf·schreiben, schrieb auf, aufgeschrieben to write down

auf·stehen, stand auf, ist aufgestanden to get up; to stand up 6

auf·stellen to set up (a list)

auf·teilen (in + acc.) to split up (into) 10

auf·wachsen (wächst auf), wuchs auf, ist aufgewachsen to grow up 12

das Auge, -n eye 9

der August′ August 2

aus (+ dat.) out of 6; to come/ be from (be a native of) 1; **Ich komme ~ [Kanada].** I come from [Canada]. 1

die Ausbildung training, education

der Ausdruck, ⸚e expression

aus·drücken to express

auseinan′der apart, away from each other 8

aus·gehen, ging aus, ist ausgegangen to go out 6

das Ausland (no pl.) foreign countries 7; **im ~** abroad 7

der Ausländer, -/die Ausländerin, -nen foreigner 12

die Ausländerfeindlichkeit hostility toward foreigners 12

der Ausländerhass xenophobia

ausländisch foreign

aus·leihen, lieh aus, ausgeliehen to rent (film, DVD); to check out (book from library) 4; to lend out 4

aus·machen to matter 11; **Es macht [mir] nichts aus.** It doesn't matter to [me]. 11

aus·räumen to unload the [dishwasher]; to clear away 7

die Aussage, -n statement

aus·sagen to state, assert

aus·sehen (sieht aus), sah aus, ausgesehen to appear, look like, seem 6

das Aussehen appearance

der Außenhandel foreign trade 11

außer (+ dat.) besides; except for 5

außerdem besides, in addition, as well 4

aus·suchen to select, choose
der Austauschstudent, -en, -en/
die Austauschstudentin, -nen
exchange student 7
aus·wählen to choose, select
aus·wandern, ist ausgewandert to
emigrate 9
sich (acc.) aus·ziehen, zog aus, aus-
gezogen to get undressed 9; Ich
ziehe mich aus. I get undressed.
9; sich (dat.) aus·ziehen to take
off; Ich ziehe [mir die Schuhe]
aus. I take off [my shoes]. 9
der/die Auszubildende (noun decl.
like adj.) trainee, apprentice
das Auto, -s automobile, car 2; mit
dem ~ fahren to go by car 5
die Autobahn, -en freeway,
expressway 7
die Automatisie'rung automation
autonom' autonomous
der Autor, pl. Auto'ren/die Auto'rin,
-nen author

B

backen (ä), backte, gebacken to
bake
der Bäcker, -/die Bäckerin, -nen
baker 3; beim ~ at the baker's/
bakery 3; zum ~ to the baker's/
bakery 3
die Bäckerei', -en bakery 3
das Bad, ⁚er bath; bathroom 7
der Badeanzug, ⁚e swimming suit 6
die Badehose, -n swimming
trunks 6
baden to bathe 9; to swim
das Badezimmer, - bathroom
das BAföG (= das
Bundesausbildungs-
förderungsgesetz) national law
that mandates financial support
for students
die Bahn, -en train; railroad 5
der Bahnhof, ⁚e train station 7
bald soon 1; Bis ~. See you later. 1
der Balkon, -s or -e balcony
die Bana'ne, -n banana 3
die Band, -s band (musical) 1
die Bank, ⁚e bench
die Bank, -en bank 11
die Bar, -s bar, pub, nightclub 10
der Basketball basketball E
der Bau construction
der Bauch, pl. Bäuche abdomen;
belly 9
bauen to build 9
der Bauer, -n, -n/die Bäuerin, -nen
farmer
der Baum, ⁚e tree
der Baustein, -e building block
bay(e)risch Bavarian 7

beant'worten to answer (a question,
a letter) 5
bedeu'ten to mean 9; Was bedeutet
das? What does that mean? 9
die Bedeu'tung, -en significance;
meaning
beein'flussen to influence 2
been'den to finish, complete
begeis'tert enthused
begin'nen, begann, begonnen to
begin 4; mit [der Arbeit] ~ to
begin [(the) work]
begrü'ßen to greet; to welcome
behaup'ten to claim
der/die Behin'derte (noun decl. like
adj.) handicapped person
bei (+ dat.) at 2; at a place of; near; in
the proximity of 5; while, during
(indicates a situation); ~ Franziska
at Franziska's 2; beim Bäcker at
the baker's/bakery 3; ~ der Uni
near the university 5; ~ dir at
your place/house/home 5; ~ mir
vorbeikommen to stop by my
place 5; beim Chatten while chatting 6; ~ einer Firma arbeiten to
work at a company/firm 11; beim
Fernsehen while watching TV;
~ uns at our house; in our country
beide both 1
beieinan'der next to each other 2
das Bein, -e leg 9
das Beispiel, -e example 4; zum
Beispiel (abbr. z. B.) for example 1
bekannt' known, famous 5; Das ist
mir ~. I'm familiar with that.
der/die Bekann'te (noun declined like
adj.) acquaintance 9
die Bekannt'schaft, -en acquaintance 8
bekom'men, bekam, bekommen
to receive 3; Kinder ~ to have
children
beliebt' popular, favorite
bemer'ken to notice; to
remark 12
die Bemer'kung, -en remark;
observation
benut'zen to use 7
das Benzin' gasoline
beo'bachten to observe 7
bequem' comfortable
bereit' ready; prepared; willing 5
der Berg, -e mountain 5; in die
Berge fahren to go to the
mountains
der Bericht', -e report 4
berich'ten to report 8
Berli'ner Berliner (adj.); Berliner
Zeitung Berlin newspaper 10
der Berliner, -/die Berlinerin, -nen
person from Berlin 2

der Beruf', -e profession, occupation
4; Was ist er von Beruf? What is
his profession?
beruf'lich career-related; professional
11
berufs'tätig working; gainfully
employed 8
berühmt' famous 5
beschäf'tigen to occupy, keep busy
11; sich ~ (mit) to be occupied
(with) 11; beschäftigt sein to be
busy 11
beschlie'ßen, beschloss,
beschlossen to decide 10
beschrei'ben, beschrieb,
beschrieben to describe 6
die Beschrei'bung, -en description
beset'zen to occupy; besetzt'
occupied; engaged; busy
(telephone line)
der Besit'zer, -/die Besit'zerin,
-nen owner
beson'der- special; (nichts)
Besonderes (nothing) special 1;
besonders especially,
particularly 1
besprech'en (i), besprach,
besprochen to discuss
besser (comp. of gut) better 3
best- (-er, -es, -e) best 9; am besten
best
bestel'len to order
bestimmt' certain(ly), for sure 2
der Besuch', -e visit 3; ~ haben to
have company 3; zu ~ for a visit 12
besu'chen to visit 3; to attend
(e.g., a lecture) 4
der Besu'cher, -/die Besu'cherin,
-nen visitor
beto'nen to emphasize
betref'fen (betrifft) betraf,
betroffen to concern
die Betriebs'wirtschaft business
administration 4
das Bett, -en bed E; zu (ins) ~ gehen
to go to bed 6
die Bettdecke, -n blanket 7
die Bevöl'kerung, -en population
bevor' (sub. conj.) before 5
die Bewer'bung, -en application
der Bewoh'ner, -/die Bewoh'nerin,
-nen inhabitant 12
bezah'len to pay (for) 3; das Essen ~
to pay for the meal 3
die Bezie'hung, -en relationship,
connection 10
die Bibliothek', -en library E;
in der ~ in/at the library 1
das Bier, -e beer 3
der Biergarten, ⁚ beer garden 7
das Bild, -er picture; photograph E;
image

bilden to form

das **Bilderbuch,** ¨er picture book

die **Bildgeschichte,** -n picture story

billig cheap 3

bin am E; **ich ~ [Schweizer/ Amerikaner].** I am [Swiss/ American]. 2

die **Biografie',** -n (also **Biographie**) biography

die **Biologie'** biology 4

bis (+ acc.) until, till 1; **~ auf** (+ acc.) except for; **~ bald.** See you later/ soon. E; **~ dann.** See you then. E; **~ zu(r)** up to 1

bisher' until now, so far

bisschen: ein ~ a little 1

bist: du bist you are E

bitte (after **danke**) You're welcome. E; please E; **Bitte?** May I help you? E; **Bitte schön.** You're welcome.; **Bitte sehr.** (said when handing someone something) Here you are.; **Wie ~?** (I beg your) pardon? E

bitten, bat, gebeten (**um** + acc.) to request, ask (for) something

blass pale 9

blau blue E

bleiben, blieb, ist geblieben to stay, to remain 2

der **Bleistift,** -e pencil E

der **Blick,** -e view

die **Blocka'de,** -n blockade

blockie'ren to blockade, block

der/das **Blog,** -s blog 8

blond blond 9

die **Bluesband,** -s blues band 1

die **Blume,** -n flower 3

der **Blumenstand,** ¨e flower stand 3

die **Bluse,** -n blouse 6

der **Boden,** ¨ floor 7; ground

das **Boot,** -e boat

böse (**auf** + acc.) angry (at) 7; bad, mean; **Sei [mir] nicht ~.** Don't be mad [at me]. 7

brauchbar usable; **Brauchbares** something usable

brauchen to need 3

braun brown E; **hell~** light brown 9

das **Brett,** -er board; shelf; das **schwarze ~** bulletin board

der **Brief,** -e letter

der **Brieffreund,** -e/die **Brieffreundin,** -nen pen pal

die **Brille,** -n eyeglasses 6; **Tragen Sie eine ~?** Do you wear glasses? 6

bringen, brachte, gebracht to bring 4

das **Brot,** -e bread; sandwich 3

das **Brötchen,** - bread roll 3

die **Brücke,** -n bridge 10

der **Bruder,** ¨ brother 4

das **Buch,** ¨er book E

das **Bücherregal,** -e bookcase E

die **Buchhandlung,** -en bookstore 3

der **Buchladen,** ¨ bookstore 3

buchstabie'ren to spell

das **Bundesland,** ¨er federal state

die **Bundesrepublik Deutschland (BRD)** Federal Republic of Germany (FRG) (the official name of Germany) 10

der **Bundesstaat,** -en federal state (in the U.S.A.)

der **Bundestag** lower house of the German parliament

der **Bürger,** -/die **Bürgerin,** -nen citizen

das **Büro',** -s office 11

der **Bus,** -se bus 5

die **Butter** butter 3

C

das **Café',** -s café 5

die **CD',** -s CD 4

der **CD-Player,** - (also der **CD-Spieler,** -) CD player E

chao'tisch messy; chaotic 1

der **Chat,** -s chat 8

der **Chatroom** (also **Chat-Room**), -s (online) chat room 6

chatten to chat (online) 6; **beim Chatten** while chatting 6

der **Chef,** -s/die **Chefin,** -nen boss 11

die **Chemie'** chemistry 4

circa (abbr. **ca.**) approximately

der **Club,** -s club; dance club 6

die **Cola,** -s cola drink 2

der **Comic,** -s comic strip, comics 8

der **Compu'ter,** - computer E; **am ~ arbeiten** to work at the computer 6; **mit dem ~ arbeiten** to do work on the computer 11

das **Compu'terspiel,** -e computer game 1

der **Couchtisch,** -e coffee table 7

der **Cousin',** -s cousin (m.) (pronounced kuz ɛ̃') 1

die **Cousine,** -n cousin (f.)

D

da there E; here; then 1; (sub. conj.) since, because 8

dabei' and yet, with it; here (with me) 8; **~ sein** to be there, be present 10

dage'gen against it; on the other hand

daher therefore, for that reason

das **da-Kompo'situm** da-compound

damals at that time 8

die **Dame,** -n lady

damit' (sub. conj.) so that 9; (adv.) with it

danach' after it; afterwards 8

der **Dank** thanks; **Vielen ~.** Many thanks.

danke thanks. E; **Danke sehr.; Danke schön.** Thank you very much. E

danken (+ dat.) to thank 5; **~ für** to thank for

dann then E; **Bis ~.** See you then. 1

daraus' out of it

das the (n.); that E

dass (sub. conj.) that 5

das **Datum,** pl. **Daten** date

dauern to last; to require time 11

davor' before it ˌ

dazu' to it, to that; in addition 7

dazwi'schen in between

die **DDR'** (**Deutsche Demokra'tische Republik'**) GDR (German Democratic Republic)

decken to cover 7; **den Tisch ~** to set the table 7

dein(e) your (fam. sg.) E

die **Demokratie',** -n democracy

demokra'tisch democratic(ally) 10

die **Demonstration',** -en demonstration 10

demonstrie'ren to demonstrate 10

denen (dat. pl. of demonstrative and relative pronoun) them; which 12

denken, dachte, gedacht to think, believe 6; **~ an** (+ acc.) to think of/ about 7; **~ daran** to think about it

denn (conj.) because, for 3; (flavoring particle adding emphasis to questions) 2

deprimiert' depressed

der the (m.) E

dersel'be, dassel'be, diesel'be the same

deshalb (conj.) therefore, for that reason 5

deswegen therefore, for this reason 9

deutsch German (adj.) 2

(das) **Deutsch** German class E; German (language) 1; **~ machen** to do German (as homework) 1; to study German (subject at the university) 4 **auf ~** in German 9

der/die **Deutsche,** -n (noun decl. like adj.) German person 2

die **Deutsche Demokra'tische Republik'** (**DDR**) German Democratic Republic (GDR)

der **Deutschkurs,** -e German class or course

(das) **Deutschland** Germany 2

deutschsprachig German-speaking

der **Dezem'ber** December 2

der **Dialekt',** -e dialect

der **Dialog',** -e dialogue

der **Dichter,** -/die **Dichterin,** -nen poet

dick fat; thick 9

die Dienstag Tuesday 1; der **Dienstaga'bend, -e** Tuesday evening

dies (-er, -es, -e) this, these; that, those 4

diesmal this time 11

die Digital'kamera, -s digital camera

das Ding, -e thing 3

dir *(dat.)* (to *or* for) you 5; **und ~?** And you? (How about you?) *(as part of response to* **Wie geht's?***)* E

die Disco, -s *(also* **Disko***)* dance club 6

die Diskussion', -en discussion; debate

diskutie'ren to discuss

die Distanz' distance

doch *(flavoring particle)* really, after all, indeed 1; Yes, of course; on the contrary *(response to negative statement or question)* 3; but still, nevertheless, however, yet 3; **Geh ~ zum ...** Well then, go to . . . 3

die Donau Danube

der Döner, - *(short for* **Dönerkebab***)* Arabic/Turkish dish of grilled meat and spices

der Donnerstag Thursday 1

dort there 3

dorthin' (to) there

die Dose, -n can, tin; box

dran: ich bin ~ it's my turn; I'm next in line E

draußen outside 7

dreieinhalb three and a half

dritt- (-er, -es, -e) third 8

das Drittel, - third

die Drogerie', -n drugstore 3

der Drogerie'markt, ⁓e self-service drugstore

drucken to print

du you *(fam. sg.)* E; **~!** Hey! 1; **~ Armer/ ~ Arme** you poor fellow/guy/thing 9; **Du meine Güte!** Good heavens! 7

dumm (ü) dumb, stupid

dunkel dark 9

dunkelhaarig dark-haired

dünn thin 9

durch (+ acc.) through 3; divided by E; by (means of which)

durch·arbeiten to work through; to study 4

durch·machen to work/go through; to endure

durch·sehen (sieht durch), sah durch, durchgesehen to look through; to glance over; to examine

dürfen (darf), durfte, gedurft to be permitted, be allowed to; may 4

der Durst thirst 3; **~ haben** to be thirsty 3

die Dusche, -n shower 9

(sich) duschen to shower 9

duzen to address someone with the familiar **du**-form

die DVD' -s DVD 4

der DVD-Player, - (der **DVD-Spieler, -**) DVD player E

E

eben just, simply 7; even, smooth; *(flavoring particle) used to support a previous statement, express agreement; made as a final statement it implies the speaker has no desire to discuss a point further*

echt genuine; **~?** *(slang)* Really? 1

die Ecke, -n corner 7

egal' same; **Das ist mir ~.** It's all the same to me, I don't care.

egois'tisch egocentric 1

die Ehe, -n marriage 8

die Ehefrau, -en wife

ehemalig formerly

der Ehemann, ⁓er husband

das Ehepaar, -e married couple 8

eher sooner, rather

ehrlich honest; frank 6

das Ei, -er egg 3; **Rühr ~** scrambled egg; **Spiegel ~** fried egg; **weich gekochtes ~** soft-boiled egg

die Eidgenossenschaft, -en confederation

eigen own 10

eigentlich actually 1

die Eigenschaft, -en characteristic, trait

ein(e) a, an E; **ein paar** a couple 3

einan'der one another, each other 6; **miteinander** with each other 6; **auseinander** away from each other 8

der Eindruck, ⁓e impression

einfach simple; simply 2

das Einfami'lienhaus, ⁓er single-family house

der Einfluss, *pl.* **Einflüsse** influence

die Einführung, -en introduction

die Einheit unity; **Der Tag der deutschen ~** The Day of German Unity *(celebrated on October 3)*

einige some, several 4; **einiges** something

ein·kaufen to shop 3; **~ gehen** to go shopping 3

die·Einkaufstasche, -n shopping bag 3

das Einkommen, - income

ein·laden (lädt ein), lud ein, eingeladen to invite 6; to treat (pay for someone) 7

die Einladung, -en invitation

einmal once, one time 4; **~ im Jahr** once a year 4; **~ die Woche** once a week 6; **~ in der Woche** once a week 6; **auf ~** all at once 6; **noch ~** again, once more 12

ein·räumen to place or put in; to load [the dishwasher] 7; **Geschirr in die Spülmachine ~** to put dishes into the dishwasher

ein·setzen to insert, fill in

ein·wandern to immigrate 9

der Einwohner, -/die Einwohnerin, -nen inhabitant 2

einzeln single, singly, individual(ly)

einzig- (-er, -es, -e) only, sole 5

das Eis ice; ice cream 3

das Eisen iron

die Eisenbahn, -en railroad

eisern iron; **der Eiserne Vorhang** Iron Curtain

eiskalt ice cold 2

elegant' elegant

die Eltern *(pl.)* parents 4

der Elternteil parent

die E-Mail, -s e-mail E

empfeh'len (ie), empfahl, empfohlen to recommend 10

die Empfeh'lung, -en recommendation

das Ende, -n end, conclusion 4; **am ~** (in) the end 4; **zu ~** over, finished 8; **~ [August]** the end of [August] 2

enden to end

endgültig final; definite

endlich finally 3

die Energie' energy

eng narrow; tight; cramped 10

(das) Englisch English (language); (academic subject) 1; **auf Englisch** in English

der Engländer, -/die Engländerin, -nen English person 9

der Enkel, -/die Enkelin, -nen grandson/granddaughter

das Enkelkind, -er grandchild

enorm' enormously

entde'cken to discover

entste'hen, entstand', ist entstan'den to arise, originate

der Entomolo'ge, -n, -n/die Entomolo'gin, -nen entomologist

(sich) entschei'den, entschied, entschieden to decide 12

(sich) entschul'digen to excuse (oneself); **Entschuldigen Sie!** Excuse me!

die Entschul'digung, -en apology

entweder ... oder *(conj.)* either . . . or

er he, it E

das Erd'geschoss the ground floor of a building

errei'chen to reach, attain 6

das Ereig'nis, -se occasion, event

erfah'ren (ä), erfuhr, erfahren to come to know, learn

die Erfah'rung, -en experience 8

erfin'den, erfand, erfunden to invent

die Erfin'dung, -en invention

der Erfolg', -e success

ergän'zen to complete

sich erin'nern (an + *acc.*) to remember

sich erkäl'ten to catch a cold 9; **erkältet: ich bin ~** I have a cold 9

die Erkäl'tung, -en cold (illness) 9; **Was macht deine ~?** How's your cold? 9

erklä'ren to explain 4

erle'ben to experience

ernst serious 1

erreichen to reach, catch; to arrive at 6

erschei'nen, erschien, ist erschienen to appear, seem

erst *(adj.)* first 4; *(adv.)* not until, only, just 2; **~ einmal** first of all 11

erstaun'lich astonishing, amazing 2

erstaunt' to be astonished, astounded

erstens first of all

der/die Erwach'sene *(noun decl. like adj.)* adult

erwäh'nen to mention

erwar'ten to expect 11

die Erwei'terung, -en expansion, extension

erzäh'len (über + *acc.*/von) to tell (about) 4

die Erzäh'lung, -en account; story

erzie'hen, erzog, erzogen to bring up, rear; to educate 8

der Erzie'her, -/die Erzie'herin, -nen teacher, educator

die Erzie'hung bringing up, rearing; education 8

der Erzie'hungsurlaub leave of absence for child rearing

es it E; **~ gibt (+ *acc.*)** there is, there are 2

das Essen, - meal; prepared food 3; **zum ~** for dinner 12

essen (isst), aß, gegessen to eat 3; **zu Abend ~** to have (eat) dinner 6

das Esszimmer, - dining room 7

etwa approximately, about 2

etwas something 3; some, somewhat 1; **noch ~** something else (in addition) 4; **~ anderes** something else

die EU: Europä'ische Union' EU, European Union

euch: bei ~ in your country

euer your *(pl. fam.)* 2

der Euro, - euro *(EU currency)* 4

(das) Euro'pa Europe 2

europä'isch European

die Europä'ische Union' (EU) European Union

existie'ren to exist

extrem' extreme

ewig forever, eternally 6

das Exa'men, - comprehensive examination, finals 4; **~ machen** to graduate from the university 4

existie'ren to exist 9

exo'tisch exotic

der Export, -e export 5

exportie'ren to export 5

F

die Fabrik', -en factory 6

das Fach, ⸚er (academic) subject; field 4

fahren (ä), fuhr, ist gefahren to drive; to travel; to ride 4; **mit [dem Auto] ~** to go by [car] 5

die Fahrkarte, -n ticket

der Fahrplan, ⸚e train/bus schedule 5

das Fahrrad, ⸚er bicycle 5

die Fahrschule, -n driving school

die Fahrt, -en drive, ride, trip

die Fakt, -en fact

der Fall, ⸚e case, situation; fall, demise 4; **auf jeden ~** in any case 12

fallen (ä), fiel, ist gefallen to fall 10

falsch wrong, false E

die Fami'lie, -n family 4; **das Fami'lienleben** family life

der Fan, -s fan; supporter (sports)

fände *(subj. of finden)* would find 11

fantas'tisch fantastic E

die Farbe, -n color E; **Welche ~ hat ... ?** What color is . . . ? E

das Farbfernsehen color TV

fast almost 2

faul lazy 1

faulenzen to lounge around, be idle 4

der Februar February 2

fehlen (+ *dat.*) to be lacking, missing

fehlend missing

feiern to celebrate 6

der Feiertag, -e holiday

das Fenster, - window E

die Ferien *(pl.)* vacation 4; **in den ~** on/during vacation 4; **in die ~ gehen/fahren** to go on vacation; **Semes'terferien** semester break 4; **der Ferienjob, -s** job during vacation

die Ferienreise, -n vacation trip 7

das Fernsehen television (the industry) 6

fern·sehen (sieht fern), sah fern, ferngesehen to watch TV 4

der Fernseher, - television set E

das Fernsehprogramm', -e TV channel, TV program; TV listing 6

die Fernsehsendung, -en television program 6

die Fernsehserie, -n TV series

fertig finished; ready 6

fest firm(ly)

das Fest, -e celebration; festival, formal party 5; **auf dem ~** at the celebration; **ein ~ feiern** to give a party 5

fett gedruckt in boldface

das Feuer, - fire

das Fieber fever 9

der Film, -e film 8

der Filmemacher, -/die Filmemacherin, -nen filmmaker

finanziell' financial

finden, fand, gefunden to find; to think 3; **Er findet die Wurst gut.** He likes the lunch meat. 3; **Wie findest du das?** What do you think of that?

der Finger, - finger 9

die Firma, *pl.* Firmen company, firm 8; **bei einer ~ arbeiten** to work for a company 11

der Fisch, -e fish 3

der Fischmann, ⸚er/die Fischfrau, -en fishmonger

fit fit

das Fitnesstraining fitness training, workout 1; **~ machen** to work out 1

die Flasche, -n bottle; **eine ~ Mineral'wasser** a bottle of mineral water 7

das Fleisch meat 3

fleißig industrious, hardworking 1

flexi'bel flexible 11

fliegen, flog, ist geflogen to fly 5

der Flug, ⸚e flight 6

der Flughafen, ⸚ airport

das Flugzeug, -e airplane 5

der Fluss, ⸚e river

föhnen to blow-dry; **ich föhne mir die Haare** I blow-dry my hair 9

folgen, ist gefolgt (+ *dat.*) to follow

folgend following

die Form, -en form

formell' formal

das Foto, -s photo

der Fotograf', -en, -en/die Fotogra'fin, -nen photographer

die Fotografie', -n photograph; photography

fotografie′ren to photograph 6

die Frage, -n question 1; eine ~ stellen to ask a question; eine ~ an (+ acc.) stellen to ask some one a question; Sie stellt eine Frage an ihn. She asks him a question; also (+ dat.) Sie stellt ihm eine Frage. She asks him a question.

fragen to ask, to question 3; ~ nach to inquire about

fraglich questionable

der Franken frank; Schweizer Franken (sFr.) Swiss unit of currency

(das) Frankreich France

der Franzo′se, -n, -n/die Französin, -nen French person

franzö′sisch French (adj.) 9

(das) Franzö′sisch French (language)

die Frau, -en woman; wife E; Frau ... Mrs. . . .; Ms. . . . (term of address for all adult women) E

frei free 6; ~ haben to be off work 6; ~ sein to be unoccupied 6; ~ nehmen to take time off

die Freiheit, -en freedom 8

der Freitag Friday 1; am ~ on Friday 1

die Freizeit free time; leisure time 6

die Freizeitbeschäftigung, -en leisure activity

fremd foreign; strange 12

der Fremdenhass xenophobia

die Freude, -n pleasure, joy 11; ~ machen to give pleasure 11; ~ an (+ dat.) pleasure in 11

sich freuen (auf + acc.) to look forward (to) 9; ~ (über + acc.) to be pleased (about/with) 9

der Freund, -e/die Freundin, -nen friend 1; boyfriend/girlfriend

freundlich friendly 1

die Freundlichkeit friendliness

der Frieden peace

friedlich peaceful(ly) 10

frisch fresh 3

der Friseur, -e/die Friseurin, -nen barber, hairdresser

froh happy 1

früh early 5

der Frühling spring 2

das Frühstück, -e breakfast 3; zum ~ for breakfast 3

frühstücken to eat breakfast

die FU (Freie Universität′ Berlin′) Free University of Berlin

sich fühlen to feel (ill, well, etc.); Ich fühle mich nicht wohl. I don't feel well. 9

führen to lead; to carry in stock, have for sale 10; ein Gespräch ~ to conduct a conversation

der Führerschein, -e driver's license 6

funktionie′ren to function, work

für (+ acc.) for 1

furchtbar terrible, horrible; very E

fürchten to fear; sich ~ (vor + dat.) to fear, be afraid (of)

fürchterlich horrible, horribly 9

der Fuß, ⸚e foot 5; zu ~ on foot 5; Ich gehe immer zu ~. I always walk. 5

der Fußball soccer 1

der Fußgänger, -/die Fußgängerin, -nen pedestrian

die Fußgängerzone, -n pedestrian zone 7

G

die Gabel, -n fork 7

ganz complete(ly), whole; very 1; ~ gut not bad, OK E; ~ schön really quite 9; ~ schön [blass] pretty [pale] 9; im Ganzen altogether

gar: ~ nicht not at all 4; ~ nichts nothing at all 6

der Garten, ⸚ garden

der Gast, ⸚e guest

das Gebäu′de, - building

geben (gibt), gab, gegeben to give 3; es gibt (+ acc.) there is, there are 2; Was gibt's zum [Abendessen]? What's for [dinner/supper]? 3; Was gibt's/gab es? What is/was playing? 10; Was gibt's Neues? What's new?

das Gebiet′, -e area, region 5

das Gebir′ge, - mountain range; (pl.) mountains

gebo′ren, ist geboren born 12

gebrau′chen to use 12

die Geburt′, -en birth 8

das Geburts′haus, -häuser the house where someone was born

der Geburts′tag, -e birthday 2; Ich habe im [Mai] ~. My birthday is in [May]. 2; Wann hast du ~? When is your birthday? 2; zum ~ for one's birthday; Alles Gute zum ~. Happy birthday.

der Gedan′ke, -n, -n thought, idea 4

das Gedicht′, -e poem

die Gefahr′, -en danger

gefähr′lich dangerous

gefal′len (gefällt), gefiel, gefallen (+ dat.) to please, be pleasing (to) 6; Es gefällt [mir]. [I] like it. 6

das Gefühl′, -e feeling 8

gegen (+ acc.) against 3; ~ [sechs] Uhr around/about [six] o'clock

die Gegend, -en region; area

gegenü′ber (+ dat.) opposite; across from there; toward

der Gegner, -/die Gegnerin, -nen opponent

das Gehalt′, ⸚er salary 11

gehen, ging, ist gegangen to go 1; ~ wir! Let's go!; Es geht (nicht). OK. Not bad. All right E; It will (won't) do./It's (not) OK./It's (not) possible. 1; Geht das? Is that OK? 5; Geht es? Will that work/Will that be OK? 1; Mir geht es gut. I'm fine 1; Wie geht es Ihnen? How are you? (formal) E; Wie geht's? How are you? (informal) E; zu Fuß ~ to walk 5

gehö′ren (+ dat.) to belong to 9

gelang′weilt bored 1

gelb yellow E

das Geld money 3

das Gemü′se, - vegetable 3

gemüt′lich comfortable, informal 5

die Gemüt′lichkeit coziness, comfortableness 5

genau′ exact(ly) 4; Genau! That's right! 7

die Genau′igkeit exactness

genau′so exactly the same 7

die Generation′, -en generation

genug′ enough 3

geöff′net open

die Geografie′ (also Geographie) geography

geogra′fisch geographical

gera′de just; straight 8

das Gerät′, -e apparatus; tool; instrument

gera′ten, geriet, ist geraten get into a state; in [Panik] ~ to get in a [panic]

die Germanis′tik German studies (language and literature) 4

gern gladly, willingly; used with verbs to indicate liking, as in Ich spiele gern Tennis. I like to play tennis. 1; ~ haben to be fond of (with people only), as in Ich habe Anne ~. I am fond of Anne.

das Geschäft′, -e store; business 3

die Geschäfts′frau, -en business woman 11

der Geschäfts′mann, business man; Geschäfts′leute (pl.) business men, business people 11

die Geschäfts′zeit, -en business hours

das Geschenk′, -e present, gift

die Geschich′te, -n story; history 4

das Geschirr′ dishes 7; ~ spülen to wash dishes 7

der Geschirr′spüler dishwasher 7

die Geschwis′ter (pl.) siblings 12

die Gesell′schaft, -en society; company

das **Gesetz′, -e** law
das **Gesicht′, -er** face 9
das **Gespräch′, -e** conversation
11; **ein ~ führen** to carry on a
conversation 11
gestern yesterday 2; **~ Abend** last
night 6
gestresst′ stressed 8
gesund′ (ü) healthy 3
die **Gesund′heit** health
geteilt′ durch divided by *(in math)* E
das **Getränk′, -e** beverage 3
die **Gewalt′** violence
die **Gewalt′tat, -en** act of violence
die **Gewerk′schaft, -en** labor union
die **Gewich′te** *(pl.)* weights; **~ heben**
to lift weights 1
das **Gewicht′heben** weightlifting 1
gewin′nen, gewann, gewonnen
to win
gewöhn′lich common; general; usual
die **Gitar′re, -n** guitar E
das **Glas, ̈er** glass 3
glauben *(+ dat. when used with a*
person) to believe 1; **Ich glaube, ja.**
I think so. 1; **Ich glaube nicht.** I
don't think so. 1
gleich immediately; in a minute;
same; similar; simultaneously 4
gleichberechtigt entitled to equal
rights
die **Gleichberechtigung, -en** equal
rights
die **Gleichheit** sameness; equality
gleichzeitig at the same time
das **Glück** luck; happiness; **Viel ~!**
Good luck!; **zum ~** fortunately
glücklich happy; lucky 1
der/die **Glückliche** *(noun decl. like*
adj.) lucky/fortunate one 10
Glückwunsch: Herzlichen ~ [zum
Geburtstag]! Happy birthday!
das **Gold** gold 5
das **Golf** golf 1
das **Grad** degree *(temperature only)* 2;
Es sind minus [10] ~. It's minus
[10] degrees. 2; **Wie viel ~ sind**
es? What's the temperature? 2
das **Gramm** *(abbr. g)* gram
(1 ounce = 28.35g) 3
gratulieren *(+ dat.)* to congratulate 6
grau gray E
die **Grenze, -n** border, boundary;
limit 10
(das) **Griechenland** Greece
das **Grillfest, -e** barbecue party
groß (ö) large, big; tall *(of people)* E
(das) **Großbritan′nien** Great Britain
die **Größe, -n** size
die **Großeltern** *(pl.)* grandparents 4
die **Großmutter, ̈** grandmother 4
die **Großstadt, ̈e** city 8

der **Großvater, ̈** grandfather 4
größt- (groß) largest 9
grün green E
der **Grund, ̈e** reason 11
das **Grundgesetz** constitution of
Germany
die **Grünen** *(pl.)* environmentalist
political party
die **Gruppe, -n** group 10; die **[Dreier]**
gruppe group of [three]
der **Gruß, ̈e** greeting; *(closing of an*
e-mail or a letter) **viele Grüße** best
regards 1; **liebe/herzliche Grüße**
best regards *(closing of an e-mail or*
a letter)
grüßen to greet; **Grüß dich!** *(fam.)*
Hi! E
die **Gurke, -n** cucumber; die **saure ~**
pickle 3
gut good, well; fine E; **Mir geht es ~.**
I'm fine.; **Na ~!** All right. 1
Güte: Du meine ~! Good heavens!
das **Gymna′sium,** *pl.* **Gymnasien**
college-track secondary school 4

H

das **Haar, -e** hair 9
haben (hat), hatte, gehabt to have
E; **Angst ~ vor** *(+ dat.)* to be afraid
of 10; **Besuch ~** to have company
3; **Was hast du?** What is wrong
with you?, What's the matter? 9
das **Hähnchen, -** chicken 3
halb half 1; **~ [zwei]** half past [one]
2; **~ so groß wie ...** half as large
as . . . 2
der **Halbbruder, ̈** half brother
die **Halbschwester, -n** half sister
halbtags half days, part-time
die **Hälfte, -n** half
Hallo! Hello. Hi! Hey! E
der **Hals, ̈e** throat, neck 9
halten (hält), hielt, gehalten to
hold; to keep 4; **~ von** to think
of, have an opinion about 4; **eine**
Vorlesung ~ to give a lecture
die **Hand, ̈e** hand 9
der **Handel** trade
handeln to treat; to concern; to act;
to do business 12; **~ von** to be
about 12
der **Handschuh, -e** glove 6
die **Handtasche, -n** handbag, purse 6
das **Handy, -s** cellular phone E
hängen, hängte, gehängt to hang
[something], put 7
hängen, hing, gehangen to be hanging, be suspended 7
hart (ä) hard; difficult 9
der **Hass** hatred
hässlich ugly; hideous
hast has E

hat has E
hatte *(past tense of* **haben***)* had 4
hätte *(subj. of* **haben***)* would have 8
häufig often, frequently 12
der **Hauptbahnhof** main train
station
das **Hauptfach, ̈er** major (subject) 4
die **Hauptstadt, ̈e** capital 2
das **Hauptverb, -en** main verb
das **Haus,** *pl.* **Häuser** house 3; **nach**
Hause (to go) home 3; **zu Hause**
(to be) at home 4
die **Hausarbeit** homework 4;
housework 7; chore 7
die **Hausaufgabe, -n** homework;
Hausaufgaben machen to do
homework
die **Hausfrau, -en** housewife
der **Haushalt** household; housekeeping 1; **den ~ machen** to take care
of the house; to do the chores
der **Hausmann, ̈er** househusband 8
He! Hey!
heben, hob, gehoben to lift;
Gewichte ~ to lift weights 1
das **Heft, -e** notebook E
die **Heimat** native country; homeland
12
die **Heirat** marriage
heiraten to marry, to get married
heiß hot 2
heißen, hieß, geheißen to be
named, be called E; **Wie heißt**
du? What is your name? *(infor-*
mal); **Wie heißen Sie?** What is
your name? *(formal)* E; **Du heißt**
[Mark], nicht? Your name is
[Mark], isn't it? E; **das heißt**
(d. h.) that means, that is (i.e.) 2;
es heißt it says
helfen (i), half, geholfen *(+ dat.)* to
help 4
hell light; bright 9; **~braun** light
brown 9
das **Hemd, -en** shirt 6
her *(prefix)* *(indicates motion toward*
speaker) 7
herauf′ up here
heraus′ out
heraus′·finden, fand heraus,
herausgefunden to find out
der **Herbst** autumn, fall 2; **im ~** in
the fall 2
der **Herd, -e** cooking range 7
herein′ in
der **Herr, -n, -en** gentleman E;
Herr ... Mr. . . . *(term of address)*
E; **~ Ober** *(term of address for a*
waiter)
her·stellen to produce; to
manufacture 11
herum′ around 7

herum'·liegen, lag herum, herumgelegen to lie around 7
das Herz, -ens, -en heart
herzlich cordial; herzliche Grüße
best regards
heute today 1; ~ Abend this evening
1; ~ Morgen this morning 1;
~ Nachmittag this afternoon 1
heutzutage nowadays
hier here 1
die Hilfe help 10; Hilfe! Help!
hin (prefix) (indicates motion away
from speaker) 7
hinein' into, in 11
hinein'·gehen, ging hinein,
hineingegangen to go in 11
hin·gehen, ging hin, ist hingegangen to go there 6
hinter (+ acc./dat.) behind, in back
of 7
hinterher' afterwards
der Hinweis, -e tip, hint
der Histo'riker, -/die Histo'rikerin,
-nen historian
hmm hmm 2
das Hobby, -s hobby 4
hoch (höher, höchst-) high 4; hoh-
before nouns, as in ein hoher
Lebensstandard a high standard
of living
das Hochdeutsch High German,
standard German
die Hochschule, -n institution of
higher education (e.g., university)
der Hochschullehrer, -/die
Hochschullehrerin, -nen teacher
at a university or college
hoffen to hope 8; ~ auf (+ acc.) to
hope for 8
hoffentlich hopefully (colloq.); I hope
so. 2
höflich polite
hoh- (-er, -es, -e) high (the form of
hoch used before nouns, as in hohe
Berge high mountains) 8
hören to hear; to listen to 1; Musik ~
to listen to music 1
der Hörsaal, -säle lecture hall
die Hose, -n pants, trousers 6; ein
Paar Hosen a pair of pants; die
kurzen Hosen shorts 6
der Hund, -e dog 7
der Hunger hunger 3; ~ haben to be
hungry 3; Riesenhunger haben to
be very hungry 3
hungrig hungry 12
husten to cough 9
der Hut, ꞉e hat 6

I

ich I E; ~ auch me, too
ideal' ideal 5

die Idee', -n idea 6
identifizie'ren to identify
idyl'lisch idyllic
Ihnen (dat. of Sie) (to) you; Und
Ihnen? And you? (as part of
response to Wie geht es Ihnen?) 1
ihr (pron.) you (familiar pl.) 1;
(poss. adj.) her, their 2
Ihr (poss. adj.) your (formal) E
illustrie'ren to illustrate
immer always 2; ~ mehr more and
more 8; ~ noch still 9; noch ~
still; wie ~ as always; ~ wieder
again and again 11
importie'ren to import
in (+ acc./dat.) in 2; into; to 3
individuell' individual(ly) 10
die Industrie', -n industry
die Informa'tik computer science;
information technology 4
der Informa'tiker, -/die
Informa'tikerin, -nen
computer specialist, information
technologist 11
die Information', -en information 6
der Ingenieur', -e/die Ingenieu'rin,
-nen engineer 4
das Ingenieur'wesen engineering
(subject) 4
die Initiati've, -n initiative
inlineskaten to go in-line skating 1
der Inlineskater, -/die
Inlineskaterin, -nen in-line
skater
das Inlineskating in-line skating 1
insgesamt all together
die Institution', -en institution
das Instrument', -e instrument
die Inszenie'rung, -en production
(of a play)
intakt' intact
integrie'ren to integrate
intelligent' intelligent, smart 1
interessant' interesting 2
das Interes'se, -n interest
interessie'ren to interest 5; sich
interessieren (für) to be
interested (in) 9
interessiert' sein (an + dat.) to be
interested (in) 9
international' international
das Internet Internet 1; im ~ on the
Internet 1; im ~ surfen to surf the
Internet 1; übers ~ kaufen to buy
on the Internet 6
das Internetcafé, -s cybercafé 6
das Interview, -s interview 6
interviewen to interview
die Intoleranz intolerance
inwiefern' to what extent
inzwi'schen in the meantime 10
der iPod, -s iPod

irgendwann' sometime, at some
point
irgendwie' somehow 2
iro'nisch ironical
irritie'ren to irritate
isoliert' isolated
ist is E
(das) Ita'lien Italy
italie'nisch Italian (adj.)

J

ja yes E; (flavoring particle) indeed, of
course 1; na ~ well now, oh well 8;
~ schon yes, of course 3
die Jacke, -n jacket 6
das Jackett', -s (pronounced /
zhaket'/) a man's suit jacket; sport
coat 6
das Jahr, -e year E; Ich bin [19]
Jahre alt I'm [19] years old. E; die
[siebziger/ neunziger] Jahre the
[1970s/1990s]; vor [10] Jahren
[10] years ago
die Jahreszeit, -en season 2
das Jahrhun'dert, -e century 9
-jährig . . . years old
jährlich annual, yearly 9
das Jahrzehnt', -e decade
der Januar January 2
je . . . desto . . . the . . . the . . . (with
comp.); je größer desto besser the
bigger the better
die Jeans (sg. and pl.) jeans 6
jed- (-er, -es, -e) each, every 4;
jeder everyone 4
jedenfalls at any rate
jedoch' (conj. or adv.) however,
nonetheless 11
jemand (-en, -em) (endings are
optional) someone 8
jetzt now 2
jetzig of the present time; current
jeweils at any one time; each time;
each
der Job, -s job 4
jobben (colloq.) to have a temporary
job (e.g., a summer job) 4
joggen to jog 1
das Jogging jogging 1; ~ gehen to go
jogging 1
der Journalist', -en, -en/die
Journalis'tin, -nen journalist 11
der Jude, -n, -n/die Jüdin, -nen Jew
jüdisch Jewish
die Jugendherberge, -n youth hostel
der/die Jugendliche (noun decl. like
adj.) young person
der Juli July 2
jung (ü) young 4
der Junge, -n, -n boy E
der Juni June 2
Jura law studies 1

K

der **Kaffee** coffee 3; ~ **trinken gehen** to go for coffee 4
die **Kaffeebohne, -n** coffee bean
das **Kaffee'haus, -häuser** café (*in Austria*); coffeehouse
der **Kalen'der, -** calendar
kalt (ä) cold 2; **es wird ~** it is getting cold 6
die **Kamera, -s** camera
der **Kamm, ˸e** comb 3
(sich) kämmen to comb 9; **Ich kämme mich./Ich kämme mir die Haare.** I comb my hair. 9
(das) Kanada Canada 2
der **Kana'dier, -/die Kana'dierin, -nen** Canadian (person) 2
kana'disch Canadian (*adj.*)
der **Kanton', -e** canton (a Swiss state)
die **Kappe, -n** cap 6
kaputt' broken; exhausted (*slang*) 5
die **Karot'te, -n** carrot 3
die **Karrie're, -n** career 8
die **Karte, -n** card; postcard 1; ticket 6;
die **Karten** (*pl.*) playing cards 1; ~ **spielen** to play cards 1
die **Kartof'fel, -n** potato 3
der **Käse** cheese 3
das **Käsebrot, -e** cheese sandwich
die **Kategorie', -n** category
die **Katze, -n** cat 7
kaufen to buy 3
das **Kaufhaus, -häuser** department store 3
kaum hardly
kein not a, not any 2; ~ **... mehr** no more . . . 3
kennen, kannte, gekannt to know, be acquainted with [people, places, or things] 3; **kennen·lernen** to get to know; to make the acquaintance of 4
das **Kilo(gramm)** (*abbr.* **kg**) kilo(gram) (= 2.2 pounds) 3
der **Kilometer, -** (*abbr.* **km**) kilometer (= .062 miles) 2
das **Kind, -er** child E
der **Kindergarten, ˸** nursery school; kindergarten 8
die **Kindheit** childhood
das **Kinn, -e** chin 9
das **Kino, -s** movie theater 1; **ins ~ gehen** to go to the movies 1
die **Kirche, -n** church
das **Kissen, -** pillow 7
klagen to complain 8
die **Klammer, -n** parenthesis
klar clear; (*interj.*) of course, naturally 4

die **Klasse, -n** class; die **erste ~** first grade; **Klasse!** Great! 2
der **Klassenkamerad, -en, -en/** die **Klassenkameradin, -nen** classmate
klassisch classic(al)
die **Klausur', -en** test 4; **eine ~ schreiben** to take a test 4
das **Klavier', -e** piano 10; das **~ konzert** piano concerto; piano concert 10
das **Kleid, -er** dress 6
die **Kleidung** clothing 6; das **Kleidungsstück, -e** article of clothing
klein small; short (*of people*) E
klettern to climb
das **Klima** climate 2
klingeln to ring 11
klingen, klang, geklungen to sound 12
die **Klinik, -en** clinic 9
das **Klischee', -s** cliché
km (*abbrev of* **Kilometer**) kilometer 2
die **Kneipe, -n** bar, pub 6
das **Knie, -** (*pl. pronounced* /Kni e/) knee 9
der **Koch, ˸e/die Köchin, -nen** cook
kochen to cook 6
die **Kohle, -n** coal
der **Kolle'ge, -n, -n/die Kolle'gin, -nen** colleague 8
Köln Cologne
komisch funny; strange 2
kommen, kam, ist gekommen to come 1; **aus ... ~** to be from . . . ; **Woher kommst du?** Where are you from?/Where do you come from? 2; **Ich komme aus ...** I come/am from . . . 2
der **Kommentar', -e** comment; commentary
der **Kommilito'ne, -n, -n/die Kommilito'nin, -nen** fellow student
die **Kommo'de, -n** chest of drawers 7
der **Kommunis'mus** communism
der **Kommunist', -en, -en/die Kommunis'tin, -nen** communist
kommunizie'ren to communicate
kompliziert' complicated
der **Komponist', -en, -en/die Komponis'tin, -nen** composer 5
die **Konditorei', -en** pastry shop 3
der **König, -e/die Königin, -nen** king/queen
die **Konjunktion', -en** conjunction
die **Konkurrenz'** competition
konkurrie'ren to compete 11
können (kann), konnte, gekonnt to be able to; can 4; **Deutsch ~** to know German

könnte (*subj. of* **können**) would be able to 11
der **Kontakt', -e** contact 8
kontrollie'ren to control
sich konzentrie'ren to concentrate
das **Konzert', -e** concert 6; **ins ~ gehen** to go to a concert 6
der **Kopf, ˸e** head 9
die **Kopfschmerzen** (*pl.*) headache 3
das **Kopftuch, ˸er** headscarf 12
der **Körper, -** body 9
korrigie'ren to correct
die **Kosten** (*pl.*) expenses 11; ~ **sparen** keeping expenses down 11
kosten to cost 10
das **Kostüm', -e** costume; ladies' suit
krank sick, ill E
das **Krankenhaus, -häuser** hospital 6
die **Krankenkasse** health insurance
der **Krankenpfleger, -/die Krankenpflegerin, -nen** nurse 7
die **Krankenschwester, -n** female nurse 7
die **Krankheit, -en** illness 9
die **Krawat'te, -n** necktie 6
kreativ' creative 1
die **Kredit'karte, -n** credit card 9
der **Krieg, -e** war 5
kriegen to get 11
der **Krimi, -s** mystery (novel or film) 4
die **Krise, -n** crisis
die **Kritik', -en** criticism; review 10
kritisch critical 1
die **Küche, -n** kitchen 7
der **Kuchen, -** cake 3
das **Küchengerät, -e** kitchen appliance
der **Kugelschreiber, -** ballpoint pen E
kühl cool 2
der **Kühlschrank, ˸e** refrigerator 7
der **Kuli, -s** (*colloq. for* **Kugelschreiber**) ballpoint pen E
kulminie'ren to culminate
die **Kultur', -en** culture 5
kulturell' cultural(ly) 10
der **Kunde, -n, -n/die Kundin, -nen** customer, client 11
die **Kündigung, -en** dismissal
die **Kunst, ˸e** art; skill 4
die **Kunstgeschichte** art history 4
der **Künstler, -/die Künstlerin, -nen** artist 5
der **Kurs, -e** course, class 4
der **Kursteilnehmer, -/die Kursteilnehmerin, -nen** member of a class or course
kurz (ü) short, brief(ly) 4; die **kurzen Hosen** shorts 6
die **Kurzgeschichte, -n** short story
die **Kusi'ne, -n** cousin (*f.*) 4
küssen to kiss

L

lächeln to smile 7; **~ über** *(+ acc.)* to smile about

lachen to laugh 2; **~ über** *(+ acc.)* to laugh about; **zum Lachen** laughable

der **Laden, :** store 3

die **Lage, -n** position, location; situation 9

die **Lampe, -n** lamp E

das **Land, :er** country, land 2; **aufs ~ fahren** to go to the country

die **Landkarte, -n** map

die **Landwirtschaft** farming, agriculture

lang (ä) long 4

lange *(adv.)* for a long time 2

langsam slow(ly)

längst for a long time; a long time ago 9

sich langweilen to feel bored

langweilig boring 6

der **Laptop, -s** laptop

lassen (lässt), ließ, gelassen to leave behind; to let, permit; to have something done 12; **Lass uns gehen.** Let's go. 12

latei'nisch Latin

laufen (läuft), lief, ist gelaufen to run; to go on foot, to walk 5

laut *(adj.)* loud; noisy 1; *(prep. + gen. or dat.)* according to

lautlos silent 6

das **Leben** life 7

leben to live 5

die **Lebensmittel** *(pl.)* food; groceries 3

das **Lebensmittelgeschäft, -e** grocery store 3

der **Lebensstandard** standard of living

lebhaft lively 1

lecker tasty, delicious

die **Lederjacke, -n** leather jacket

leer empty 11

legen to lay or put something in a horizontal position 7

die **Legen'de, -n** legend

lehren to teach

der **Lehrer, -/die Lehrerin, -nen** teacher 11

leicht light; easy 11

leid: Es tut mir ~. I'm sorry. 4

leiden, litt, gelitten to suffer; to tolerate; to endure 8

die **Leidenschaft, -en** passion

leider unfortunately 2

leihen, lieh, geliehen to lend; to borrow 4

lernen to learn; to study 4

lesen (ie), las, gelesen to read 4

das **Lesestück, :e** reading selection

letzt- (-er, -es, -e) last 6

die **Leute** *(pl.)* people 6

das **Licht, -er** light

lieb *(adj.)* dear; **Liebe [Barbara], Lieber [Paul] ...** Dear [Barbara], Dear [Paul] . . . *(used at the beginning of a letter)*

die **Liebe** love 4

lieben to love

lieber *(comp. of gern)* preferably, rather 4

der **Liebesroman, -e** romance (novel) 4

der **Liebling, -e** favorite 3; darling; **Lieblings-** *(prefix)* favorite: das **Lieblingsgetränk, -e** favorite drink 3

liebsten: am ~ best liked; most of all 9

liegen, lag, gelegen to lie; to be situated, be located 2

lila lavender, lilac

die **Limona'de** lemonade 3; soft drink

links on/to the left 11

die **Lippe, -n** lip 9

die **Liste, -n** list; **eine ~ auf·stellen/ machen** to make a list

der **Liter, -** *(abbr. l)* liter (= 1.056 U.S. quarts) 3

die **Literatur'** literature 4

der **Löffel, -** spoon 7

logisch logical

das **Lokal', -e** restaurant; bar 12

los loose; **Was ist ~?** What's the matter? What's going on? What's up? E; **es ist nicht viel ~** there's not much going on 6

los off, away, start off; **Los!** Let's go!; **ich muss ~** I have to leave 1

los·fahren (fährt los), fuhr los, ist losgefahren to drive off 4

lösen to solve

die **Luft** air 10

die **Luftbrücke** airlift

die **Lust** desire; pleasure; enjoyment 10; **~ haben** *(+ zu + inf.)* to be in the mood for, to feel like doing something 10

lustig funny; merry; cheerful 1

die **Lustigkeit** merriment; fun

der **Luxus** luxury

M

machen to do; to make 1; **Mach's gut!** Take it easy. E; **Deutsch ~** to do/study German (homework); **Examen ~** to graduate from the university 4; **(Es) macht nichts.** (It) doesn't matter. 7; **Mach schnell!** Hurry up! 7

das **Mädchen, -** girl E

der **Magen, -** stomach 9; die **~schmerzen** *(pl.)* stomachache 9

der **Mai** May 2

mal time; times *(in multiplication)* E; **drei~** three times; **mal (= einmal)** once; sometime; *(flavoring particle added to an imperative)* **Sag ~ ...** Tell me . . . 3

das **Mal, -e** time; **dieses ~** this time 4;

die **Mama** mom 4

man one, people, *(impersonal)* you E

der **Manager, -/die Managerin, -nen** manager 8

manch- (-er, -es, -e) many a *(sg.)*; some *(pl.)* 4

manchmal sometimes 2

der **Mann, :er** man E; husband

der **Mantel, :** outer coat

die **Margari'ne** margarine 3

markie'ren to check

der **Markt, :e** market 3; **auf den ~** to the market 3

die **Marmela'de** marmalade, jam 3

der **März** March 2

die **Maschi'ne, -n** machine 5

die **Masse, -n** crowd; *pl.* masses

die **Mathe** *(short for Mathematik)* math 4

die **Mathematik'** mathematics 4

die **Mauer, -n** (exterior) wall 10

der **Mecha'niker, -/die Mecha'nikerin, -nen** mechanic

mehr *(comp. of viel)* more 2; **immer ~** more and more 8; **~ oder weniger** more or less; **kein ... ~** no more . . . 3; **nicht ~** no longer, not any more 3

mehrere several; various 8

die **Mehrheit** majority

mein(e) my E

meinen to mean; to think, have an opinion 7; **Was meinst du?** What do you think?

die **Meinung, -en** opinion 10; **meiner ~ nach** in my opinion

meist *(superlative of viel)* most 9; die **meisten [Leute]** most of [the people] 9

meistens most of the time, mostly 4

die **Mensa, -s or Mensen** university cafeteria

der **Mensch, -en, -en** person, human being 1; **~!** Man!/Wow!

merken to notice; to realize 11; **sich** *(dat.)* **~** to note down

das **Messer, -** knife 7

das **Metall', -e** metal

der **Meter, -** *(abbr. m)* meter (= 39.37 inches)

die **Meteorologie'** meteorology

der **Metzger**, - butcher 3; **beim ~** at the butcher's 3; **zum ~** to the butcher's 3

die **Metzgerei'**, -en butcher shop, meat market 3

mieten to rent

der **Mikrowelle**, -n microwave (oven)

die **Milch** milk 3

mild mild 2

die **Million'**, -en million 2

die **Minderheit**, -en minority

mindestens at least

das **Mineral'wasser** mineral water 3

minus minus (in subtraction) E

die **Minu'te**, -n minute 1

mir me 4

misera'bel miserable E

mit (+ dat.) with 2; **~ dem [Auto] fahren** to go by [car] 5; **~ dem Computer arbeiten** to use the computer 11

der **Mitarbeiter**, -/die **Mitarbeiterin**, -nen employee 11

der **Mitbewohner**, -/die **Mitbewohnerin**, -nen roommate

mit·bringen, **brachte mit**, **mitgebracht** to bring along 4

der **Mitbürger**, -/die **Mitbürgerin**, -nen fellow citizen

miteinan'der with each other 6

mit·fahren (**fährt mit**), **fuhr mit**, **ist mitgefahren** to drive/ride along 5

mit·gehen, **ging mit**, **ist mitgegangen** to go along 2

das **Mitglied**, -er member 5; der **Mitgliedsstaat**, -en member state

mit·kommen, **kam mit**, **ist mitgekommen** to come along 2; **Wer kommt mit?** Who's coming along? **Kommst du mit ins Kino?** Are you coming along to the movie?

mit·machen to join in 12

mit·nehmen (**nimmt mit**), **nahm mit**, **mitgenommen** to take along 5

der **Mittag**, -e noon 8

das **Mittagessen** midday meal 3; **zum ~** for the midday meal, for lunch 3

mittags at noon

die **Mitte** middle 3

das **Mitteleuro'pa** Central Europe

mitten: ~ in in the middle of . . .

der **Mittwoch** Wednesday 1

die **Möbel** (pl.) furniture 7

das **Möbelstück**, -e piece of furniture 7

möchte (subj. of **mögen**) would like 3

modern' modern 4

mögen (**mag**), **mochte**, **gemocht** to like 4

möglich possible 6

die **Möglichkeit**, -en possibility

moin moin hello (North German greeting)

der **Moment'**, -e moment 4; **im ~** at the moment 4; **~ mal!** Just a minute! 11

der **Monat**, -e month 2; **einmal im ~** once a month; **seit Monaten** for months 6

der **Montag** Monday 1; **am ~** on Monday 1; **~ in acht Tagen** a week from Monday

morgen tomorrow 1; **~ früh** tomorrow morning

der **Morgen** morning E; **Guten ~.** Good morning. E

morgens mornings, every morning 3

das **Motor'rad**, pl. **Motor'räder** motorcycle 5

das **Mountainbike**, -s mountain bike

der **MP3-Player**, - MP3 player E

müde tired E

multikulturell' multicultural 12

der **Mund**, ̈er mouth 9

das **Muse'um**, pl. **Muse'en** museum 5

das **Musical**, -s musical 6

die **Musik'** music 1; **~ hören** to listen to music 1

musika'lisch musical 1

der **Mu'siker**, -/die **Mu'sikerin**, -nen musician 11

der **Muslim**, -e/die **Musli'min**, -nen Muslim

müssen (**muss**), **musste**, **gemusst** to have to; must 4

das **Müsli**, -s muesli, a type of granola cereal

müsste (subj. of **müssen**) would have to 11

die **Mutter**, ̈ mother 4

die **Muttersprache**, -n native language

die **Mutti**, -s mom 4

die **Mütze**, -n cap

N

na well 1; **~ gut!** All right. 1; well (interjection); **na ja** oh well; well now 8

nach (+ dat.) after 1; to (with cities and countries used without an article, e.g., **nach Berlin**; **nach Deutschland**) 2; **~ Hause** (to go) home 5; **fragen ~** to ask about

der **Nachbar**, -n, -n/die **Nachbarin**, -nen neighbor 1

das **Nachbarland**, pl. **Nachbarländer** neighboring country 2

nachdem' (conj.) after

nach·denken, **dachte nach**, **nachgedacht** (**über**) (+ acc.) to think (about), reflect (on)

nachher afterwards 4

der **Nachmittag**, -e afternoon 1

der **Nachname**, -ns, -n last name 7

die **Nachricht**, -en message; **Nachrichten** (pl.) newscast

nach·schlagen (**schlägt nach**), **schlug nach**, **nachgeschlagen** to look up

nach·sehen (**sieht nach**), **sah nach**, **nachgesehen** to look up

die **Nachspeise**, -n dessert

nächst- (**-er**, **-es**, **-e**) next 9

die **Nacht**, ̈e night E; **Gute ~.** Good night. E;

das **Nachtleben** nightlife

der **Nachtisch**, -e dessert

nachts at night

der **Nachttisch**, -e bedside table 7

nahe (+ dat.) near 12; **mir ~** close to me 12

die **Nähe** nearness, proximity; vicinity; **in der ~** near at hand 12

der **Name**, -ns, -n name 7

nämlich after all; that is (to say); you know; you see 1

die **Nase**, -n nose 9

nass (**nasser** or **nässer**) wet 2

die **Nation'**, -en nation

die **Nationalität'**, -en nationality

der **National'rat** National Council (Switzerland)

die **Natur'** nature 9

natür'lich natural 3; naturally 3; of course

die **Natür'lichkeit** naturalness

der **Natur'wissenschaftler**, -/die **Natur'wissenschaftlerin**, -nen (natural) scientist

neben (+ acc./dat.) beside, next to, besides 7

nebeneinander next to each other; side by side 12

das **Nebenfach**, ̈er minor (subject) 4

nebenher' in addition

nee (colloq.) no, nope

der **Neffe**, -n, -n nephew 4

negativ negative

nehmen (**nimmt**), **nahm**, **genommen** to take 3

nein no E

nennen, **nannte**, **genannt** to name 10

nervös' nervous 1

nett nice 1

neu new E; **Was gibt's Neues?** What's new?

neugierig curious

neutral' neutral

die **Neutralität'** neutrality
nicht not E; ~? *(tag question)* don't
  you?; isn't it? 1; **Nina ist sehr
  ernst, ~?** Nina is very serious,
  isn't she? 1; ~ **mehr** no longer,
  not anymore 3; ~ **nur ... sondern
  auch** not only . . . but also 5; ~ **so**
  [kalt/viel] not as [cold/much];
  ~ **wahr?** isn't that so/ don't you
  think so? 2;
  noch ~ not yet 2
die **Nichte, -n** niece 4
nichts nothing 1; ~ **Besonderes**
  nothing special 1; **(Es) macht ~!**
  (It) doesn't matter. 7
nie never 8
(die) **Niederlande** *(pl.)* the
  Netherlands
niedrig low 11
niemand (-en, -em) *(endings are
  optional)* no one 9
nirgends nowhere
nirgendwo nowhere
der **Nobelpreis'träger, -/**die
  Nobelpreis'trägerin, -nen Nobel
  prize winner
noch still; in addition 1; ~ **ein(e) ...**
  another . . . 3; ~ **einmal** again,
  once more 12; ~ **mal** once more 1;
  ~ **etwas** something else 3; ~
  immer still; ~ **mehr** even more; ~
  nicht not yet 2; **immer** ~
  still 9; **Sonst** ~ **einen Wunsch?**
  Anything else? 3; **sonst** ~ **etwas**
  something else 3; **was** ~? what
  else? 7
der **Norden** north 2; **im** ~ in the
  north 2
nördlich to the north 2
die **Nordsee** North Sea 2
normal' normal
(das) **Norwegen** Norway
die **Note, -n** grade; note 4
(sich) notie'ren to make a note of
die **Notiz', -en** note 4
der **Novem'ber** November 2
die **Nudeln** *(pl.)* noodles 3
der **Numerus clausus** limited number
  of university positions for study in
  certain subjects
die **Nummer, -n** number E
nummerie'ren to number
nun now, at present 7
nur only E

O

ob *(sub. conj.)* whether, if 7
oben above
der **Ober, -** waiter
oberflächlich superficial 7
das **Obst** fruit 3
obwohl' *(sub. conj.)* although 8

oder or 1; ~? Or don't you agree?
  2; **Du kommst doch, ~?** You're
  coming, aren't you?
offen open 12; frank 6
öffentlich public(ly) 7
offiziell' official
öffnen to open 10
oft (ö) often 1
oh oh 2; ~ **je** oh dear 3
ohne *(+ acc.)* without 3; ~ **...** *(+ inf.)*
  without
das **Ohr, -en** ear 9
okay' okay, OK E
der **Okto'ber** October 2
die **Oli've, -n** olive
die **Oma, -s** grandma 4
der **Onkel, -** uncle 4
der **Opa, -s** grandpa 4
das **Open-Air-Konzert, -e** outdoor
  concert 10
die **Oper, -n** opera 10; **in die ~ gehen**
  to go to the opera 10
optimis'tisch optimistic
die **Oran'ge, -n** orange 3
der **Oran'gensaft** orange juice 3
die **Ordnung** order; **in ~?** is that all
  right [with you]? 6
die **Organisation', -en** organization
organisato'risch organizational
organisie'ren to organize 8
der **Ort, -e** place (geographical)
der **Ostblock** the eastern bloc
der **Ostdeutsche** *(noun declined like
  adj.)* East German
der **Osten** east 2
(das) **Österreich** Austria 2
der **Österreicher, -/**die
  Österreicherin, -nen Austrian
  person 2
österreichisch Austrian *(adj.)* 5
östlich eastern
der **Ozean, -e** ocean

P

das **Paar, -e** pair; couple 8
paar; ein ~ a few 3; **alle ~ Minuten**
  every few minutes
der **Papa, -s** dad 4
das **Papier', -e** paper E
der **Papier'korb** wastepaper basket E
der **Park, -s** park 5
parken to park
der **Partner, -/**die **Partnerin, -nen**
  partner
die **Partnerschaft, -en** partnership
die **Party, -s** party 2; **auf eine ~** to a
  party; **auf einer ~** at a party; **eine
  ~ geben** to give a party
der **Pass, ̈e** passport
passen (passt) *(+ dat.)* to fit, suit; to
  be appropriate 8
passend appropriate; suitable

passie'ren, ist passiert *(+ dat.)* to
  happen 7; **Was ist dir passiert?**
  What happened to you? 7
passiv passive(ly) 6
die **Pause, -n** break, rest;
  intermission 8
die **Person', -en** person
der **Personal'ausweis, -e** identity
  card
der **Personal'chef, -s/**die
  Personal'chefin, -nen head of
  the human resources (personnel)
  department 11
persön'lich personal(ly) 3
die **Persön'lichkeit, -en** personality;
  personage
die **Pflanze, -n** plant E
pflanzen to plant
das **Pfund, -e** *(abbr. Pfd.)* pound
  (= 1.1 U.S. pounds) 3
die **Philosophie'** philosophy 4
die **Physik'** physics 4
der **Phy'siker, -/**die **Phy'sikerin,
  -nen** physicist
der **Physiotherapeut', -en, -en/**die
  Physiotherapeu'tin, -nen physical
  therapist
das **Picknick, -s** picnic; **ein
  ~ machen** to have a picnic
der **Pionier', -e/**die **Pionie'rin, -nen**
  pioneer
die **Pizza, -s,** *also* **Pizzen** pizza
plädie'ren to plead
der **Plan, ̈e** plan 5; schedule
planen to plan 9
der **Platz, ̈e** place; seat; space;
  square 8; **~ nehmen** to take a seat
pleite broke, out of money 7
plötzlich suddenly
die **Politik'** political science 4;
  politics 8
der **Poli'tiker, -/**die **Poli'tikerin,
  -nen** politician 10
poli'tisch political(ly) 5
die **Polizei'** police
das **Polohemd, -en** polo shirt 6
die **Pommes frites** *(pl.)* French fries
das **Popkonzert, -e** pop concert 10
populär' popular
das **Porträt', -s** portrait
positiv positive
die **Post** mail; post office 11
das *or* der **Poster, -** poster E
die **Postleitzahl, -en** postal code E
das **Praktikum,** *pl.* **Praktika** practi-
  cum; practical training, internship
praktisch practical(ly) 1; for all
  practical purposes 3
praktizie'ren to practice (medicine,
  law)
der **Präsident', -en, -en/**die
  Präsiden'tin, -nen president

präzis' precise(ly)
der **Preis, -e** price 11
prima fantastic, great (**prima** *takes no adj. endings*) 10
privat' private
privilegiert' privileged
pro per 4
die **Probe, -n** rehearsal 6
proben to rehearse
probie'ren to try; to (put to the) test; *(food)* to taste
das **Problem', -e** problem 5
problema'tisch problematical 12
das **Produkt', -e** product 3
die **Produktion'** production
produzie'ren to produce 5
der **Profes'sor,** *pl.* **Professo'ren**/die **Professo'rin, -nen** professor E
das **Programm', -e** TV guide; TV channel; program
protestie'ren to protest
proviso'risch provisionally
das **Prozent'** percent
der **Prozess', -e** process; trial
die **Prüfung, -en** test, examination 4
die **Psychoanaly'se** psychoanalysis
die **Psychologie'** psychology 4
das **Publikum** public
die **Publizis'tik** journalism 4
der **Pulli, -s** sweater 6
der **Punkt, -e** dot, spot, point; period
pünktlich punctual 7
putzen to clean 7; **Ich putze mir die Zähne** I'm brushing my teeth 9

Q

die **Qualität', -en** quality 9
der **Quatsch** nonsense 8; **~!** Nonsense! 8

R

das **Rad,** ⁚er (*short for* **Fahrrad**) bike, bicycle 5; wheel; **Rad fahren (fährt Rad), fuhr Rad, ist Rad gefahren** to (ride a) bicycle, to bike 5
das **Radio, -s** radio E
die **Radtour, -en** bicycle trip 12
(sich) rasie'ren to shave 9
raten (ä), riet, geraten to guess
der **Rauch** smoke
rauchen to smoke
der **Raum,** ⁚e room; space
raus (*contraction of* **heraus**) out 12
reagie'ren (auf + *acc.*) to react (to)
das **Recht, -e** right; law; **das ~ auf** (+ *acc*) right to 8
recht right 7; **~ haben** to be right 7; **Du hast ~ .** You're right. 7
rechts on/to the right 11
der **Rechtsanwalt, -anwälte**/die **Rechtsanwältin, -nen** lawyer 11

die **Rede, -n** speech; **eine ~ halten** to give a speech
reden (über + *acc.*) to talk/speak (about) 2
das **Redemittel, -** speech act
reduzie'ren to reduce, diminish
das **Referat', -e** report; seminar paper 4
die **Reform', -en** reform
die **Regelstudienzeit** limit on time to complete university studies
der **Regen** rain 2
der **Regenmantel,** ⁚ raincoat 6
der **Regenschirm, -e** umbrella 5
die **Regie'rung, -en** government 10
regnen to rain 2; **es regnet** it's raining 2
reich rich 9
reif ripe
rein (*contraction of* **herein**) in
die **Reise, -n** trip, journey 2; **Gute ~!** Have a good trip!
das **Reisebüro, -s** travel agency
reisen, ist gereist to travel 4
relativ' relative; relatively 1
renovie'ren to renovate
reparie'ren to repair
der **Repor'ter, -**/die **Repor'terin, -nen** reporter 6
die **Republik', -en** republic
das **Restaurant', -s** restaurant 7
richtig correct, right E
die **Richtigkeit** correctness; accuracy
riechen, roch, gerochen to smell 3; **~ nach** to smell of
riesengroß gigantic, huge 2
der **Rinderbraten** roast beef 3
riskie'ren to risk
der **Rock,** ⁚e skirt 6
die **Rockband, -s** rock band 10
die **Rockmusik** rock (music) 6
der **Rockmusiker, -**/die **Rockmusikerin, -nen** rock musician 12
der **Rohstoff, -e** raw material 11
die **Rolle, -n** role; **eine ~ spielen** to play a role
das **Rollenspiel, -e** role play
der **Roman', -e** novel 4
die **Rose, -n** rose 3
die **Rosi'ne, -n** raisin
rot red E
der **Rotwein, -e** red wine 3
der **Rücken, -** back 9; die **Rückenschmerzen** *(pl.)* backache 9
die **Rückreise, -n** return trip
der **Rucksack, -säcke** backpack E
rufen, rief, gerufen to call, cry out 3
die **Ruhe** rest; peace and quiet
ruhig calm, easygoing; quiet 1
das **Rührei, -er** scrambled egg

rum·surfen to surf around 8
rund round; around
der **Russe, -n, -n**/die **Russin, -nen** Russian person
(das) **Russland** Russia

die **Sache, -n** thing; matter 6; affair, concern; *(pl.)* clothes 6
der **Saft,** ⁚e juice 3
sagen to say; tell 3; **sag' mal** tell me 3
der **Salat', -e** lettuce; salad 3
das **Salz, -e** salt 5
sammeln to collect 11
der **Samstag** (*in southern Germany*) Saturday 1 E
samstags (on) Saturdays, every Saturday 3
sanft gentle; soft
der **Sänger, -**/die **Sängerin, -nen** singer 12
der **Satz,** ⁚e sentence 11
sauber clean 7; **~ machen** to clean 7
sauer sour; cross, morose
saugen to suck; **Staub ~** (*also* **staubsaugen, gestaubsaugt**) to vacuum 7
das **Schach** chess 1
schade that's too bad, a pity, a shame 1
schaden (+ *dat.*) to harm
schauen to see; to look 8; **~ nach** to look after 8
der **Schein, -e** glow; *(type of official document)* **der Geldschein** bill; **der Seminarschein** certificate of attendance for one semester of a course
scheinen, schien, geschienen to shine 2; to appear, seem
schenken to give (as a gift) 5
schick chic
schicken to send
das **Schiff, -e** ship 5
der **Schinken, -** ham 3
der **Schirm, -e** umbrella 6
schlafen (ä), schlief, geschlafen to sleep 5; **bei jemandem ~** to sleep at someone's house
schlaflos sleepless, without sleep
das **Schlafzimmer, -** bedroom 7
schlagen (ä), schlug, geschlagen to hit, beat; to whip
die **Schlagsahne** whipped cream
schlank slender 9
schlecht bad, badly E; **Mir ist ~.** I feel nauseated. 9
schließen, schloss, geschlossen to close 3
schließlich finally, after all 7
schlimm bad, serious, severe 8
das **Schloss,** ⁚er castle 5

schmecken *(+ dat.)* to taste; **Es schmeckt [mir].** It tastes good [to me]. 6; **Hat es geschmeckt?** Did it taste good? 6

der **Schmerz, -en** pain 9

(sich) schminken to put on makeup 9; **Ich schminke mich.** I put on makeup. 9; **Ich schminke mir die Augen.** I put on eye makeup. 9

schmutzig dirty

der **Schnee** snow 2

schneien to snow 2; **es schneit** it's snowing 2

schnell fast, quick(ly) 3; **Mach ~!** Hurry up! 7

die **Schokola′de** chocolate 9; das **Schokola′deneis** chocolate ice cream

schon already 1

schön nice, beautiful 2; **~ warm** nice and warm 2; **schönes Wetter** nice weather 2; **ganz ~** really quite 9

die **Schönheit** beauty

der **Schrank, ⸚e** wardrobe 7

schrecklich horrible, terrible 2

schreiben, schrieb, geschrieben to write E; **~ an** *(+ acc.)* to write to 9; **~ über** *(+ acc.)* to write about 7; **~ von** *(+ dat.)* to write about; **Wie schreibt man das?** How do you spell that? E

der **Schreibtisch, -e** desk 7

der **Schriftsteller, -/die Schriftstellerin, -nen** writer 5

der **Schritt, -e** step 8

der **Schuh, -e** shoe 6

die **Schule, -n** school 4

schützen to protect

schwach (ä) weak 9

schwarz black E

(das) **Schweden** Sweden

die **Schweiz** Switzerland 2

der **Schweizer, -/die Schweizerin, -nen** Swiss person 2

Schweizer Swiss *(adj.)* 9

(das) **Schweizerdeutsch** Swiss German

schwer hard, difficult; heavy 9

die **Schwester, -n** sister 4

Schwieger- *(prefix meaning* in-law); **~tochter** daughter-in-law

schwierig difficult 8

die **Schwierigkeit, -en** difficulty

schwimmen, schwamm, ist geschwommen to swim 1

schwül humid 2

der **Science-Fic′tion-Film, -e** science fiction film 6

der **See, -n** lake 5

die **See, -n** sea 2

segeln to sail

sehen (ie), sah, gesehen to see 6

sehr very (much) E

sei (du-*imperative of* **sein)** 3; **~ [mir] nicht böse.** Don't be mad [at me]. 7

die **Seife** soap

die **Seifenoper, -n** soap opera

sein his; its 1

sein (ist), war, ist gewesen to be 1

seit *(+ dat.)* since *(temporal)* 4; for *(time period)* 4; **~ einigen Jahren** for several years 4; **~ wann** since when, (for) how long 4; **~ kurzer Zeit** recently; **~ Monaten** for months 6

seitdem′ since then 7

die **Seite, -n** side; page 10

der **Sekretär′, -e/die Sekretä′rin, -nen** secretary

der **Sektor**, *pl.* **Sekto′ren** sector

selber oneself, myself, itself, etc.

selbst oneself, myself, itself, etc. 4; even

selbstständig independent, self-reliant

selbstverständlich of course, it goes without saying

selten seldom

das **Semes′ter, -** semester 4

die **Semes′teradresse, -n** school address

die **Semes′terferien** *(pl.)* semester break 4

das **Seminar′, -e** seminar 4

die **Seminar′arbeit, -en** seminar paper 4

der **Seminar′schein, -e** certificate of attendance for one semester of a course

die **Sendung, -en** TV or radio program 6

der **Septem′ber** September 2

die **Serie, -n** series

servie′ren to serve

der **Sessel, -** easy chair 7

setzen to set or put something down 7; **sich setzen** to take/have a seat 9

das **Shampoo′, -s** shampoo

die **Shorts** *(pl.)* shorts 6

sicher sure; safe; secure; certain(ly) 2

die **Sicherheit** safety, security 9

sicherlich surely, certainly

sie she, it E; they 1

Sie you *(formal)* E

silber *(adj.)* silver

sind are E

die **Sinfonie′, -n** symphony

sinken, sank, ist gesunken to sink 8

der **Sinn** meaning, purpose

die **Situation′, -en** situation 4

der **Sitz, -e** headquarters, seat

sitzen, saß, gesessen to sit 7

skeptisch skeptical 4

der **Ski, -er** (Ski *is pronounced* Schi) ski 5; **Ski laufen** (*also* Ski fahren) to ski 2; **zum Skilaufen gehen** to go skiing

der **Skiläufer, -/die Skiläuferin, -nen** skier

das **Snowboard, -s** snowboard 5

snowboarden to snowboard 2

so so, thus; this way E, **so genannt** so-called, **~ ... wie** as . . . as 2; **~?** Is that so? Really? 4; **~ ein** such a 4

sobald′ *(sub. conj.)* as soon as

die **Socke, -n** sock 6

das **Sofa, -s** sofa 7

sofort′ immediately 4

sogar′ even 8

der **Sohn, ⸚e** son 4

solch (-er, -es, -e) such a *(sg.)*; such *(pl.)* 4

die **Solidarität′** solidarity

der **Soldat′, -en, -en/die Solda′tin, -nen** soldier 10

sollen (soll), sollte, gesollt to be supposed to; to be said to 4

der **Sommer** summer 2

die **Sona′te, -n** sonata

sondern *(conj.)* but, on the contrary 5; **nicht nur ... ~ auch** not only . . . but also 5

der **Sonnabend** *(in northern Germany)* Saturday 1

die **Sonne** sun 2

die **Sonnenbrille, -n** sunglasses 8

sonnig sunny 2

der **Sonntag** Sunday 1

sonntags (on) Sundays 1

sonst otherwise 3; **~ noch etwas?** Anything else? 3; **~ noch einen Wunsch?** Would you like anything else? 3

die **Sorge, -n** care, worry 11; **sich Sorgen machen (um)** to worry (about) 11

die **Sorte, -n** type, kind

sowie′ *(conj.)* as well as

sowieso′ in any case 12

die **Spaghet′ti** *(pl.)* spaghetti 3

(das) **Spanien** Spain

spanisch Spanish *(adj.)*

sparen to save (e.g., money, time) 11

der **Spaß** enjoyment; fun 6; **Es/Das macht ~.** It/That is fun. 6; **an der Arbeit ~ haben** to enjoy one's work; **Viel ~.** Have fun; der **Spaß, ⸚e** joke; **Er hat nur ~ gemacht.** He was only joking.

spät late 1; **Wie ~ ist es?** What time is it? 1; **später** later 1 spazie′ren fahren (ä), fuhr spazieren, ist spazieren gefahren to go for a drive 6

spazie′ren gehen, ging spazieren, ist spazieren gegangen to go for a walk 1

der Spazier′gang, -gänge walk, stroll

der Spiegel, - mirror 7

das Spiegelei, -er fried egg

das Spiel, -e game 1

spielen to play 1

der Spielfilm, -e feature film

spontan′ spontaneously

der Sport sport(s) 1; ~ treiben to engage in sports 1; Was für einen ~ machst du? What kind of sports do you do? 2

der Sportler, -/die Sportlerin, -nen athelete 5

sportlich athletic 1

der Sportverein, -e sports club

die Sprache, -n language 9

sprechen (i), sprach, gesprochen to speak 5; ~ mit to speak to/with (someone); ~ über (+ acc.) to speak about 7; ~ von (+ dat.) to speak about/of 7

spülen to rinse; to wash 7; Geschirr ~ to wash dishes 7

die Spülmaschine, -n dishwasher 7

der Staat, -en state; country 4

staatlich (abbr. staatl.) public, government-owned 4

der Staatsbürger, -/die Staatsbürgerin, -nen citizen

das Stadion, pl. Stadien stadium

die Stadt, ⸚e city 2; das ~ viertel city district

der Stammbaum, -bäume family tree

stark (ä) (adj.) strong 8; (adv.) greatly, very much 8

statt (+ gen.) instead of 9; ~ ... (+ inf.) instead of

statt·finden, fand statt, stattge-funden to take place 10

die Statue, -n statue

der Stau, -s traffic jam 2

der Staub dust 7; ~ wischen to dust 7; ich wische ~ I'm dusting; ~ saugen to vacuum 7

das Steak, -s steak

stecken to stick, put or insert something into something else 7

stehen, stand, gestanden to stand 3; to be located 7; es steht in der Zeitung ... it says in the newspaper . . . 10; stehen bleiben, blieb stehen, ist stehen geblieben to stop

steigen, stieg, ist gestiegen to rise, climb

die Stelle, -n job; position; place, spot 8

der Stein, -e stone

stellen to stand, place, put something (upright), set 6; eine Frage ~ + dat. to ask someone a question 9; eine Frage an + acc. ~ to ask someone a question 9

das Stellenangebot, -e job offer (ad)

die Stellenanzeige, -n want ad

sterben (i), starb, ist gestorben to die 10; ~ an (+ dat.) to die of

die Stereoanlage, -n stereo system

stereotyp′ stereotypical

das Stichwort, ⸚er cue, key word

der Stiefel, - boot 6

die Stiefmutter, ⸚ stepmother 4

der Stiefvater, ⸚ stepfather 4

stimmen to be correct 3; Das stimmt./Stimmt. That's right. 3

das Stipen′dium, pl. Stipen′dien scholarship, grant 4

stolz (auf + acc.) proud (of) 8

die Straße, -n street; road E

die Straßenbahn, -en streetcar 5

das Straßencafé, -s street café

der Streik, -s strike 11

streiken to strike

der Stress stress

stressen to stress; gestresst stressed

stressfrei free of stress

die Strumpfhose, -n pantyhose 6

das Stück, -e piece 3; piece (of music); play (theater) 6

der Student′, -en, -en/die Studen′tin, -nen student E

das Studen′tenheim, -e dormitory 4

das Studienfach, ⸚er college major

die Studiengebühren pl. administra-tive fees at the university; tuition

der Studienplatz, pl. Studienplätze opening for student in a particular course of study at a university

studie′ren to study; to go to college 1; ~ an/auf (+ dat.) to study at (a college) 7; Ich studiere Chemie. I'm majoring in chemistry 1

das Studium, pl. Studien studies 4

der Stuhl, ⸚e chair E

die Stunde, -n hour 6; lesson; class; die Klavier~ piano lesson

stundenlang for hours

das Substantiv, -e noun

suchen to look for 3; ~ nach to look for 6

der Süden south 2

südlich to the south 2

super super, great 6

der Supermarkt, ⸚e supermarket 3; in den/zum ~ to the supermarket 3

surfen to surf 1

süß sweet; nice

das Sweatshirt, -s sweatshirt

Symbol, -e symbol 9

sympa′thisch likeable, agreeable 1; er ist mir ~ I like him

systema′tisch systematic(ally)

die Szene, -n scene

die Tabel′le, -n chart; table

die Tablet′te, -n tablet, pill 3

der Tag, -e day E; Guten ~./~. Hello.; Hi. E; eines Tages one day; [Montag] in acht Tagen a week from [Monday]

das Tagebuch, pl. Tagebücher diary

der Tagesplan, pl. Tagespläne daily schedule

die Tagesreise a day's journey

täglich daily

die Tante, -n aunt 4

tanzen to dance 1

die Tasche, -n bag; pocket 3; handbag, purse 6

das Taschenbuch, pl. Taschenbücher paperback book 5

die Tasse, -n cup 3

das Team, -s team 11

die Technologie′, -n technology

der Tee tea 3

der Teil, -e part 9; zum ~ partly; zum größten ~ for the most part

teilen to share, to divide (up) 10; (math) ~ durch to divide by

die Teilzeitarbeit part-time work 8

die Teilzeitbeschäftigung, -en part-time work

das Telefon′, -e telephone E

telefonie′ren (mit jemandem) to telephone (someone) 1

die Telefon′nummer, -n telephone number E; Wie ist deine/Ihre ~? What's your telephone number? E; Wie ist die ~ von ... ? What is the telephone number of . . . ? E

die Telefon′zelle, -n telephone booth

der Teller, - plate; dish of food 12

die Temperatur′, -en temperature 2

das Tempolimit speed limit

das Tennis tennis 1

der Teppich, -e rug, carpet 7

der Termin′, -e appointment 11; einen ~ bei jemandem haben to have an appointment with someone 11

der Termin′kalender, - appointment calendar

teuer expensive 3

die Textilien (pl.) textiles

das **Textverarbeitungsprogramm, -e** word processing program 11; **mit Textverarbeitungsprogrammen arbeiten** to do word processing 11

das **Thea′ter,** - theater 6; **ins ~ gehen** to go to the theater 6; **die ~karte, -n** theater ticket 6; **das ~stück** theater play 6

das **Thema,** *pl.* **Themen** theme, topic 12

theore′tisch theoretical

das **Ticket, -s** ticket

das **Tier, -e** animal

der **Tisch, -e** table E; **den ~ decken** to set the table 7

das **Tischtennis** table tennis 1

die **Tochter,** ∴ daughter 4

tolerant′ tolerant 1

toll great, fantastic, terrific E; **das wäre ~** that would be great 8

die **Toma′te, -n** tomato 3; **die Tomatensoße** tomato sauce

die **Torte, -n** layered cake with a cream or fruit filling 3

total′ completely, utterly 1

der **Touris′mus** tourism

der **Tourist′, -en, -en/die Touris′tin, -nen** tourist 5

die **Tradition′, -en** tradition

traditionell′ traditional

tragen (ä), trug, getragen to carry; to wear 6

die **Traube, -n** grape 3

der **Traum,** *pl.* **Träume** dream

träumen (+ von) to dream (of)

traurig sad 1

(sich) treffen (i), traf, getroffen to meet 3; **Ich treffe mich mit Freunden,** I'm meeting friends.

treiben, trieb, getrieben to drive; to engage in 1; **Sport ~** to engage in sports 1

trinken, trank, getrunken to drink 3

trocken dry 2

die **Trockenheit** dryness

trotz (+ *gen.***)** in spite of 8

trotzdem nevertheless 4

tschüss *(also* **tschüs)** so long, good-bye *(informal)* E

das **T-Shirt, -s** T-shirt 6

das **Tuch,** ∴**er** cloth; scarf; shawl 12

tun, tat, getan to do 4; **Es tut mir leid.** I'm sorry. 4

die **Tür, -en** door E

der **Türke, -n, -n/die Türkin, -nen** Turk

die **Türkei′** Turkey

türkisch Turkish 12

die **Tüte, -n** bag, sack

typisch typical 7

U

die **U-Bahn, -en** *(abbr. for* **Untergrundbahn***)* subway 5

üben to practice

über (+ *acc./dat.***)** about 2; over, above 3; across 7

überall everywhere

überein′·stimmen to agree

überfüllt′ overfilled

überglücklich ecstatic

überhaupt′ generally (speaking); actually, altogether; **~ nicht** not at all 7

übernach′ten to spend the night, to stay (in hotel or with friends) 5

Übersee *(no article)* overseas

überset′zen to translate

überzeu′gen to convince

übrigens by the way

die **Uhr, -en** clock E; **Wie viel ~ ist es?** What time is it? 1; **um [zehn] ~** at [ten] o'clock 1; **Um wie viel ~?** At what time? 1

die **Uhrzeit, -en** clock time 1

um (+ *acc.***)** at 1; around 3; **~ [zehn] Uhr** at [ten] o'clock 1; **~ wie viel Uhr?** At what time? 1; **Er ging ~ die Ecke.** He went around the corner.; **~ ... zu (+** *inf.***)** (in order) to 9

die **Umfrage, -n** opinion poll, survey

die **Umwelt** environment 9

unabhängig independent 11

unbedingt without reservation, absolutely 10

und and E; plus *(in addition)* E; **~ dir/ Ihnen?** And you? (How about you?) E

der **Unfall,** ∴**e** accident

unfreundlich unfriendly 1

ungarisch Hungarian

(das) Ungarn Hungary

ungefähr approximately 5

ungern unwillingly 4

ungewöhnlich unusual, uncommon

unglaub′lich unbelievable, unbelievably 7

unglücklich unhappy; sad 1

die **Uni, -s** *(colloq. for* **Universität)** 1; **an der ~** at the university 1

unintelligent unintelligent 1

uninteressant uninteresting 2

die **Universität′, -en** university 1

unmöglich impossible

unmusikalisch unmusical 1

unpersönlich impersonal 3

unpraktisch impractical 1

unpünktlich not punctual

uns us 3

unser our 2

unsicher insecure; unsafe 11

unsympathisch unpleasant, unappealing, disagreeable 1

unten downstairs; below 5

unter (+ *acc./dat.***)** under, beneath; among 7; **~ sich** among themselves; **~ anderem** among which

unterbre′chen (unterbricht), unterbrach, unterbrochen to interrupt

unterhal′ten (unterhält), unterhielt, unterhalten to entertain; **sich unterhalten** to converse 10; **sich ~ über (+** *acc.***)** to converse about 10

die **Unterhaltung, -en** conversation; die **Unterhaltung** *(no pl.)* entertainment 10

der **Unterschied, -e** difference 10

unterstüt′zen to support 8

unverheiratet unmarried

unzufrieden dissatisfied

die **Urgroßeltern** *(pl.)* great-grandparents

der **Urlaub** vacation 4; **~ machen** to go on vacation 4; **in** *or* **im** *or* **auf ~ sein** to be on vacation 4; **in ~ fahren** to go on vacation 4

die **USA** *(pl.)* U.S.A. 2

usw. (= und so weiter) and so forth

V

die **Vase, -n** vase 7

der **Vater,** ∴ father 4

der **Vati, -s** dad 4

sich verab′reden to make an appointment/date

(sich) verän′dern to change 12

die **Verän′derung, -en** change

verant′wortlich (für) responsible (for) 10

die **Verant′wortung, -en** responsibility 11

das **Verb, -en** verb

verbin′den, verband, verbunden to connect 9

die **Verbin′dung, -en** connection

verbrin′gen, verbrachte, verbracht to spend (time) 8

verdie′nen to earn 4

der **Verein′, -e** club

die **Verei′nigung** unification 10

die **Verein′ten Natio′nen** *(pl.)* United Nations

die **Verfas′sung, -en** constitution

verfol′gen to pursue; to follow; to persecute 9

verges′sen (vergisst), vergaß, vergessen to forget 9

verglei′chen, verglich, verglichen to compare

verhasst′ hated

verhei′ratet married 8

verkau′fen to sell 11

der **Verkäu′fer, -/die Verkäu′ferin, -nen** salesperson
der **Verkehr′** traffic; transportation
das **Verkehrs′mittel, -** means of transportation 5
verlas′sen (verlässt), verließ, verlassen to leave, abandon 10
verlet′zen to injure, hurt 9; **Ich habe mir den Arm verletzt.** I've injured/hurt my arm. 9; **Ich habe mich verletzt.** I hurt myself. 9
verlie′ren, verlor, verloren to lose 8
vermis′sen to miss someone or something; to regret; 7
verrückt′ crazy
verschie′den various 12
verschrei′ben, verschrieb, verschrieben to prescribe 9
verständ′lich understandable
versteh′en, verstand, verstanden to understand 9
versu′chen to try 5
verwandt′ related
der/die **Verwand′te** (noun decl. like adj.) relative 9
die **Verzei′hung** pardon; ~! I beg your pardon.
der **Vetter, -n** cousin (m.) 4
das **Videospiel, -e** video game 1
viel (mehr, meist-) much 1; **viele** many 3; **Viel Glück!** Good luck!; **viele Grüße** (closing in a personal letter) regards 1
vieles much 3
vielleicht′ maybe, perhaps 1
vielseitig many-sided, versatile 1
das **Viertel, -** a fourth, quarter 1; district of a city; ~ **vor [zwei]** quarter to [two]; ~ **nach [zwei]** quarter past [two] 1
das **Vitamin′, -e; die Vitamin′tablette, -n** vitamin pill
der **Vogel, ∵** bird 5
die **Voka′bel, -n** vocabulary word 4
das **Volk, ∵er** people; nation
die **Volkswirtschaftslehre** economics (subject)
voll full
voller full of
der **Volleyball** volleyball 1
das **Vollkornbrot, pl. Vollkornbrote** coarse wholegrain bread
von (+ dat.) of E; from 2; by [the person doing something]
vor (+ acc./dat.) before 1; in front of 7; ~ **allem** above all 5; ~ **zwei Wochen** two weeks ago 6
vorbei′ over; gone 10
vorbei′·kommen, kam vorbei, ist vorbeigekommen to come by 5; **bei [mir] ~** to come by [my] place 5

vor·bereiten to prepare 4; **sich ~ (auf + acc.)** to prepare oneself (for)
vor·bereitet sein prepared; **Ich bin (nicht) gut vorbereitet.** I'm (not) well prepared. 4
die **Vorbereitung, -en** preparation 7
vor·haben to intend, have in mind 6
vorher previously; beforehand
vorig last, previous; **voriges Jahr** last year
die **Vorlesung, -en** lecture 4; **eine ~ halten** to give a lecture; **eine ~ besuchen** to attend a lecture
der **Vorname, -ns, -n** first name 7
der **Vorschlag, ∵e** suggestion
vor·schlagen (ä), schlug vor, vorgeschlagen to suggest
sich (dat.) vor·stellen to imagine 12; **Ich kann es mir vorstellen.** I can imagine that. 12
das **Vorstellungsgespräch, -e** job interview
das **Vorurteil, -e** prejudice
die **Vorwahl, -en** area code

W

wach awake 10
wachsen (ä), wuchs, ist gewachsen to grow 10
die **Waffe, -n** weapon
der **Wagen, -** car; wagon 5
wählen to choose; to elect
wahr true 5; **nicht ~?** isn't that so? 5
während (prep.) (+ gen.) during 5; (conj.) while
die **Wahrheit, -en** truth
wahrschein′lich (adj.) probable; (adv.) probably 8
der **Wald, ∵er** forest 5
die **Wand, ∵e** (interior) wall E
der **Wanderer, -/die Wanderin, -nen** hiker
wandern, ist gewandert to hike; ~ **gehen** to go walking/hiking 1
die **Wanderung, -en** hike; **eine ~ machen** to go on a hike
der **Wanderweg, -e** hiking path
wann when E; **seit ~** since when, (for) how long 4
war (past tense of sein) was 2
die **Ware, -n** wares, merchandise, goods 11
wäre (subj. of sein) would be 8; **das ~ toll** that would be great 8
warm (ä) warm 2; **schön ~** nice and warm 2
warten (auf + acc.) to wait (for) 5
warum′ why 1

was what 1; **Was für (ein) …** what kind of (a) … 1; **Was für ein Wetter!** Such weather! 2; **Was gab es?** What was playing?/What was offered? 10; **Was gibt's Neues?** What's new? 8; **Was gibt's zum [Abendessen]?** What's for [dinner]? 3; **Was hast du?** What's wrong? 9; **Was ist los?** What's wrong? E; **Was noch?** What else? 7
die **Wäsche** laundry 7; ~ **waschen** to do the laundry
waschen (ä), wusch, gewaschen to wash 7; **sich ~** to wash oneself 9; **Ich wasche [mir] die Hände.** I'm washing [my] hands. 9
die **Waschmaschine, -n** washing machine
das **Wasser** water 3; **ein ~** a bottle/glass of mineral water 6
der **Wasserski, -er** water ski 5; **Wasserski laufen/fahren** to water-ski 5
die **Webseite, -n** website
wechseln to change 11
weder … noch neither . . . nor
weg away; off; gone 4
der **Weg, -e** way; path; **auf dem ~** on the way 10
weg·gehen, ging weg, ist weggegangen to go away
wegen (+ gen.) on account of, because of 8
weg·fahren (fährt), fuhr weg, ist weggefahren to drive away; to leave 4
weh·tun (+ dat.) to hurt 9; **Die Füße tun mir weh.** My feet hurt. 9
weil (sub. conj.) because 5
die **Weile** while; **eine ganze ~** a long time 8
der **Wein, -e** wine 3
weiß white E
der **Weißwein, -e** white wine 3
weit far 2
weiter farther, further 2; additional
welch- which E; **Welche Farbe hat … ?** What color is . . . ? E; **Welcher Tag ist heute?** What day is today? 1
die **Welt, -en** world 5
weltbekannt world-famous 5
weltberühmt world-famous
der **Weltkrieg, -e** world war 5
wem (dat. of wer) (to or for) whom 5
wen (acc. of wer) whom 3
wenn (conj.) when; whenever; if 4
wenig little 2; **ein ~** a little; **wenige** few
wenigstens at least
wenn (sub. conj.) when, whenever; if 4
wer who 2

werden (wird), wurde, ist geworden to become 4; will *(auxiliary verb of the fut. tense)*: **Das wird sie sicher finden.** She will certainly find it.

werfen (i), warf, geworfen to throw

wesentlich essential; substantial; in the main 9

wessen *(gen. of wer)* whose 8

der Westen west 2

westlich western 10

das Wetter weather 2; **Was für ein ~!** Such weather! 2; **Wie ist das ~?** How's the weather? 2

der Wetterbericht, -e weather report 8

wichtig important 4

die Wichtigkeit importance

wie how E; as 2; **Wie alt bist du?** How old are you? E; **Wie bitte?** I beg your pardon? E; **Wie geht es Ihnen/dir?** How are you? E; **Wie geht's?** How are you? E; **~ immer** as always 11; **Wie ist das Wetter?** How is the weather? 2; **Wie ist deine Telefonnummer?** What is your telephone number? E; **~ lange** for how long; **Wie schreibt man das?** How do you spell that? E; **Wie spät ist es?** What time is it? 1; **~ viel** how much E; **Wie viel Grad sind es?** What's the temperature? 2; **Wie viel macht das?** How much/What does that come to?; **~ viele** how many E; **Wie wär's mit … ?** How about … ?

wieder again 4; **immer ~** again and again 11

wieder·geben (gibt), gab wieder, wiedergegeben to reproduce, render

wiederho'len to repeat

die Wiederho'lung, -en review; repetition

Wiedersehen: Auf ~. Good-bye. E

wiederum in turn; on the other hand

die Wiedervereinigung reunification 10

Wien Vienna 5

wie viel' how much E; **Wie viel Grad sind es?** What's the temperature? 2; **Wie viel Uhr ist es?** What time is it? 1; **Wie viel macht das?** How much/ What does that come to?; **wie viele** how many E

der Wind wind 2

windig windy 2

windsurfen to windsurf 6; **~ gehen** to go windsurfing 6

der Winter winter 2

wir we 1

wirklich really 2

die Wirklichkeit reality 8

die Wirtschaft economy 8

wirtschaftlich economical(ly) 5

wissen (weiß), wusste, gewusst to know (a fact) 1; **~ über (+ acc.)/~ von** to know about; **Woher weißt du das?** How do you know that? 11

die Wissenschaft, -en science

der Wissenschaftler, -/die Wissenschaftlerin, -nen scientist 5

wissenschaftlich scientific

wo where 2

die Woche, -n week 1; **einmal die/in der ~** once a week 6

das Wochenende, -n weekend 1; **am ~** on the weekend 1; **Schönes ~!** Have a nice weekend!

der Wochentag, -e day of the week 1

woher where from 2; **Woher kommst du?** Where are you from? 2; **Woher weißt du das?** How do you know that? 11

wohin where (to) 5

wohl probably; indeed; well 9

wohnen to live, reside 2; **bei jemandem ~** to live at someone else's residence

das Wohnhaus, -häuser residential building; apartment building

das Wohnheim, -e dormitory

die Wohnung, -en dwelling; apartment 7

das Wohnzimmer, - living room 7

wolkig cloudy 2

wollen (will), wollte, gewollt to want to; intend to 4

wollte *(subj. of wollen)* would want 11

das Wort, ¨er word 2; **Worte** words *(in a context)* 10

die Wortverbindung, -en phrase; expression

der Wortschatz vocabulary

wow wow

wozu' what for, to what purpose, why

das Wunder, - miracle; wonder; marvel 5; **kein ~** no wonder 8

wunderbar wonderful

wundern to be surprised; **es wundert mich** I'm surprised 9

wunderschön very beautiful 3

der Wunsch, ¨e wish 3; **Sonst noch einen ~?** Anything else? 3

wünschen to wish 9; **Was wünschst du dir?** What do you wish for? 9

würde *(subj. of werden)* would 9; **Ich ~ das auch sagen** You can say that again 9

die Wurst, ¨e sausage; lunch meat 3

das Wurstbrot, -e cold meat sandwich

das Würstchen, - frankfurter 3

Z

z. B. *(abbr. for zum Beispiel)* e.g. (for example)

die Zahl, -en number, numeral E

zahlen to pay 4; **Zahlen bitte.** I'd like to pay, please *(in a restaurant)*.

zahlreich numerous 5

der Zahn, ¨e tooth 9; **Ich putze mir die Zähne** I'm brushing my teeth

der Zahnarzt, ¨e/die Zahnärztin, -nen dentist 11

die Zahnbürste, -n toothbrush

die Zahnpaste/Zahnpasta toothpaste

die Zahnschmerzen *(pl.)* toothache 9

zeigen to show 10; **~ auf (+ acc.)** to point to

die Zeile, -n line

die Zeit, -en time 1; **zur gleichen ~** at the same time 9

die Zeitschrift, -en magazine; journal 4

die Zeitung, -en newpaper 4; **Es steht in der ~.** It says in the newspaper.

das Zelt, -e tent

zelten to camp in a tent 5

das Zentrum, pl. Zentren center 9

zerstö'ren to destroy

der Zettel, - note; slip of paper

ziehen, zog, ist gezogen to move

das Ziel, -e goal 4

ziemlich quite, rather, fairly 1

das Zimmer, - room E

zu (+ dat.) (prep.) to *(with people and some places)* 3; shut, closed; **~ Abend essen** to eat dinner; **~ Besuch** for a visit; **~ Ende** over, finished 10; **~ Fuß gehen** to walk, 5; **~ Hause** (to be) at home 4; **um … ~ (+ inf.)** (in order) to 9; **zum Essen** for dinner 12

zu too 2; **zu viel'** too much 4

der Zucker sugar

zueinan'der to each other

zuerst' first, first of all; at first 6

zufrie'den satisfied, content 4

der Zug, ¨e train 5

das Zuhau'se home 12

zu·hören to listen to; to audit (a course) 4

die Zukunft future 8

zum *(contraction of zu dem)* to *or* for the; **~ Essen** for dinner 12

zu·machen to close

zumin'dest at least
zurück' back, in return 4
zurück'·bekommen to get back 4
zurück'·bringen, brachte zurück, zurückgebracht to bring back
zurück'·fliegen, flog zurück, ist zurückgeflogen to fly back 12
zurück'·zahlen to pay back 4

zurzeit at the moment
zusam'men together 1; **~ sein** to be going out 8; **~ wachsen** to grow together 10
zusam'men·passen to fit together 8
der **Zusam'menhang, ⸚e** connection
zwar to be sure, it's true, indeed 7

zweimal twice, two times 6; **~ im Monat** twice/two times a month 10
zweit- second 8
zwingen, zwang, gezwungen to force, compel 10
zwischen (+ *acc./dat.*) between, among 7

Index

Student Activities Manual

TENTH EDITION

Deutsch heute

Workbook

Laboratory Manual

Video Manual

Self-Tests

Jack Moeller
Oakland University

Simone Berger
Starnberg, Germany

HEINLE
CENGAGE Learning·

Australia • Brazil • Japan • Korea • Mexico • Singapore • Spain • United Kingdom • United States

Contents

Introduction

The *Student Activities Manual* to accompany **Deutsch heute, Tenth Edition,** is designed to help you improve your reading and writing skills, reinforce your listening comprehension skills, and enhance your cognition of grammatical features of German. The *Student Activities Manual* consists of four components:

1. Workbook
2. Lab Manual
3. Video Manual
4. Self-Tests including Answer Key

Workbook

The Workbook provides guided practice in writing German. Exercises include completing dialogues or sentences, rewriting sentences, answering questions, building sentences or paragraphs from guidelines, and creating short compositions. Some exercises encourage you to express your own moods, opinions, and ideas and to speculate on what you would do in a particular situation. Other exercises are based on line art and realia, including maps, photos, ads, and charts; some activities offer extra reading practice and new cultural information. Vocabulary sophistication is developed by exercises that require you to supply synonyms, antonyms, or definitions, or to form new words with suffixes and prefixes. In general the exercises are based upon a situation that presents the language in a realistic and natural context. Many of the situations involve the characters you have become familiar with in the textbook. Answer Keys to the exercises in the Workbook are provided at your instructor's discretion.

Lab Manual

The Lab Manual contains material that is coordinated with the SAM Audio Program. The Lab Manual is divided into three sections:

1. Übungen zum Hörverständnis
2. Übungen zur Aussprache
3. Mündliche Übungen

The **Übungen zum Hörverständnis** are based on dialogues or short passages, as well as on the reading in the **Zum Lesen** section of each chapter of the textbook. (Downloadable MP3 files of the recorded readings are available through the Premium Website.) Exercise types include true/false, multiple choice, matching, dictation, fill-in-the-blank, and written response. Each numbered chapter also has two pronunciation exercises (**Übungen zur Aussprache**). Finally, the Lab Manual contains oral grammar drills (**Mündliche Übungen**) that provide extra practice on selected grammar topics. Your instructor has access to the scripts for the SAM Audio Program through the Instructor's Website. Answer Keys to the exercises in the Lab Manual are provided at your instructor's discretion.

Video Manual

The Video Manual contains activities designed to be used in conjunction with the *Deutsch heute* video. Downloadable MP4 files are accessible through the Premium Website. Your instructor also has a DVD.

Each chapter of the Video Manual corresponds to the video scenes you already know from the textbook. The material in the Video Manual provides you with an opportunity to work with the video using its visual and audio component.

Visual Component. What one sees in a video or movie is of course important for understanding what is going on und understanding the characters. Background scenery, facial and body gestures—they all tell the viewer much. Each segment of the Video Manual contains one or more activities to focus your attention on the visual. You might be asked to describe the persons, how they behave, or the place they are at. In order to focus your attention on the visual and not be distracted by the dialog you are advised to watch the video without the sound.

Audio Component. Once you have become familiar with the visual situation it is time to watch the video with the sound on. Now you can concentrate on what the characters say, how they say it, and how they interact with the other persons in the scene. Activities to help you understand the audio component will either include the exact words of the characters or be the basis for questions or true-false statements. Thus you can become clear in your mind about who said what, to whom, how it was said, and what the person meant.

Post-viewing activities. The final activity in each segment encourages you to expand on what you have seen in the video and to call on your own experience and imagination, e.g., you may be asked to create a dialogue, a role-play, or to give your opinion about one of the characters or their relationships to others. Or you may be asked to relate something in the video to your own experience. To broaden the cultural component conveyed by the video you are sometimes asked to go to a website for more information.

Wichtige Wörter. While you need not understand every word that the characters say to follow the gist of a particular conversation the **Wichtige Wörter** list introduces some words that may be unfamiliar to you but are useful for your understanding of the dialogue.

Self-Tests

The Self-Tests are provided to help you review structures and vocabulary as you prepare for the chapter test. Doing the Self-Tests, either individually or in class, will enable you to see whether you have understood the grammatical features introduced in the chapter and whether you can apply your understanding of the grammatical principles. You will need to use a separate answer sheet for the Self-Tests. An Answer Key to the Self-Tests is included at the end of this Manual.

WORKBOOK

Andere Länder – andere Sitten

KAPITEL 7

A **Ein paar Tage in München** Michael besucht seine Freundin Christine in München. Er schreibt eine E-Mail an Sebastian, der gerade in Mainz ist. Lesen Sie die E-Mail und schreiben Sie fünf Fragen dazu auf.

Hallo Sebastian,

vielen Dank für deine Mail. Schön, dass es dir gut geht. Es macht sicher Spaß, mal wieder in Mainz und bei deinen Eltern zu sein. Gefällt es Franziska auch?

Mir geht es gut. München ist toll und ich glaube, ich bleibe bis Freitag hier. Es gibt so viel, was ich noch sehen möchte. Am Samstag bin ich dann aber pünktlich zu eurer Party in Mainz. Vielen Dank auch, dass ich bei euch übernachten kann.

Gestern war ich mit Christine im Englischen Garten. Wir sind zuerst mit dem Fahrrad gefahren und haben dann lange in der Sonne gelegen. Es war sehr voll, aber toll – die Leute spielen Frisbee, machen Picknicks, man kann auch reiten° und auf dem See Boot fahren. Es ist eigentlich wie im Tiergarten in Berlin, aber doch auch anders. Sehr gemütlich und wie Ferien. Einfach typisch bayrisch!   *ride horseback*

Es ist sehr nett mit Christine. Sie war ja letztes Jahr in Amerika und kennt das Leben dort ganz gut. Deshalb sprechen wir natürlich viel über Deutschland und Amerika und was hier und dort anders ist. Das ist interessant und ich denke im Moment auch viel an Washington. Na ja, bald mehr. Ich muss weg – ich will noch ins Deutsche Museum und danach ein bisschen einkaufen gehen.

Dann bis nächsten Samstag zur Party. Viele Grüße, auch an Franziska,

von deinem Michael

1. _____
   _____

2. _____
   _____

3. _____
   _____

4. _____
   _____

5. _____
   _____

B Was meinen Sie? Entscheiden° Sie, welcher Satz ein subjektives Urteil°
oder eine Beobachtung° ist. Schreiben Sie **U** für **Urteil** oder **B** für **Beobachtung**.

decide / judgment
observation

1. _____ Die Amerikaner sehen den ganzen Tag fern.

2. _____ In Deutschland findet man fast überall° Blumen.

everywhere

3. _____ Die Amerikaner benutzen den Vornamen mehr als die Deutschen.

4. _____ Die Deutschen fahren wie die Wilden.

5. _____ In Amerika kann man das ganze Wochenende einkaufen gehen.

6. _____ Die deutschen Züge sind fast immer pünktlich.

7. _____ Die Deutschen essen zu viel Wurst.

8. _____ Die Amerikaner sind sehr freundlich.

C Bei Pia Ein paar Freunde kommen heute zu Pia. Beschreiben Sie, was sie machen.
Benutzen Sie die passenden *Präpositionen*. Verbinden° Sie die beiden *bestimmten Artikel*
in Klammern° mit der *Präposition*.

connect (contract)
parentheses

Pia steht _____ ¹ dem Sofa. Paul steht _____ ²

ihr. Sie sprechen _____ ³ einen Roman. Drei Freunde sitzen

_____ ⁴ (dem) Tisch. Lisa schreibt eine Karte _____ ⁵

ihre Freundin. Justin redet _____ ⁶ seine Ferien. Charlotte sitzt

_____ ⁷ ihnen. Alina kommt gerade° _____ ⁸ *just*

(das) Zimmer.

D Alexanders Plan Ergänzen Sie den folgenden Text über Alexanders Pläne mit den *Präpositionen*
und den passenden *Artikeln* in Klammern.

Alexander arbeitet _____ _____ ¹ *(in a)* Café, aber

er möchte gern _____ _____ ² *(at the)* Universität

studieren. Er spricht oft mit Studenten _____ _____ ³

(about the) Universität. Er will Physik studieren.

Name _____ Datum _____

_____ _____ ⁴ *(on his)* Schreibtisch zu Hause

liegt ein Buch von Einstein. Darin liest er gern _____ ⁵ *(in the)* Abend.

Und _____ _____ ⁶ *(in front of the)* Fenster hat er

eine kleine Statue von dem Physiker Werner Heisenberg gestellt. _____

_____ ⁷ *(next to the)* Bücherregal steht sein Computer. Letzte Woche hat

Alexander _____ _____ ⁸ *(to his)* Eltern geschrieben.

Er möchte wissen, was sie _____ _____ ⁹ *(of his)*

Plan halten.

E Nach der Party Sebastian und Franziska haben bei ihren Eltern im Haus eine Party gefeiert und jetzt ist alles ziemlich unordentlich. Michael hilft ihnen beim Aufräumen. Ergänzen Sie ihr Gespräch mit den passenden Formen der Verben **legen/liegen, setzen/sitzen, stellen/stehen, stecken** oder **hängen**.

1. SEBASTIAN: Das ist nett, dass du uns hilfst, Michael. Dann können wir zusammen die Möbel wieder an ihren Platz _____.

2. FRANZISKA: Ich _____ das große Bild wieder neben das Regal. Es soll beim Tanzen nicht kaputtgehen.

3. SEBASTIAN: Es _____ auch viele Zeitungen und Bücher herum. Kannst du die Zeitungen bitte auf den Tisch _____ und die Bücher ins Bücherregal _____, Franziska?

4. MICHAEL: Das ganze Geschirr _____ noch auf dem Esszimmertisch. Soll ich es auf den Küchentisch _____?

5. FRANZISKA: Wenn du willst, kannst du es in die Spülmaschine einräumen. Nele hat ihre CDs vergessen. Sie _____ noch auf dem Regal.

6. SEBASTIAN: Ich _____ sie in meine Tasche. Ich gehe heute Nachmittag zu Nele. Dann nehme ich die CDs für sie mit.

7. FRANZISKA: Du meine Güte, mein Player _____ ja auf dem Boden. Kannst du ihn schnell auf den Tisch _____, Michael?

8. SEBASTIAN: Du sollst auch nicht nur auf dem Sofa _____ und reden, Franziska!

9. FRANZISKA: Warum denn nicht? Es sieht hier doch eigentlich wieder ziemlich gut aus. Wenn wir jetzt noch unsere Mäntel und Jacken in den Schrank _____, ist doch alles wieder in Ordnung.

F **Im Stadtgarten in München** Schauen Sie sich die Anzeige für das Restaurant Stadtgarten in München an und beantworten Sie die folgenden Fragen.

STADTGARTEN – MÜNCHEN

Im Englischen Garten

Biergarten · Mittags Special · Fusion Cuisine · Events

➤ Sommerbrunch in unserem Biergarten
   Jedes Wochenende von Anfang Mai bis Ende September
➤ Feierabend-Party
   Jeden Montag und Freitag ab 18.00 Uhr
➤ Sushi Happy Hour
   Jeden Dienstag und Donnerstag von 16.00 bis 18.30 Uhr

Geöffnet täglich von 10.00 Uhr bis 1.00 Uhr.

Team:
Starkoch Rico Brandauer
Geschäftsleitung° Anita Wiesner
Info + Reservierungen:
089-51 73 72 71

management

Cengage Learning

1. Wer kocht im Stadtgarten? _____

2. An welchen Tagen gibt es etwas Besonderes? Und was ist das genau?

   a. Montags: _____

   b. _____

   c. _____

3. Wann ist die Sushi-Happy-Hour? _____

4. An welchem Tag möchten Sie den Stadtgarten besuchen? Warum? _____

   _____

   _____

   _____

G **Daniel und Felix** Viele Leute denken, dass Daniel und Felix in vielen Dingen ähnlich° sind. Anna kennt beide und sagt, dass das stimmt. Ersetzen° Sie die *Präposition* und das *Substantiv* durch° ein ***da*-Kompositum** oder durch eine *Präposition* mit *Personalpronomen*.

similar / replace

with

▶ Felix redet gern *über Computer*.   *Daniel redet auch gern darüber.*
▶ Daniel denkt oft *an seine Freundin Alina*.   *Felix denkt auch oft an sie.*

1. Daniel erzählt oft *von den Semesterferien*.

_____

2. Felix schreibt oft *an seine Eltern*.

_____

3. Felix spricht oft *über Politik*.

_____

4. Daniel hält viel *von seinen Professoren*.

_____

H **Worüber hat Hannah gesprochen?** Eine Freundin von Hannah erzählt Vanessa, was Hannah ihr erzählt hat. Es ist etwas laut und Vanessa muss noch einmal fragen, was Hannah genau gesagt hat. Ersetzen° Sie den *Präpositionalgefüge*° in kursiver Schrift° in Vanessas Frage. Ersetzen Sie in der Frage die *Präposition* und das *Substantiv* durch ein ***wo*-Kompositum** oder durch die *Präposition* und das passende *Fragepronomen*°.

replace / prepositional phrase

kursive Schrift: italics

interrogative pronoun

▶ Hannah hat *über ihr neues Auto* gesprochen.   VANESSA: *Worüber hat sie gesprochen?*
▶ Hannah hat *von ihrem Freund Nico* geredet.   VANESSA: *Von wem hat sie geredet?*

1. Hannah denkt meistens *an das Wochenende*.

    VANESSA: _____

2. Sie kann dann *mit ihrem Freund Justin* Tennis spielen.

    VANESSA: _____

3. Später haben Hannah und Justin *über das Spiel* gesprochen.

    VANESSA: _____

4. Abends sind sie *mit Hannahs Eltern* zum Restaurant Rosenau gefahren.

    VANESSA: _____

I Viele Fragen über Nele Gestern bei Franziskas Party hat Lukas Franziskas alte Freundin Nele kennengelernt. Lukas möchte Nele gern wiedersehen und er fragt Franziska alles Mögliche über sie. Ergänzen Sie den Dialog mit **ob**, **wenn** oder **wann**.

1. LUKAS: Weißt du, _____ Nele heute Abend mit uns ins Kino gehen

   möchte?

2. FRANZISKA: Das weiß ich nicht, aber ich kann sie anrufen, _____ du willst.

   Du kannst natürlich auch selbst anrufen und fragen, _____ sie Zeit hat.

3. LUKAS: Und was ist, _____ sie schon etwas anderes vorhat?

4. FRANZISKA: Hmmm, du findest sie wohl° sehr nett, nicht? Weißt du was?   *probably*

   _____ sie heute Abend keine Zeit hat, frage ich sie,

   _____ sie uns mal in Berlin besuchen möchte. Und

   _____ sie ja sagt, frage ich sie gleich, _____ sie kommen kann.

   In den Semesterferien habe ich zum Beispiel nicht so viel Arbeit und viel Zeit für Besuch.

5. LUKAS: Weißt du denn schon, _____ du wieder in Berlin bist?

6. FRANZISKA: Ach, ich denke in ein, zwei Wochen. _____ ich zu

   lange hier in Mainz bei meinen Eltern bin, wird es mir doch ein bisschen langweilig.

J Wie ich Hamburg finde Juan Gonzalez Blanch, 24, aus Spanien macht am Goethe-Institut in Hamburg einen Deutschkurs. Er erzählt, wie es ihm in Hamburg gefällt. Lesen Sie den Text und beantworten Sie dann die Fragen.

„Ich bin erst seit drei Monaten in Hamburg, aber ich habe schon Freunde gefunden. Der Kontakt fiel° mir allerdings° auch leicht, da mein Bruder hier studiert hat und jetzt auch hier als Ingenieur arbeitet. Die Umstellung° der Lebensgewohnheiten° war am Anfang nicht ganz einfach. Man isst in Deutschland ganz anders und vor allem zu völlig° anderen Zeiten als bei uns in Spanien. Das Wetter ist leider auch nicht so schön wie daheim°, aber wenn die Sonne scheint, kann man die Stadt wunderbar mit dem Fahrrad erkunden°, weil es überall° Radwege gibt. In Madrid ist Radfahren in der Innenstadt völlig unmöglich, da muss man sich durch den dichten Verkehr° quälen°. Überraschend° war für mich die berühmte Reeperbahn, denn die ist ganz anders, als ich sie mir vorgestellt° habe. Dort gibt es viele Theater, Clubs und Diskotheken. Und am Wochenende treffen sich hier die Jugendlichen, um Party zu machen. Früher bevor ich das erste Mal nach Hamburg kam, dachte ich immer, dort würden abends nur die Seeleute vom Hafen° beim Landgang° unterwegs° sein.“

fiel mir leicht: was easy for me / of course

adjustment / living habits

completely

at home

explore / everywhere

dichten Verkehr: heavy traffic / struggle / surprisingly / vorgestellt habe: imagined

harbor / shore leave / out and about

1. Seit wann ist Juan Gonzalez Blanch in Hamburg?

   _____

2. Kennt er schon Leute?

   _____

3. Was macht Juans Bruder hier in Hamburg?

   _____

4. Was sagt Juan über das Essen in Deutschland?

   _____

5. Was macht er gern bei schönem Wetter?

   _____

6. Warum kann man in Madrid in der Innenstadt nicht so gut Rad fahren?

   _____

7. Was gibt es auf der Reeperbahn?

   _____

K **Schreiben Sie** Beantworten Sie die folgenden Fragen und geben Sie eine kurze Erklärung.

1. An wen denken Sie oft? Warum?

   _____

   _____

2. Von wem halten Sie viel? (Es kann auch eine Person aus dem öffentlichen Leben sein). Warum?

   _____

   _____

3. Worüber sprechen Sie gern? Warum?

   _____

   _____

4. An wen schreiben Sie oft? Warum?

   _____

   _____

L **Kulturkontraste** Sie möchten nächstes Jahr nach Deutschland reisen und sammeln deshalb Informationen über kulturelle Unterschiede° zwischen Deutschland und Ihrem Land. Bearbeiten° Sie die folgenden Aufgaben°.

differences
do / tasks

1. **München.** Kreuzen Sie die drei richtigen Aussagen an.

		Richtig	Falsch
a.	Man nennt München auch „Weltstadt mit Herz".	_____	_____
b.	München ist die Hauptstadt von Nordrhein-Westfalen.	_____	_____
c.	Der große Park in München heißt „Englischer Garten".	_____	_____
d.	Das Fußballteam „Bayern München" ist sehr erfolgreich.	_____	_____

2. **Häuser und Wohnungen.** Lesen Sie die folgenden Aussagen und markieren Sie, ob sie **richtig** oder **falsch** sind.

		Richtig	Falsch	
a.	Fast 90 % der Deutschen wohnen in Einfamilienhäusern.	_____	_____	
b.	In Deutschland gibt es nur wenige Reihenhäuser.	_____	_____	
c.	Viele Häuser in Deutschland haben einen Keller.°	_____	_____	*cellar*

3. **Essen zu Hause und als Gast.** Lesen Sie die folgenden Aussagen und markieren Sie, ob sie **richtig** oder **falsch** sind.

		Richtig	Falsch
a.	Vor dem Essen sagt man normalerweise° „Gesundheit".	_____	_____
b.	Im deutschen Fernsehen gibt es viele Koch-Shows.	_____	_____
c.	Während des Essens sind beide Hände immer auf dem Tisch.	_____	_____

4. **Fußgängerzonen.** Lesen Sie die folgenden Aussagen und markieren Sie, ob sie **richtig** oder **falsch** sind.

		Richtig	Falsch
a.	In Fußgängerzonen kann man ruhig einkaufen gehen.	_____	_____
b.	In den Fußgängerzonen darf man immer mit dem Auto fahren.	_____	_____
c.	Fußgängerzonen sind nie im Stadtzenrum.	_____	_____

Modernes Leben

KAPITEL

8

A **Modernes Leben – moderne Technologie** Die Tabelle „Was Internauten wirklich wollen" ist aus dem Magazin *Focus* und zeigt, was deutsche Internet-Benutzer° *users* machen, wenn sie online sind. Vergleichen Sie Ihre eigenen Computeraktivitäten damit. Benutzen Sie die Aktivitäten aus der Tabelle oder ihre eigenen Anwendungen°.   *uses*

Online-Anwendungen in Prozent

Anwendung	Prozent
E-Mails	89
zielloses[1] Surfen im Internet	77
Download von Dateien[2]	74
Adressen	71
Reise-Infos (Zug-/Flugpläne usw.)	65
aktuelle[3] Nachrichten[4]	62
Infos über PCs und Software	59
aktuelle Infos aus der Region	58
Newsletter von Organisationen	51
Home-Banking	47
Wetterinformationen	43
Computerspiele	41

[1] *random*   [2] *files*   [3] *current*   [4] *news*

chatten
Informationen fürs Studium
Live-Musik hören

Musik/Videos herunterladen°   *download*
online shoppen
Produktinformationen

1. Was sind die drei häufigsten° Anwendungen im Internet?   *most frequent*

   _____

2. Was sind die drei seltensten° Anwendungen der deutschen Internet-Benutzer?   *least frequent*

   _____

3. Welche Aktivitäten aus der Tabelle machen Sie oft?

_____

Nie? _____

4. Benutzen Sie das Internet, wenn Sie Informationen für Ihr Studium suchen? Warum (nicht)?

_____

_____

B **Suffixe -*heit* und -*keit*** Schreiben Sie die *Adjektive* auf, von denen die *Substantive* kommen, und raten° Sie dann, was die *Substantive* bedeuten.

guess

	Adjektive	Bedeutung
1. Mehrheit	_____	_____
2. Genauigkeit	_____	_____
3. Trockenheit	_____	_____
4. Gleichheit	_____	_____
5. Freiheit	_____	_____
6. Lustigkeit	_____	_____
7. Richtigkeit	_____	_____

C **Was wird Marie nach ihrem Examen machen?** Manchmal denkt Marie darüber nach, was sie machen wird, wenn sie mit ihrem Medizinstudium fertig ist. Beschreiben Sie ihre Pläne, indem Sie die unterstrichenen° Sätze ins *Futur* setzen.

underlined

▶ Ich suche mir eine neue Wohnung.
  Ich werde mir eine neue Wohnung suchen.

1. Ich verdiene genug Geld, um mir ein neues Auto zu kaufen.

_____

2. Dann reisen meine Freundin und ich für ein paar Monate durch Südamerika.

_____

3. Vielleicht gibt es dort auch die Möglichkeit, in einem Krankenhaus zu arbeiten.

_____

4. Wenn ich zurückkomme, studiere ich vielleicht noch ein oder zwei Jahre im Ausland.

_____

5. Danach suche ich mir eine Stelle in einem Krankenhaus.

_____

6. Hoffentlich helfe ich in meinem Beruf vielen Menschen.

_____

Name _____ Datum _____

D **Und was werden Sie nach Ihrem Examen machen?** Schreiben Sie fünf Sätze über Ihre
Pläne für die Zeit nach Ihrem Studium. Verwenden Sie das *Futur.*

_____

_____

_____

_____

_____

_____

_____

_____

E **Eine Ferienreise** David und Daniel gehen in Österreich Mountainbike fahren. Ergänzen Sie
die Sätze, indem Sie das passende *Substantiv* in den *Genitiv* setzen. Verwenden Sie jedes *Substantiv*
nur einmal.

ein Freund   ihr Freund   seine Klausuren   seine Schwester

▶ Sie hatten die Adresse _____*eines Freundes*_____ in Salzburg.

1. Daniel hatte das Mountainbike _____ mitgenommen.

2. Während der Reise haben sie in der Wohnung _____
   gewohnt.

3. Daniel musste wegen _____ manchmal abends ein
   bisschen arbeiten.

die Stadt   das Wetter   der Regen   eine Woche

4. Wegen _____ konnten sie leider nicht jeden Tag Rad
   fahren gehen.

5. Doch sie haben die Sehenswürdigkeiten° _____   *sights*
   angeschaut.

6. Sie sind statt _____ nur fünf Tage in Österreich geblieben.

7. Doch trotz _____ hat ihnen die Reise gut gefallen.

F **Wer ist das?** Der folgende Text beschreibt eine berühmte Person, die vor etwa 100 Jahren in Wien gelebt hat. Setzen Sie die Stichwörter° in Klammern° in den *Genitiv* und sagen Sie, wer die Person ist.

cues / parentheses

Wer ist das?

Dieser Wissenschaftler° hat vor etwa 100 Jahren in Wien gelebt. In der Geschichte

scientist

_____¹ (die Stadt) hat er eine große Rolle gespielt. Der Inhalt°

contents

_____² (seine Bücher) beeinflusste die Welt _____³

(die Medizin) enorm. In seiner Arbeit beschäftigte° er sich mit der Psyche

occupied himself

_____⁴ (der Mensch). Ein wichtiges Thema war für ihn zum Beispiel die

Bedeutung° _____⁵ (die Träume°). Der Titel _____⁶

meaning / dreams

(ein Buch) von ihm ist „Die Traumdeutung" *(The Interpretation of Dreams)*.

Er war viele Jahre Professor an der Universität Wien. 1938 musste° er wegen

had to

_____⁷ (die Nationalsozialisten) Österreich verlassen°. Die letzten

leave

zwei Jahre _____⁸ (sein Leben) hat er in London gelebt. Der Name

_____⁹ (seine Tochter) war Anna. Auch sie war Wissenschaftlerin.

Ihr Spezialgebiet° war die Psyche _____¹⁰ (das Kind). Mit Hilfe°

specialty / help

_____¹¹ (die Tochter Anna) eröffnete° die Stadt Wien ein Museum über

opened

den Wissenschaftler. Der Name _____¹² (der Wissenschaftler)

ist _____¹³.

G **Studium in Deutschland** Anna erzählt Franziska von dem Austauschstudenten David Carpenter. Setzen Sie die passenden *Genitivpräpositionen* ein: **wegen, trotz, (an)statt, während**.

1. _____ seiner Zeit in Deutschland hat David hier in Tübingen studiert.

2. Das deutsche Uni-System hat ihm gefallen, da man _____ einer Klausur oft nur ein Referat schreiben muss.

3. _____ der vielen Arbeit hat er nur wenige deutsche Studenten kennengelernt.

4. Am Ende des Semesters hat er _____ einer Reise nach Italien Urlaub in Ungarn gemacht.

5. _____ der Probleme mit der Sprache° hat er in Budapest Spaß gehabt.

language

Name _____ Datum _____

H **Ein langer Tag im Einkaufszentrum** *(shopping center)* Emily und Jessica
White aus den USA besuchen ihre Freunde Franziska und Sebastian. Sie gehen zusammen
in ein Einkaufszentrum. Ergänzen Sie die Sätze mit den *Adjektiven* in Klammern in der
richtigen Form.

1. Heute besuchen Franziska, Sebastian, Emily und Jessica ein _____
   Einkaufszentrum. (neu)

2. Obwohl sie nur wenig Geld haben, wollen sie doch _____ aber
   _____ Sachen kaufen. (toll, billig)

3. Weil Sebastian gern am Abend joggt, kauft er einen _____,
   _____ Jogginganzug. (praktisch, grau)

4. Jessica sieht eine _____, _____
   Handtasche. (klein, leicht) Die muss sie haben.

5. Franziska findet eine _____ CD von der
   _____ Opernsängerin Maria Callas. (interessant, berühmt)

6. Da Emily eine _____, _____ Frau
   (wählerisch°, jung) mit _____,   *finicky*
   _____ Wünschen ist, kauft sie nichts. (kompliziert, teuer)

7. Am Ende des _____ Tages (lang) gehen alle ins Kino und sehen
   einen _____, _____ Film. (modern,
   amerikanisch)

I **Was meinen Sie?** Ergänzen Sie die Sätze, indem Sie eins oder mehrere der
Adjektive in Klammern wählen° oder ein eigenes *Adjektiv* benutzen. Setzen Sie die   *choose*
Adjektive in der richtigen Form ein.

1. Ich möchte gern in einer _____ Stadt wohnen. (groß, klein,
   schön, interessant)

2. Da kann ich hoffentlich eine _____ Wohnung finden.
   (billig, modern, gemütlich)

3. Ich gehe gern zu _____ Partys. (lustig, laut, klein, interessant)

4. Dort treffe ich oft _____ Menschen. (langweilig, berühmt,
   sympathisch, freundlich)

5. In meiner Freizeit sehe ich gern _____ Filme. (amerikanisch,
   europäisch, ernst, lustig)

6. Und ich lese gern _____ Bücher. (deutsch, kurz, lang, modern)

J Wie viel verdienst du? Das Magazin *fluter* hat junge Leute befragt, wie sie leben: Ob sie noch bei ihren Eltern wohnen, ob sie Geld verdienen. Lesen Sie das Interview der Studentin Cornelia und beantworten Sie dann die Fragen.

lightpoet/Shutterstock.com

FLUTER: Cornelia, wie hast du dein erstes Geld verdient?

CORNELIA: Ich habe mit 19 Jahren zweimal die Woche Fernsehzeitschriften ausgetragen°. *delivered*

FLUTER: Wann willst du nicht mehr von deinen Eltern abhängig° sein? *abhängig von: dependent on*

CORNELIA: Nach dem Studium – jetzt fehlt° mir wegen der Uni die Zeit, selbst Geld zu verdienen. *is lacking*

FLUTER: Was ist für dich Luxus°? *luxury*

CORNELIA: Dass ich mir über Geld keine Gedanken machen muss, weil genug da ist. Aber auch die Ruhe° zu haben, um bei einer Trinkschokolade ein Buch zu lesen oder Klavier zu spielen. *peace of mind*

FLUTER: Was ist für dich Armut°? *poverty*

CORNELIA: Wenn man nicht genug Geld für Essen, Unterkunft° und einfache Kleidung hat. Wenn das Geld nicht reicht°, obwohl jeder Cent dreimal umgedreht° wird, und dieser Zustand° sich auch so bald nicht ändern wird. *lodging suffices / **jeder Cent dreimal umgedreht wird:** think twice about every cent one spends / circumstance*

FLUTER: Wie viel verdienst du?

CORNELIA: Im Moment bekomme ich nur das Kindergeld von meinen Eltern.

FLUTER: Was machst du mit dem Geld?

CORNELIA: Die eine Hälfte° lege ich auf mein Sparkonto°, mit der anderen bezahle ich die täglichen Ausgaben° wie Mensa° oder Unimaterial. *half / savings account / expenses / college cafeteria*

FLUTER: Wie wohnst du?

CORNELIA: Ich habe ein Zimmer in der Wohnung meiner Eltern. Finanziell ist das günstiger° für mich, und auch was die Hausarbeit angeht°: Die teile° ich mir mit meinen Eltern. *more favorable / concerns / share*

---

82 • *Deutsch heute* Student Activities Manual

Name _____ Datum _____

1. Wann hatte Cornelia ihren ersten Job?

    _____

2. Was hat sie da gemacht?

    _____

3. Warum hat sie zur Zeit keinen Job?

    _____

4. Was macht Cornelia gern?

    _____

5. Was ist für sie Armut?

    _____

6. Wie viel Geld bekommt sie?

    _____

7. Was macht sie mit dem Geld?

    _____

8. Wo wohnt sie?

    _____

K **Liebes Tagebuch (diary)** Führen° Sie drei Tage lang Tagebuch. Schreiben   *here: keep*
Sie das Datum so wie im Beispiel und formulieren Sie Ihre Sätze im *Perfekt.* Benutzen Sie
die Aktivitäten aus der Liste oder wählen Sie Ihre eigenen.

Test/Prüfung schreiben	ausgehen
Referat vorbereiten	in den Biergarten gehen
in der Bibliothek arbeiten	ins Theater/Kino/Konzert gehen
mit anderen Studenten in	Mountainbike fahren
die Mensa gehen	Freunde treffen
Hausarbeit machen	windsurfen gehen
am Computer arbeiten	faulenzen
auf Facebook chatten	fotografieren
Wohnung putzen	
Zimmer aufräumen	

▶ *Freitag, den zwölften Februar: Heute habe ich Julia im Café getroffen. Am Abend bin ich mit ihr ins Kino gegangen.*

_____, den: _____ _____: _____

_____

_____

_____, den: _____ _____: _____

_____

_____

_____

_____, den: _____ _____: _____

_____

_____

L **Familie in Deutschland heute** Die beiden Schaubilder° aus dem   *graphs*
Magazin *Focus* zeigen, wie viele Menschen heute in Deutschland alleine leben.
Schauen Sie sich die Schaubilder an und beantworten Sie die folgenden Fragen.

DEUTSCHE ALLEIN ZU HAUSE

Diese Statistik erfasst° in den Single-Haushalten auch alte Alleinlebende.   *includes*

Die Single-Republik (in Prozent)

Ehepartner ohne Kinder — 23
Single-Haushalte — 54
Ehepartner mit Kindern — 10
Lebensgemeinschaften° ohne Kinder — 9   *unmarried households*
Lebensgemeinschaften mit Kindern — 1
Alleinerziehende° — 3   *single parents*

1. Wie viel Prozent der Deutschen leben alleine?

   _____

2. Wie viel Prozent leben in einer traditionellen Familie?

   _____

3. Wie viel Prozent leben ohne Partner, aber mit einem oder mehreren Kindern?

   _____

TOP-TEN DER SINGLE-STÄDTE

Anteil°der Ein-Personen-Haushalte in deutschen
Städten über 500 000 Einwohnern°(in Prozent)

portion
inhabitants

Stadt	Prozent
München	51,8
Hannover	51,2
Frankfurt	50,6
Köln	48,0
Hamburg	47,7
Berlin	47,5
Düsseldorf	47,4
Stuttgart	47,2
Bremen	47,2
Dortmund	39,9

Quelle: Angaben der Städte

4. In welchen drei Städten gibt es die meisten Singles?

_____

5. In welchen drei Städten wohnen die wenigsten° Singles?   *fewest*

_____

6. Wie muss Ihrer Meinung nach° eine Stadt sein, dass sie für Singles interessant ist?   *Ihrer ... nach: in your opinion*

_____

_____

M **Kulturkontraste** Sie wollen nächstes Jahr nach Deutschland reisen. Sammeln
Sie Informationen über kulturelle Unterschiede zwischen Ihrem Land und Deutschland.

1. **Familie und Karriere.** Lesen Sie den folgenden Text über Elternzeit und beantworten
Sie die Fragen.

Stefanie Graf arbeitet bei einer großen Computerfirma. Sie ist verheiratet und
bekommt ein Baby. Jetzt kann sie ihren Mutterschutzurlaub nehmen: Das heißt,
sechs Wochen vor der Geburt kann sie aufhören° zu arbeiten. In dieser Zeit und   *stop*
bis acht Wochen nach der Geburt ihres Sohnes bleibt sie zu Hause und bekommt
trotzdem ihr volles Gehalt°. Danach nimmt sie die Elternzeit. Sie möchte aber jetzt   *pay*
nur zwei Jahre der Elternzeit nehmen und das dritte Jahr dann, wenn ihr Sohn in
die Schule kommt. Ihr Arbeitgeber° ist einverstanden°.   *employer / **ist einverstanden:** agrees*

a. Was ist bei der Elternzeit anders in Ihrem Land?

_____

_____

b. Nennen Sie zwei Vorteile°, die Stefanie Graf in Deutschland hat.   *advantages*

_____

_____

2. **Familienpolitik.** Welche Möglichkeiten sollen Arbeitgeber ihren Angestellten, die° Kinder haben, geben, damit sie mehr Zeit mit ihrer Familie verbringen können? Wählen° Sie drei aus.

Angestellten, die = *employers who /* **wählen aus:** *choose*

_____ a. Dass sie flexibel sind und nicht in einem ganz bestimmten Zeitraum° arbeiten müssen (Gleitzeit).

time frame

_____ b. Dass sie ihre Kinder zur Arbeit mitbringen dürfen.

_____ c. Dass sie in einem Job zum Beispiel auch nur 20 Stunden pro Woche arbeiten können (Teilzeit).

_____ d. bekommen die Eltern Geld für jedes Kind (Kindergeld).

3. **Gleichberechtigung: Wichtige Daten.** Kreuzen° Sie die Aussagen an, die richtig sind. In Deutschland ...

kreuzen an: *check*

_____ a. darf eine verheiratete Frau ihren Mädchennamen nicht behalten°.

_____ b. dürfen Frauen seit 1901 studieren.

_____ c. können heute auch die Väter Elternzeit nehmen, so dass die Mütter nach der Geburt ihrer Kinder schneller wieder in ihrem Beruf arbeiten können.

4. **Hamburg.** Kreuzen Sie die drei richtigen Aussagen an. Hamburg ...

_____ a. liegt an den Flüssen Elbe und Alster.

_____ b. ist die größte Stadt Deutschlands.

_____ c. hat einen großen internationalen Hafen°.

harbor

_____ d. ist eine alte Hansestadt.

In der Schweiz

A Morgens oder abends? Maries Freunde Jasmin und Florian machen sich morgens meistens zur gleichen Zeit fertig. Beschreiben Sie die Bilder und sagen Sie, was sie wann machen.

▶ *Florian duscht (sich) morgens.*
▶ *Florian duscht (sich) um sieben (Uhr).*

1. _____

2. _____

3. _____

4. _____

5. _____

6. _____

7. _____

B Schreiben Sie über Ihr Morgenprogramm Erzählen Sie, was Sie morgens machen. Benutzen Sie, wenn nötig, *Reflexivpronomen*. Passende Vokabeln:

zuerst	Baden	Radio hören/auf dem iPod Musik hören	
dann	(sich) duschen	Zeitung kaufen/lesen	
jetzt	sich waschen	Bett machen	
später	sich die Zähne putzen	joggen gehen	
nachher	sich anziehen	frühstücken°	*to eat breakfast*
	sich rasieren	Freund/Freundin anrufen	
	sich schminken	etwas für die Uni vorbereiten	
	sich kämmen	E-Mails lesen/schreiben	
	sich die Haare föhnen		

Ich stehe um _____ Uhr auf. Zuerst_____

_____

_____

_____

_____

_____

C **Kurze Gespräche** Ergänzen Sie die folgenden Sätze mit den passenden *Reflexivpronomen.*

Beim Skilaufen

1. a. DANIEL: Hat Sarah _____ schon angezogen?

   b. ANNA: Ja, aber Marie hat _____ noch nicht geduscht. Und ich muss

   _____ noch schnell die Zähne putzen.

Beim Einkaufen

2. a. ANNA: Willst du _____ neue Sportschuhe kaufen?

   b. FREUND/IN: Ja, wir können gleich gehen. Ich ziehe _____

   noch schnell eine Jacke an.

An der Uni

3. a. MARIE: Hast du _____ erkältet?

   b. FELIX: Ja, leider. Es geht _____ ziemlich schlecht.

Auf der Party

4. a. DANIEL UND FELIX: Wir fragen _____, warum Sarah

   nicht gekommen ist.

   b. LEON UND ANNA: Wir können es _____ auch nicht erklären.

In der Sprechstunde°   *office hour*

5. a. PROFESSOR LANGE: Frau Riedholt, setzen Sie _____ doch.

   So, freuen Sie _____ schon auf das Ende des Semesters?

   b. ANNA: Ja, Professor Lange, ich freue _____ sehr darauf.

D **Zum Studium in Zürich** Alina studiert seit diesem Semester Physik an der
Eidgenössischen° Technischen Hochschule° in Zürich. Erzählen Sie von Alinas   *Swiss Confederation /*
ersten Wochen dort. Verwenden Sie in den neuen Sätzen verschiedene°   *university / various*
Konstruktionen: *das Modalverb + Infinitiv, zu + Infinitiv* oder *um zu + Infinitiv.*
Beginnen Sie die Sätze mit dem Satzteil° in Klammern.   *phrase*

▶ Alina studiert in der Schweiz. (Es ist interessant ...)
Es ist interessant in der Schweiz zu studieren.

1. Alina studiert an der ETH Physik. (Alina ist nach Zürich gekommen ...)

_____

2. Alina findet in Zürich ein Zimmer. (Es ist nicht einfach ...)

_____

3. Jetzt wohnt sie bei Bekannten ihrer Eltern am Zürichsee. (Alina kann ...)

_____

4. Alina bezahlt dort keine hohe Miete°. (Alina muss ...)   *rent*

_____

5. Sie kommt schneller zur Uni. (Sie hat sich ein Rad gekauft ...)

_____

6. Alina lernt die Stadt kennen. (Alina hat leider nicht sehr viel Zeit ...)

_____

7. Sie arbeitet viel für ihr Studium. (Sie muss ...)

_____

8. Alina fühlt sich in Zürich richtig wohl. (Doch schon nach ein paar Wochen beginnt Alina ...)

_____

E **Stadt, Land, Fluss** Identifizieren Sie zwei Flüsse und acht Städte auf der
Landkarte der Schweiz. Schauen Sie sich wenn nötig° auch die Landkarte vorne in   *necessary*
Ihrem Textbuch an.

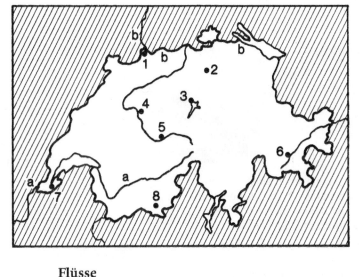

Städte

1. _____

2. _____

3. _____

4. _____

5. _____

6. _____

7. _____

8. _____

Flüsse

a. _____

b. _____

F **Meine Freunde in Basel** Anna erzählt ihren Eltern von ihren Freunden in Basel. Formulieren Sie für jede von Annas Aussagen einen Satz mit dem *Komparativ* und einen Satz mit dem *Superlativ* des *Adjektivs* oder *Adverbs*.

▶ David ist sportlich.
Aber Sarah ist sportlicher.
Und Daniel ist am sportlichsten.

1. Meine Miete° ist hoch.   *rent*

   Aber Sarahs Miete _____.

   Und Maries Miete ist _____.

2. Alle arbeiten viel.

   Aber Leon _____.

   Und Marie _____.

3. Ich höre gern klassische Musik.

   Aber Daniel _____ Popmusik.

   Und Leon _____ Rockmusik.

4. David kann gut kochen.

   Aber Daniel _____.

   Und Sarah _____.

G **Worauf freust du dich?** Junge Leute zwischen 15 und 19 Jahren erzählen, worauf sie sich freuen. Lesen Sie die Antworten und beantworten Sie die Fragen.

Timothy Large/Shutterstock.com

„Auf meinen 18. Geburtstag freue ich mich total und darauf, meinen Führerschein zu machen. Diese Jahr gibt es auch viel zu feiern: mein Bruder hat nämlich Konfirmation*."
— Anika Petersen, 17 Jahre

Hugo Silveirinha Felix/ Shutterstock.com

„Ab Herbst spiele ich in einem neuen Basketballverein[1] – in Leverkusen. Vielleicht ist das ja der Beginn meiner Profi-Karriere[2]!"
— Jonas Breitling, 15 Jahre

_____

[1]*basketball team* [2]*professional career*

*****Konfirmation:** The rite by which Anika's brother is accepted into full membership in the church.

Rose Hayes/Shutterstock.com

Iakov Filimonov/Shutterstock.com

„Ich mache erstmal den Realschulabschluss[4]. Mal sehen, was danach so auf mich zukommt[5].“
— **Rafael Pfaff, 16 Jahre**

„Ich freue mich auf die Sommerferien. Die sind für mich echt wichtig. Ich hoffe, dass der Sommer dieses Jahr mal so richtig heiß wird.“
— **Leah Schneider, 16 Jahre**

_____

[3]*diploma from the* **Realschule**   [4]**auf ... zukommt:** *is in store for me*

1. Welche Person ist bald mit der Schule fertig? Hat sie oder er schon Pläne für die Zeit nach der Schule?

   _____

   _____

   _____

2. Worauf freut sich Anika?

   _____

3. Wer freut sich auf die Sommerferien? Was hofft sie oder er?

   _____

4. Wem ist der Sport wichtig? Welche Pläne hat sie oder er?

   _____

5. Und worauf freuen Sie sich?

   _____

H **Die Sage *(legend)* von Wilhelm Tell** Die Sage von Wilhelm Tell ist die berühmteste Schweizer Sage und auch das Theaterstück, das in der Schweiz am häufigsten° aufgeführt wird°. Lesen Sie den Text. Markieren Sie dann die richtigen Antworten zu den Fragen.

am häufigsten: most frequently / aufgeführt wird: is performed

New Glarus Chamber of Commerce

New Glarus Chamber of Commerce

Was Robin Hood für die Engländer ist, das ist Wilhelm Tell für die Schweizer – ein tapferer° Kämpfer° für die Freiheit und gegen die Ungerechtigkeit°. Im dreizehnten Jahrhundert haben sich die Schweizer Kantone Schwyz, Uri und Unterwalden zusammengetan, um gegen Österreich zu kämpfen°. Die Schweizer wollten° frei sein und nicht zu Österreich gehören. In drei Kriegen haben sie dann ihre Freiheit gewonnen. Aus dieser Zeit kommt auch die Sage von Wilhelm Tell.

brave
fighter
injustice

fight
wanted

Zu Tells Zeiten ist Geßler der österreichische Gouverneur in der Schweiz. Um die Treue° der Schweizer zu prüfen°, hängt Geßler einen Hut auf eine Stange° in Altdorf, Kanton Uri. Wer an diesem Hut vorbeigeht, muss ihn grüßen° und so Respekt für Geßler und Österreich zeigen°. Eines Tages geht Tell mit seinem Sohn an dem Hut vorbei, ohne ihn zu grüßen. Ein Soldat° sieht das und bringt Tell zum Gouverneur. Dieser ist sehr böse und sagt: „Tell, zur Strafe° musst du einen Apfel vom Kopf deines Sohnes schießen°." Tell antwortet: „Das mach' ich nicht. Ich schieße nicht." Geßler ist jetzt noch böser: „Tell, ich sage dir, du schießt oder du stirbst° zusammen mit deinem Sohn."

loyalty
test
pole
greet, salute
show

soldier

punishment
shoot

die

Etwas später legt der Gouverneur selbst dem Jungen den Apfel auf den Kopf. Jetzt kann Tell wirklich nichts mehr machen als schießen. Tell schießt und trifft° den Apfel. Geßler sagt ihm, dass er das gut gemacht hat und dass er gut schießen kann. Geßler will aber auch wissen, warum Tell nicht einen Pfeil°, sondern zwei genommen hat. Tell hat Angst° die Wahrheit° zu sagen und meint: „Man braucht immer zwei Pfeile, wenn man schießt." Geßler glaubt ihm aber nicht und sagt: „Du brauchst keine Angst zu haben. Dein Leben ist sicher. Sag' mir aber die Wahrheit." Tell antwortet: „Der zweite Pfeil war für dich, wenn ich meinen Sohn getroffen hätte°."

hits

arrow
hat Angst: *is afraid / truth*

would have

Als Geßler das hört, wird er zornig° und schreit°: „Dein Leben sollst du behalten°, aber nicht die Freiheit." Dann fesseln° die Soldaten Tell und bringen ihn auf das Schiff des Gouverneurs. Kaum° sind sie auf dem See, da kommt ein starker Sturm° auf. Alle haben große Angst, weil sie das Schiff nicht mehr steuern° können. Nur Tell kann sie retten°. Die Soldaten binden ihn los und Tell steuert das Schiff sicher ans Land. Als sie ankommen, springt Tell aus dem Schiff, stößt° es wieder auf den See und läuft weg.

enraged / shouts / keep
chain
no sooner / storm
steer
save
shoves

Später hört der Sturm auf°, und Geßler und seine Leute kommen auch an Land. Tell steht hinter einem Busch und wartet° auf den Gouverneur. Als dieser vorbeireitet°, hört Tell, wie Geßler einige Pläne gegen ihn macht, und er schießt. Mit dem Tod° des Gouverneurs beginnt jetzt der Kampf°, um den Schweizern Freiheit zu bringen. Obwohl diese Geschichte nur eine Sage ist, steht eine Statue von Tell in Altdorf. Für die Schweizer bedeutet der Name „Tell" auch heute noch Freiheit und Unabhängigkeit°.

hört auf: *stops*
waits / rides by

death / struggle

independence

Name _____   Datum _____

1. Wer war Wilhelm Tell?

   _____ a. Ein tapferer Kämpfer für die Freiheit.

   _____ b. Ein österreichischer Soldat.

   _____ c. Ein Freund von Robin Hood.

2. Zu welcher Zeit hat er gelebt?

   _____ a. Im neunten Jahrhundert.

   _____ b. Im dreizehnten Jahrhundert.

   _____ c. Im achtzehnten Jahrhundert.

3. Wer war Geßler?

   _____ a. Ein Gouverneur in Österreich.

   _____ b. Der Gouverneur in der Schweiz.

   _____ c. Ein Gouverneur in Deutschland.

4. Warum haben die Soldaten Tell zum Gouverneur gebracht?

   _____ a. Er hat auf einen Soldaten geschossen.

   _____ b. Er hat auf Geßlers Hut geschossen.

   _____ c. Er hat Geßlers Hut nicht gegrüßt.

5. Was, sagte° Geßler, sollte° Tell machen?   *said / was supposed to*

   _____ a. Tell sollte einen Apfel vom Kopf seines Sohnes schießen.

   _____ b. Tell sollte den Hut von der Stange schießen.

   _____ c. Tell sollte einen Apfel vom Kopf eines Schweizer Soldaten schießen.

6. Was wollte° Tell mit dem zweiten Pfeil machen?   *wanted to*

   _____ a. Er wollte auf den Apfel zweimal schießen.

   _____ b. Er wollte auf einen Apfel vom Kopf eines Soldaten schießen.

   _____ c. Er wollte auf Geßler schießen.

7. Warum hatten die Soldaten auf dem See Angst?

   _____ a. Wegen eines großen Sturms.

   _____ b. Weil Tell noch zwei Pfeile hatte.

   _____ c. Weil Tell aus dem Schiff gesprungen ist.

8. Wann hat der Kampf um die Freiheit begonnen?

_____ a. Mit dem Tod von drei österreichischen Soldaten.

_____ b. Mit dem Tod des Gouverneurs.

_____ c. Mit dem Tod von Tells Sohn.

9. Was bedeutet der Name „Tell" für die Schweizer?

_____ a. Große Liebe für die Familie.

_____ b. Freiheit.

_____ c. Neutralität.

I **Hallo Wach (awake)! Hallo Wach!** Schauen Sie sich die Anzeige für Radio Köln an und beantworten Sie die folgenden Fragen.

1. Welche Adjektive im Komparativ finden Sie?

_____

_____

2. Welches Adjektiv im Superlativ finden Sie?

_____

_____

3. Zu welcher Tageszeit° kommt diese Sendung?   *time of day*

_____

4. Welchen Vorteil° haben die Hörer von „Hallo   *advantage*
Wach!"?

_____

J **Werbung** *(commercial)* Schreiben Sie nun Ihre eigene Anzeige für eine Zeitung, eine Zeitschrift oder einen Radio- oder Fernsehsender. Verwenden Sie *Komparativ-* und *Superlativformen.* Sie können die Anzeige für „Hallo Wach" in Übung I als Beispiel verwenden.

K **Kulturkontraste** Sie wollen nächstes Jahr in die Schweiz reisen und sie sammeln politische und kulturelle Informationen über die Schweiz. Beantworten Sie die folgenden Fragen.

1. **Die viersprachige Schweiz und Schwyzerdütsch**

   Welche Aussagen zu den Sprachen in der Schweiz stimmen?　　　**Richtig**　　**Falsch**

   a. Rätoromanisch ist die vierte offizielle Landessprache der Schweiz.　　_____　_____

   b. Die drei anderen Landessprachen sind Deutsch, Französisch und Spanisch.　　_____　_____

   c. Über 50 % der Schweizer sprechen Rätoromanisch.　　_____　_____

   d. Der Schweizer Dialekt heißt Schwyzerdütsch.　　_____　_____

   e. Schwyzerdütsch hat die gleiche Aussprache° und das gleiche Vokabular wie Hochdeutsch.　　_____　_____　*pronunciation*

   f. Fast alle Zeitungen in der Schweiz sind auf Hochdeutsch.　　_____　_____

2. Die politischen Institutionen der Schweiz

	Richtig	Falsch	
Welche der folgenden Aussagen sind richtig?			
a. Ab 18 Jahren haben Schweizer Bürger das Recht zu wählen°.	_____	_____	*das Recht zu wählen = t right to vot*
b. Schon im 18. Jahrhundert hatte der Nationalrat die erste Frau als Präsidentin.	_____	_____	
c. In einer Volksabstimmung° können die Schweizer Bürger und nicht der Nationalrat über ein neues Gesetz abstimmen.	_____	_____	*referendu*
d. 1999 stimmten die Schweizer Bürger dafür°, Mitglied der EU (Europäischen Union) zu werden.	_____	_____	*stimmten ... dafür = voted f*

3. Zürich

	Richtig	Falsch	
Welche drei Aussagen über Zürich sind richtig?			
a. Zürich liegt an einem See.	_____	_____	
b. Zürich ist die größte Stadt in der Schweiz.	_____	_____	
c. Die berühmte Einkaufsstraße in Zürich heißt Bahnhofstraße.	_____	_____	
d. Zürich ist eine Stadt mit vielen Hochhäusern° und ohne Altstadt.	_____	_____	*skyscrape*

4. Wer denkt das – der Enkelsohn oder die Großeltern?
Lesen Sie den folgenden Text über die Europäische Union und die Schweiz. Lesen Sie dann die Aussagen unten und schreiben Sie **E**, wenn es die Meinung des Enkelsohns ist, und **G**, wenn die Großeltern so denken.

Bei einem Familientreffen in der Schweiz sprechen die Großeltern mit ihrem Enkelsohn, der Student in Zürich ist, über die Europäische Union und die Schweiz. Der Enkelsohn Jakob findet, die Schweiz sollte der EU beitreten°, weil sie sonst isoliert ist und wirtschaftlich zurückbleibt. Die Großeltern dagegen sind gegen den Beitritt°. Sie finden, die Schweiz muss neutral bleiben und an ihren Traditionen festhalten.

join

joinir

Die Schweizer haben einen hohen Lebensstandard und es gibt fast keine Inflation. Für sie ist der Franken genau so gut wie der Euro. Der Enkelsohn schüttelt° seinen Kopf und stöhnt°: „Leider denken viele Schweizer wie ihr beiden."

shak

groa

_____ a. Ohne ihren EU-Beitritt wird die Schweiz isoliert sein.

_____ b. Für eine starke Wirtschaft muss ein Land Mitglied° der EU sein.

memb

_____ c. Neutralität ist wichtiger als wirtschaftliche Integration.

_____ d. Tradition ist nicht so wichtig wie die Anpassung° an das moderne Leben.

adaptio

_____ e. Man soll den Franken nicht aufgeben.

Name _____   Datum _____

A **An der Uni** Michael hat an der **Freien Universität** in Berlin studiert. Ergänzen Sie die Sätze mit den angegebenen Verben im *Präteritum*.

1. Während Michael an der FU in Berlin _____, _____ er in

   einem Studentenwohnheim. (studieren / wohnen)

2. Als er wieder nach Hause _____, _____ er seiner Familie,

   wie es in Deutschland an der Uni _____. (kommen / erzählen / sein)

3. Die Universität _____ 500 Euro pro Semester. (kosten)

4. Viele Studenten _____ Geld vom Staat. (bekommen)

5. Sie _____ nicht jedes Semester Klausuren. (schreiben)

6. Das _____ Michael sehr. (gefallen)

B **Komödie und Theater am Kurfürstendamm** Lesen Sie die Anzeige° für die   *advertisement*
Komödie am Kurfürstendamm und beantworten Sie die folgenden Fragen.

Komödie Theater

¹ *dream*   ² *songs*   ³ *romantic pop*

1. Was für Lieder können Sie bei „Männer" hören?

   _____

2. Wer singt die Lieder?

   _____

3. Was gibt es bei dieser Vorstellung°zu essen?   *performan*

   _____

4. Wovon erzählt das Stück über die Comedian Harmonists?

   _____

5. An welchem Abend möchten Sie die „Komödie am Kurfürstendamm" am liebsten besuchen? Warum finden Sie dieses Programm interessant?

   _____

   _____

C Eine Reise nach Berlin

Teil 1. Anna will am Wochenende Franziska besuchen. Am Mittwoch telefoniert Franziska mit ihrem Vater und erzählt ihm von ihren Plänen fürs Wochenende. Lesen Sie Franziskas Beschreibung.

> „Anna kommt am Freitagabend um 22.30 Uhr an. Ich hole sie am Bahnhof ab.
> Dann fahren wir zu mir nach Hause und ich zeige Anna ihr Zimmer. Danach
> gehen wir in die Wunder-Bar – ich habe Anna schon so viel darüber erzählt.
> Am Samstag schlafen wir aus° und dann besuchen wir das Deutsche   *schlafen ... aus: sleep in*
> Historische Museum. Dort ist gerade eine Ausstellung° über die   *exhibition*
> Nachkriegszeit in Deutschland und es gibt viele Informationen über die
> Zeit der Berliner Blockade. Abends kochen wir dann zusammen und
> wir laden Michael und Guido ein. So kann Anna endlich meine Freunde
> kennenlernen."

Teil 2. Am folgenden Montag schreibt Franziska eine E-Mail an Vanessa und erzählt ihr vom Wochenende mit Anna. Ergänzen Sie die Sätze mit den Verben aus Teil 1 im *Präteritum*.

Hallo Vanessa,

wie geht es dir? Mir geht es gut. Am Wochenende war meine Freundin Anna in Berlin und hat mich besucht.

Anna _____*kam*_____ ¹ am Freitagabend um 22.30 Uhr an. Ich _____² sie am

Bahnhof ab. Dann _____³ wir zu mir nach Hause und ich _____⁴ Anna

ihr Zimmer. Danach _____⁵ wir in die Wunder-Bar – ich hatte Anna schon so viel darüber

erzählt. Am Samstag _____⁶ wir aus und dann _____⁷ wir das Deutsche

Historische Museum. Dort ist gerade eine Ausstellung über die Nachkriegszeit in Deutschland und es gibt

viele Informationen über die Zeit der Berliner Blockade. Abends _____⁸ wir dann zusammen

und wir _____⁹ Michael und Guido ein. So _____¹⁰ Anna endlich meine

Freunde kennenlernen. Kommst du auch bald nach Berlin, um mich zu besuchen? Ich würde mich freuen.

Viele Grüße

deine Franziska

D Von Ost- nach Westdeutschland Nadine Bresan erzählt von ihrem Umzug von Ost- nach Westdeutschland. Ergänzen Sie Nadines Beschreibung mit den passenden Verben im *Präteritum*.

müssen finden haben verlieren wollen

Kurz nach der Wiedervereinigung _____¹ meine Mutter ihren Job in

Leipzig und wir _____² nach Frankfurt am Main umziehen°, wo sie   *move*

eine neue Stelle als Chemikerin _____³. Ich _____⁴

zwar nicht mitkommen, aber ich _____⁵ keine andere Möglichkeit.

bleiben gehen halten mögen

In Frankfurt _____⁶ ich in die 11. Klasse eines Gymnasiums und

am Anfang _____⁷ ich meine Mitschüler überhaupt nicht°. Ich   *not all all*

_____⁸ sie für arrogant und oberflächlich. Ich war auch überrascht°   *surprised*

darüber, wie traditionell das Familienleben mancher Mitschüler oft war, denn bei

vielen _____⁹ die Mutter zu Hause.

kennenlernen (× 2) fühlen dürfen gefallen

Die Schule selbst _____¹⁰ mir aber ganz gut, weil man offen seine

Meinung sagen _____¹¹ und der Unterricht° auch relative frei war.   *instruction*

Nach ein paar Monaten _____¹² ich meine Mitschüler besser

_____¹³ und ich _____¹⁴ mich langsam ganz wohl

in Westdeutschland. Inzwischen finde ich die Unterschiede zwischen Ost- und

Westdeutschen gar nicht mehr so groß.

E **Eine Reise nach Ostdeutschland** Am Anfang des Herbstsemesters erzählt Sarah ihren Freunden über die Reise, die Marie, Daniel und Felix nach Ostdeutschland gemacht hatten. Bilden Sie Sätze im *Plusquamperfekt*.

▶ In den Semesterferien fuhren Marie, Daniel und Felix nach Dresden.
  Sarah sagte, *in den Semesterferien waren Marie, Daniel und Felix nach Dresden gefahren.*

1. Daniel war noch nie in Ostdeutschland.

   Sie sagte, _____

   _____

2. Marie hat früher mit ihren Eltern manchmal Verwandte in Weimar besucht.

   Sie sagte auch, _____

   _____

3. In Leipzig übernachteten Marie, Daniel und Felix in der Jugendherberge°.   *youth hostel*

   Sarah sagte, _____

   _____

4. Abends hörten sie in der Thomaskirche den Thomanerchor.

   Sie sagte auch, _____

   _____

5. Am nächsten Tag gingen Marie und Felix ins Bach-Museum.

   Sarah sagte, _____

   _____

6. Leider hatte Daniel eine Erkältung und er lag einen Tag im Bett.

   Sie sagte, _____

   _____

F **Überall Fahrräder** Jennifer hat ein Jahr in der Universitätsstadt Münster verbracht und sich über die vielen Fahrräder dort gewundert. Verbinden Sie ihre Aussagen mit **als, wann** oder **wenn**.

▶ Ich war in Münster. Es gab einen Fahrradboom. *Als ich in Münster war, gab es einen Fahrradboom.*

1. Ich weiß nicht. Der Boom hat angefangen.

   _____

2. Ich kam in Münster an. Ich sah tausende von Fahrrädern am Bahnhofsplatz.

   _____

3. Die Studenten fuhren fast alle mit dem Rad. Sie mussten in die Stadt.

   _____

4. Niemand fand es komisch. Ich fuhr einmal mit dem Rad zum Einkaufen.

_____

5. Ich fuhr immer mit. Meine Freunde machten am Wochenende eine Radtour.

_____

6. Am Freitag fragte ich sie immer schon. Wir sollten uns am Sonntag treffen.

_____

7. Und ich war immer traurig. Es regnete und wir konnten keine Radtour machen.

_____

G **So war es** Frau Bunge erinnert sich an die Probleme ihres Sohnes in Ostberlin vor der Wiedervereinigung. Lesen Sie den Text und beantworten Sie dann die Fragen.

„Als mein Sohn Fabian Ingenieurstudent in Berlin war, lernte er eine Frau aus dem Westen kennen. Es war die große Liebe. Die beiden wollten heiraten. Das Problem war nur: Wie konnte mein Sohn legal aus der DDR in den Westen?

Fabian war in der FDJ, der Freien Deutschen Jugend, der staatlichen° Jugendorganisation, aktiv. Er machte gerade bei einer Firma in Berlin sein Praktikum°, als er beantragte° in den Westen gehen zu dürfen. Zwei Tage danach wurde er exmatrikuliert° und verlor Arbeit und Zimmer. Der Direktor der Ingenieurschule fuhr zu uns. Wir sollten unseren Sohn beeinflussen. Wir konnten es aber nicht. Er wollte zu seiner Lisa. *[state / internship / applied / expelled]*

Lange Zeit hörte Fabian nun nichts. Er musste also ein neues Zimmer finden. Das war schwer. Eine neue Stelle war gar nicht zu finden. Er fand einige freie Stellen. Aber wenn man hörte, dass er beantragt hatte in den Westen zu gehen, kamen Antworten wie: „Es tut uns leid, Aber die Stelle ist doch nicht frei." Oder: „Wir brauchen doch etwas andere Qualifikationen." In *einer* Firma sagte man ihm ganz offen°: „Leute, die° in den Westen wollen, können hier nicht einmal° als Hilfsarbeiter° arbeiten." *[openly who / nicht einmal: not even / unskilled workers]*

Kein Mensch wusste, wann er eine Antwort erwarten° konnte. Einige Leute hatten nach kurzer Zeit eine Antwort bekommen. Bei anderen wieder war es sehr langsam gegangen. Waren diese Unterschiede nun Teil des politischen Systems, oder war es einfach die Schlamperei° der Bürokratie? Es war schwer zu sagen. *[expect / sloppiness]*

Eines Nachmittags musste es dann plötzlich° sehr schnell gehen. Er musste in drei Stunden reisefertig° sein. Er hatte nicht einmal Zeit zu uns zu fahren. *[suddenly / ready to travel]*

Erst am 9. November 1989° konnten wir unseren Sohn endlich wieder sehen und seine westdeutsche Frau, unsere Schwiegertochter°, endlich kennenlernen." *[Berlin wall was opened / daughter-in-law]*

1. Wo war Fabian Bunge zu Hause?

   _____

2. Warum konnte er Lisa nicht einfach heiraten?

   _____

3. Warum sprach der Direktor der Ingenieurschule mit Fabians Eltern?

   _____

4. Warum konnte Fabian keine Arbeit finden?

   _____

5. Wann konnte Fabian eine Antwort auf seinen Antrag° erwarten?   *application*

   _____

6. Warum war der 9. November 1989 ein wichtiges Datum° für die Familie Bunge?   *date*

   _____

H **Ein Hundeleben** Erzählen Sie eine Geschichte darüber, was in den Bildern passiert. Verwenden Sie das *Präteritum.* Sie können Wörter und Ausdrücke aus der Liste verwenden.

Léon van Roy, © Frick Friedrich

Mutter / Frau	sitzen	zuerst	
Vater / Mann	sich setzen	dann	
Sohn / Junge / Hund / Sessel	wegschicken°	nachher	*send away*
Buch	lesen	schließlich	
Zeitung	stricken°		*knit*
	mit dem Schwanz wedeln°		***mit … wedeln:*** *wag its tail*
	schlafen		

_____

_____

_____

_____

_____

_____

_____

_____

_____

_____

I Kulturkontraste

1. Bertolt Brecht

Welche beiden Aussagen über Bertolt Brecht sind richtig?   **Richtig   Falsch**

a. Seine Theorien über Dramen haben Dramatiker
weltweit beeinflusst.   _____   _____

b. Während des Zweiten Weltkriegs hat Brecht in Schweden gelebt.   _____   _____

c. Er hat das „Stück mit Musik" *Die Dreigroschenoper* geschrieben.   _____   _____

2. Zwei deutsche Staaten

Welche drei Aussagen über die DDR (Die Deutsche Demokratische   **Richtig   Falsch**
Republik) sind richtig?

a. Berlin war die Hauptstadt.   _____   _____

b. Lebensmittelpreise waren niedrig° und es gab Arbeit für fast alle
Einwohner.   _____   _____

c. Die Regierung hat die Mauer gebaut, weil zu viele Westdeutsche
in der DDR arbeiten wollten.   _____   _____

d. Nach politischen Demonstrationen im Jahre 1989 hat die
Regierung die Mauer geöffnet.   _____   _____

3. Nach der Wiedervereinigung

Was wissen Sie über Deutschland seit der Wiedervereinigung?
Welche Aussagen sind richtig?

	Richtig	Falsch
a. Deutschland ist seit dem Jahr 2001 vereinigt.	_____	_____
b. Die ostdeutsche Wirtschaft war nicht gut und viele Leute hatten keine Arbeit.	_____	_____
c. Die Wörter *Ossis* und *Wessis* zeigen, dass es viele kulturelle Unterschiede zwischen Ost- und Westdeutschland gab.	_____	_____
d. Heute interessieren sich die jungen Leute sehr für die Geschichte der DDR.	_____	_____

4. Leipzig

Was wissen Sie über Leipzig? Markieren Sie die Aussagen,
die richtig sind.

	Richtig	Falsch	
a. Leipzig ist für seine Barock-Architektur bekannt.	_____	_____	
b. Jedes Jahr kommen wegen der Messen° und Konferenzen viele Menschen nach Leipzig.	_____	_____	*fairs*
c. Musik hat in Leipzig immer eine zentrale Rolle gespielt.	_____	_____	
d. Der Thomanerchor ist hier zu Hause.	_____	_____	
e. Im Jahr 1989 demonstrierten 100 000 Leute gegen die Regierung.	_____	_____	

5. Ein Ostdeutscher in Westdeutschland.

Jan ist in einer Diskothek in Frankfurt am Main und Alex setzt sich zu ihm an den Tisch. Lesen Sie das folgende Gespräch und beantworten Sie dann die Fragen.

ALEX: Ist hier noch frei?

JAN: Klar, du kannst dich hier gern hinsetzen. Kommst du aus Leipzig?

ALEX: Ja, du hörst das wohl an meinem Akzent, nicht?

JAN: Natürlich. Und ich bin Frankfurter. Hörst du das?

ALEX: Aber klar.

JAN: Was machst du hier in Frankfurt?

ALEX: Ich lebe hier, seit 1995. Vieles gefällt mir im Westen natürlich. Ich bin hierher gekommen, weil es im Osten nach der Wiedervereinigung keine Arbeit für mich gab.

JAN: Was zum Beispiel findest du hier gut?

ALEX: Ich verdiene viel mehr als früher und habe hier einen höheren Lebensstandard.

JAN: Und was gefällt dir weniger?

ALEX: Ich mache nicht mehr so viel mit anderen Menschen zusammen.

JAN: Meinst du das ist so, weil du aus der früheren DDR kommst?

ALEX: Das weiß ich nicht so genau.

Fragen:

a. Seit wann lebt Alex in Frankfurt?

_____

_____

b. Warum ist Alex nach Frankfurt gezogen?

_____

_____

c. Was findet er gut hier?

_____

_____

d. Was gefällt ihm nicht so gut?

_____

_____

e. Würden Sie gern in eine andere Stadt oder ein anderes Land ziehen°?   *move*

_____

_____

f. Wann ja, was für eine Arbeit würden Sie dort suchen? Wenn nein, warum nicht?

_____

_____

Wirtschaft und Beruf

A **Job gesucht** Lesen Sie die folgenden Stellengesuche°. Schreiben Sie dann Ihre eigene Anzeige.

job wanted ads

Informatik-Studentin

im 8. Semester sucht **Nebenjob¹ in Computerfirma.**

Maximal 15 Stunden pro Woche. Neben guten Programmierkenntnissen Berufserfahrung als Controllerin. Fremdsprachen: Englisch und Französisch.
Tel.: (07071) 647 987

Tagesmutter, selbst Mutter und gelernte Erzieherin, hat noch Plätze frei. Fur Tageskinder² von 1-3 Jahren. Betreuung³ von 8 bis 15 Uhr. Tel.: (07071) 998451

Student, 24 Jahre, suche dringend Job fur die Semesterferien, wenn möglich in Pizzeria Erfahrung als Pizzabäcker, Hilfskoch⁴, Pizzabote⁵. Tel.: (07071) 230778

¹ side job   ² children in daycare   ³ care   ⁴ assistant cook   ⁵ pizza deliverer

_____

_____

_____

_____

_____

_____

_____

B **Eine Frage der Qualität** Frau Dr. Ziegler will einem ehemaligen° Kunden *former*
einen neuen Computer verkaufen. Schreiben Sie eine kurze Zusammenfassung° des *summary*
Gesprächs. Verwenden Sie die Fragen als Hilfe für ihre Zusammenfassung.

FRAU DR. ZIEGLER: So, Herr Kohler, was halten Sie von unseren Preisen?

HERR KOHLER: Sie wissen, es ist keine Frage des Preises. Ihre Computer sind
nicht gerade billig, aber darüber können wir später reden.
Am wichtigsten ist die Frage der Qualität.

FRAU DR. ZIEGLER: Bei unserem Namen, Herr Kohler? Alle kennen den „Solo".

HERR KOHLER: Trotzdem. Die Computer, die wir vor fünf Jahren bei Ihnen
gekauft haben, mussten wir ziemlich oft reparieren.

FRAU DR. ZIEGLER: Leider. Aber jetzt haben wir keine Bildprobleme mehr. Der neue
Solo PC 2015 arbeitet auch schneller. Sie werden also viel Zeit
sparen. Außerdem kann man mit unserem Software-Paket ohne
Programmierer programmieren. Sie brauchen kein kompliziertes
Programm zu schreiben, Sie brauchen nur ein paar Worte zu
tippen. Ich bin sicher, Sie werden zufrieden sein.

HERR KOHLER: Hm, ja ... Ich rufe Sie am Montag in einer Woche an und sage
Ihnen, ob wir uns für den „Solo" interessieren. Dann können wir
noch einmal° über die Preise reden, nicht? *again*

Fragen:
1. Was verkauft Frau Dr. Zieglers Firma? Wie sind ihre Produkte?
2. Was hat Herr Kohler vor fünf Jahren dort gekauft? War er damit zufrieden?
   Warum (nicht)?
3. Welche Qualitäten hat der neue Solo PC 2015?
4. Kauft Herr Kohler den Computer? Wann will er Frau Dr. Ziegler wieder anrufen?
5. Worüber möchte er dann mit ihr sprechen?

_____

_____

_____

_____

_____

_____

_____

_____

_____

C Dicke Luft (tense atmosphere) am Arbeitsplatz Ein schlechtes

Betriebsklima° kann zu Problemen führen. Was würden Sie als Chefin/Chef einer Firma tun, um das Betriebsklima zu verbessern? Schreiben Sie fünf Sätze im *Konjunktiv*. Verwenden Sie dabei die **würde**-Konstruktion und die folgenden Ausdrücke.

working conditions

Dicke Luft am Arbeitsplatz

employees
find, experience

Von je 100 Beschäftigten° empfinden° das Betriebsklima am Arbeitsplatz als

Schlechtes Betriebsklima führt bei den Betroffenen° zu° (Mehrfachnennungen)

those affected
führt zu: *leads to*

76 gut bis sehr gut

bearable

20 erträglich° bis schlecht

4 Keine Angaben°

responses

56 Streßgefühl

52 Nervosität

43 schlechtem Schlaf

35 Kopfschmerzen

35 Erschöpfungsgefühl°   *exhaustion*

25 Magenschmerzen

10 Appetitlosigkeit

mit den Angestellten sprechen
Aktivitäten für die Freizeit organisieren
in der Firma einen Fitnessraum/ein
    Café einrichten°
die Angestellten besser bezahlen
andere Mitarbeiter suchen

den Arbeitsplatz schöner machen
neue Schreibtische/Pflanzen/Lampen/bessere
    Computer kaufen
mit den Angestellten über ihre Zukunft   *set up*
in der Firma sprechen

_____

_____

_____

_____

_____

_____

_____

_____

D **Schwierigkeiten** *(difficulties)* Katharina ist Sängerin in Leons Band. Sie wollen sich zur Probe treffen. Ergänzen Sie die folgenden Sätze. Verwenden Sie das jeweils angegebene Verb im *Konjunktiv der Gegenwart.*

► LEON: <u>Könntest</u> du um sieben zur Probe kommen? (können)

KATHARINA: _____¹ es um sieben sein? (müssen)

LEON: Die Probe _____² vier Stunden dauern. (sollen)

KATHARINA: _____³ ich vielleicht erst um acht kommen?

(dürfen) Ich _____⁴ eigentlich noch meinem Freund

bei seinem Referat helfen. (wollen)

LEON: Sicher _____⁵ du das, aber ... (können)

KATHARINA: Morgen Abend _____⁶ ich dann schon um sieben

kommen. (können)

E **Verstehen Sie den Konjunktiv?** Die Verben in diesen Sätzen sind im *Konjunktiv*. Suchen Sie die passenden englischen Sätze auf der rechten Seite.

► Das ginge. *That would work.*

_____ 1. Das täte ich gern.

_____ 2. Wir kämen gern mit.

_____ 3. Jens ginge auch sicher mit.

_____ 4. Das fände ich gar nicht gut.

_____ 5. So etwas gäbe es bei mir nicht.

a. *I wouldn't find that good at all.*

b. *We would be happy to come along.*

c. *Such a thing would never happen with me.*

d. *I would do that gladly.*

e. *Jens would certainly go along.*

F Probleme, Probleme Ihre Freunde haben viele Probleme. Was hätten Sie anders gemacht, um diese Probleme zu vermeiden°?   *avoid*

sich besser vorbereiten

eine wärmere Jacke tragen

besser aufpassen

ein Computerspiel spielen

früher ins Bett gehen

zu Hause bleiben

▶ Julia hat ihre Handtasche verloren.   *Ich hätte besser aufgepasst.*

1. Marie war heute in der Vorlesung sehr müde.

   _____

2. Alexanders Seminarreferat war nicht sehr gut.

   _____

3. Lara hat die Party am Samstagabend langweilig gefunden.

   _____

4. Felix hat sich beim Jogging erkältet.

   _____

5. Sophie hat den Film im Fernsehen absurd gefunden.

   _____

G Die Welt der Kinder – ein großes Geschäft Lesen Sie Gisela Weinbauers Bericht und beantworten Sie dann die Fragen.

Gisela Weinbauer, eine Reporterin aus Düsseldorf, interessiert sich für die Werbung° und ihren Einfluss° auf die deutschen Familien. Sie interviewte einige Personen für ihren Bericht. Lesen Sie, was diese Leute zu dem Thema „Werbung" zu sagen haben.   *advertising / influence*

Zuerst sprach Gisela Weinbauer mit Frau Greif, die die Werbung kritisierte. Frau Greif sagte, dass sie, als Mutter von drei Kindern, sich wirklich wünschte, es gäbe gar keine Werbung mehr. Zum Geburtstag und zu Weihnachten° kauft sie natürlich Geschenke° für ihre Kinder, aber wegen der ewigen Werbung im Fernsehen ist es schwer „nein" zu sagen, wenn die Kinder zu anderen Zeiten Wünsche haben. Sobald° die Werbung neue Spielsachen° empfiehlt, haben ihre Kinder kein Interesse mehr an den alten Dingen; sofort wollen sie das Neue haben. Frau Greif meinte auch, dass sie keine Freude mehr daran hat ins Kaufhaus zu gehen, denn es heißt immer   *Christmas* *presents* *as soon as / toys* nur: „Mami, das möcht' ich gern haben und dieses möcht' ich haben." Da sie aber arbeitslos ist und ihr Mann nicht viel verdient, haben sie wenig Geld. Wenn sie könnte, würde sie lieber das Geld sparen, anstatt so viel für teure Spielsachen zu bezahlen.

Als Gisela Weinbauer sich mit Herrn Voss, dem Chef eines Spielzeughauses°, unterhielt, hörte sie, was ein typischer Geschäftsmann zu sagen hat. Für ihn ist die Werbung eben etwas Gutes, ein Boom. Zum Beispiel, wenn die Werbung am Wochenende etwas Neues im Fernsehen zeigt, dann müssen die Kinder das am Montag gleich haben. Das ist ganz selbstverständlich°. Herr Voss war der Meinung°, dass der Lebensstandard der Deutschen sehr hoch ist, sogar einer der höchsten der Welt. Das Resultat ist also, dass die Deutschen Geld haben, um ihren Kindern kaufen zu können, was diese haben möchten. Nicht nur die Eltern kaufen den Kindern sehr viel, sondern auch die Verwandten – Tanten, Onkel und Großeltern – kaufen Spielsachen und geben den Kindern Geld. Vielleicht wäre es besser, wenn sie einen Teil des Geldes sparen würden, aber es gefällt Herrn Voss, dass sie es für Spielsachen ausgeben°. Für die Geschäftsleute ist die Werbung etwas ganz Tolles.

toy store

natural

war...Meinung **was of** the opinion

spend

1. Wofür interessiert sich Gisela Weinbauer?

_____

_____

_____

2. Was ist Frau Greifs Meinung über die Werbung?

_____

_____

_____

3. Warum hat Frau Greif keine Lust mit ihren Kindern einkaufen zu gehen?

_____

_____

_____

4. Was sagt Herr Voss über die Deutschen und ihre Kinder?

_____

_____

_____

_____

H Wenn ich nur … Was würden Sie machen, wenn Ihr Leben anders wäre?
Schreiben Sie fünf Sätze. Hier sind einige Vorschläge°: **Wenn Sie mehr Zeit**   *suggestions*
(Geld, Talent) hätten; Wenn Sie weniger Arbeit (Stress, Probleme) hätten;
Wenn Sie reich (toll aussehend°, berühmt) wären.   *great-looking*

Wenn ich (berühmt) wäre, würde ich _____

_____

_____

_____

_____

_____

_____

_____

_____

_____

_____

Wenn ich drei Wünsche freihätte, würde ich mir wünschen, dass niemand auf der Welt hungern müsste. Das wäre mein größter Wunsch. Dann würde ich mir ein Haustier wünschen, einen Hund oder eine Katze. Und als letztes würde ich mir wünschen, dass meine Familie und Freunde immer glücklich und gesund bleiben.

Elena Rostunova/Shutterstock.com

Emma

■ Kulturkontraste

1. Das soziale Netz. Was passt zusammen?

_____ a. Krankenkasse	i. Leute mit einem niedrigen Einkommen bekommen Geld für die Miete°.	_rent_
_____ b. Arbeitslosenversicherung	ii. Eltern bekommen Geld für jedes Kind.	
_____ c. Kindergeld	iii. Die Versicherung° zahlt den Arzt.	_insurance_
_____ d. Wohngeld	iv. Die Versicherung zahlt, wenn man seine Stelle verliert.	

2. Die deutsche Wirtschaft

Welche Aussagen über die deutsche Wirtschaft sind richtig?	Richtig	Falsch
a. Das soziale Netz ist ein wichtiger Teil der deutschen sozialen Marktwirtschaft.	_____	_____
b. Deutschland ist ein großes Exportland.	_____	_____
c. Die deutschen Firmen in den USA und Kanada sind klein und relativ unbekannt.	_____	_____
d. Circa 800 000 Deutsche arbeiten bei amerikanischen Firmen in Deutschland.	_____	_____

3. Die Europäische Union

Welche Aussagen über die Europäische Union sind richtig?	Richtig	Falsch
a. Mehr Leute leben in der EU als in den USA.	_____	_____
b. 27 Länder gehören zur EU.	_____	_____
c. Die USA und Kanada gehören zur EU.	_____	_____

4. Berufliche Ausbildung

Welche Aussagen sind richtig?	Richtig	Falsch	
a. Wenn Deutsche nicht an einer Universität oder anderen Hochschule studieren, machen sie generell° eine Ausbildung.	_____	_____	_generally_
b. Bei einer Ausbildung arbeiten die jungen Leute 3 bis 4 Tage und gehen 1 bis 2 Tage in eine Berufsschule.	_____	_____	
c. Um die Meisterprüfung machen zu können, muss man zwei Jahre in die Berufsschule gehen.	_____	_____	

5. Ein Dilemma. Eine deutsche Firma will einen Teil ihrer Firma in die Slowakei
verlegen°. Zwei Angestellte haben die Möglichkeit, als Manager mitzugehen,
aber weniger Gehalt dort zu bekommen. Frau Klein will das Angebot°
annehmen°, weil sie schon immer im Ausland arbeiten wollte und weniger
Geld zu verdienen für sie kein Problem ist. Aber Frau Müller ist skeptisch.
Erstens möchte sie nicht im Ausland leben und zweitens will sie nicht als
Managerin für weniger Gehalt arbeiten.

move
offer
accept

Frage:
Was würden Sie in dieser Situation machen? Warum?

_____

_____

_____

_____

_____

_____

_____

_____

_____

_____

_____

_____

_____

_____

Monkey Business Images/
Shutterstock.com

Andreas

Wenn ich drei Wünsche freihätte, würde ich
mir wünschen: 1. einen iPod 2. ein richtig
gutes Skateboard 3. dass ich so gut
Skateboard fahren könnte wie Tony Hawk,
denn er ist der allerbeste Skateboarder
auf der Welt!

Deutschland hat viele Gesichter

KAPITEL 12

A Etwas Persönliches

1. Nennen Sie ...

   a. zwei Länder, in die Sie gern reisen möchten, oder zwei Kulturen, die Sie gern kennenlernen möchten.

   _____   _____

   b. zwei Fremdsprachen, die Sie gern fließend° sprechen möchten.   *fluently*

   _____   _____

2. Nennen Sie ...

   a. zwei Bands oder Musiker, die Sie gern hören möchten.

   _____   _____

   b. zwei Filme, die Sie sehen möchten.

   _____   _____

   c. zwei Bücher, die Sie dieses Jahr gelesen haben.

   _____   _____

3. Nennen Sie die Vorlesung, ...

   a. die Sie am interessantesten gefunden haben. _____

   b. die Ihnen am wenigsten gefallen hat. _____

   c. die Sie Ihren Freunden empfehlen würden. _____

B **Was ist das?** Beschreiben Sie die Bilder. Verwenden Sie *Relativpronomen* und die folgenden Definitionen. Achten Sie auf die Wortstellung.

Fotos gemacht werden   die Bedeutung° von Wörtern erklärt wird   *meaning*
man fliegt   Geschirr gespült wird   macht Rockmusik   man sitzt
man kauft Fleisch und Wurst   lehrt° an der Uni   *teaches*

▶ Digitalkamera   Eine Digitalkamera ist ein Objekt, mit *dem Fotos gemacht werden*.

1. Ein Professor ist ein Lehrer, _____

   _____.

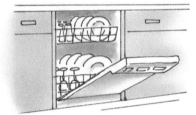

2. Eine Spülmaschine ist eine Maschine, in _____

   _____.

3. Eine Rockmusikerin ist eine Frau, _____

   _____.

4. Ein Stuhl ist ein Möbelstück, auf _____

   _____.

5. Eine Metzgerei ist ein Laden, in _____

   _____.

6. Ein Flugzeug ist ein Verkehrsmittel, mit _____

_____ .

7. Ein Wörterbuch ist ein Buch, in _____

_____ .

C Deutschland als zweite Heimat

Pietro Olivetti, der vor mehr als dreißig Jahren nach Deutschland kam, erzählt von seinem Leben. Ergänzen Sie seine Erzählung mit passenden *Relativpronomen.*

Ich komme aus Cosenza, einer Stadt in Süditalien, in ___*der*___ es in den 70er-Jahren

für die jungen Leute nur wenig Arbeit gab. Also ging ich nach Deutschland, um einen

Job zu suchen. Die ersten Wochen in Deutschland sind eine Zeit, an _____[1] ich nicht

gern zurückdenke. Ich vermisste° meine Verwandten, _____[2] alle in Italien geblieben   *missed*

waren. Außerdem waren die Deutschen, mit _____[3] ich zu tun hatte, ziemlich

reserviert. In der Firma, bei _____[4] ich zuerst gearbeitet habe, gab es zum Glück°   **zum Glück =**
          fortunately

viele ausländische Kollegen. So waren die Leute, mit _____[5] ich mich in meiner

Freizeit traf, zum größten Teil Ausländer. Und die Frau, _____[6] ich bald kennenlernte,

war auch Italienerin. Giovanna und ich heirateten 1980 und wir bekamen zwei Söhne,

_____[7] heute 25 und 29 sind. Der ältere – Roberto –, _____[8] Frau Türkin ist, lebt

heute in Berlin. Massimo, _____[9] noch nicht verheiratet ist, studiert in Freiburg.

Unsere beiden Söhne fühlen sich als Deutsche. Für sie ist Deutschland ihre Heimat und

Italien das schöne Land, in _____[10] sie gern ihre Urlaube verbringen. Meine Frau,

_____[11] es in den ersten Jahren in Deutschland nicht so gut gefiel, möchte auch nicht

mehr weg von hier. Für meine Eltern, _____[12] immer in Cosenza gelebt haben, ist das

ein bisschen traurig. Sie wären froh, wenn wir auch in Italien leben würden. Außerdem

hätten sie gern Enkelkinder°, _____[13] richtige Italiener sind.   *grandchildren*

D Kulturelle Unterschiede Franziska und Michael diskutieren über die Unterschiede zwischen der amerikanischen und der deutschen Kultur. Ergänzen Sie die Sätze mit *Relativsätzen*.

▶ Franziska spricht mit Michael, (sie hat ihn heute Abend in der Studentenkneipe getroffen).
Franziska spricht mit Michael, den sie heute Abend in der Studentenkneipe getroffen hat.

1. Sie sprechen über kulturelle Unterschiede, (sie haben die Unterschiede bemerkt).

   _____

2. Die Autofahrer, (die Autofahrer sieht Michael in Deutschland), fahren oft wie die Wilden.

   _____

3. Franziska hat in Amerika die öffentlichen Verkehrsmittel, (mit den öffentlichen Verkehrsmitteln kann man überallhin° fahren), vermisst.   *everywhere*

   _____

4. Die Züge in Deutschland, (Michael benutzt die Züge oft), sind meistens pünktlich.

   _____

5. Franziska fand die Amerikaner, (die Amerikaner lächeln mehr als die Deutschen), manchmal zu freundlich.

   _____

6. Michael mag den amerikanischen Alltag° (der Alltag ist durch die Freundlichkeit der Leute einfacher), fast lieber.   *everday life*

   _____

E Was wird von wem gemacht? Bei Annika zu Hause müssen alle mithelfen. Schreiben Sie, was von wem gemacht wird. Bilden Sie Sätze im *Passiv Präsens*.

▶ Tante – Gartenarbeit machen
Die Gartenarbeit wird von der Tante gemacht.

Wer?	Was?	
Vater	Blumen pflanzen	Auto waschen
Mutter	Badezimmer putzen	Tisch decken
David	Essen kochen	Garage aufräumen
Annika	Gartenarbeit machen	Lebensmittel einkaufen
Oma	Spülmaschine einräumen	
Opa		
Tante		

1. _____

2. _____

3. _____

4. _____

5. _____

6. _____

7. _____

8. _____

Name _____ Datum _____

F **Ausländer in deutschen Städten** Schauen Sie sich die Grafik an. Beantworten Sie dann die Fragen.

proportion of foreigners
selected

1. Nennen Sie die drei deutschen Städte mit dem höchsten Ausländeranteil.

   _____

2. Wie heißen die drei deutschen Städte mit dem niedrigsten° Ausländeranteil?   *lowest*

   _____

3. Inwiefern sind die Städte mit vielen Ausländern wohl interessanter? Was meinen Sie?

   _____

4. Welche Probleme könnten die Städte mit einem hohen Ausländeranteil aber haben?

   _____

   _____

G **Von wem wurde das erfunden *(invented)*, geschrieben oder komponiert *(composed)*?** Bilden Sie Sätze im *Passiv Präteritum°*. Verwenden Sie dabei die angegebenen Stichwörter.   *simple past tense*
passive

▶ das Telefon – Alexander Graham Bell
   Das Telefon wurde von Alexander Graham Bell erfunden.

1. *Huckleberry Finn* – Mark Twain

   _____

2. das Dynamit – Alfred Nobel

   _____

3. die amerikanische Unabhängigkeitserklärung° – Thomas Jefferson *Declaration of Independence*

_____

4. das Musical *West Side Story* – Leonard Bernstein

_____

5. der Buchdruck° – Johannes Gutenberg *printing*

_____

H **In zwanzig Jahren ...** Schreiben Sie einen Aufsatz, in dem Sie Ihre Zukunftspläne beschreiben. Was werden Sie in 20 Jahren machen? Verwenden Sie Adverbien wie **schon, sicher** und **wohl**. Mögliche Themen sind zum Beispiel: **Beruf, Wohnung, Reisen, Kinder, Geld, Hobbys, Partnerin/Partner, berühmt sein,** usw. Schreiben Sie mindestens zehn Sätze.

In zwanzig Jahren werde ich wohl _____

_____

_____

_____

_____

_____

_____

_____

_____

I **Kulturkontraste**

1. **Ausländische Mitbürger° und Staatsbürgerschaft°** *citizens / citizenship*

   Welche der folgenden Aussagen sind richtig? **Richtig** **Falsch**

   a. Zwischen 1955 und 1973 brauchte Westdeutschland viele Arbeiter. _____ _____

   b. Sogenannte° Gastarbeiter kamen aus Italien, Griechenland, Spanien und der Türkei. _____ _____ *so-called*

   c. Obwohl die Kulturen der Ausländer und der Deutschen unterschiedlich° waren, gab es fast nie Probleme. _____ _____ *different*

   d. Heute gibt es Integrationskurse, in denen die Ausländer mehr über Sprache und Kultur lernen. _____ _____

   e. Um Staatsbürger zu werden, muss ein Ausländer 30 Jahre in Deutschland leben. _____ _____

   f. Wenn ein Ehepaar aus Italien 8 Jahre in Deutschland gelebt hat, sind ihre Kinder automatisch deutsche Staatsbürger. _____ _____

   g. Die meisten der 7 Millionen Ausländer in Deutschland sind Türken. _____ _____

Name _____   Datum _____

2. Zwei junge Türkinnen sprechen über ein Problem. Lesen Sie das Gespräch zwischen Emine und Yildiz und beantworten Sie die Frage.

EMINE: Wie finden es deine Eltern, dass du einen deutschen Freund hast?

YILDIZ: Gar nicht gut. Sie machen sich Sorgen, dass ich meine türkische Kultur und die Traditionen unserer Heimat aufgebe.

EMINE: Vielleicht sollten deine Eltern deinen Freund erst besser kennenlernen?

YILDIZ: Sie kennen ihn schon ein bisschen, aber ich weiß, sie wären total unglücklich, wenn ich ihn heiraten würde. Meine Mutter sagte mir, sie werden vielleicht in ein paar Jahren wieder in die Türkei zurückgehen. Meine Eltern wissen schon, dass ich lieber hier bleiben möchte. Ich kann ja auch kaum noch Türkisch und liebe meine Arbeit hier.

EMINE: Ja, dein deutscher Freund macht euer Familienleben wirklich kompliziert. Was tun?

Frage:

Welchen Ratschlag° würden Sie Yildiz geben?   *advice*

_____

_____

_____

3. Deutschland: Die Regierung. Was passt zusammen?

_____ a. Bundestag   i. die erste deusche Bundeskanzlerin

_____ b. Bundesrat   ii. die meisten seiner Pflichten° sind zeremoniell   *duties*

_____ c. Bundespräsident   iii. die Institution, die von den Bürgern gewählt wird

_____ d. Bundeskanzler   iv. das Oberhaupt° der Regierung   *head*

_____ e. Angela Merkel   v. die Institution, die die Bundesländer repräsentiert

LAB MANUAL

Andere Länder – andere Sitten

KAPITEL 7

Übungen zum Hörverständnis

🔊 **A Ein Austauschstudent in Deutschland** Hören Sie sich das Lesestück „Ein Austauschstudent
CD 3
Track 15 in Deutschland" an.

🔊 **B Richtig oder falsch?** Sie hören sieben Aussagen über das Lesestück „Ein Austauschstudent in
CD 3
Track 16 Deutschland". Markieren Sie die Aussagen als **richtig** oder **falsch**. Sie hören ein neues Wort:

Unterschiede   *differences*

	Richtig	**Falsch**		**Richtig**	**Falsch**
1.	_____	_____	5.	_____	_____
2.	_____	_____	6.	_____	_____
3.	_____	_____	7.	_____	_____
4.	_____	_____			

🔊 **C Ist das logisch?** Sie hören acht Fragen und Antworten. Markieren Sie die logischen Antworten
CD 3
Track 17 als **logisch** und die unlogischen als **unlogisch**.

	Logisch	**Unlogisch**		**Logisch**	**Unlogisch**
1.	_____	_____	5.	_____	_____
2.	_____	_____	6.	_____	_____
3.	_____	_____	7.	_____	_____
4.	_____	_____	8.	_____	_____

🔊 **D Der richtige Ort (place)** Sie hören sechs Fragen. Sie lesen zu jeder Frage zwei Antworten.
CD 3
Track 18 Markieren Sie die passende Antwort.

1. _____ a. im Park   _____ b. auf der Autobahn

2. _____ a. in der Küche   _____ b. im Biergarten

3. _____ a. in eine Kneipe   _____ b. in die Bäckerei

4. _____ a. in einem Laden   _____ b. in einer Wohnung

5. _____ a. in die Vorlesung   _____ b. ins Café

6. _____ a. auf den Markt   _____ b. zum Arzt

E Zum Austausch *(on an exchange)* in Deutschland Thomas, ein amerikanischer
Student, ist zum ersten Mal in Deutschland. Viele Dinge findet er hier anders als in den USA.
Hören Sie sich an, was Thomas erzählt. Markieren Sie dann die passenden Antworten zu den
folgenden Fragen. Die Fragen können mehrere° passende Antworten haben. Sie hören drei   *several*
neue Wörter:

Balkon	*balcony*
Bäume	*trees*
Unterschiede	*differences*

1. Wo wohnt Thomas in Deutschland?

   _____ a. In einem Studentenwohnheim.

   _____ b. Bei einer Gastfamilie.

   _____ c. In München.

2. Was macht Frau Schneider?

   _____ a. Sie geht jeden Tag in die Bibliothek.

   _____ b. Sie arbeitet an den Blumen auf dem Balkon.

   _____ c. Sie arbeitet auf dem Bahnhof.

3. Wie isst man in Deutschland?

   _____ a. Man benutzt Messer und Gabel.

   _____ b. Man hat die Hände unter dem Tisch.

   _____ c. Beim Essen spricht man sehr wenig.

4. Was gibt es im Biergarten?

   _____ a. Es gibt große Gläser.

   _____ b. Es gibt sehr gutes Essen.

   _____ c. Es gibt Blumen und alte Bäume.

5. Was erzählt Thomas über das deutsche Bier?

   _____ a. Es schmeckt ziemlich bitter.

   _____ b. Die Deutschen trinken es sehr gern.

   _____ c. Es ist sehr teuer.

6. Kennt Thomas schon viele Leute?

   _____ a. Nein, er kennt nur Familie Schneider.

   _____ b. Ja, er hat schon viele Leute kennengelernt.

   _____ c. Nein, er kennt nur Stefan und Karin.

   _____ d. Nein, er kennt nur die Leute im Biergarten.

F **Ein Telefongespräch** Gabi hat eine neue Wohnung. Ihr alter Freund Fred ruft sie an. Hören Sie sich ihr Gespräch an. Markieren Sie dann die richtigen Antworten zu den folgenden Fragen. Sie hören vier neue Ausdrücke:

Arbeitszimmer	*study*
Balkon	*balcony*
ganz schön Geld	*quite a lot of money*
gehen nach Süden	*face the south*

1. Warum ruft Fred bei Gabi an?

   _____ a. Er will sie besuchen.

   _____ b. Er hört, sie hat eine neue Wohnung.

2. Wie viele Zimmer hat Gabis Wohnung?

   _____ a. 3 Zimmer, Küche und Bad.

   _____ b. 6 Zimmer.

3. Was gefällt Gabi sehr an der Wohnung?

   _____ a. Das große Badezimmer.

   _____ b. Der Balkon.

4. Wann kann Fred Gabis Wohnung sehen?

   _____ a. Am Samstag, auf dem Fest.

   _____ b. Heute Abend.

5. Was macht Gabi, wenn am Samstag schönes Wetter ist?

   _____ a. Sie geht Bücherregale kaufen.

   _____ b. Sie macht das Fest auf dem Balkon.

G **Pläne** Monika und Peter sprechen über ihre Pläne für den Abend. Lesen Sie die folgenden Fragen, bevor Sie sich das Gespräch anhören. Während° Sie zuhören, *while* können Sie Notizen machen. Beantworten Sie dann die Fragen auf Deutsch. Sie hören vier neue Ausdrücke:

'ne (eine) Weile	*a while*
zu Besuch	*for a visit*
warten	*to wait*
schwer	*difficult*

1. Was will Peter vielleicht nach der Vorlesung machen?

   _____

2. Wohin wollen Monika und Peter heute Abend gehen?

   _____

3. Warum will Peter erst° nicht mitgehen?   *at first*

_____

4. Wann sollen sie bei den Nachbarn sein?

_____

Übungen zur Aussprache

CD 3
Track 22 **H** **Word pairs** Listen and repeat the word pairs. You may wish to review the pronunciation of long and short **i** and **e** in *Appendix C* of your textbook.

long ī	short i	long ē	short e
bieten	bitten	beten	Betten
vieler	Filter	Fehler	Felle
Wiege	Wicke	Weg	Weg
stiehlt	stillt	stehlt	stellt
riet	ritt	Reeder	Retter
ihn	in	fehle	Fälle
		gähnt	Gent

CD 3
Track 23 **I** **Sentences** Now listen and repeat the sentences, paying special attention to the way you pronounce long and short **i** and **e** in the boldfaced words.

1. Warum **sind sie nicht hier geblieben**?
2. Er **ist gestern gegen sechs** Uhr gegangen.
3. **Wie findest** du **dieses Winterwetter**?
4. **Diese Männer** haben doch **recht**°.   *recht haben: are right*
5. **Niemand**° **fliegt** nach **Wien**.
6. **Dieses Beispiel** habe **ich in** der Zeitung **gelesen**.
7. **Jens trinkt immer Milch**.

Mündliche Übungen

CD 3
Track 24 **J** **Aufräumen** Sie und Ihr Bruder räumen die Wohnung auf. Beantworten Sie seine Fragen, indem Sie die Stichwörter in den *Akkusativ* oder den *Dativ* setzen.

BEISPIEL:
Wohin stell' ich das Radio? (auf / Nachttisch)   *Auf den Nachttisch.*

CD 3
Track 25 **K** **Ich weiß nicht** Ein Freund stellt Ihnen ein paar Fragen über Nicole und David. Sie sagen, dass Sie das nicht wissen. Sie hören ein neues Wort:

staatlich   *public*

BEISPIEL:
Hat Nicole im Sommer gearbeitet?   *Ich weiß nicht, ob sie im Sommer gearbeitet hat.*

Modernes Leben

KAPITEL 8

Übungen zum Hörverständnis

🔊 **A** **Modernes Leben: Zwei Familien** Hören Sie sich das Lesestück „Modernes Leben: Zwei Familien" an.
CD 3
Track 26

🔊 **B** **Richtig oder falsch?** Sie hören acht Aussagen über das Lesestück „Modernes Leben: Zwei Familien". Markieren Sie die Aussagen als **richtig** oder **falsch**. Sie hören ein neues Wort:
CD 3
Track 27

versorgt   *looked after*

	Richtig	**Falsch**
1.	_____	_____
2.	_____	_____
3.	_____	_____
4.	_____	_____
5.	_____	_____
6.	_____	_____
7.	_____	_____
8.	_____	_____

🔊 **C** **Ist das logisch?** Sie hören sechs kurze Gespräche. Markieren Sie die Antworten als **logisch**, wenn sie auf die Frage oder Aussage passen, und als **unlogisch**, wenn sie nicht passen. Sie hören einen neuen Ausdruck:
CD 3
Track 28

Viel Glück!   *Good luck!*

	Logisch	**Unlogisch**
1.	_____	_____
2.	_____	_____
3.	_____	_____
4.	_____	_____
5.	_____	_____
6.	_____	_____

D Die gleiche Bedeutung (meaning) Sie hören sechs Sätze. Für jeden Satz, den° Sie hören, lesen Sie einen zweiten Satz. Markieren Sie **gleich,** wenn die beiden Sätze die gleiche Bedeutung haben. Markieren Sie **nicht gleich,** wenn sie nicht die gleiche Bedeutung haben.

that

	gleich	nicht gleich
1. Ich habe das Gefühl, dass du zu wenig Freizeit hast.	_____	_____
2. Frau Zeyse hat ihren Job aufgegeben, als ihre Tochter in den Kindergarten gekommen ist.	_____	_____
3. Frau Meier erzieht ihre Kinder alleine, denn ihr Mann hat keine Zeit.	_____	_____
4. Und, was ist bei euch in letzter Zeit passiert?	_____	_____
5. Herr Taler klagt über seine Kinder.	_____	_____
6. Hier können Sie kommen und gehen, wann Sie wollen.	_____	_____

E Ein Gespräch Isabelle Petzold war lange weg von ihrem Job, weil sie Elternzeit genommen hat. Jetzt ist sie wieder im Büro und spricht mit ihrem früheren Kollegen Paul Weimer. Hören Sie sich das Gespräch zwischen den beiden an. Dann markieren Sie die richtigen Antworten zu den folgenden Fragen. Sie hören drei neue Wörter:

Ehemann	husband
erwartet	is expecting
heiratet	is getting married

1. Was macht Isabelle Petzold im Moment?

_____ a. Sie ist Hausfrau und Mutter.

_____ b. Sie arbeitet halbtags in der Bibliothek.

2. Wie findet sie das Leben mit Kindern?

_____ a. Sie findet es ruhig und gemütlich.

_____ b. Sie ist manchmal ziemlich gestresst.

3. Wann kann Isabelle wieder in ihrem Beruf arbeiten?

_____ a. Wenn ihre Mutter die Kinder nimmt.

_____ b. Wenn ihre Tochter einen Kindergartenplatz hat.

4. Was macht Pauls Frau?

_____ a. Sie arbeitet nicht.

_____ b. Sie hat Kinder und arbeitet jetzt wieder halbtags.

5. Was erzählt Paul aus dem Büro?

_____ a. Dass Walter nicht mehr dort arbeitet.

_____ b. Dass Brigitte ein Baby erwartet.

6. Ist Isabelle froh, dass sie bald wieder im Büro arbeitet?

_____ a. Ja, aber sie ist auch ein bisschen nervös.

_____ b. Nein, denn sie mag es nicht, wenn die Kollegen so viel über andere Kollegen sprechen.

F **Ein Jobinterview** Leon bewirbt° sich für einen Semesterferien-Job in einem Buchladen. Er hat dort ein Interview mit Frau Berg. Hören Sie sich das Interview an. Lesen Sie dann die folgenden sechs Aussagen darüber. Markieren Sie die Aussagen als **richtig** oder **falsch**. Sie hören vier neue Ausdrücke:

bewirbt sich: is applying for a job

CD 3 Track 31

Brief	*letter*
aufpassen	*watch out*
niemand	*no one*
ohne zu bezahlen	*without paying*

	Richtig	**Falsch**	
1.	_____	_____	Leon hat mit Frau Berg telefoniert und nach einem Ferienjob gefragt.
2.	_____	_____	Leon macht sein Studium keinen großen Spaß.
3.	_____	_____	Leon braucht Geld.
4.	_____	_____	Leon muss bei der Arbeit im Buchladen nicht viel über Bücher wissen.
5.	_____	_____	Letzten Sommer hat Leon in einem Musikgeschäft gearbeitet.
6.	_____	_____	Leon kann nächste Woche mit der Arbeit beginnen.

Übungen zur Aussprache

G **Word pairs** Listen and repeat the words. You may wish to review the pronunciation of **r** and **l** in *Appendix C* of your textbook.

CD 3 Track 32

[r]	[l]	full [r]	full [r]	full [r]
wird	wild	fragt	ragt	warum
Schmerzen	schmelzen	kriechen	riechen	gierig
Karte	kalte	trugen	rufen	fuhren
Schurz	Schulz	Preis	Reis	Tiere
Worte	wollte	grünen	rühmen	schnüren

H **Sentences** Now listen and repeat the sentences, paying special attention to the way you pronounce **r** and **l** in the boldfaced words.

CD 3 Track 33

1. Wer hat **Frau Kugel** das **gefragt**?
2. Es hat **Cornelia** nicht **gefallen**, dass wir so **schnell gefahren** sind.
3. Im **Juli wollen** wir im **Schwarzwald wandern** und **zelten**.
4. Im **Frühling fahre** ich mit **Freunden** nach **Österreich**.

Mündliche Übungen

I   Kein Streik Der Gewerkschaftsführer° erklärt, was die Gewerkschaft mit dem Management besprechen wird. Sagen Sie die Sätze noch einmal im *Futur*.   *union leader*

BEISPIEL:
Wir verdienen bestimmt mehr.   *Wir werden bestimmt mehr verdienen.*

J   Noch einmal Sagen Sie die Beispielsätze noch einmal mit den angegebenen *Adjektiven* im *Nominativ Singular*.

BEISPIEL:
Ist dieser Pulli noch gut? (alt)   *Ist dieser alte Pulli noch gut?*

BEISPIEL:
Wem gehört dieses Radio? (klein)   *Wem gehört dieses kleine Radio?*

BEISPIEL:
Wie teuer war diese CD? (neu)   *Wie teuer war diese neue CD?*

K   Welche meinst du? Im Kaufhaus kommentiert Franziska verschiedene° Dinge. Fragen Sie nach, was sie meint. Verwenden Sie die *Adjektive* im *Akkusativ Singular*.   *various*

BEISPIEL:
Der rote Pulli ist toll, nicht?   *Meinst du diesen roten Pulli?*

L   Ein neues Zimmer Ihr Freund Robert ist umgezogen°. Beschreiben Sie sein neues Zimmer. Setzen Sie die *Adjektive* in den *Akkusativ*.   *moved*

BEISPIEL:
Robert hat ein Zimmer. (groß, modern)   *Robert hat ein großes, modernes Zimmer.*

In der Schweiz

Übungen zum Hörverständnis

A **Die Schweiz für Anfänger: Eine kurze Geschichte des Landes** Hören Sie sich das
Lesestück „Eine kurze Geschichte der Schweiz" an.

CD 4
Track 2

B **Richtig oder falsch?** Sie hören neun Aussagen über das Lesestück „Eine kurze Geschichte
der Schweiz". Markieren Sie die Aussagen als **richtig** oder **falsch**.

CD 4
Track 3

	Richtig	Falsch			Richtig	Falsch
1.	_____	_____		6.	_____	_____
2.	_____	_____		7.	_____	_____
3.	_____	_____		8.	_____	_____
4.	_____	_____		9.	_____	_____
5.	_____	_____				

C **Entgegnungen (responses)** Sie hören fünf Aussagen oder Fragen über das Kranksein.
Markieren Sie die Antworten, die plausibel sind.

CD 4
Track 4

1. _____ a. Du Armer!

   _____ b. Du tust mir leid.

   _____ c. Leider nicht, ich bin erkältet.

2. _____ a. Ich putze mir morgens die Zähne.

   _____ b. Ich fühle mich schwächer als gestern.

   _____ c. Ich freue mich darauf.

3. _____ a. Du hast recht, sonst kann ich nächste Woche nicht Ski laufen.

   _____ b. Hoffentlich bekomme ich diesen Herbst keine Erkältung!

   _____ c. Fühlst du dich auch krank?

4. _____ a. Das ist ja toll!

   _____ b. Warum nimmst du keine Aspirin?

   _____ c. Geh doch ins Theater!

5. _____ a. Nein, ich glaube nicht.

_____ b. Morgen gehe ich Ski laufen.

_____ c. Nein, ich huste nicht.

D Körperteile Sie hören fünf Sätze, die *Körperteile* beschreiben. Markieren Sie die richtigen Antworten.

CD 4
Track 5

1. _____ a. Hände   _____ b. Füße

2. _____ a. Ohren   _____ b. Augen

3. _____ a. Hals   _____ b. Nase

4. _____ a. Zähne   _____ b. Beine

5. _____ a. Finger   _____ b. Haare

E Ein Interview Der Journalist Herr Gruber möchte wissen, was die Schweizer über ihren Lebensstandard und über die Europäische Union denken. Er interviewt Frau Beck, eine ältere Dame. Hören Sie sich das Interview an und markieren Sie dann die richtigen Antworten auf die folgenden Fragen. Die Fragen können mehrere richtige Antworten haben. Sie hören drei neue Ausdrücke:

CD 4
Track 6

Angst haben	*to be afraid*
fürchten	*to fear*
Unterschied	*difference*

1. Wie findet Frau Beck den Lebensstandard in der Schweiz?

_____ a. Der Lebensstandard ist relativ hoch.

_____ b. Die meisten Leute kaufen sich jedes Jahr ein neues Auto.

_____ c. Vieles ist billiger geworden.

2. Haben die Leute jetzt ein einfacheres Leben?

_____ a. Ja, viele haben keine Spülmaschine und keinen Fernseher.

_____ b. Nein, aber sie sind sparsamer° geworden.   *more thrifty*

_____ c. Ja, nur wenige können sich ein Auto kaufen.

3. Warum hat Frau Beck kein Auto?

_____ a. Sie braucht es nicht.

_____ b. Sie kann es sich nicht kaufen.

_____ c. Sie fährt immer mit dem Rad oder mit dem Zug.

4. Was denkt Frau Beck über die Europäische Union?

_____ a. Sie sagt nichts über dieses Thema°.   *topic*

_____ b. Sie möchte, dass die Schweiz neutral bleibt.

_____ c. Sie weiß nicht, was die Europäische Union ist.

5. Fürchtet Frau Beck, dass die Schweiz von der Welt isoliert ist?

_____ a. Ja, sie fürchtet es.

_____ b. Nein, sie glaubt, andere Länder kaufen ihre Qualitätsprodukte.

_____ c. Nein, sie glaubt, dass andere Länder Schweizer Produkte wollen.

6. Was sagt Frau Beck über die Wirtschaft in der Schweiz?

_____ a. Sie hat Angst, dass sie jetzt weniger kaufen kann.

_____ b. Sie hat keine Angst, dass es der Schweiz wirtschaftlich schlechter geht.

_____ c. Sie meint, die Schweiz ist wirtschaftlich stark.

F Bei der Ärztin Leon fühlt sich nicht gesund und er geht zu Frau Dr. Hauser, seiner Ärztin. Hören Sie sich das Gespräch an. Lesen Sie dann die folgenden Aussagen. Markieren Sie **richtig,** wenn die Aussage stimmt. Markieren Sie **falsch,** wenn die Aussage nicht stimmt. Sie hören drei neue Ausdrücke:

auf jeden Fall   *in any case*
Ruhe   *quiet*
Was führt Sie zu mir? *What brings you to me?*

Richtig   Falsch

1. _____ _____ Frau Dr. Hauser denkt, dass Leon eine Erkältung hat.

2. _____ _____ Leon tut der Kopf weh, aber er hat kein Fieber.

3. _____ _____ Leon arbeitet nur für seine Kurse an der Uni.

4. _____ _____ Leon ist so gestresst, dass er nicht gut schlafen kann.

5. _____ _____ Frau Dr. Hauser gibt Leon Tabletten gegen seine Schmerzen.

6. _____ _____ Leon soll in zwei Tagen wiederkommen.

Übungen zur Aussprache

G Word pairs Listen and repeat the words. You may wish to review the pronunciation of final **-en,** **-e,** and **-er** in *Appendix C* of your textbook.

e[n]	e[ ]	e[r]
bitten	bitte	bitter
fahren	fahre	Fahrer
denken	denke	Denker
fehlen	fehle	Fehler
besten	beste	bester

H **Sentences** Now listen and repeat the sentences, paying special attention to your pronunciation of final **-en, -e,** and **-er** in the boldfaced words.

CD 4
Track 9

1. **Fahren** Sie **bitte** etwas **langsamer**!
2. **Viele Amerikaner fliegen** im **Sommer** nach Europa.
3. **Manche Länder brauchen** mehr **Schulen**.
4. Die **Tage werden kürzer** und **kälter**.
5. **Diese Männer arbeiten** wirklich schwer.
6. **Viele Wörter** sind relativ, zum Beispiel **länger, größer oder jünger**.

Mündliche Übungen

I **Einige Fragen** Beantworten Sie die Fragen mit „Ja".

CD 4
Track 10 BEISPIEL:

Hast du dich gestern erkältet? *Ja, ich habe mich gestern erkältet.*

J **Ich kann das auch** Sagen Sie, dass Sie die gleichen Eigen-
schaften° haben wie Ihre Freunde und dass Sie Dinge auch so gut *characteristics, traits*
können wie sie.

CD 4
Track 11

BEISPIEL:

Franz ist intelligent. *Ich bin genauso intelligent wie er.*

K **Wie ist die neue Wohnung?** Ihr Freund möchte wissen, wie Ihre
neue Wohnung ist. Sagen Sie, dass sie das Gegenteil° davon ist, *opposite*
was er denkt.

CD 4
Track 12

BEISPIEL:

Ist deine neue Wohnung kleiner als die alte? *Nein, sie ist größer.*

L **Erik ist anders** Ihre Eltern kennen Ihren Freund Andreas, aber nicht
Ihren Freund Erik. Sagen Sie ihnen, dass Erik das Gegenteil davon ist,
was sie denken.

CD 4
Track 13

BEISPIEL:

Ist Erik kleiner als Andreas? *Nein, er ist größer.*

M **In einem Möbelgeschäft** Sie und Ihr Freund sind in einem Möbelgeschäft und vergleichen° die Dinge, die Sie dort sehen. *compare*

CD 4
Track 14

BEISPIEL:

Die Kommode ist groß. *Aber diese Kommode ist größer.*

N **Es ist alles besser** Zwei Freunde sprechen darüber, was sie haben und
was sie machen. Jeder will den anderen übertreffen°. *outdo*

CD 4
Track 15

BEISPIEL:

Ich habe ein großes Auto. *Ich habe ein größeres Auto.*

---

166 • *Deutsch heute* Student Activities Manual

Deutschland

Übungen zum Hörverständnis

A Deutschland: 1945 bis heute Hören Sie sich das Lesestück „Deutschland: 1945 bis heute" an.

CD 4 Track 16

B Richtig oder falsch? Sie hören acht Aussagen über das Lesestück „Deutschland: 1945 bis heute". Markieren Sie **richtig,** wenn die Aussage mit der Information aus dem Lesestück übereinstimmt. Markieren Sie **falsch,** wenn die Aussage nicht korrekt ist.

CD 4 Track 17

Richtig	Falsch
1. _____	_____
2. _____	_____
3. _____	_____
4. _____	_____
5. _____	_____
6. _____	_____
7. _____	_____
8. _____	_____

C Ist das logisch? Sie hören acht kurze Gespräche. Markieren Sie die logischen Antworten als **logisch** und die unlogischen als **unlogisch.**

CD 4 Track 18

Logisch	Unlogisch		Logisch	Unlogisch
1. _____	_____	5. _____	_____
2. _____	_____	6. _____	_____
3. _____	_____	7. _____	_____
4. _____	_____	8. _____	_____

D Die gleiche Bedeutung

Sie hören sechs Sätze. Für jeden Satz steht in Ihrem *Lab Manual* ein zweiter Satz. Markieren Sie **gleich,** wenn die beiden Sätze die gleiche Bedeutung haben. Markieren Sie **nicht gleich,** wenn sie nicht die gleiche Bedeutung haben. Sie hören ein neues Wort:

zerstört   *destroyed*

	gleich	nicht gleich
1. Das Theater hat schon angefangen.	_____	_____
2. Du solltest das Musical sehen. Es ist wirklich toll.	_____	_____
3. Ich habe viel Geld auf der Bank.	_____	_____
4. Die Kinder schlafen immer noch.	_____	_____
5. In der DDR war vieles anders als in der Bundesrepublik.	_____	_____
6. Die Ostdeutschen haben die Mauer gebaut.	_____	_____

E Ein Gespräch

Hören Sie sich das Gespräch zwischen Georg und Ursel an. Dann markieren Sie die richtigen Antworten zu den folgenden Fragen. Sie hören ein neues Wort:

Reklame   *publicity*

1. Warum ist Georg so müde?

   _____ a. Er war gestern Abend in der Oper.

   _____ b. Er jobbt auf dem Theaterfestival.

2. Was für eine Arbeit hat Georg?

   _____ a. Er macht Musik.

   _____ b. Er macht Reklame für das Theater.

3. Warum macht Georg diese Arbeit?

   _____ a. Alles, was mit dem Theater zu tun hat, interessiert ihn.

   _____ b. Weil er gut verdient.

4. Was macht Georg meistens mit den Freikarten?

   _____ a. Er benutzt sie selbst.

   _____ b. Er schenkt sie Freunden.

5. Warum geht Ursel mit ins Theater?

   _____ a. Sie hat heute Abend nichts anderes zu tun.

   _____ b. Den *Faust* fand sie sehr interessant, als sie ihn in der Schule las.

6. Wo wollen sie sich treffen?

   _____ a. Sie treffen sich am Theater.

   _____ b. Georg holt Ursel ab.

F **Ein Dokumentarfilm** Sarah und Leon diskutieren über einen Dokumentarfilm, den sie gerade gesehen haben. Lesen Sie die folgenden Fragen. Hören Sie sich ihr Gespräch an und beantworten Sie dann die Fragen. Sie hören zwei neue Ausdrücke:

Hör schon auf!   *Just stop!*
täglich   *daily*

1. Hat Sarah der Film gefallen?

   _____

   _____

2. Welchen Teil des Filmes fand Leon ein bisschen zu lang?

   _____

   _____

3. Welche Informationen fand Sarah unglaublich?

   _____

   _____

4. Wofür interessiert sich Leon?

   _____

   _____

Übungen zur Aussprache

G **Word pairs** Listen and repeat the word pairs. You may wish to review the pronunciation of **sp** and **st** in *Appendix C* of your textbook.

[sp]	[šp]	[st]	[št]
lispeln	spielen	Listen	stehlen
knuspern	springen	Hengst	streng
Espen	spenden	Küste	Stücke
Knospe	Sprossen	kosten	stocken
Haspe	Spatz	Last	Stall

H **Sentences** Now listen and repeat the sentences, paying special attention to the way you pronounce **sp** and **st** in the boldfaced words.

1. Die **Studentin spricht** die deutsche **Sprache** sehr schön.
2. Schweizerdeutsch **versteht Stefan** nicht.
3. In der **Stadt** müssen Kinder oft auf den **Straßen spielen**.
4. **Sport** treiben macht **Spaß**.
5. Es hat **gestern** am **späten** Nachmittag **stark** geregnet.

Mündliche Übungen

I So war es früher Sagen Sie, was Sie und Ihr Freund Michael früher gemacht haben. Verwenden Sie das *Präteritum*.

CD 4 Track 24

BEISPIEL:

Wir arbeiten beide nicht besonders viel für die Schule. *Wir arbeiteten beide nicht besonders viel für die Schule.*

J Eine Party Erzählen Sie, wie Ihre Freunde eine Party vorbereitet haben. Bilden Sie Sätze im *Präteritum*.

CD 4 Track 25

BEISPIEL:

Lilo räumt die Wohnung auf. *Lilo räumte die Wohnung auf.*

K Ein Gespräch mit der Nachbarin Sagen Sie, dass die folgenden Leute mit einer Nachbarin gesprochen haben. Verwenden Sie die angegebenen Subjekte und das *Präteritum*.

CD 4 Track 26

BEISPIEL:

Frau Berger spricht oft mit der Nachbarin. *Frau Berger sprach oft mit der Nachbarin.*

L Letzten Sommer Sie hatten letzten Sommer einen Ferienjob. Erzählen Sie davon. Bilden Sie Sätze im *Präterium*.

CD 4 Track 27

BEISPIEL:

Ich stehe früh auf. *Ich stand früh auf.*

M Berufe Was sind diese Leute von Beruf? Bilden Sie Sätze im *Präteritum*.

CD 4 Track 28 BEISPIEL:

Erika wird Ingenieurin. *Erika wurde Ingenieurin.*

Wirtschaft und Beruf

Übungen zum Hörverständnis

🔊 **A** **Die Kündigung** Hören Sie sich das Lesestück „Die Kündigung" an.
CD 5
Track 2

🔊 **B** **Richtig oder falsch?** Sie hören acht Aussagen über das Lesestück „Die Kündigung". Markieren
CD 5
Track 3 Sie **richtig,** wenn die Aussage mit der Information aus dem Lesestück übereinstimmt. Markieren Sie
falsch, wenn die Aussage nicht korrekt ist.

	Richtig	Falsch
1.	_____	_____
2.	_____	_____
3.	_____	_____
4.	_____	_____
5.	_____	_____
6.	_____	_____
7.	_____	_____
8.	_____	_____

🔊 **C** **Entgegnungen** Sie hören fünf Fragen. Markieren Sie die Antwort, die plausibel ist.
CD 5
Track 4
1. _____ a. Tut mir leid, sie ist heute nicht da.

_____ b. Ich hoffe, Sie hatten eine gute Reise.

_____ c. Sie war ein Jahr in den USA.

2. _____ a. Ja, gehen Sie bitte gleich hinein.

_____ b. Ja, ich habe drei Jahre in Frankreich gearbeitet.

_____ c. Ja, ich habe einen Termin bei ihm.

3. _____ a. Ja bitte, er erwartet Sie schon.

_____ b. Ich habe einige Fragen.

_____ c. Nein, leider nicht.

4. _____ a. Ich möchte bei einer Exportfirma arbeiten.

   _____ b. Ich glaube ja.

   _____ c. Tut mir leid. Ich habe jetzt keine Zeit.

5. _____ a. Nein, Ihre Preise sind zu hoch.

   _____ b. Oh ja, die Arbeit muss interessant sein.

   _____ c. Nein, sie telefoniert gerade.

D Die gleiche Bedeutung Sie hören sechs Satzpaare. Markieren Sie **gleich,** wenn die beiden Sätze die gleiche Bedeutung haben. Markieren Sie **nicht gleich,** wenn sie nicht die gleiche Bedeutung haben.

	Gleich	Nicht gleich
1.	_____	_____
2.	_____	_____
3.	_____	_____
4.	_____	_____
5.	_____	_____
6.	_____	_____

E Zwei Gespräche Hören Sie sich die beiden kurzen Gespräche an. Lesen Sie dann die folgenden Aussagen. Markieren Sie **richtig,** wenn die Aussage korrekt ist. Markieren Sie **falsch,** wenn die Aussage nicht korrekt ist. Markieren Sie **man weiß es nicht,** wenn sie im Gespräch nicht vorkommt°.   *appear*

		Richtig	Falsch	Man weiß es nicht
1.	Frau Schulze erwartet Herrn Meier.	_____	_____	_____
2.	Frau Schulze kann ihn heute nicht sehen.	_____	_____	_____
3.	Die Sekretärin will Frau Schulze fragen, ob sie Zeit hat.	_____	_____	_____
4.	Frau Schulze hat jetzt einen Termin.	_____	_____	_____

Jetzt kommt das zweite Gespräch.

		Richtig	Falsch	Man weiß es nicht
1.	Frau Schulze findet Herrn Meiers Sachen billig.	_____	_____	_____
2.	Sie hat aber viele Fragen wegen der Qualität.	_____	_____	_____
3.	Frau Schulze ruft Herrn Meier am Montag an.	_____	_____	_____
4.	Sie will die Sachen von Herrn Meier kaufen.	_____	_____	_____

🔊 CD 5 Track 7 **F** **Eine neue Stelle** Marie und Felix sprechen über Maries Kusine, Laura, die gerade eine neue Stelle bei Siemens in München gefunden hat. Hören Sie sich ihr Gespräch an. Markieren Sie dann die richtigen Antworten. Sie hören drei neue Wörter:

umziehen	*move to a new residence*
vorher	*previously*
sparen	*save*

1. Felix spricht mit Marie …

   _____ a. über ihre neue Stelle.

   _____ b. über ihre Kusine Laura.

   _____ c. über das Leben in München.

2. Bevor Laura die neue Stelle bekam, …

   _____ a. war sie sechs Monate lang arbeitslos gewesen.

   _____ b. hatte sie bei Volkswagen in Wolfsburg gearbeitet.

   _____ c. hatte sie drei Monate lang keine Arbeit gehabt.

3. Als Laura arbeitslos war, …

   _____ a. ging es ihr sehr gut.

   _____ b. wurde sie von Monat zu Monat nervöser.

   _____ c. war sie froh darüber.

4. Laura …

   _____ a. ist jetzt schnell nach Wolfsburg gezogen°.   *moved*

   _____ b. bleibt noch ein Jahr in Wolfsburg.

   _____ c. sucht jetzt eine eigene Wohnung in München.

Übungen zur Aussprache

🔊 CD 5 Track 8 **G** **Word pairs** Listen and repeat the word pairs. You may wish to review the pronunciation of **ei, eu (äu), au,** and **ie** in *Appendix C* of your textbook.

[ai]	[oi]
nein	neun
heiser	Häuser
Seile	Säule
Eile	Eule
leite	Leute

[au]	[oi]	[i]	[ai]
Maus	Mäuse	Miene	meine
Haus	Häuser	Biene	Beine
Bauch	Bäuche	viele	Feile
Haufen	häufen	diene	deine
Laute	Leute	Liebe	Leibe

CD 5
Track 9 **H** **Sentences** Now listen and repeat the sentences, paying special attention to the pronunciation of **eu (äu)**, **au**, **ei**, and **ie** in the boldfaced words.

1. Herr **Neumann** ist **heute** nicht **einkaufen** gegangen.
2. Hat **Paula** schon **einen Brief** an **euch geschrieben**?
3. **Eugen** hat **Deutsch studiert**.
4. Abends geht Klaus mit **seinen Freunden** in **eine Kneipe**.
5. **Heike läuft** jeden Tag zur **Arbeit**.
6. **Dieter** hat **seit** Ende **Mai sein eigenes Auto**.

Mündliche Übungen

CD 5
Track 10 **I** **Würden Sie mitfahren?** Familie Schmidt macht einen Ausflug. Sagen Sie, wer nicht mitfahren würde.

BEISPIEL:
Andrea   *Andrea würde nicht mitfahren.*

CD 5
Track 11 **J** **Alle wären froh** Politiker diskutieren über Tempolimits auf der Autobahn. Sagen Sie, dass die folgenden Leute sicher froh darüber wären.

BEISPIEL:
Roland   *Roland wäre sicher froh.*

CD 5
Track 12 **K** **Alle hätten Angst** Wenn es im Atomkraftwerk° einen Unfall° geben würde, hätten viele Leute Angst. Sagen Sie, dass die folgenden Leute natürlich Angst hätten.

atomic power plant / accident

BEISPIEL:
Roland   *Roland hätte natürlich Angst.*

CD 5
Track 13 **L** **Ferienträume** Frank denkt darüber nach, was er machen würde, wenn alles anders wäre. Verwenden Sie den *Konjunktiv der Gegenwart* im Konditionalsatz und die **würde-Konstruktion** im Hauptsatz.

BEISPIEL:
Wenn ich ein Auto habe, fahre ich   *Wenn ich ein Auto hätte, würde ich in*
in die Schweiz.   *die Schweiz fahren.*

Deutschland hat viele Gesichter

Übungen zum Hörverständnis

A **Fremd im eigenen Zuhause** Hören Sie sich das Lesestück „Fremd im eigenen Zuhause" an.

B **Richtig oder falsch?** Sie hören acht Aussagen über das Lesestück „Fremd im eigenen Zuhause". Markieren Sie **richtig,** wenn die Aussage mit der Information aus dem Lesestück übereinstimmt. Markieren Sie **falsch,** wenn die Aussage nicht korrekt ist. Sie hören ein neues Wort:

Koch   *cook*

	Richtig	Falsch		Richtig	Falsch
1.	_____	_____	7.	_____	_____
2.	_____	_____	6.	_____	_____
3.	_____	_____	7.	_____	_____
4.	_____	_____	8.	_____	_____

C **Ist das logisch?** Sie hören sechs kurze Gespräche. Markieren Sie die Antworten als **logisch,** wenn Sie auf die Frage oder Aussage passen, und als **unlogisch,** wenn sie nicht passen. Sie hören einen neuen Ausdruck:

keinen einzigen   *not a single one*

	Logisch	Unlogisch
1.	_____	_____
2.	_____	_____
3.	_____	_____
4.	_____	_____
5.	_____	_____
6.	_____	_____

🔊 **D** **Der richtige Ort** *(location)* Sie hören sechs Fragen. Markieren Sie die passende Antwort
CD 5
Track 17 auf jede Frage.

1. _____ a. in der Heimat   _____ b. in der Industrie

2. _____ a. ins Kino   _____ b. ins Konzert

3. _____ a. in der Zeitung   _____ b. in der Literatur

4. _____ a. an der Mauer   _____ b. in den Bergen

5. _____ a. in ein Lokal   _____ b. auf die Bank

6. _____ a. in der Bibliothek _____ b. auf der Brücke

🔊 **E** **Ein Interview** Birgit ist Reporterin bei der lokalen Jugendzeitung und sie interviewt Ali, der aus
CD 5
Track 18 der Türkei kommt und jetzt in Deutschland lebt. Hören Sie sich das Gespräch an. Beantworten Sie dann
die folgenden Fragen. Sie hören zwei neue Wörter:

Grund (Gründe)   *reason (reasons)*
Viertel   *quarter, district*

1. Wann ist Ali nach Deutschland gekommen?

   _____ a. Als er sehr klein war.

   _____ b. Er ist da geboren.

2. Warum sind Alis Eltern nach Deutschland gekommen?

   _____ a. Sein Vater fand in der Türkei keine Arbeit.

   _____ b. Aus politischen Gründen.

3. Warum spricht Ali so gut Deutsch?

   _____ a. Er geht auf eine deutsche Schule und hat ein paar deutsche Freunde.

   _____ b. Er spricht mit seinen Eltern oft Deutsch.

4. Was sind Alis Zukunftspläne?

   _____ a. Er will ein türkisches Lokal eröffnen°.   *open*

   _____ b. Er will Elektroingenieur werden.

5. Wo möchte Ali später mal leben?

   _____ a. Er möchte in der Türkei leben; dort ist seine Heimat.

   _____ b. Er möchte in Deutschland bleiben.

F **Pläne für Samstag** Monika trifft sich mit Peter im Studentencafé und sie reden über ihre Pläne fürs Wochenende. Lesen Sie die folgenden Fragen, bevor Sie sich das Gespräch anhören. Beantworten Sie dann die Fragen. Sie hören zwei neue Wörter:

CD 5
Track 19

ähnlich   *similar*
Lieder   *songs*

1. Wie ist das Wetter?

   _____

   _____

2. Wohin geht Monika am Samstagnachmittag?

   _____

   _____

3. Wie sind Yilmaz' Verwandte?

   _____

   _____

4. Was wird bei dem Geburtstagspicknick gemacht?

   _____

   _____

5. Mag Peter türkisches Essen?

   _____

   _____

Übungen zur Aussprache

G **Word pairs** Listen and repeat the word pairs. You may wish to review the pronunciation of d and t in *Appendix C* of your textbook.

CD 5
Track 20

[d]	[t]
Sonde	sonnte
Seide	Seite
bieder	Bieter
Mieder	Mieter

H **Sentences** Now listen and repeat the sentences, paying special attention to the pronunciation of d and t in the boldfaced words.

CD 5
Track 21

1. **Die Kinder trugen** ihre **beste Kleidung** zum **Fest**.
2. Im **Winter arbeitet Walter** in einem **Hotel**.
3. Sein **Vater hat** viele **Freunde eingeladen**.
4. **Der Bundespräsident redete** über **die** neuen **Länder**.

Mündliche Übungen

🔊 **I** **Die sind doch gar nicht kaputt** Ihr Freund will alles Mögliche reparieren.
CD 5
Track 22 Sagen Sie ihm, dass er sich die falschen Dinge ausgesucht° hat. Verwenden   *picked out*
Sie ein *Relativpronomen*.

BEISPIEL:
Ich repariere jetzt diesen Computer, ja?   *Das ist doch nicht der Computer, der kaputt ist.*

🔊 **J** **Von wem wird das gemacht?** Sagen Sie, was von wem gemacht wird. Verwenden
CD 5
Track 23 Sie die angegebenen Stichwörter in *Passivsätzen*.

BEISPIEL:
Von wem wird das Essen gekocht? (mein Vater)   *Das Essen wird von meinem Vater gekocht.*

🔊 **K** **Was wird hier gemacht?** In Ihrem Wohnhaus ist viel los. Sagen Sie, was in jeder
CD 5
Track 24 Wohnung gemacht wird.

BEISPIEL:
In Wohnung Nummer 1 schreibt man einen Brief.   *In Wohnung Nummer 1 wird ein Brief
geschrieben.*

VIDEO MANUAL

Name _____   Datum _____

Die berühmte deutsche Pünktlichkeit!

KAPITEL 7

Vokabeln

ab•warten to wait for
bauen to build
der **Blumenkasten, ̈** flower box
das **Fachwerkhaus, -häuser** half-
  timbered house
die **Grenze, -n** border
die **Kaiserin, -nen** empress
die **Laterne, -n** street light

die **Lust, ̈e** desire; pleasure: **Lust
  haben auf** (+ acc.) to feel like
der **Märchenkönig, -e** the fairy
  tale king
die **Postkarte, -n** postcard
die **Pünktlichkeit** punctuality
spannend full of suspense
überhaupt actually, after all

überall everywhere
wenigstens at least
die **Überraschung, -en** surprise
verstehen, verstand to
  understand
sich wundern to be surprised at

▷ **A   Was haben Sie gesehen?** Unsere Freunde sind in Füssen, einer Kleinstadt in Bayern. Die verschiedenen Szenen hier zeigen ein typisches Bild von Deutschland. Sehen Sie sich das Video ohne Ton an und kreuzen Sie alles an, was Sie gesehen haben.

1. Szene: An der Bushaltestelle°   *bus stop*

_____ Radfahrer

_____ deutsche Häuser

_____ ein Bus

_____ ein Balkon mit Blumen

_____ Frauen mit Einkaufstaschen

2. Szene: In der Fußgängerzone Füssen

_____ Leute an Tischen vor einem Café

_____ Kleidungsstücke und Postkarten vor Geschäften

_____ eine Straße mit Kopfsteinpflaster°   *cobble stones*

_____ Laternen an Blumenkästen

_____ Bahnhof

3. Szene: Auf dem Land

_____ Bäume und Wiesen°   *meadows*

_____ ein Reisebus mit Touristen

_____ Schloss Neuschwanstein

_____ ein Picknick

_____ Berge

Video Manual   Kapitel 7   •   **201**

B **Wer hat das gesagt?** Sehen Sie sich das Video jetzt mit Ton an. Wer hat die folgenden Aussagen gemacht?

	Anton	Hülya	Lily	Paul
1. Wohin gehen wir denn heute?				
2. Ich finde nicht, dass in Deutschland alles so pünktlich ist.				
3. Ich fahre meistens mit dem Fahrrad.				
4. Also, ich hab' jetzt keine Lust mehr auf den Bus zu warten.				
5. Hier sieht es ganz anders aus als in Hamburg oder Köln.				
6. Sieht aus wie in Österreich.				
7. Die Grenze ist ja auch nur zwei Kilometer weiter.				
8. Was mir hier ja auch so gefällt, sind diese vielen Fußgängerzonen.				
9. Man wundert sich immer, dass die Cafés so voll sind und die Leute so viel Zeit haben.				
10. Ich denke schon, dass wir viel arbeiten, aber wir haben heute auch relativ viel Freizeit.				

▷ **C** **Was ist typisch deutsch?** In diesem Video sehen und hören wir vieles, was man mit Deutschland und den Deutschen verbindet. Markieren Sie alles, was Sie hier hören oder sehen, das „typisch" sein soll.

_____ Pünktlichkeit

_____ fleißig

_____ sauber

_____ ernst

_____ viel Freizeit

_____ Wochenmarkt

_____ Fußgängerzone

_____ Blumen

_____ Einkaufstaschen

_____ Schloss

🌐 **D** **Schreiben Sie** Wählen Sie ein Thema und suchen Sie Informationen im Internet. Schreiben Sie dann einige Fakten darüber. Schreiben Sie 4 bis 5 Sätze.

1. König Ludwig II. (Bayern)
2. „Sissi", Kaiserin Elisabeth (Österreich)
3. Schloss Neuschwanstein
4. Ein anderes Schloss von Ludwig II.: entweder Schloss Herrenchiemsee oder Schloss Linderhof

_____

_____

_____

_____

_____

_____

E **Schloss Neuschwanstein** Interessiert Sie Schloss Neuschwanstein oder die Stadt Füssen? Möchten Sie das Schloss oder Füssen einmal besuchen? Warum (nicht)?

_____

_____

_____

_____

_____

_____

_____

Ganz schön frisch hier an der Ostsee!

KAPITEL 8

Vokabeln

andauernd continuously
an•gucken to look at
der **Blödsinn** foolishness
frisch *(weather)* chilly
sich gewöhnen an *(+acc.)* to get used to
heiraten to marry
hübsch pretty
mit•machen to join in
probieren to try, to taste

der **Schluck, e** swallow
verliebt in love
sich vorstellen to imagine
wärmen to warm
der **Zwiebelring, -e** onion ring
zu•geben (gibt), gegeben to admit
die **Deichtorhallen** *(pl.)* *(exhibition hall in Hamburg)* home of photograph exhibitions

der **Hafen, ⁒** harbor
der **Hafenschlepper, -** harbor tugboat
die **Landungsbrücken** pier and harbor area *(a major tourist attraction)*
der **Matjes** salted young herring
das **Tretboot, -e** paddle boat

▷ 1. Szene. Das Schild

A Was haben Sie gesehen? In diesem Videoabschnitt sind die vier Freunde an der Ostsee, in dem Seebad° „Heiligendamm". Sehen Sie sich die erste Szene ohne Ton an und kreuzen Sie an, was am Strand erlaubt° ist und was nicht erlaubt ist.

seaside resort

	erlaubt	nicht erlaubt
Leute		
Hunde		
Fahrräder		
Lagerfeuer°		
Rollstühle°		

camp fires

wheel chairs

◀) ⊚▷ 2. Szene. Am Strand

B **Wer ist es?** Sehen Sie sich die zweite Szene ohne Ton an und kreuzen Sie an, wer was trägt, hat oder macht.

	Anton	Hülya	Lily	Paul
trägt einen roten Schal				
hat eine blaue Thermoskanne				
hat eine Kamera				
trinkt etwas Tee				

◀) ⊚▷ 3. Szene. Hamburg

C **Vor zwei Jahren** Paul hat Lily vor zwei Jahren besucht. Was haben die beiden damals gemacht und gesehen? Markieren Sie die folgenden Sätze mit **ja** oder **nein**.

	Ja	Nein
Paul trägt eine weiße Mütze.	_____	_____
Sie sitzen draußen an einem Cafétisch.	_____	_____
„Planten un Blomen"	_____	_____
Sie essen ein Fischbrötchen.	_____	_____
Lily drückt auf den Knopf° der Fußgängerampel°, um über die Straße zu gehen.	_____	_____
Containerschiffe	_____	_____

signal button
pedestrian traffic signal

◀) ⊚▷ 4. Am Telefon

D **Lily und Christian** Kreuzen Sie an, was Sie gesehen haben: **Ja** oder **nein**.

	Ja	Nein
Lily spricht am Handy.	_____	_____
Hülya versucht zu hören, was Christian sagt.	_____	_____
Paul versucht auch mitzuhören.	_____	_____
Lily und Christian fahren Tretboot°.	_____	_____

paddle boat

Name _____   Datum _____

E **Wer hat das gesagt?** Sehen Sie sich das Video jetzt mit Ton an. Wer hat die folgenden Aussagen gemacht?

	Anton	Hülya	Lily	Paul
1. Willst du einen Schluck Tee?				
2. Als ich noch klein war, hat sie mir im Winter jeden Morgen eine Tasse Tee ans Bett gebracht.				
3. Die hat mir Lily vor zwei Jahren in Hamburg geschenkt.				
4. Paul hat immer gefroren.				
5. Ich bin dieses kalte Wetter nicht gewöhnt.				
6. Hast du auch ein Fischbrötchen gegessen?				
7. Und schöne Augen hat er.				
8. Ich hatte ja auch mal eine Freundin; die wollte aber heiraten und Kinder.				
9. Ach, ich kann mir schon vorstellen, dass ich mal Familie und Kinder haben möchte.				

F **Christian** Was wissen Sie über Christian? Antworten Sie mit kurzen Sätzen.

1. Wo hat Lily Christian getroffen?

_____

2. Warum weiß Paul etwas über Christian?

_____

_____

3. Was gefällt Lily an Christian besonders?

_____

_____

4. Sind Lily und Christian ein Paar?

_____

5. Sie haben Christian kurz im Tretboot gesehen. Beschreiben Sie ihn kurz. Gefällt er Ihnen?
Warum nicht?

_____

_____

_____

G Seebad Heiligendamm Suchen Sie im Internet Informationen über das Seebad Heiligendamm.
1. Schreiben Sie 3 bis 4 Fakten über Heiligendamm.

_____

_____

_____

_____

_____

2. Möchten Sie im Seebad Heiligendamm Urlaub machen? Warum (nicht)?

_____

_____

_____

_____

_____

Auf dem Weisshorn

KAPITEL

9

Vokabeln

abenteuerlich adventurous, exciting
aus•steigen, [ist] ausgestiegen to get out (of vehicle)
die **Bahntrasse** railway line
bloß only
da drüben over there

die **Entschuldigung, -en** excuse; **Entschuldigung!** Excuse me.
erstmal first of all
klettern [ist] to climb
irgendwas something
lahm weak, sluggish
schlecht bad; **mir wird schlecht** I'm getting sick.

die **Richtung, -en** direction
runter down
schade too bad
schlapp worn out
sich vorstellen to imagine
die **Wiese,-n** meadow

1. Szene. In der Bahn

A **Was haben Sie gesehen?** Sehen Sie sich die erste Szene ohne Ton an und kreuzen Sie alles an, was Sie gesehen haben.

1. Szene: In der Bahn.

_____ Berge mit Schnee

_____ einen Gletscher

_____ Skifahrer

_____ einen See

2. Szene. Auf dem Weisshorn

B **Was haben Sie gesehen?** Sehen Sie sich die zweite Szene ohne Ton an und kreuzen Sie alles an, was Sie gesehen haben.

_____ viel Schnee

_____ einen Drachenflieger

_____ ein Dorf im Tal

_____ die vier Freunde machen eine Pause

_____ die Freunde essen und trinken etwas

_____ eine Frau kommt vorbei

3. Szene. An der Kletterwand

C **Was haben Sie gesehen?** Sehen Sie sich die dritte Szene ohne Ton an und kreuzen Sie alles an, was Sie gesehen haben.

_____ ein Mann klettert die Wand hinauf

_____ Anton und Paul klettern hinauf

_____ Lily klettert auch hinauf

_____ Anton macht ein Foto

D **Wer hat das gesagt?** Sehen Sie sich das Video jetzt mit Ton an und kreuzen Sie an, wer die folgenden Aussagen gemacht hat.

	Anton	Hülya	Lily	Paul	Kletterlehrer⁰	Spaziergängerin
1. Die Berge sind noch viel höher als ich dachte!						
2. Ist das da ein Gletscher?						
3. Im Winter ist das hier ein Paradies für Skifahrer.						
4. Das Wasser kannst du sicher trinken, so sauber ist es!						
5. Puh, ganz schön anstrengend. Mir tun schon die Beine weh.						
6. Ich fühle mich auch ganz schlapp.						
7. Mann, seid ihr lahm.						

clim
in

Name _____ Datum _____

	Anton	Hülya	Lily	Paul	Kletterlehrer⁰	Spaziergängerin
8. Entschuldigung, können Sie uns sagen wie wir zur Kletterwand Haldenstein kommen?						
9. Nein, sie meinte, dass wir hier auf dem Weisshorngipfel sind, dem schönsten Berg.						
10. Ah, sollen wir die Kletterwand noch machen?						
11. So was bin ich schon oft hochgeklettert!						
12. Mir wird ja schon vom bloßen Hinschauen schlecht.						
13. Das ist eine Kletterroute für Anfänger.						
14. Seht ihr? So einfach ist das. Na?						
15. Super! Komm wieder runter.						

E Richtig oder falsch? Kreuzen Sie an, ob die Sätze **richtig** oder **falsch** sind.

	Richtig	Falsch
1. In den Alpen gibt es keine Gletscher mehr.	_____	_____
2. Auf dem Weisshorn machen die Freunde eine Pause.	_____	_____
3. Nur Anton hat die Schweizerin verstanden.	_____	_____
4. Anton macht ein Foto von den Bergen.	_____	_____
5. Anton, Paul und Lily klettern die Wand hinauf.	_____	_____

F **Auf dem Weisshorn** Schauen Sie sich Bilder vom Weisshorn im Internet an.

a. Bei welchem Wetter gefallen Ihnen die Fotos vom Weisshorn am besten? Beschreiben Sie eins der Fotos.

b. Suchen Sie auch Informationen über den Berg. Schreiben Sie zwei bis drei Fakten auf.

_____

_____

_____

_____

_____

_____

_____

_____

G **Urlaub im Hotel Weisshorn** Suchen Sie im Internet Informationen über das Hotel Weisshorn. Möchten Sie da im Winter oder im Sommer Urlaub machen? Warum (nicht)?

_____

_____

_____

_____

_____

_____

_____

_____

_____

Stadtrundgang

Vokabeln

der/die **Abgeordnete** *(noun decl.
 like adj.)* representative
sich ändern to change
auf•stellen to set up
die **Bevölkerung** population,
 people
eigenartig peculiar, strange;
 etwas Eigenartiges something
 peculiar

erscheinen, [ist] erschienen to
 appear
flach flat
gleichzeitig at the same time
die **Herrschaften** *(formal)* ladies
 and gentlemen
die **Höhe, -n** height
der **Klotz, ⁻e** block
niedrig low

normalerweise normally
die **Mythologie** mythology
oben above
spüren to sense, feel
der **Stadtführer, -/die Stadt-
 führerin, -nen** city tour guide
der **Stadtrundgang** city tour
tief deep
das **Volk, ⁻er** people, nation

Sehenswürdigkeiten in Berlin

a. **Das Brandenburger Tor.** This former 200-year-old city gate was closed as a crossing between
East and West Berlin after the building of the Berlin Wall. When the wall was opened on
Nov. 9, 1989 East and West Germans gathered here and it has been a gathering place for
important events ever since. The **Quadriga (das Viergespann),** is a carriage drawn by four
horses. It is driven by **Nike, die Siegesgöttin** (goddess of victory).

b. **Die East Side Gallery.** This international memorial for freedom is the longest preserved piece
of the former Berlin Wall (1.3 km) and the longest open-air gallery in the world. It contains
paintings by 106 international artists.

c. **Der Fernsehturm.** The T.V. tower at 386 meters is the fourth highest structure in Europe. It
contains a revolving restaurant and attracts 1 million visitors a year.

d. **Das Holocaust-Mahnmal.** The memorial to the murdered Jews of Europe covers 4.7 acres and
contains 2711 concrete slabs or stelae **(Stelen)** and is situated near the **Brandenburger Tor.** It
opened in 2005.

e. **Der Reichstag.** Seat of the German Parliament. It is situated near the **Brandenburger Tor** and
one of the most popular tourist attractions in Berlin.

f. **Das Sony Center.** The center, which opened in 2000, consists of apartments, movie theaters,
restaurants, and offices. Approximately 8 million visitors come here every year.

A Wann haben Sie die Sehenswürdigkeiten gesehen? Sehen Sie sich das Video ohne
Ton an und bringen Sie die Sehenswürdigkeiten in die richtige chronologische Reihenfolge.

_____ das Brandenburger Tor

_____ die East Side Gallery

_____ der Fernsehturm

_____ das Holocaust-Mahnmal

_____ der Reichstag

_____ das Sony Center

B Wissen Sie das? Wählen Sie die richtige Antwort.

1. Wie stellt sich der Stadtführer vor?
   a. Mein Name ist Baumann.
   b. Ich bin der Herr Baumann.
   c. Ich heiße Frank Baumann.

2. Was sagen Hülya, Lily und Paul, als sie Herrn Baumann kennen lernen?
   a. Wie geht es Ihnen?
   b. Es freut mich.
   c. Hallo.

3. Paul macht einen dummen Witz° und fragt, ob die Leute in der Schlange vor dem   *joke*
   Reichstag _____ sind.
   a. Touristen
   b. Abgeordnete
   c. Studenten

4. Herr Baumann erklärt den visuellen Effekt des Mahnmals und sagt, je tiefer man
   geht, desto _____ scheinen subjektiv die Stelen zu sein.
   a. höher
   b. heller
   c. kleiner

5. An der Stelle vor dem Brandenburger Tor, wo früher die Mauer war, springen die
   Freunde über die Linie . . .
   a. nach Berlin hinein
   b. vom Osten in den Westen
   c. vom Westen in den Osten

C **Schreiben Sie** Wählen Sie ein Thema.

1. **Antons E-Mail.** Anton schreibt seiner Schwester in Salzburg, was er und seine Freunde in Berlin gemacht und gesehen haben und wie es ihm gefallen hat. Schreiben Sie Antons E-Mail.

2. **Herr Baumann.** Wie finden Sie Herrn Baumann? Sympathisch? Humorvoll? Kompetent? Würden Sie gerne bei ihm eine Führung machen? Erklären Sie, warum oder warum nicht. Schreiben Sie zwei bis drei Sätze.

_____

_____

_____

_____

_____

_____

D **Berliner Sehenswürdigkeiten** Wählen Sie aus der folgenden List eine Berliner Sehenswürdigkeit aus und suchen Sie im Internet Informationen darüber:

der Fernsehturm	die Kaiser-Wilhelm-Gedächtniskirche
die East Side Gallery	der Kurfürstendamm
die Museumsinsel	das Strandbad Wannsee
KaDeWe: Kaufhaus des Westens	

1. Schreiben Sie vier bis fünf Fakten darüber.

_____

_____

_____

_____

_____

_____

2. Welche Sehenswürdigkeit interessiert Sie besonders? Warum?

_____

_____

_____

_____

_____

_____

Ein Vorstellungsgespräch

KAPITEL 11

Vokabeln

der **Aerobiclehrer, -**/die **Aero-biclehrerin, -nen** aerobic instructor
die **Apfelschorle, -n** apple spritzer
der **Bierkrug, -krüge** beer stein
dringend urgently
Einverstanden! Agreed!

der **Graphiker, -**/die **Graphikerin, -nen** graphic designer
sich kümmern um to take care of
die **Rennerei** constant running
der **Ruf** reputation
schicken to send

Stadt-Land-Fluss popular German game (similar to *Scattergories*)
der **Traumberuf, -e** ideal/dream job
unterwegs on the way
sich vorstellen to imagine
die **Zuverlässigkeit** reliability

Arbeit und Beruf

die **Agentur, -en** agency
der **Berufseinsteiger, -**/die **Ber-rufseinsteiger, -nen** person starting a career
das **Bewerbungsgespräch, -e** job interview

sich bewerben (i), bewarb, be-worben to apply for (a job)
der **Lebenslauf** resumé
der **Verlag, -e** publishing house
das **Vorstellungsgespräch, -e** job interview

die **Werbeagentur, -en** advertising agency
die **Werbebranche, -n** advertising industry

▷ 1. Szene. Im Zug

A **Ergänzen Sie die Sätze** Sehen Sie sich die erste Szene an und kreuzen Sie die richtige Antwort an.

1. Im Abteil° fehlt _____.   *compartment*
   a. Paul
   b. Lily
   c. Anton

2. Im Buch steht, wie man _____ richtig schreibt.
   a. einen Lebenslauf
   b. einen Geschäftsbrief
   c. eine formelle E-Mail

3. Anton trägt heute _____.
   a. Hose, Hemd und Pullover
   b. Hose, Hemd und keine Krawatte
   c. einen dunklen Anzug

4. Da Anton nervös ist, machen die Freunde zur Übung ein Bewerbungsgespräch. Lily spielt _____.
   a. die Chefin
   b. die Sekretärin
   c. eine Kollegin

5. Anton möchte als _____ arbeiten.
   a. Informatiker
   b. Architekt
   c. Graphiker

6. Welche Eigenschaft nennt Paul als eine seiner Stärken?
   a. Sauberkeit
   b. Pünktlichkeit
   c. Kreativität

▶ **B** **Wer hat das gesagt?** Sehen Sie sich das Video an und kreuzen Sie an, wer die folgenden Aussagen gemacht hat.

	Anton	Hülya	Lily	Paul
1. Hier steht, wie man einen Lebenslauf richtig schreibt.				
2. Schickt man da auch ein Foto von sich mit?				
3. Na, wie gefalle ich euch?				
4. Gut siehst du aus.				
5. Ich spiele die Sekretärin.				
6. Ich möchte als Graphiker arbeiten.				
7. Was sind denn ihre Stärken?				
8. Wir müssen aussteigen.				

▷ 2. Szene. Beim Vorstellungsgespräch

C **Richtig oder falsch?** Sehen Sie sich das Video an und kreuzen Sie an, ob die folgenden Aussagen **richtig** oder **falsch** sind.

		Richtig	Falsch
1.	Alle Angestellten arbeiten in kleinen Büros.	_____	_____
2.	Der Raum ist sehr hell, denn es gibt viele Fenster.	_____	_____
3.	Die Chefin hat heute keine Zeit mit Anton zu sprechen.	_____	_____
4.	Herr Meinert findet Antons Krawatte sehr schön.	_____	_____
5.	In der Firma sind alle eher informell gekleidet.	_____	_____
6.	Herr Meinert stellt viele Fragen und Anton wird sehr nervös.	_____	_____

▷ 3. Szene. Im Biergarten

D **Was haben Sie gesehen?** Sehen Sie sich die dritte Szene ohne Ton an und kreuzen Sie alles an, was Sie im Biergarten gesehen haben.

_____ Es sind Gäste an jedem Tisch.

_____ Hülya, Lily und Paul sitzen an einem Tisch.

_____ Die Bedienung geht an ihnen vorbei.

_____ Paul kommt und setzt sich zu ihnen.

_____ Die Freunde trinken und essen etwas.

E Wer hat das gesagt? Sehen Sie sich das Video jetzt mit Ton an und kreuzen Sie an, wer die folgenden Aussagen gemacht hat.

	Anton	Hülya	Lily	Paul	Bedienung
1. Können wir bestellen?					
2. Ich komm' gleich.					
3. Diese Rennerei mit Bierkrügen ist bestimmt anstrengend.					
4. Ich bringe euch die Getränke.					
5. Wie ist es gelaufen?					
6. Ich glaube, die Krawatte ist da nicht so wichtig in diesem Büro.					
7. So, ich brauch' jetzt erstmal 'nen starken Kaffee, bitte.					

F Schreiben Sie Wählen Sie eines der folgenden Themen und schreiben Sie kurz darüber.

1. Anton sagt, er könnte sich vorstellen bei der Firma zu arbeiten. Was hat ihm wohl gefallen? Was meinen Sie? Schreiben Sie drei bis vier Punkte, die er wohl gut fand.
2. Welchen Eindruck von der Atmosphäre in dieser Firma haben Sie bekommen? Beschreiben Sie Ihren Eindruck. Würden Sie gern bei der Firma arbeiten? Warum (nicht)? Schreiben Sie 20 bis 30 Wörter.
3. In Deutschland ist bei einem Lebenslauf immer ein Foto der Person dabei. Wie finden Sie das? Schreiben Sie drei bis vier Sätze.

_____

_____

_____

_____

_____

_____

Alles Gute zum Geburtstag

12

Vokabeln

der **Appetit** appetite: **Guten Appetit!** Enjoy your meal.
auf•bauen to construct
auf•geregt excited
aus•blasen (bläst aus), blies aus, ausgeblasen to blow out
aus•packen to unwrap
behalten (behält), behielt, behalten to keep
bunt colorful

die **Currywurst** grilled sausage with ketchup and curry powder, a speciality of Berlin
die **Existenz** existence
gegenüber opposite (to)
das **Geschenk, -e** present
das **Glück** luck, good fortune
hoch high: **Hoch soll sie/er leben!** Happy Birthday!
indisch Indian (from India)

irgendwann sometime
lecker delicious
sozusagen so to speak
die **Staatsangehörigkeit** nationality
träumen to dream
zurück kehren [ist] to return
zweisprachig bilingual

1. Szene. Im Zug

A **Was haben Sie gesehen?** Sehen Sie sich die erste Szene ohne Ton an und kreuzen Sie alles an, was Sie gesehen haben.

_____ Anton und Paul haben einen großen Kuchen mit Kerzen.

_____ Anton und Paul stellen den Kuchen auf den Tisch vor Hülya.

_____ Die Freunde geben Hülya Geschenke.

_____ Hüly blästº die Kerze aus, macht die Geschenke auf und die Freunde   *blows out the candle*

applaudieren.

_____ Paul macht ein Foto.

B **Hülyas Geburtstagsfeier** Wie feiern die Freunde Hülyas Geburtstag? Sehen Sie sich das Video jetzt mit Ton an und ergänzen Sie die Sätze.

1. Zum Geburtstag bekommt Hülya ...
   a. einen Kuchen mit Kerzen
   b. einen Kuchen ohne Kerzen
   c. keinen Kuchen

2. Hülyas Freunde singen das Lied ...
   a. Happy Birthday.
   b. Hoch soll sie leben.
   c. Herzlichen Glückwunsch.

3. Als Paul Hülya sein Geschenk gibt, sagt er ...
   a. Hoffentlich gefällt es dir.
   b. Alles Gute zum Geburtstag!
   c. Du darfst es umtauschen°.   *exchange*

4. Als Hülya die Geschenke bekommt, sagt sie ...
   a. Ach, wie nett.
   b. Danke. Das hättest du nicht machen sollen.
   c. Danke. Ihr seid so lieb.

▷ **C** **Hülyas Familie** Was erfahren die Freunde über Hülya und ihre Familie? Sehen Sie sich das Video mit Ton an und kreuzen Sie an ob die folgenden Aussagen **richtig** oder **falsch** sind.

		Richtig	Falsch
1.	Die Großeltern kamen aus der Türkei nach Deutschland.	_____	_____
2.	Die Eltern sind in Deutschland geboren.	_____	_____
3.	Die Eltern sprechen nur türkisch.	_____	_____
4.	Die Eltern möchten eines Tages wieder in der Türkei leben.	_____	_____
5.	Hülya besucht ihre Verwandten in der Türkei nicht sehr oft, denn die Reise ist teuer.	_____	_____
6.	Hülya ist jetzt 23 und muss sich entscheiden, ob sie die deutsche Staatsangehörigkeit annimmt oder die türkische behält.	_____	_____

◁× ▷ 2. Szene. In Kreuzberg

D **Was passiert wann?** Sehen Sie sich die zweite Szene ohne Ton an und bringen Sie die Sätze in die richtige Reihenfolge.

_____ Hülya bringt den Freunden Besteck°.   *silverware*

_____ Paul und Hülya stehen an einem Tisch.

_____ Die Freunde gehen am Restaurant Papano vorbei.

_____ Hülya kauft etwas an der Imbissbude° und holt sich Besteck.   *fast-food stand*

_____ Anton macht ein Foto.

E **Wer hat das gesagt?** Sehen Sie sich das Video jetzt mit Ton an. Wer hat die folgenden Aussagen gemacht?

	Anton	Hülya	Lily	Paul
1. Das ist alles so schön bunt hier.				
2. Ein italienisches Lokal neben einem indischen Restaurant gegenüber von einem türkischen Laden.				
3. Mensch, hab' ich Hunger.				
4. Und *action*.				
5. Echt deutsch mit amerikanischem Ketchup und indischem Curry!				
6. Guten Appetit.				

F **Die vier Freunde** Die Ferien und die Reise der vier Freunde ist jetzt zu Ende. Sie haben sie ziemlich gut kennen gelernt. Was halten Sie von ihnen? Schreiben zwei bis drei Sätze über jede Person. Finden Sie sie sympatisch? Möchten Sie sie als Freunde haben? Würden Sie sie gern einmal besuchen?

_____

_____

_____

_____

_____

_____

_____

_____

_____

_____

_____

_____

_____

_____

_____

SELF-TESTS AND ANSWER KEY

Self-Tests

Einführung

A How do you ask someone for personal information in German?
1. What is your name?
2. How old are you?
3. What is your address?
4. What is your telephone number?
5. What is your e-mail address?

B Give the German equivalents of the following courtesy expressions.
1. thank you 2. you're welcome

C 1. How would you greet someone at the following times of day?
   a. in the morning c. in the evening
   b. in the afternoon
2. How would you greet someone informally?
3. Give three ways to say good-bye in German.
4. Someone asks how you are. Give one positive and one negative response.

D 1. Name five colors in German.
2. Ask what color the wall is.

E 1. How can you tell what gender a German noun is?
2. Give the gender of the following nouns.
   a. Bleistift c. Bett e. Mann
   b. Tür d. Frau
3. Complete the sentences with the proper definite article.
   a. _____ Kugelschreiber ist neu.
   b. _____ Zimmer ist klein.
   c. _____ Lampe ist alt.

d. Wie ist _____ Tisch? Groß oder klein?
e. Wie alt ist _____ Kind?
f. _____ Uhr ist neu.
4. Say what is in your room. Use the proper indefinite article.
   In meinem Zimmer ist ...
   a. _____ Bett.
   b. _____ Lampe.
   c. _____ Bücherregal.
   d. _____ Uhr.
   e. _____ Pflanze.
   f. _____ CD-Player.

F Complete the answer, using a pronoun that corresponds to the noun in the question.
1. Ist der Junge zwölf?
   —Nein, _____ ist elf.
2. Ist das Kind drei?
   —Nein, _____ ist zwei.
3. Ist die Wand grün?
   —Nein, _____ ist blau.
4. Ist der Rucksack neu?
   —Nein, _____ ist alt.
5. Heißt die Studentin Laura?
   —Nein, _____ heißt Christine.
6. Ist das Handy neu?
   —Nein, _____ ist alt.

Kapitel 1

A Give three types of answers to the following question:
   Gehst du heute Abend ins Kino?
1. Affirmative
2. Negative
3. Maybe

B 1. Give the days of the week in German.
2. Ask what day it is.
3. Say it is Thursday.

C 1. Write the German equivalent for each of the following sentences relating to time.
   a. What time is it?
   b. I'm going at one o'clock.
2. Write out the following clock times in German using conversational German (Method 1).
   a. 2:15   b. 3:45   c. 6:30
3. How is official time indicated, for example in train schedules?

D Give antonyms for the following words.
1. faul
2. freundlich
3. traurig
4. ernst
5. sympathisch

E 1. What are the three words for *you* in German?
2. Which form of *you* do you use in talking to the following people?
   a. a saleswoman   c. a friend
   b. two children   d. your mother
3. Give the German equivalents of the following English pronouns.
   a. he   c. we   e. they
   b. she   d. I
4. How can you tell whether **sie** means *she* or *they?*
5. Give the German equivalents of:
   a. She plays tennis well.
   b. They play tennis well.

F What are the German equivalents of the forms of the English verb *to be?*
   a. I am   d. they are
   b. we are   e. you are *(3 forms)*
   c. she is

G 1. What is the basic form of a German verb?
2. What is the most common ending of the basic verb form?
3. Give the German infinitives for the following verbs:
   a. to believe   c. to work
   b. to hike

4. Give the stems of the verbs in 3 above.
5. What ending does the verb take when used with the following subjects?
   a. du   d. wir   g. Sie *(pl.)*
   b. ihr   e. er
   c. ich   f. sie *(sg.)*
6. Complete the following sentences with the proper form of the verb in parentheses.
   a. _____ du heute Volleyball? (spielen)
   b. Ich _____ gern Musik. (hören)
   c. Er _____ viel. (arbeiten)
   d. Anna _____ gern. (wandern)
   e. Wir _____ gern. (schwimmen)
   f. Die Frau _____ Lisa. (heißen)
   g. Wie _____ du? (heißen)

H The German present tense also expresses something intended or planned for the future. Use the cues to make German sentences that express a future activity.
1. ich / gehen / heute Abend / ins Kino
2. Jens / arbeiten / heute Abend / am Computer

I 1. How do you say you like to do something in German?
2. Say that the following people like to do the things named.
   a. Sophia spielt Schach.
   b. Ich wandere.
   c. Wir treiben Sport.

J 1. Where does **nicht** come in relationship to the following:
   a. predicate adjectives: Lea ist **freundlich.**
   b. specific time expressions: Moritz kommt **heute.**
   c. most other adverbs, including general time adverbs: David spielt **gut** Schach.
   d. dependent infinitives: Wir gehen heute **wandern.**

2. Make the following sentences negative by adding **nicht** in the proper place.
   a. Wir schwimmen gern.
   b. Simon wandert viel.
   c. Ich gehe joggen.
   d. Wir arbeiten morgen.
   e. Jennifer ist nett.
   f. Justin ist oft krank.

K 1. What is the first word in an informational question?
2. Where is the verb located? The subject?
3. Name three interrogative words.
4. Ask informational questions using the words in parentheses.
   a. Kevin spielt gut Fußball. (wer)
   b. Antonia spielt gern Volleyball. (was)
   c. Wir gehen heute Abend ins Kino. (wann)

L 1. What is the first word in a yes/no question?
2. Convert the following statements into yes/no questions.
   a. Jasmin spielt oft Fußball.
   b. Florian arbeitet viel.
   c. Du spielst gut Schach.

Kapitel 2

A Give three responses expressing skepticism about the following statement about the weather: **Morgen ist es bestimmt schön.**

B Write out the names of the months in German.

C 1. What is the gender of the names of most countries in German?
2. Name one feminine country and one plural country in German.

D Give the feminine form of the following nouns.
1. der Student
2. der Schweizer
3. der Nachbar

E Replace the word **heute** with **auch gestern** and rewrite each of the following sentences in the simple past.
1. Ich bin heute müde.
2. Annika ist heute krank.

3. Du bist heute ruhig.
4. Luca und Jan sind heute müde.

F Ask when the birthdays of the following people are:
1. du
2. Pascal
3. ihr
4. Celine und Jana

G 1. In what position is the finite verb (the verb that agrees with the subject) in a German statement?
2. Rewrite the following sentences, beginning with the word(s) in bold type.
   a. Das Wetter war **am Sonntag** nicht gut.
   b. Die Sonne scheint **hoffentlich** morgen.

H 1. What case is used in German for the subject of sentence and a predicate noun?
2. Which verbs are often followed by predicate nouns?
3. Write out the subjects and any predicate nouns in the following sentences.
   a. Gestern war das Wetter schön.
   b. Dominik Schmidt ist Schweizer.
   c. Pascals Freundin heißt Nina.

I 1. What is the definite article used with all plural nouns?
2. Give the plural of the following nouns, including the article.
   a. das Fenster   d. die Uhr
   b. der Tisch   e. der Stuhl
   c. das Buch   f. die Studentin

J 1. What is the German indefinite article before masculine and neuter nouns?
2. What is the indefinite article before feminine nouns?
3. Complete the following sentences with an indefinite article.
   a. Ist das Kind _____ Mädchen oder _____ Junge?
   b. Ist die Frau _____ Nachbarin?
   c. Ist das wirklich _____ DVD-Player?

K 1. What is the negative form of **ein?**

2. What negative do you use when the noun is preceded by a definite article?

3. Complete the following sentences with **kein** or **nicht,** as appropriate.

   a. Das ist _____ Handy.

   b. Das ist _____ die Parkstraße.

   c. Charlotte ist _____ Freundin von Alina.

L 1. Give the German equivalents of the English possessive adjectives.

   a. _____ Handy (your *fam. sg.*)

   b. _____ Stadt (their)

   c. _____ Freunde (her)

   d. _____ Land (our)

   e. _____ Adresse (my)

2. Say that the following things belong to the persons named.

   a. _____ Gitarre (Jens)

   b. _____ Rucksack (Pia)

M Answer the following questions in the affirmative, using personal pronouns.

1. Ist der Computer neu?

2. Ist dein Rucksack praktisch?

3. Ist das Kind drei Jahre alt?

4. Arbeitet deine Freundin Pia heute Abend?

5. Wandern deine Freunde Tim und Leon gern?

6. Weißt du, wie alt Professor Schmidt ist?

Kapitel 3

A Give three responses to the following invitation:

Gehen wir morgen inlineskaten?

1. Accept the proposal gladly.

2. Reject the proposal with regret.

3. Leave the possibility open.

B What German word do you use to contradict the assumptions in the following sentences?

1. Monika isst keinen Fisch.

   _____ !

2. Arbeitest du denn nicht?

   _____ !

C Give three foods/beverages a German might have at each of the following meals.

1. Frühstück

2. Mittagessen

3. Abendessen

D Name the store where a German would most typically buy the following items.

1. Brot

2. Wurst

3. Aspirin

4. ein Buch über die Schweiz

E 1. Which noun in a compound determines the gender?

2. Make a compound of the following nouns.

   a. der Tisch + die Lampe

   b. die Kartoffel + der Salat

F 1. You have learned two German equivalents for *to know.* For each of the following definitions, write the appropriate German word.

   a. to know a fact

   b. to be acquainted with a person, place, or thing

2. Complete the following sentences with a form of **wissen** or **kennen.**

   a. _____ du Kevins Freundin?

   b. Ich _____ nicht, wie sie heißt.

   c. _____ du, wie sie heißt?

G 1. Which forms of the verbs **essen, geben,** and **nehmen** show stem-vowel change?

2. Complete the following sentences with the proper form of the verb in parentheses.

   a. Was _____ du gegen Kopfschmerzen? (nehmen)

   b. Ich _____ Aspirin. (nehmen)

   c. Zum Frühstück _____ Laura immer frische Brötchen. (essen)

   d. Wir _____ oft Eier. (essen)

   e. In der Konditorei _____ es guten Kaffee. (geben)

   f. _____ du mir fünf Euro? (geben)

H 1. When a sentence has both time and place expressions, which comes first in English? In German?

2. Write a sentence from the following cues.

wann / du / kommen / nach Hause / heute Abend / ?

I
1. What verb form do you use to tell someone to do something?
2. What is the position of this verb in the sentence?
3. Complete the following commands with the verb form that corresponds to the people indicated.
   a. (Phillipp) _____ mir bitte die Butter. (geben)
   b. (Lara und Julian) _____ gleich nach Hause. (kommen)
   c. (Herr Huber) _____ bitte hier. (bleiben)
   d. (Florian) _____ nicht so nervös. (sein)

J
1. Which case is used for:
   a. nouns and pronouns that are subjects?
   b. nouns and pronouns that are direct objects?
2. Complete the following sentences with the possessive adjective that corresponds to the subject pronoun.
   a. Ich brauche _____ Heft wieder.
   b. Paula fragt _____ Freund Robin.
   c. Nehmt ihr _____ Bücher?
   d. Brauchst du _____ Lampe?
3. A few masculine nouns show a change in the accusative. Give the accusative form of:
   a. der Junge   b. der Nachbar
4. Name the prepositions that take accusative case.
5. Complete the following sentences, using the cues in parentheses.
   a. _____ ist nicht frisch. (der Kuchen)
   b. Warum kaufst du _____? (der Kuchen)
   c. Leonie und Jonas kennen _____ gut. (ihre Stadt)
   d. Luca arbeitet für _____. (sein Professor)
   e. Habt ihr denn _____ mehr? (kein Brot)
   f. Warum kaufst du nur _____? (ein Stuhl)
   g. _____ suchst du? (wer)
   h. Kennst du _____ da? (der Student)
   i. Gibt es hier _____? (kein Supermarkt)
6. Give the accusative forms of the following pronouns.
   a. Was hast du gegen _____ ? (er)
   b. Brauchst du _____? (ich)
   c. Wir kennen _____ nicht. (sie, *pl.*)
   d. Sarah und Niklas finden _____ sehr sympathisch. (du)
   e. Machen Sie das bitte ohne _____. (wir)
   f. Unsere Nachbarn suchen _____. (ihr)
7. Complete the following sentences with personal pronouns.
   a. Der Kaffee ist gut, nicht? —Nein, ich finde _____ nicht gut.
   b. Ich brauche Brot. —Kauf _____ aber bei Reinhardt!
   c. Wer ist der Herr da? —Ich kenne _____ nicht.

Kapitel 4

A Give two expressions of regret as a response to the following request:
Sollen wir jetzt einen Kaffee trinken gehen?

B Give three responses to the following question to indicate you are preparing class work or studying for a test.
Was machst du heute Abend?

C How would you say in German that . . .
1. Alex is an American.
2. His father is an engineer.
3. His sister is a student.

D Tell how many members are in your family and how many relatives you have (for example, **Ich habe zwei Brüder, eine Tante, ...**).

E
1. What vowel changes do the verbs **lesen, sehen,** and **werden** have?
2. Give the **ich-, du-,** and **er / es / sie**-forms of **werden.**
3. Complete the sentences with the correct form of the verb in parentheses.
   a. Leonie _____ viel. (lesen)
   b. _____ du gern lustige Filme? (sehen)
   c. Marcel _____ besser in Mathe. (werden)
   d. Warum ___ du jetzt so ruhig? (werden)

F 1. What vowel change do the verbs **fahren** and **halten** have?
2. Complete the sentences with the correct form of the verb in parentheses.
   a. Wann _____ Paula nach Hamburg? (fahren)
   b. _____ du mit Paula? (fahren)
   c. Was _____ du von ihren Freunden? (halten)

G Replace the word **heute** with the words **auch gestern** and rewrite each of the following sentences in the simple past.
1. Florian hat heute keine Zeit.
2. Und du hast heute keine Zeit.

H 1. What pattern of endings do the words **dieser, jeder, welcher, mancher,** and **solcher** follow?
2. Which **der**-word is used only in the singular? What does it mean?
3. Which two **der**-words are used mostly in the plural? What do they mean?
4. Complete the following sentences with the correct form of the cued **der**-word.
   a. _____ CD-Player ist teuer. (dieser)
   b. _____ CD-Player meinst du? (welcher)
   c. Und _____ CDs sind auch teuer. (mancher)
   d. _____ CDs sind immer teuer. (solcher)
   e. _____ Geschäft in dieser Stadt ist teuer. (jeder)

I 1. Which kind of verb expresses an attitude about an action rather than the action itself?
2. Give the German infinitives that express the following ideas.
   a. to want to   d. to be allowed to
   b. to be supposed to   e. to be able to
   c. to have to   f. to like

J 1. German modals are irregular. Which forms lack endings?
2. What other irregularity do most modals show?

3. Give the proper forms of the verbs indicated.
   a. ich _____ (können)
   b. er _____ (dürfen)
   c. du _____ (müssen)
   d. wir _____ (sollen)
   e. Chiara _____ (wollen)
   f. Ich _____ es nicht. (mögen)

K The modal **mögen** and its subjunctive form **möchte** have two different meanings. Complete the sentences with the correct form of the appropriate verb, **mögen** or **möchte.**
1. _____ du Annika?
2. Ich kenne sie nicht, aber ich _____ sie kennenlernen.

L 1. Modal auxiliaries are generally used with dependent infinitives. Where does the infinitive come in such a sentence?
2. Rewrite the following sentences, using the modal in parentheses.
   a. Arbeitest du heute? (müssen)
   b. Ich mache es nicht. (können)
   c. Jennifer sagt etwas. (wollen)
3. When is the infinitive often omitted?
4. Complete the sentences with the appropriate modal verb.
   a. _____ du Deutsch?
   b. Es ist spät. Ich _____ nach Hause.

M 1. Which of the following verbs are separable-prefix verbs?
   a. fernsehen   d. mitbringen
   b. bekommen   e. verdienen
   c. einkaufen
2. In what position is the separable prefix in the present tense and the imperative?
3. Write sentences using the guidelines.
   a. du / einkaufen / morgen / ?
   b. ja / ich / müssen / vorbereiten / das Abendessen
   c. du / heute Abend / fernsehen / ?
   d. nein / ich / sollen / meine Notizen / durcharbeiten

Kapitel 5

A Give three very positive responses to the following sentence:

Mein Auto ist kaputt. Kannst du mich morgen abholen?

B Name three things you would like to do during the summer vacation.

C 1. What are two words for *where* in German?

2. Complete the following sentences with **wo** or **wohin.**

 a. _____ wohnt Sophie?

 b. _____ fährst du in den Ferien?

D Name in German three forms of private transportation and three forms of public transportation.

E 1. What vowel change does the verb **laufen** have?

2. Complete the sentences with the correct form of the verb **laufen.**

 a. _____ du gern morgens?

 b. Ja, ich _____ sehr gern.

F 1. What are the six coordinating conjunctions you have learned?

2. What word means *but* in the sense of *on the contrary?*

3. What word means *but* in the sense of *nevertheless?*

4. Do coordinating conjunctions affect word order?

5. Choose the conjunction that makes sense and use it to combine the sentences.

 a. Julian bleibt heute zu Hause. Er ist krank. (denn, oder)

 b. Er geht morgen nicht schwimmen. Er spielt Tennis. (aber, sondern)

 c. Er spielt Tennis nicht gut. Er spielt gern. (aber, sondern)

G 1. Where does the finite verb (i.e., the verb that agrees with the subject) go in a dependent clause?

2. Combine the following sentences with the conjunction indicated.

 a. Wir können nicht fahren. (weil) Unser Auto ist kaputt.

 b. (wenn) Es regnet morgen. Wir müssen zu Hause bleiben.

3. Rewrite the following direct statements as indirect statements, using **dass.**

 a. Luisa sagt: „Die Nachbarn kaufen oft im Supermarkt ein."

 b. Doch sie findet: „Das Obst da ist nicht so frisch."

H 1. What case is used in German to signal the indirect object?

2. What is the indirect object in the following sentence?

 Gerd schenkt seiner Schwester ein Poster.

3. Give the dative form of the following nouns:

 a. die Frau   d. die Berge

 b. der Mann   e. der Student

 c. das Auto

4. Complete the sentences with the correct form of the cued words.

 a. Der Vater erzählt _____ eine lustige Geschichte. (die Kinder)

 b. Lena schenkt ihrer Mutter _____. (ein DVD-Player)

 c. Michael leiht _____ sein Fahrrad. (seine Schwester)

I Give the accusative and dative forms of the following pronouns.

1. ich   3. du   5. sie *(sg.)*

2. er   4. wir   6. Sie

J Show your understanding of the word order for direct and indirect objects by completing the sentences with the cued words.

1. Kaufst du _____ _____? (dieses Buch / mir)

2. Ich schreibe _____ _____. (viele E-Mails / meinen Freunden)

3. Der Pulli? Ich schenke _____ _____. (ihn / meinem Bruder)

K 1. Which of the following verbs take dative case? **antworten, danken, finden, gefallen, glauben, helfen, kennen, nehmen**

2. Which of the following prepositions are followed by dative case? **aus, durch, für, mit, nach, ohne, seit, von, zu**

3. Complete the following sentences with the correct form of the cued words.
   a. Nils wohnt bei _____. (eine Familie)
   b. Er fährt mit _____ zur Arbeit. (der Zug)
   c. Seine Arbeit gefällt _____ sehr. (er)
   d. Du kannst _____ glauben. (ich)
   e. Nils erzählt gern von _____. (seine Freunde)
   f. Zum Geburtstag schenken sie ihm _____. (ein CD-Player)

Kapitel 6

A Your friend is unhappy with one of your remarks and says: **Sei nicht so kritisch.** Give three possible excuses or apologies.

B Name three leisure-time activities that you enjoy.

C 1. Name three articles of clothing that both men and women wear.
2. Name three articles of women's clothing.

D 1. When is the German present perfect tense used?
2. Why is it often called the "conversational past"?

E 1. The present perfect tense consists of two parts. What are the two parts of the verb?
2. What verb is used as the auxiliary for most verbs in the present perfect tense?
3. What other verb is used as an auxiliary for some verbs in the present perfect tense?
4. What conditions must be met to use the auxiliary **sein** with a past participle?
5. What two verbs are exceptions to the general rule about verbs requiring **sein**?
6. Supply the auxiliaries.
   a. Er _____ viel gearbeitet.
   b. _____ du spät aufgestanden?
   c. Wir _____ bis elf geblieben.
   d. Luisa und Paul _____ mir geschrieben.
   e. _____ ihr mit dem Zug gefahren?
   f. Ich _____ gut geschlafen.

F 1. What ending is added to the stem of a regular weak verb like **spielen** to form the past participle?

2. How is the ending different in a verb like **arbeiten,** which has a stem ending in **-t?**
3. How does an irregular weak verb like **bringen** form the past participle differently from regular weak verbs?
4. Give the past participles of the following verbs. **bringen, kosten, machen, denken, haben, kennen, regnen, wandern, wissen, tanzen**

G 1. What is the ending of the past participle of a strong verb like **sehen?**
2. What other change is characteristic for the past participle of many strong verbs?
3. Give the past participles of the following verbs. **finden, geben, lesen, nehmen, schlafen, schreiben, trinken, tun**

H 1. What happens to the **ge-** prefix in the past participle of a separable-prefix verb like **einkaufen?**
2. Give the past participles of the following verbs. **aufstehen, einladen, mitbringen**

I 1. How does the past participle of an inseparable-prefix verb like **bekommen** differ from that of most other verbs?
2. What other type of verb adds no **ge-** prefix?
3. Give the present perfect tense of the following sentences.
   a. Ich bezahle das Essen.
   b. Wir erzählen Marcel die Geschichte.
   c. Der Film gefällt ihm nicht.
   d. Wann beginnst du mit der Arbeit?
   e. Jana studiert in Bonn.
   f. Der Roman interessiert mich nicht.

J 1. In what position is the past participle in an independent clause?
2. Where do the past participle and the auxiliary verb come in a dependent clause?
3. Rewrite the following sentences in the present perfect tense.
   a. Ich stehe spät auf, denn ich arbeite bis elf.
   b. Ich schreibe keine E-Mails, weil ich keine Zeit habe.

K Rewrite the following sentences in the present perfect tense.

1. Nils und ich machen Urlaub in Österreich.
2. Wir wohnen in einem kleinen Hotel.
3. Morgens stehen wir ziemlich spät auf.
4. Und wir liegen oft in der Sonne.
5. Wir schwimmen auch manchmal im See.
6. Danach gehen wir meistens wandern.
7. Alles gefällt uns sehr gut.
8. Am Sonntag fahren wir mit dem Zug nach Wien.
9. Dort bleiben wir bis Dienstag.
10. Am Mittwoch fliegen wir dann nach Berlin zurück.

Kapitel 7

A Respond to one of the following statements with an expression of agreement and to the other with an expression of disagreement.
1. Klassische Musik ist langweilig.
2. Science-Fiction-Filme sind toll.

B A friend asks what household chores you do. Give three possible answers.
Welche Arbeiten machst du zu Hause?

C Name three pieces of furniture or appliances found in the following rooms.
1. das Wohnzimmer
2. das Schlafzimmer
3. die Küche

D 1. The words **hin** and **her** can be used alone or in combination with several parts of speech (for example **hierher, hinfahren**) to show direction. Which word indicates direction toward the speaker? Which indicates direction away from the speaker?
2. What position do **hin** and **her** occupy in a sentence when they stand alone?
3. Complete the following sentences with **hin, her, wo, woher,** or **wohin.**
   a. _____ wohnen Sie?
   b. _____ kommen Sie? Aus Österreich?
   c. _____ fahren Sie in den Ferien?
   d. Meine Tante wohnt in Hamburg. Ich fahre jedes Jahr _____.
   e. Kommen Sie mal _____.

E 1. Indicate which of the following prepositions are always followed by:
   a. the accusative
   b. the dative
   c. either dative or accusative
   an, auf, aus, bei, durch, für, gegen, hinter, in, nach, neben, ohne, seit, über, unter, von, vor, zu, zwischen
2. List two contractions for each of the following prepositions:
   a. an   b. in

F Construct sentences from the guidelines.
1. ich / fahren / in / Stadt
2. wir / gehen / auf / Markt
3. Jana / studieren / an / Universität Hamburg
4. Alex / arbeiten / in / ein / Buchhandlung
5. warum / Tisch / stehen / zwischen / Stühle / ?
6. warum / sitzen / du / an / Tisch / in / Ecke / ?

G English uses *to put* and *to be* as all-purpose verbs to talk about position. German uses several different verbs. Complete the following sentences with an appropriate verb from the list.
legen, liegen, stellen, stehen, setzen, sitzen, hängen, stecken
1. Lena _____ die Lampe auf den Tisch.
2. Die Lampe _____ auf dem Tisch.
3. Simon _____ die Uhr an die Wand.
4. Lena _____ das Kind auf den Stuhl.
5. Das Kind _____ auf dem Stuhl.
6. Simon _____ das Heft auf den Tisch.
7. Das Heft _____ auf dem Tisch.
8. Er _____ das Buch in den Rucksack.

H Many verbs in German are combined with prepositions to express certain idiomatic meanings, e.g., **fahren + mit** (travel + by). Complete the following sentences with appropriate prepositions.
1. Ich denke oft _____ Justin.
2. Er lacht immer _____ meine Geschichten.
3. Wir fahren zusammen _____ der Bahn zur Uni.

I
1. What case must be used for time expressions that indicate a definite point in time or duration of time?
2. What case is used with time expressions beginning with **an, in,** or **vor?**
3. Complete the following sentences with the cued words.
   a. Wir bleiben _____. (ein / Tag)
   b. Elias hat vor _____ den Führerschein gemacht. (ein / Jahr)
   c. Paula arbeitet _____. (jeder / Abend)
   d. Er kommt in _____ wieder. (eine / Woche)

J
1. What construction is used in a German statement in place of a preposition + a pronoun that refers to things or ideas?
2. In German questions, what construction is usually used to replace **was** as the object of a preposition?
3. When does **da-** expand to **dar-** and **wo-** expand to **wor-?**
4. Complete the following sentences using a **da**-compound or a preposition and pronoun, as appropriate.
   a. Spricht Anna oft von ihrer Reise?
      —Ja, sie spricht oft _____.
   b. Machst du das für deine Freundin?
      —Ja, ich mache das _____.
5. Complete the sentences using a **wo**-compound or a preposition and interrogative pronoun, as appropriate.
   a. _____ spielst du morgen Tennis?
      —Ich spiele mit Elisabeth.
   b. _____ habt ihr geredet?
      —Wir haben über den Film geredet.

K
1. What word do indirect informational questions begin with?
2. What conjunction do indirect yes/no questions begin with?
3. Rewrite the following direct questions as indirect questions:
   a. Paul fragt Jessica: „Fährst du morgen zur Uni?"
   b. Jessica fragt Paul: „Wann isst du zu Mittag?"

Kapitel 8

A The following statement appeared in a recent survey about attitudes toward work:
Bei einem Job ist das Wichtigste ein sicherer Arbeitsplatz.
Give two ways to ask a friend's opinion of this conclusion.

B Give at least two words related to:
1. studieren
2. Sonne
3. backen

C Form nouns by adding **-heit** or **-keit** to the following adjectives.
1. krank
2. freundlich
3. frei

D
1. Which tense is generally used in German to express future time?
2. Construct a sentence using the guidelines: ich / anrufen / dich / heute Abend *(present tense)*

E
1. When is the future tense used in German?
2. How is the future tense formed in German?
3. In an independent clause where the future is used, what position is the infinitive in?
4. In a dependent clause where the future is used, what verb form is in the final position?
5. Restate in the future tense.
   a. Hannah hilft uns.
   b. Machst du das wirklich?
   c. Michael sagt, dass er einen neuen Job sucht. (*Do not change* **Michael sagt.**)

F Express the idea of *assumption* or *probability* in the following sentences using **wohl, sicher,** or **schon.**
1. Meine Eltern sind zu Hause.
2. Ich finde mein Handy wieder.

G
1. What case is used in German to show possession or other close relationships?
2. In German does the genitive noun precede or follow the noun it modifies?

3. Give the genitive of the following masculine and neuter nouns.
   a. das Bild
   b. dieser Laden
   c. der Junge
   d. ein Haus
   e. ihr Bruder

4. Give the genitive form of the following feminine and plural nouns:
   a. die Frau
   b. eine Ausländerin
   c. diese Kinder
   d. meine Eltern

5. What is the genitive form of **wer**?

6. Make a sentence from the cues, using **wessen. Rucksack / liegen / da / in der Ecke / ?**

H Name four prepositions that are followed by the genitive.

I Complete the following sentences, using the cued words.
1. Ich gebe euch die Handynummer _____ (meine Freundin Sarah).
2. Und ihr könnt auch die Adresse _____ (ihr Freund) haben.
3. Während _____ (euer Urlaub) könnt ihr sie doch besuchen.
4. Ich schreibe euch den Namen _____ (das Hotel) am Bahnhof auf.
5. Die Preise _____ (die Zimmer) sind ganz okay.
6. Wegen _____ (das Wetter) müsst ihr warme Kleidung mitnehmen.

J In German, adjectives that precede nouns take endings. Complete the following sentences, using the cued words.
1. Mein Job ist leider ziemlich _____. (langweilig)
2. Aber ich habe _____ Kollegen. (nett)
3. Und ich habe ein _____ Büro (n.). (schön)
4. _____ Freiheiten habe ich aber nicht bei meiner Arbeit. (groß)
5. Und mein Chef ist auch nicht besonders _____. (sympathisch)
6. In der Zeitung lese ich manchmal _____ Anzeigen. (interessant)
7. Aber _____ Stellen gibt es in meinem Beruf nicht so oft. (gut)
8. Doch die Anzeige einer _____ Firma sah gut aus. (klein)

9. Vielleicht gibt es dort einen _____ Job für mich. (neu)
10. Ich muss aber relativ _____ Geld verdienen. (viel)
11. Denn München ist ziemlich _____. (teuer)
12. Und es gibt fast keine _____ Wohnungen. (billig)

K 1. How are the ordinal numbers from 1–19 formed in German?
2. Give the ordinals for the following numbers:
   a. eins
   b. drei
   c. fünf
   d. sechzehn
3. What is added to numbers after 19 to form the ordinals?
4. Give the ordinals for the following numbers:
   a. einunddreißig
   b. hundert
5. Ordinals take adjective endings. Complete the sentences with the cued ordinals.
   a. Am _____ November habe ich Geburtstag. (7)
   b. Wir müssen leider ein _____ Auto kaufen. (2)

L 1. Ask the date in German.
2. Say it is June first.
3. Write the date, July 6, 2010, as it would appear in a letter heading.

Kapitel 9

A How would you express sympathetic understanding when your friend says: **Ich habe mir den Arm gebrochen.**

B Complete the German expressions:
1. *something good:* etwas Gut _____
2. *nothing special:* nichts Besonder _____
3. *a good acquaintance:* ein guter Bekannt _____
4. *a German (female):* eine Deutsch _____

C For each subject pronoun below, give the accusative and dative reflexive pronoun.
1. ich
2. du
3. sie (*sg. and pl.*)
4. wir
5. er

D Some German verbs are called reflexive verbs because reflexive pronouns are regularly used with these verbs. Construct sentences using the following cues.
1. du / sich fühlen / heute / besser / ?
2. Charlotte / sich erkälten / gestern

E When referring to parts of the body, German usage differs from English in some constructions. Complete the following German sentences.
1. Ich habe mir _____ Hände gewaschen.
2. Und ich habe mir auch _____ Zähne geputzt.

F Name three acts of hygiene that are part of your morning ritual.

G 1. What word precedes the dependent infinitive with most verbs in German?
2. When are dependent infinitives *not* preceded by that word?
3. What is the German construction equivalent to the English *(in order) to* + infinitive?
4. Complete the following sentences with the cued words.
   a. Es macht Spaß _____. (in den Bergen / wandern)
   b. Ich möchte mir _____. (eine neue CD / kaufen)
   c. Vergiss nicht _____. (Blumen / mitbringen)
   d. Ich beginne _____. (deine Ideen / verstehen)
   e. Ich bleibe heute zu Hause, _____. (um ... zu / machen / meine Arbeit)

H 1. How are comparative adjectives and adverbs formed in German?
2. How do some one-syllable adjectives and adverbs change the stem vowel in the comparative?
3. Complete the following sentences using the comparative form of the cued adjective.
   a. Es ist heute _____ als gestern. (kalt)
   b. Mein neues Auto war _____ als mein altes. (teuer)
   c. Moritz wohnt jetzt in einem _____ Zimmer. (groß, schön)

I 1. How are superlative adjectives and adverbs formed in German?
2. What is the ending for the superlative if the base form ends in **-d (wild)**, **-t (leicht)**, or a sibilant **(heiß)**?
3. How do some one-syllable adjectives and adverbs change the vowel in the superlative?
4. What form does an adverb or a predicate adjective have in the superlative?
5. Complete the following sentences using the superlative form of the cued adjective or adverb.
   a. Im Winter ist frisches Obst _____. (teuer)
   b. Michelle arbeitet _____. (schwer)
   c. Das ist mein _____ Pulli. (schön)
   d. Gestern war der _____ Tag dieses Jahres. (kalt)

J Give the comparative and superlative forms of:
1. gern   2. gut   3. viel

Kapitel 10

A For weeks you have been tired from too little sleep. Your friend suggests a remedy. Give two possible responses showing you are puzzled about how to follow her/his advice. Your friend has said:
Du musst weniger arbeiten. Fünf Stunden am Tag sind genug.

B Give two logical responses to the question:
Wo warst du gestern Abend?

C Give one example of
1. giving an invitation to attend an event
2. responding to an invitation

D 1. When is the simple past tense used? What is it often called?
2. When is the present perfect tense used? What is it often called?
3. Which verbs occur more frequently in the simple past than in present perfect tense, even in conversation?

E 1. What tense marker is added to modals in the simple past tense?
2. What happens to modals with an umlaut in the simple past?
3. Give the simple past tense forms of the following:
   a. ich darf
   b. du kannst
   c. sie muss
   d. wir mögen

F 1. What is the tense marker for weak verbs in the simple past tense?
2. What is the past-tense marker for **regnen, öffnen,** and verbs with stems ending in **-d** or **-t?**
3. Which forms add no endings in the simple past?
4. Change each of the following present-tense forms to simple past.
   a. ich spiele
   b. Justin arbeitet
   c. es regnet
   d. sie sagen

G Irregular weak verbs have a vowel change in the simple past tense, and several of these verbs have consonant changes. Give the simple past form of the following sentences.
1. Sicher denkt Sophie nicht an Toms Geburtstag.
2. Doch Paul weiß, dass Tom Geburtstag hat.
3. Und er bringt ihm ein Geschenk mit.

H 1. How do strong verbs show the simple past tense?
2. Which forms add no endings?
3. Give the simple past tense of the following verbs.
   a. er spricht
   b. sie sieht
   c. ich gebe
   d. wir bleiben
   e. er fährt
   f. ich bin
   g. sie geht
   h. sie gehen
   i. ich laufe
   j. er trägt

I Restate the following sentences in the simple past and present perfect tenses.
1. Lea geht noch ins Kino.
2. Doch Tobias schreibt an seiner Seminararbeit.

J Give the simple past tense forms of **werden.**
1. ich werde   2. du wirst   3. er / es / sie wird

K 1. Where does the prefix of separable-prefix verbs go in the simple past tense?
2. Construct sentences in the simple past, using the guidelines.
   a. ich / aufstehen / heute / früh
   b. wir / einkaufen / in der Stadt
   c. unsere Party / anfangen / um acht Uhr
   d. Lukas / mitbringen / die Getränke

L 1. When is the past perfect tense used?
2. How is it formed?
3. Complete the sentences with the past perfect of the cued verb.
   a. Ich habe gut geschlafen, weil ich 20 Kilometer _____. (laufen)
   b. Nachdem es den ganzen Tag _____ (regnen), schien die Sonne am Abend.

M **Als, wenn,** and **wann** are equivalent to English *when.*
1. Which must be used for *when* to introduce direct or indirect questions?
2. Which must be used for *when* in the sense of *whenever* (that is, for repeated events) in past time?
3. Which must be used for *when* in clauses with events in the present or future?
4. Which must be used for *when* in clauses concerned with a single past event?
5. Complete the following sentences with **als, wenn,** or **wann,** as appropriate.
   a. Wir haben viel Spaß, _____ Schmidts uns besuchen.
   b. Letzte Woche, _____ sie bei uns waren, haben wir zusammen gekocht.
   c. Aber immer, _____ ich etwas machen wollte, hatte Herr Schmidt eine andere Idee.
   d. Ich weiß nicht mehr, _____ das Essen endlich fertig war, aber es war ziemlich spät.

Kapitel 11

A Your friend tells you of her/his plans for the summer. Give your response in two hypothetical statements. Your friend says: **Im Sommer fahr ich für sechs Wochen nach Italien. Komm doch mit!**

B You have an appointment. Give a possible response from the secretary to your question: **Ist Frau/Herr Neumann zu sprechen?**

C Which profession is related to the following:
1. Patienten
2. Computer
3. Häuser
4. Zähne

D 1. a. What kind of situations does the subjunctive mood express?
   b. Give three uses.
2. Say that Jennifer would also like to do the following. Use **würde. Christian faulenzt viel.**
3. Say that you wish the following situation were different. Use **würde.** Die Sonne scheint nicht. **Wenn die Sonne nur ...**
4. Restate as a request, using **würde. Bleib noch eine Stunde!**

E What verbs are used in their subjunctive form rather than as infinitives with the **würde**-construction?

F 1. What is the subjunctive form of the verb **sein?**
2. What is the subjunctive form of the verb **haben?**
3. What is the subjunctive form of the verb **wissen?**
4. Give the present-time subjunctive of the following verb forms.
   a. ich bin   d. wir sind
   b. du hast   e. sie hat
   c. ich weiß   f. wir wissen

G 1. What are conditions contrary to fact?
2. Restate as conditions contrary to fact. Use the **würde**-construction in the conclusion and the subjunctive forms of **sein** or **haben** in the **wenn**-clause.
   a. Lara kommt sicher, wenn sie wieder gesund ist.
   b. Wenn ich Geld habe, gehe ich ins Konzert.

H 1. How is the present-time subjunctive of modals formed?
2. Give the subjunctive of the following verb forms.
   a. ich muss   b. du kannst

I 1. In addition to the subjunctive forms of **sein, haben, wissen,** and the modals, you may encounter other verbs in the subjunctive. You will have no trouble recognizing such verbs. What tense are the subjunctive forms based upon?
2. Give the infinitive of the following verbs:
   a. du fändest
   b. ich täte
   c. er ginge

J Construct sentences using the guidelines.
1. Wenn Sarah mehr Geld hätte, sie / mitkommen / auf die Reise (use **würde**)
2. Ich wollte, sie (sg.) / haben / mehr / Geld (present-time subj.)
3. du / können / ihr / Geld / leihen / ? (present-time subj.)
4. ich / tun / das / nicht (use **würde**)
5. sie / zurückzahlen / es / vielleicht / nicht (use **würde**)

K 1. How is the past-time subjunctive formed?
2. Restate the following sentences in the past-time subjunctive.
   a. Wenn ich in der Schweiz bleibe, kaufe ich mir ein Snowboard.
   b. Fährst du dann jedes Wochenende in die Berge?

Kapitel 12

A You have just arrived by train in Hamburg and want first of all to go to the famous gardens **Planten un Blomen.** The person you have asked for directions is very cooperative but speaks too fast and not always distinctly. How would you indicate you don't understand? Give three expressions.

B 1. What function does a relative pronoun serve?
2. Where does the finite verb come in a relative clause?

C 1. With what forms are most of the relative pronoun forms identical?
2. Dative plural and genitive forms are exceptions. The genitive forms are **dessen** and **deren.** What is the relative pronoun in dative plural?

D
1. How do you decide the gender and number of the relative pronoun you use?
2. How do you decide what case of a relative pronoun to use?
3. What case does a relative pronoun have when it follows a preposition?

E Complete the following sentences with a relative pronoun.
1. Ist das die Frau, von _____ du gerade erzählt hast?
2. Die Frau, _____ Dir schon so lange gefällt?
3. Der Mann, mit _____ sie spricht, ist aber sicher ihr Freund.
4. Findest du denn die Leute, mit _____ sie ausgeht, sympathisch?
5. Ich kenne das Restaurant, in _____ sie oft essen gehen.
6. Und die Bars, in _____ sie oft feiern.
7. Das sind Bars, _____ dir nicht gefallen würden.

F
1. What is the role of the subject of a sentence in active voice?
2. What is the role of the subject in passive voice?

G
1. How is passive voice formed in German?
2. Construct sentences using the guidelines.
   a. Haus / verkaufen (*passive, simple past*)
   b. Geld / teilen (*passive, simple past*)
   c. Fabrik / modernisieren (*passive, present*)
   d. neue Maschinen / kaufen (*passive, present*)

H
1. In English, the agent in the passive voice is the object of the preposition *by: The work was done by our neighbors.* How is the agent expressed in German?
2. Complete the following sentences.
   a. Das Museum wurde _____ dem Architekten Sterling gebaut.
   b. Die Arbeit wurde _____ unseren Nachbarn gemacht.

I
1. What are three uses of **werden?**
2. Identify the use of **werden:**
   a. Eine Reise nach Dresden wurde geplant.
   b. Es wird endlich wärmer.
   c. Jens wird an seine Freundin schreiben .

Answer Key to Self-Tests

Einführung

A
1. Wie heißt du [heißen Sie]?
2. Wie alt bist du [sind Sie]?
3. Wie ist deine [Ihre] Adresse?
4. Wie ist deine [Ihre] Telefonnummer?
5. Wie ist deine [Ihre] E-Mail-Adresse?

B 1. danke   2. bitte

C
1. a. Guten Morgen!
   b. Guten Tag!
   c. Guten Abend!
2. *Possible greetings:* Hallo! / Grüß dich!
3. Auf Wiedersehen! / Tschüss. / Bis bald [dann].
4. *Possible answers:*
   Positive: Gut, danke. / Danke, ganz gut. / Es geht. / Fantastisch.
   Negative: Nicht so gut. / Schlecht. / Miserabel. / Ich bin krank.

D
1. *Answers will vary. Possible answers:*
   blau, gelb, grau, grün, rot, schwarz, weiß
2. Welche Farbe hat die Wand?

E
1. By the article and the pronoun that refer to the noun.
2. a. *masculine,* der Bleistift
   b. *feminine,* die Tür
   c. *neuter,* das Bett
   d. *feminine,* die Frau
   e. *masculine,* der Mann
3. a. Der   d. der
   b. Das   e. das
   c. Die   f. Die

4. a. ein   d. eine
   b. eine   e. eine
   c. ein   f. ein

F 1. er   3. sie   5. sie
     2. es   4. er   6. es

Kapitel 1

A *Answers will vary. Possible answers:*
1. Ja. / Natürlich.
2. Nein. / Natürlich nicht.
3. Ich glaube ja [nicht]. / Vielleicht [nicht].

B
1. Montag, Dienstag, Mittwoch, Donnerstag, Freitag, Samstag [Sonnabend], Sonntag
2. Welcher Tag ist heute?
3. Heute ist Donnerstag.

C
1. a. Wie viel Uhr ist es? / Wie spät ist es?
   b. Ich gehe um ein Uhr. / Ich gehe um eins.
2. a. Viertel nach zwei   c. halb sieben
   b. Viertel vor vier
3. Official time uses a 24-hour clock.

D 1. fleißig   4. lustig
     2. unfreundlich   5. unsympathisch
     3. glücklich

E
1. du, ihr, Sie
2. a. Sie   c. du
   b. ihr   d. du
3. a. er   c. wir   e. sie
   b. sie   d. ich
4. By the verb: **sie** + singular verb = *she;* **sie** + plural verb = *they*
5. a. Sie spielt gut Tennis.
   b. Sie spielen gut Tennis.

F 1. a. ich bin   d. sie sind
b. wir sind   e. du bist; ihr seid; Sie sind
c. sie ist

G 1. the infinitive
2. -en
3. a. glauben   b. wandern   c. arbeiten
4. a. glaub-   b. wander-   c. arbeit-
5. a. -st   d. -en   f. -t
b. -t   e. -t   g. -en
c. -e
6. a. Spielst   e. schwimmen
b. höre   f. heißt
c. arbeitet   g. heißt
d. wandert

H 1. Ich gehe heute Abend ins Kino.
2. Jens arbeitet heute Abend am Computer.

I 1. Use **gern** + verb.
2. a. Sophia spielt gern Schach.
b. Ich wandere gern.
c. Wir treiben gern Sport.

J 1. a. before predicate adjectives: Lea ist **nicht freundlich.**
b. after specific time expressions: Moritz kommt **heute nicht.**
c. before most other adverbs, including general time adverbs: David spielt **nicht gut** Schach.
d. before dependent infinitives: Wir gehen heute **nicht wandern.**
2. a. Wir schwimmen nicht gern.
b. Simon wandert nicht viel.
c. Ich gehe nicht joggen.
d. Wir arbeiten morgen nicht.
e. Jennifer ist nicht nett.
f. Justin ist nicht oft krank.

K 1. the interrogative expression
2. The verb comes second, after the interrogative. The subject comes after the verb.
3. wann, warum, was, wer, wie, wie viel, welch-, was für ein
4. a. Wer spielt gut Fußball?
b. Was spielt Antonia gern?
c. Wann gehen wir ins Kino?

L 1. the verb
2. a. Spielt Jasmin oft Fußball?
b. Arbeitet Florian viel?
c. Spielst du gut Schach?

Kapitel 2

A *Answers will vary. Possible answers:*
Wirklich? / Denkst du? / Vielleicht

B Januar, Februar, März, April, Mai, Juni, Juli, August, September, Oktober, November, Dezember

C 1. *neuter* (das)
2. die Schweiz, die Slowakei, die Tschechische Republik, die Türkei; die USA, die Niederlande

D 1. die Studentin
2. die Schweizerin
3. die Nachbarin

E 1. Ich war auch gestern müde.
2. Annika war auch gestern krank.
3. Du warst auch gestern ruhig.
4. Luca und Jan waren auch gestern müde.

F 1. Wann hast du Geburtstag?
2. Wann hat Pascal Geburtstag?
3. Wann habt ihr Geburtstag?
4. Wann haben Celine und Jana Geburtstag?

G 1. second position
2. a. Am Sonntag war das Wetter nicht gut.
b. Hoffentlich scheint die Sonne morgen. / Hoffentlich scheint morgen die Sonne.

H 1. the nominative case
2. sein; heißen
3. a. *subject* = das Wetter
b. *subject* = Dominik Schmidt; *pred. noun* = Schweizer
c. *subject* = Pascals Freundin; *pred. noun* = Nina

I 1. die
2. a. die Fenster   d. die Uhren
b. die Tische   e. die Stühle
c. die Bücher   f. die Studentinnen

J 1. ein
2. eine
3. a. ein; ein   b. eine   c. ein

K 1. kein
2. nicht
3. a. kein   b. nicht   c. keine

L 1. a. dein Handy
b. ihre Stadt
c. ihre Freunde
d. unser Land
e. meine Adresse
2. a. Jens' Gitarre / die Gitarre von Jens
b. Pias Rucksack / der Rucksack von Pia

M 1. Ja, er ist neu.
2. Ja, er ist praktisch.
3. Ja, es ist drei Jahre alt.
4. Ja, sie arbeitet heute Abend.
5. Ja, sie wandern gern.
6. Ja, ich weiß, wie alt er ist.

Kapitel 3

A *Answers will vary. Possible answers:*
1. Ja, gerne. / Natürlich. / Machen wir.
2. Das geht leider nicht. / Leider kann ich nicht.
3. Vielleicht. / Es ist möglich.

B 1. Doch!
2. Doch!

C *Answers may vary.*
1. Frühstück: Brötchen, Butter, Marmelade, Müsli, Eier, Kaffee, Tee
2. Mittagessen: Fisch, Gemüse, Fleisch, Kartoffeln, Salat, Obst, Eis, Pudding
3. Abendessen: Käse, Brot, Wurst, Würstchen, Bier, Mineralwasser, Tee, Wein

D 1. die Bäckerei
2. die Metzgerei
3. die Apotheke
4. die Buchhandlung

E 1. the last noun
2. a. die Tischlampe
b. der Kartoffelsalat

F 1. a. wissen   b. kennen
2. a. Kennst   b. weiß   c. Weißt

G 1. **du-** and **er/es/sie**-forms
2. a. nimmst   c. isst   e. gibt
b. nehme   d. essen   f. Gibst

H 1. Time follows place in English. Time precedes place in German.
2. Wann kommst du heute Abend nach Hause?

I 1. the imperative
2. first position
3. a. Gib   c. Bleiben Sie
b. Kommt   d. Sei

J 1. a. nominative case   b. accusative case
2. a. mein   c. eure
b. ihren   d. deine
3. a. den Jungen   b. den Nachbarn
4. durch, für, gegen, ohne, um
5. a. Der Kuchen   f. einen Stuhl
b. den Kuchen   g. Wen
c. ihre Stadt   h. den Studenten
d. seinen Professor   i. keinen
e. kein Brot   Supermarkt
6. a. ihn   c. sie   e. uns
b. mich   d. dich   f. euch
7. a. ihn   b. es   c. ihn

Kapitel 4

A *Answers will vary. Possible answers:*
Es geht leider nicht. / Leider kann ich jetzt nicht. / Ich kann leider nicht. / Nein, es tut mir leid. / Nein, leider nicht.

B *Answers will vary. Possible answers:*
Ich bereite mein Referat vor. / Ich schreibe meine Seminararbeit. / Ich mache Deutsch. / Ich lese einen Artikel über ... / Ich arbeite für die Klausur.

C 1. Alex ist Amerikaner.
2. Sein Vater ist Ingenieur.
3. Seine Schwester ist Studentin.

D 1. *Answers will vary.* Ich habe einen Bruder, eine Schwester, zwei Tanten, einen Onkel, vier Kusinen, einen Cousin, vier Großeltern, usw.

E 1. **lesen** and **sehen** change **e** to **ie**; **werden** changes **e** to **i**
2. ich werde, du wirst, er/es/sie wird
3. a. liest   c. wird
    b. Siehst   d. wirst

F 1. changes **a** to **ä** for **du**- and **er/es/sie**-forms
2. a. fährt   b. Fährst   c. hältst

G 1. Florian hatte auch gestern keine Zeit.
2. Und du hattest auch gestern keine Zeit.

H 1. the same as the definite articles
2. **jeder;** it means *each, every*
3. **manche, solche; manche** means *some,* **solche** means *such*
4. a. Dieser   c. manche   e. Jedes
    b. Welchen   d. Solche

I 1. modal auxiliary
2. a. wollen   d. dürfen
    b. sollen   e. können
    c. müssen   f. mögen

J 1. **ich**- and **er/es/sie**-forms
2. a stem-vowel change
3. a. kann   d. sollen
    b. darf   e. will
    c. musst   f. mag

K 1. Magst
2. möchte

L 1. in last position
2. a. Musst du heute arbeiten?
    b. Ich kann es nicht machen.
    c. Jennifer will etwas sagen.
3. If a verb of motion or the idea of *to do* is clear from the context.
4. a. Kannst   b. muss (*or*) soll

M 1. The separable-prefix verbs are **fernsehen, einkaufen, mitbringen.**
2. in last position
3. a. Kaufst du morgen ein?
    b. Ja, ich muss das Abendessen vorbereiten.
    c. Siehst du heute Abend fern?
    d. Nein, ich soll meine Notizen durcharbeiten.

Kapitel 5

A *Answers will vary. Possible answers:* Ja sicher. / Klar. / Kein Problem. / Ja, klar. / Ja, natürlich.

B *Answers will vary:* Ich möchte wandern, viel schwimmen, Tennis spielen, schlafen, usw.

C 1. wo; wohin
2. a. Wo   b. Wohin

D *Private:* das Auto/der Wagen, das Fahrrad/das Rad, das Motorrad
Public: der Bus, die Bahn/der Zug, das Flugzeug, das Schiff, die Straßenbahn, die U-Bahn

E 1. **au** to **äu** for **du**- and **er/es/sie**-forms
2. a. Läufst   b. laufe

F 1. aber, denn, doch, oder, sondern, und
2. sondern
3. aber
4. no
5. a. Julian bleibt heute zu Hause, denn er ist krank.
    b. Er geht morgen nicht schwimmen, sondern er spielt Tennis.
    c. Er spielt Tennis nicht gut, aber er spielt gern.

G 1. in last position
2. a. Wir können nicht fahren, weil unser Auto kaputt ist.
    b. Wenn es morgen regnet, müssen wir zu Hause bleiben.
3. a. Luisa sagt, dass die Nachbarn oft im Supermarkt einkaufen.
    b. Doch sie findet, dass das Obst da nicht so frisch ist.

H 1. dative
2. seiner Schwester
3. a. der Frau
   b. dem Mann
   c. dem Auto
   d. den Bergen
   e. dem Studenten
4. a. den Kindern
   b. einen DVD-Player
   c. seiner Schwester

I
	acc.	dat.
1.	mich	mir
2.	ihn	ihm
3.	dich	dir
4.	uns	uns
5.	sie	ihr
6.	Sie	Ihnen

J 1. Kaufst du mir dieses Buch?
2. Ich schreibe meinen Freunden viele E-Mails.
3. Ich schenke ihn meinem Bruder.

K 1. antworten, danken, gefallen, glauben, helfen
2. aus, mit, nach, seit, von, zu
3. a. einer Familie
   b. dem Zug
   c. ihm
   d. mir
   e. seinen Freunden
   f. einen CD-Player

Kapitel 6

A *Answers will vary. Possible answers:*
Entschuldigung. / Verzeihung. / Es tut mir leid, aber ... / Das wollte ich nicht. / Das habe ich nicht so gemeint.

B *Answers will vary. Possible answers:*
faulenzen, schwimmen, Ski laufen, Wasserski fahren, windsurfen, wandern, joggen, Rad fahren, tanzen, lesen, Sport treiben, Fußball/Tennis im Fernsehen sehen, im Internet chatten, Musik hören

C 1. der Handschuh, der Hut, der Pulli, der Stiefel, der Regenmantel, der Schuh, der Sportschuh, das Hemd, das T-Shirt, die Hose, die Jacke, die Jeans, die Shorts, die Socke, die Kappe
2. der Rock, das Kleid, die Bluse, die Strumpfhose

D 1. To refer to past actions or states.
2. It is used especially in conversation.

E 1. an auxiliary and the past participle of the verb
2. haben
3. sein
4. The verb must (1) be intransitive and (2) indicate change of condition or motion to or from a place.
5. bleiben; sein
6. a. hat
   b. Bist
   c. sind
   d. haben
   e. Seid
   f. habe

F 1. -t
2. adds -et instead of -t
3. There is a stem-vowel change and sometimes a consonant change: **gebracht**
4. gebracht, gekostet, gemacht, gedacht, gehabt, gekannt, geregnet, gewandert, gewusst, getanzt

G 1. -en
2. Many past participles have a stem-vowel change; some also have consonant changes.
3. gefunden, gegeben, gelesen, genommen, geschlafen, geschrieben, getrunken, getan

H 1. The prefix **ge-** comes between the prefix and the stem of the past participle: **eingekauft.**
2. aufgestanden, eingeladen, mitgebracht

I 1. It adds no **ge-** prefix.
2. verbs ending in **-ieren**
3. a. Ich habe das Essen bezahlt.
   b. Wir haben Marcel die Geschichte erzählt.
   c. Der Film hat ihm nicht gefallen.
   d. Wann hast du mit der Arbeit begonnen?
   e. Jana hat in Bonn studiert.
   f. Der Roman hat mich nicht interessiert.

J 1. in final position
2. The auxiliary follows the past participle and is in final position.
3. a. Ich bin spät aufgestanden, denn ich habe bis elf gearbeitet.
   b. Ich habe keine E-Mails geschrieben, weil ich keine Zeit gehabt habe.

K 1. Nils und ich haben Urlaub in Österreich gemacht.
2. Wir haben in einem kleinen Hotel gewohnt.
3. Morgens sind wir ziemlich spät aufgestanden.
4. Und wir haben oft in der Sonne gelegen.
5. Wir sind auch manchmal im See geschwommen.
6. Danach sind wir meistens wandern gegangen.
7. Alles hat uns sehr gut gefallen.
8. Am Sonntag sind wir mit dem Zug nach Wien gefahren.
9. Dort sind wir bis Dienstag geblieben.
10. Am Mittwoch sind wir dann nach Berlin zurückgeflogen.

Kapitel 7

A *Answers will vary. Possible answers:*
Agreement: Richtig. / Du hast recht. / Das finde ich auch.
Disagreement: Wirklich? / Meinst du? / Das finde ich gar nicht. / Ich sehe das ganz anders.

B *Answers will vary. Possible answers:*
Ich mache die Wohnung sauber. / Ich räume auf. / Ich wische Staub. / Ich wasche die Wäsche. / Ich sauge Staub. / Ich putze das Bad.

C 1. *Wohnzimmer:* das Sofa, der Couchtisch, der Sessel, der Schreibtisch, der Teppich, der Fernseher, der DVD-Player
2. *Schlafzimmer:* das Bett, die Kommode, der Spiegel, der Nachttisch, die Lampe
3. *Küche:* der Herd, der Kühlschrank, die Spülmaschine, der Tisch, der Stuhl

D 1. **Her** indicates direction toward the speaker; **hin** indicates direction away from the speaker.
2. last position
3. a. Wo   d. hin
   b. Woher e. her
   c. Wohin

E 1. a. *accusative:* durch, für, gegen, ohne
   b. *dative:* aus, bei, nach, seit, von, zu
   c. *two-way prepositions:* an, auf, hinter, in, neben, über, unter, vor, zwischen
2. a. ans, am
   b. ins, im

F 1. Ich fahre in die Stadt.
2. Wir gehen auf den Markt.
3. Jana studiert an der Universität Hamburg.
4. Alex arbeitet in einer Buchhandlung.
5. Warum steht der Tisch zwischen den Stühlen?
6. Warum sitzt du an dem [am] Tisch in der Ecke?

G 1. stellt   5. sitzt
2. steht   6. legt
3. hängt   7. liegt
4. setzt   8. steckt

H 1. an
2. über
3. mit

I 1. accusative
2. dative
3. a. einen Tag   c. jeden Abend
   b. einem Jahr   d. einer Woche

J 1. **da**-compound
2. **wo**-compound
3. When the preposition begins with a vowel.
4. a. davon
   b. für sie
5. a. Mit wem
   b. Worüber

K 1. with the question word
2. with **ob**
3. a. Paul fragt Jessica, ob sie morgen zur Uni fährt.
   b. Jessica fragt Paul, wann er zu Mittag isst.

Kapitel 8

A *Answers will vary. Possible answers:*
Was meinst du? / Was glaubst du? / Wie siehst du das? / Was hältst du davon?

B 1. Studium, Student, Studentin, Studentenheim
2. sonnig, die Sonnenbrille, Sonntag, Sonnabend
3. Bäcker, Bäckerin, Bäckerei

C 1. die Krankheit
2. die Freundlichkeit
3. die Freiheit

D 1. present tense
2. Ich rufe dich heute Abend an.

E 1. When it is not clear from the context that the event will occur in the future, or to express an assumption.
2. a. form of **werden** plus an infinitive
3. final position
4. the auxiliary (**werden**), just after the infinitive
5. a. Hannah wird uns helfen.
   b. Wirst du das wirklich machen?
   c. Michael sagt, dass er einen neuen Job suchen wird.

F 1. Meine Eltern werden wohl [schon/sicher] zu Hause sein.
2. Ich werde wohl [schon/sicher] mein Handy wieder finden.

G 1. genitive
2. The genitive follows the noun it modifies.
3. a. des Bildes   d. eines Hauses
   b. dieses Ladens   e. ihres Bruders
   c. des Jungen
4. a. der Frau   c. dieser Kinder
   b. einer Ausländerin d. meiner Eltern
5. wessen
6. Wessen Rucksack liegt da in der Ecke?

H (an)statt, trotz, während, wegen

I 1. meiner Freundin Sarah
2. ihres Freundes
3. eu[e]res Urlaubs
4. des Hotels
5. der Zimmer
6. des Wetters

J 1. langweilig   4. Große
2. nette   5. sympathisch
3. schönes   6. interessante

7. gute   10. viel
8. kleinen   11. teuer
9. neuen   12. billigen

K 1. By adding -**t** to the numbers (exceptions: **erst-, dritt-, siebt-, acht-**)
2. a. erst-   c. fünft-
   b. dritt-   d. sechzehnt-
3. -**st** is added.
4. a. einunddreißigst-
   b. hundertst-
5. a. siebten
   b. zweites

L 1. Der Wievielte ist heute? / Den Wievielten haben wir heute?
2. Heute ist der erste Juni. / Heute haben wir den ersten Juni.
3. 6. Juli 2010 / 6.7.10

Kapitel 9

A *Answers will vary. Possible answers:*
Du Armer/Du Arme! / Das ist ja dumm. / Das tut mir aber leid für dich. / Dass dir das passieren muss!

B 1. etwas Gutes
2. nichts Besonderes
3. ein guter Bekannter
4. eine Deutsche

C 1. mich, mir
2. dich, dir
3. sich, sich
4. uns, uns
5. sich, sich

D 1. Fühlst du dich heute besser?
2. Charlotte hat sich gestern erkältet.

E 1. die
2. die

F Ich dusche [mich]. / Ich bade. / Ich putze mir die Zähne. / Ich rasiere mich. / Ich wasche mir Gesicht und Hände. / Ich kämme mich. / Ich föhne mir die Haare.

G 1. zu
2. when used with modals
3. **um ... zu** + infinitive
4. a. Es macht Spaß *in den Bergen zu wandern.*
   b. Ich möchte mir *eine neue CD kaufen.*
   c. Vergiss nicht *Blumen mitzubringen.*
   d. Ich beginne deine *Ideen zu verstehen.*
   e. Ich bleibe heute zu Hause, *um meine Arbeit zu machen.*

H 1. **-er** is added to the base form.
2. The vowel **a, o,** or **u** adds umlaut.
3. a. kälter
   b. teurer
   c. größeren, schöneren

I 1. **-st** is added to the base form.
2. **-est**
3. The vowel **a, o,** or **u** adds umlaut.
4. am + (e)sten
5. a. am teuersten   c. schönster
   b. am schwersten   d. kälteste

J 1. lieber, am liebsten
2. besser, am besten
3. mehr, am meisten

Kapitel 10

A *Answers will vary. Possible answers:*
Ich weiß wirklich nicht, wie ich das machen soll. / Ich will ja, aber es geht nicht. / Es geht nicht. / Ich kann nicht.

B *Answers will vary. Possible answers:*
Ich war im Theater [Kino, Konzert]. / Ich war in der Kneipe [Disco, Bibliothek]. / Ich war zu Hause.

C 1. *Answers will vary. Possible answers:*
Hast [Hättest] du Lust ins Kino [Theater, Konzert] zu gehen? / Möchtest du ins Kino [Theater, Konzert] gehen?
2. *Answers will vary. Possible answers:*
Ja, gern. / Wenn du mich einlädst, schon. / Nein, ich habe [wirklich] keine Lust. / Nein, ich habe [leider] keine Zeit.

D 1. to narrate a series of connected events in the past; often called narrative past
2. in a two-way exchange to talk about events in the past; often called conversational past
3. modals, sein, haben

E 1. **-te**
2. They lose the umlaut.
3. a. ich durfte   c. sie musste
   b. du konntest   d. wir mochten

F 1. **-te**
2. **-ete**
3. **ich-** and **er/es/sie**-forms
4. a. ich spielte   c. es regnete
   b. Justin arbeitete d. sie sagten

G 1. Sicher dachte Sophie nicht an Toms Geburtstag.
2. Doch Paul wusste, dass Tom Geburtstag hatte.
3. Und er brachte ihm ein Geschenk mit.

H 1. They undergo a stem change.
2. **ich-** and **er/es/sie**-forms
3. a. er sprach   f. ich war
   b. sie sah   g. sie ging
   c. ich gab   h. sie gingen
   d. wir blieben   i. ich lief
   e. er fuhr   j. er trug

I 1. Lea ging noch ins Kino. Lea ist noch ins Kino gegangen.
2. Doch Tobias schrieb an seiner Seminararbeit. Doch Tobias hat an seiner Seminararbeit geschrieben.

J 1. ich wurde
2. du wurdest
3. er/es/sie wurde

K 1. in final position
2. a. Ich stand heute früh auf.
   b. Wir kauften in der Stadt ein.
   c. Unsere Party fing um acht Uhr an.
   d. Lukas brachte die Getränke mit.

L 1. It is used to report an event or action that took place before another event or action in the past.

2. It consists of the simple past of the auxiliaries **haben** or **sein** and the past participle of the verb.
3. a. Ich habe gut geschlafen, weil ich 20 Kilometer **gelaufen war.**
   b. Nachdem es den ganzen Tag **geregnet hatte,** schien die Sonne am Abend.

M 1. wann
2. wenn
3. wenn
4. als
5. a. wenn   c. wenn
   b. als   d. wann

Kapitel 11

A *Answers will vary. Possible answers:*
Das wäre schön. / Wenn ich nur genug Geld hätte! / Wenn ich nur Zeit hätte. / Das würde ich gern machen. / Das würde Spaß machen. / Dazu hätte ich große [keine] Lust.

B *Answers will vary. Possible answers:*
Es tut mir leid. Sie/Er ist im Moment beschäftigt [nicht zu sprechen]. Sie/Er telefoniert gerade. / Sie/Er hat einen Termin. / Gehen Sie bitte gleich hinein. Sie/Er erwartet Sie.

C 1. der Arzt/die Ärztin
2. der Informatiker/die Informatikerin
3. der Architekt/die Architektin
4. der Zahnarzt/die Zahnärztin

D 1. a. unreal situations
   b. hypothetical statements (conditions contrary to fact), wishes, polite requests
2. Jennifer würde auch gern viel faulenzen.
3. Wenn die Sonne nur scheinen würde.
4. Würdest du noch eine Stunde bleiben?

E **sein, haben, wissen,** and the modals

F 1. wäre
2. hätte
3. wüsste

4. a. ich wäre   d. wir wären
   b. du hättest   e. sie hätte
   c. ich wüsste   f. wir wüssten

G 1. A sentence with a condition contrary to fact indicates a situation that will not take place and the speaker only speculates on how some things could or would be under certain conditions.
2. a. Lara würde sicher kommen, wenn sie wieder gesund wäre.
   b. Wenn ich Geld hätte, würde ich ins Konzert gehen.

H 1. The subjunctive of modals is identical to the simple past, except that where there is an umlaut in the infinitive there is also an umlaut in the subjunctive (**wollen** and **sollen** do not have an umlaut).
2. a. ich müsste
   b. du könntest

I 1. the simple past tense
2. a. finden
   b. tun
   c. gehen

J 1. Wenn Sarah mehr Geld hätte, würde sie auf die Reise mitkommen.
2. Ich wollte, sie hätte mehr Geld.
3. Könntest du ihr Geld leihen?
4. Ich würde das nicht tun.
5. Sie würde es vielleicht nicht zurückzahlen.

K 1. It consists of the subjunctive forms **hätte** or **wäre** + a past participle.
2. a. Wenn ich in der Schweiz geblieben wäre, hätte ich mir ein Snowboard gekauft.
   b. Wär(e)st du dann jedes Wochenende in die Berge gefahren?

Kapitel 12

A *Answers will vary. Possible answers:*
Entschuldigung, was haben Sie gesagt? / Ich verstehe Sie leider nicht. / Ich habe Sie leider nicht verstanden. / Könnten Sie das bitte wiederholen? / Würden Sie bitte langsamer sprechen? / Ich kenne das Wort ... nicht.

B 1. It introduces a relative clause. It refers back to a noun or pronoun in the preceding clause.
2. in final position (The auxiliary follows the infinitive or the past participle.)

C 1. Most forms are identical with the definite article forms.
2. denen

D 1. It depends on the gender and number of the noun to which it refers, its antecedent.
2. It depends on the relative pronoun's grammatical function in the clause (subject, direct object, etc.).
3. It depends on what case that preposition takes.

E 1. der
2. die
3. dem
4. denen
5. das
6. denen
7. die

F 1. The subject is the agent and performs the action expressed by the verb.
2. The subject is acted upon by an expressed or unexpressed agent.

G 1. a. form of the auxiliary **werden** + past participle of the main verb.
2. a. Das Haus wurde verkauft.
b. Das Geld wurde geteilt.
c. Die Fabrik wird modernisiert.
d. Neue Maschinen werden gekauft.

H 1. It is the object of the preposition **von.**
2. a. von   b. von

I 1. a. main verb (*to grow, get, become*) in the active voice
b. auxiliary verb in the future tense (a form of **werden** + dependent infinitive)
c. auxiliary verb in the passive voice (a form of **werden** + past participle)
2. a. *passive voice, simple past tense*
b. *active voice—main verb, present tense*
c. *active voice—auxiliary verb, future tense*